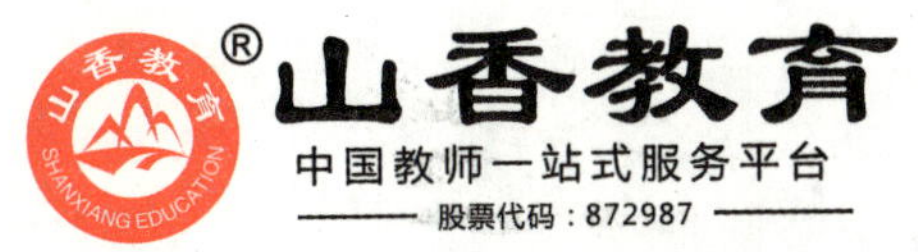

国家教师资格考试专用教材

教育教学知识与能力

小学

山香教师资格考试命题研究中心　主编

图书在版编目(CIP)数据

教育教学知识与能力. 小学 / 山香教师资格考试命题研究中心主编. --北京:首都师范大学出版社, 2015.6(2020.11 重印)

国家教师资格考试专用教材

ISBN 978-7-5656-2382-0

Ⅰ. ①教… Ⅱ. ①山… Ⅲ. ①小学教师-教学能力-资格考试-教材 Ⅳ. ①G451.1

中国版本图书馆 CIP 数据核字(2015)第 131003 号

国家教师资格考试专用教材

JIAOYU JIAOXUE ZHISHI YU NENGLI XIAOXUE

教育教学知识与能力·小学

山香教师资格考试命题研究中心　主编

策划编辑　张文强

责任编辑　曹亮亮　王慕飞　　　封面设计　山香教育

首都师范大学出版社出版发行

地　　址　北京市西三环北路 105 号

邮　　编　100048

咨询电话　010－68418523(总编室)　　010－68982468(发行部)

网　　址　http://cnupn.cnu.edu.cn

印　　刷　河南黎阳印务有限公司

经　　销　全国新华书店

版　　次　2015 年 8 月第 1 版

印　　次　2020 年 11 月第 27 次印刷

开　　本　889mm×1194mm　1/16

印　　张　22

字　　数　570 千

定　　价　56.00 元

前 言

国家教师资格考试作为从事教师行业的入门级考试，主要测查报考者应知应会的基本知识和所要具备的教师专业素养。其所考查的知识因内容繁杂而让考生在备考时无从下手。通过分析近几年的考试情况，我们发现国家教师资格考试对知识点的考查越来越全面、细致，对考生的专业知识和文化素养提出了更高要求。主要有以下三个方面的表现：

表现 1：难度增加，创新性强——命题方式更加灵活，结合教学实例考查的题目增多，更注重考查报考者的素养，增加了试题难度。

表现 2：考查点更加细致，针对性强——契合报考学段学生特征的题目明显增多，题目更有针对性，考点更加细致。

表现 3：主观题命题灵活，凸显综合能力——材料分析题和教学设计题灵活性更强，要求也更为具体。

基于以上考情变化，我们认为教师资格考试的难度有增无减，考生若想在较短的时间里通过考试，仍需披荆斩棘、百炼成钢。为此，我们建议：一是在宏观上把控知识，对教材知识一定要系统复习；二是在微观上根据重难点知识有针对性地掌握；三是合理掌握一些应试技巧。

为此，我们在 2020 版教材的基础上，重新梳理内容，精心策划设计 2021 版教材，力求使考生备考更加高效。

特色 1 » 精研考情 内容全面

本教材秉承“只为考试而生，仅为过关而作”的理念，以考试大纲为“标尺”，通过对历年真题的分析，将考试涉及的知识点进行汇总，并依据命题方式、出现频次，对汇总的知识点进行“瘦身”。这样做的好处是摒除无用的知识，保证教材上每一句话都是命题点。同时采取漫画（图示）助解、精选真题、关联知识等多种呈现形式，使教材更加有趣、有颜、有内涵。

特色 2 » 技巧点拨 方法实用

能解决题目的方法才是好方法，能得高分的技巧才是好技巧。本教材摒除传统教材纯文字讲述、语句冗长，缺乏针对性的缺点，设计增加“应试指导”“考向分析”“山香指导”等多个模块，使教材更具实用性。同时，针对材料分析、教学设计、写作等“大题”，特别撰写了答题指导和解题方法。变学习记忆型考试为技能型考试，减轻考生学习负担，提高学习效率。

特色 3 » 学练结合 稳步提升

本教材在内文中有针对性地穿插真题，使考生知晓具体的考题形式。在每一章的最后特设“强化练习”模块，精选大量和真题同类型的考题并附详尽解析。考生可通过适当的训练，学练结合，稳步提升能力。

本教材所用真题，均来源于网络和考生回忆。殷切期待广大考生给我们提出宝贵意见，促进我们更快成长，让山香图书帮助更多的人。

山香教师资格考试命题研究中心

图解教材

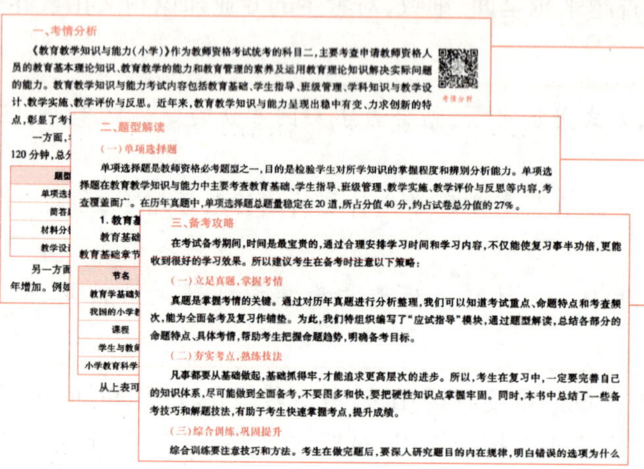

一、考情分析

《教育教学知识与能力(小学)》作为教师资格考试统考的科目二,主要考查申请教师资格人员的教育基本理论知识、教育教学的能力和教育管理的素养及运用教育理论知识解决实际问题的能力。教育教学知识与能力考试内容包括教育基础、学生指导、班级管理、学科知识与教学设计、教学实施、教学评价与反思。近年来,教育教学知识与能力呈现出稳中有变、力求创新的特点,彰显了考……

二、题型解读

(一)单项选择题

单项选择题是教师资格必考题型之一,目的是检验学生对所学知识的掌握程度和辨别分析能力。单项选择题在教育教学知识与能力中主要考查教育基础、学生指导、班级管理、教学实施、教学评价与反思等内容,考查覆盖面广。在历年真题中,单项选择题总题量稳定在20道,所占分值40分,约占试卷总分值的27%。

三、备考攻略

在考试备考期间,时间是最宝贵的,通过合理安排学习时间和学习内容,不仅能使复习事半功倍,更能收到很好的学习效果。所以建议考生在备考时注意以下策略:

(一)立足真题,掌握考情

真题是掌握考情的关键。通过对历年真题进行分析整理,我们可以知道考试重点、命题特点和考查频次,能为全面备考及复习作铺垫。为此,我们特组织编写了"应试指导"模块,通过题型解读,总结各部分的命题特点、具体考情,帮助考生把握命题趋势,明确备考目标。

(二)夯实考点,熟练技法

凡事都要从基础做起,基础抓得牢,才能追求更高层次的进步。所以,考生在复习中,一定要完善自己的知识体系,尽可能做到全面备考,不要图多和快,要把硬性知识点掌握牢固。同时,本书中总结了一些备考技巧和解题技法,有助于考生快速掌握考点,提升成绩。

(三)综合训练,巩固提升

综合训练要注意技巧和方法。考生在做完题后,要深入研究题目的内在规律,明白错误的选项为什么

应试指导

考情分析

全面解读考试　分析考情变化

题型解读

分题型破解知识　依考点传授解法

备考攻略

科学备考　方法得当　成竹在胸

考向分析

本节主要介绍学生的特点、教师概述、教师专业发展、《小学教师专业标准(试行)》、师生关系等相关知识。本节需要考生掌握的核心知识和能力包括:

知识点	关键点	考频	题型	要求
习近平总书记对广大教师的新要求	四有好老师、四个引路人的内容	3	单选	识记
教师劳动的特点	长期性的具体内涵	2	单选	理解
《小学教师专业标准(试行)》	专业知识的领域的内容	1	简答	识记
	专业能力的基本内容	2	单选、简答	识记、理解
良好师生关系的建立	影响师生关系的主导因素	1	单选	识记
	师生关系建立的基本要求	2	简答、材料	识记、理解、运用

思维导图

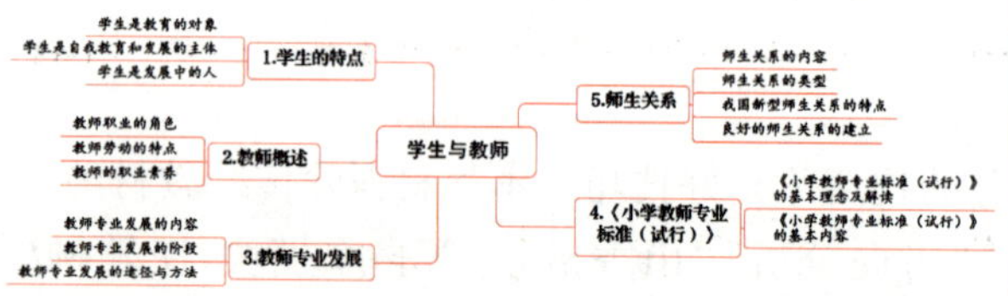

考情探究

考向分析

权威解读真题　总结规律

客观统计分析　预测考向

思维导图

梳理知识脉络　勾勒认知地图

山香指导　本知识点要求考生能辨析“教育”一词的最早出处和最早解释。最早提出：孟子的《孟子·尽心上》；最早解释：许慎的《说文解字》。

山香指导

疑难点解读　易混点辨析

核心知识

巧学妙记　(1)**诸神合一**:神话起源说认为教育的目的是使人皈依于神或顺从于天。**诸**:朱熹。

(2)**本能生利息**:生物起源说认为教育起源于动物的生存本能。**利息**:利托尔诺和沛西·能。

(3)**心里做着一个无意识的梦**:心理起源说认为教育起源于儿童对成人的无意识模仿。**梦**:孟禄。

巧学妙记

速记口诀　强化记忆

关联知识

问卷的回收率

对回收的问卷,在剔除废卷的同时,要统计有效问卷的回收率。一般来说,如果回收率仅为30%,所得资料只能用作参考;回收率在50%,所得资料可以作为提出建议的依据;只有当回收率在70%以上,所得资料方可作为研究结论。

关联知识

开阔考生视野　完善知识体系

目 录 CONTENTS

第三章 班级管理

第一节 班级与班级管理

第二节 班主任工作

第三节 班队活动和课外活动

第四章 学科知识与教学设计

第一节 教学设计与教案

第六章 教学评价与反思

专家微课视频索引

（扫描正文中下列知识点处的二维码，即可获取专家微课视频）

应 试 指 导

教育教学知识与能力(小学)

一、考情分析

《教育教学知识与能力(小学)》作为教师资格考试统考的科目二,主要考查申请教师资格人员的教育基本理论知识、教育教学的能力和教育管理的素养及运用教育理论知识解决实际问题的能力。教育教学知识与能力考试内容包括教育基础、学生指导、班级管理、学科知识与教学设计、教学实施、教学评价与反思。近年来,教育教学知识与能力呈现出稳中有变、力求创新的特点,彰显了考试命题的科学性和针对性,具体表现如下:

考情分析

一方面,考试题型基本稳定,分为单项选择题、简答题、材料分析题和教学设计题四个题型,考试时间为120分钟,总分值为150分,题型、题量、分值具体分布如下:

题型	题量	每题分值	总分	合计
单项选择题	20	2	40	150分
简答题	3	10	30	
材料分析题	2	20	40	
教学设计题	1	40	40	

另一方面,每年在基本题型、题量不变的情况下,各模块内知识点分值及考查方向略有变化,且难度逐年增加。例如,简答题每年考查点小且细,令人难以捉摸;教学设计题复杂多变,难度较大。

二、题型解读

(一)单项选择题

单项选择题是教师资格必考题型之一,目的是检验学生对所学知识的掌握程度和辨别分析能力。单项选择题在教育教学知识与能力中主要考查教育基础、学生指导、班级管理、教学实施、教学评价与反思等内容,考查覆盖面广。在历年真题中,单项选择题总题量稳定在20道,所占分值40分,约占试卷总分值的27%。

1. 教育基础

教育基础包括教育学基础知识、我国的小学教育、课程、学生与教师、小学教育科学研究,题量7~9道。教育基础章节在单项选择题中的考点分布如下:

节名	2020(下)	2019(下)	2019(上)	2018(下)	2018(上)	2017(下)	题量
教育学基础知识	2	3	3	4	1	4	7~9道
我国的小学教育	0	0	0	0	0	0	
课程	3	4	5	3	4	3	
学生与教师	1	1	0	0	2	1	
小学教育科学研究	1	1	1	1	0	0	

从上表可以看出,教育学基础知识和课程这两节每年考查较多,考生应特别注意。

真题示例

[2020 下半年]“子曰:自行束脩以上,吾未尝无诲焉。”《论语》中这句话体现的教育思想是(　　)

A. 启发诱导　　B. 因材施教　　C. 有教无类　　D. 诲人不倦

[作答思路]本题考查考生的识记能力和对知识的掌控能力。答题分三步:第一步,审题干,找关键词或句子,题干中提问孔子的这句话体现的是他的什么思想,考生首先要准确理解孔子的这句话;第二步,识考点,本题考查孔子的教育思想;第三步,找出正确答案,考生需熟练掌握孔子的教育思想,即可选出正确答案。

[答案]C。《论语》中孔子的这句话可译为:只要是主动带着一束肉干前来求教,我没有不给予教诲的。这说明孔子在教育对象上一律平等对待,没有贫富贵贱的区别,体现了孔子有教无类的教育思想。

2. 学生指导

学习指导包括心理学基础知识、小学生身心发展、小学生德育与美育、小学生安全教育、小学生心理健康教育,题量 3 ~ 6 题。学生指导模块在单项选择题中的考点分布如下:

节名	2020(下)	2019(下)	2019(上)	2018(下)	2018(上)	2017(下)	题量
心理学基础知识	2	2	1	1	2	1	3 ~ 6 道
小学生身心发展	1	0	0	1	1	0	
小学生学习指导	1	1	1	1	1	0	
小学生德育与美育	1	1	1	1	1	1	
小学生安全教育	1	1	1	1	1	0	
小学生心理健康教育	0	0	1	0	0	1	

从上表可以看出,本章知识考查较为均匀,每节几乎都会考查,尤其是心理学基础知识,每年考查题量都很大,考生应重点注意。

真题示例

[2020 下半年]小学生在背诵一篇较长的课文时,往往中间部分比开头和末尾部分遗忘较多,这是因为其记忆受到了(　　)

A. 前摄抑制　　B. 前摄抑制和倒摄抑制

C. 倒摄抑制　　D. 倒摄抑制和干扰抑制

[作答思路]本题考查考生的识记能力和对知识的掌控能力。答题分三步:第一步,审题干,找关键词或句子,题干中提问,背诵课文时中间部分比开头和末尾部分遗忘较多的原因;第二步,识考点,本题考查遗忘的原因;第三步,找出正确答案。考生只需依照遗忘的几种理论学说,即可推出正确答案。

[答案]B。小学生背诵一篇较长的课文时,中间部分遗忘较多,这是因为中间部分受到前摄抑制和倒摄抑制的影响,因而最容易遗忘。

3. 班级管理

班级管理包括班级与班级管理、班主任工作、班队活动和课外活动,单项选择题在本节考查较少,题量为 0 ~ 2 道,所占分值不高。班级管理章节在单项选择题中的考点分布如下:

节名	2020(下)	2019(下)	2019(上)	2018(下)	2018(上)	2017(下)	题量
班级与班级管理	0	0	0	0	1	0	0 ~ 2 道
班主任工作	0	0	0	0	1	0	
班队活动和课外活动	0	1	1	1	0	2	

真题示例

[2019 下半年]从课外活动的内容看,学校举办的法治教育报告会属于(　　)

A. 学科活动　　B. 社会活动　　C. 主题活动　　D. 文体活动

[作答思路]本题考查考生的识记能力。考生需牢记课外活动中主题活动的相关内容,排除干扰项。

[答案]C。主题活动是就某一特定专题而展开的短期或长期的专门活动。法治教育报告会是以"法治教育"为主题的专门活动,属于主题活动。

4. 教学实施

教学实施包括教学概述、教学原则与方法、教学组织形式、小学课堂教学的实施、学习动机、知识与技能的学习与掌握。题量较多,一般为 4 ~ 7 道,教学实施章节在单项选择题中的考点分布如下:

节名	2020(下)	2019(下)	2019(上)	2018(下)	2018(上)	2017(下)	题量
教学概述	0	0	0	0	0	2	4 ~ 7 道
教学原则与方法	1	2	2	0	2	1	
教学组织形式	1	1	0	1	1	1	
小学课堂教学的实施	3	0	0	1	0	0	
学习动机	1	1	1	1	0	1	
知识与技能的学习与掌握	0	1	1	1	1	2	

从上表可以看出,本章除了教学概述,其余知识考查较为均匀,每节几乎都会考查,尤其是教学原则与方法,考生应重点注意。

真题示例

[2020 下半年]教学《圆的认识》一课时,教师展示圆形图片、硬币,让学生看一看、摸一摸,然后总结圆的特点。这一教学过程主要遵循的是(　　)

A. 直观性原则　　B. 启发性原则　　C. 循序渐进原则　　D. 因材施教原则

[作答思路]本题考查考生的识记能力和对知识的掌控能力。答题分三步:第一步,审题干,找关键词或句子,题干中提到老师利用"圆形图片""硬币",让学生"看一看""摸一摸";第二步,识考点,本题考查教学原则的相关内容;第三步,找出正确答案,考生只需依照各个教学原则的内涵,即可推出正确答案。

[答案]A。教师展示圆形图片、硬币,让学生看一看、摸一摸,有助于学生获得关于圆的生动表象,进而全面深刻地掌握知识,这体现的是直观性原则。

5. 教学评价与反思

教学评价与反思主要考查教学评价,本章内容在单项选择题中考查较少,题量 0 ~ 1 道,尤其是教学评价的类型是重点中的重点。教学评价与反思章节在单项选择题中的考点分布如下:

节名	2020(下)	2019(下)	2019(上)	2018(下)	2018(上)	2017(下)	题量
教学评价	1	0	1	1	0	0	0 ~ 1 道

真题示例

[2019 上半年]为了保护学生学习的积极性,老师在批改学生作业时,对做错的题目暂不打"×",做对后再打"√",这种评价属于(　　)

A. 延迟评价　　B. 绝对评价　　C. 相对评价　　D. 个体内差异评价

[作答思路]本题考查考生的识记能力和对知识的掌控能力。答题分三步:第一步,审题干,找关键词或句子,题干中老师为了保护学生学习的积极性,对"做错的题目暂不打'?'";第二步,识考点,本题考查延迟评价的相关内容;第三步,找出正确答案,考生只需按照题干中的关键词或句找出对应的评价类型即可。

[答案]A。延迟评价是指在平时学习过程中,对尚未达到目标要求的学生,可暂时不给明确的评价结果,给学生更多的机会,当取得较好的成绩时再给予评价,以保护学生学习的积极性。题干所述评价属于延迟评价。

解题方法

单项选择题的解题方法,最常用的就是"排除法"(包括排谬、排对、排异、排重)"优选法""比较分析法"等。

"排谬法"就是把明显错误的选项排除(如题干要求选错的,就把正确的排除);"排对法"就是把选项中一致、互相重复或能互相推出,选其一必能多选的成对选项排除;"排异法"是把与题意无关的选项排除;"排重法"是把与题干重复的排除。剩下的选项再用"优选法"把明显符合题意的选出,一般不会有多大问题。所谓"最符合题意",主要是针对"正确"选项中的"最佳"选项而言的。

(二)简答题

简答题是教师资格考试必考题型之一,目的是检验学生对所学知识的记忆和掌握程度。简答题在教育教学知识与能力中主要考查教育基础、学生指导、班级管理、教学实施。题目涉及广泛,答题知识点明确,较单一,主要考查学生对知识点的记忆。在历年真题中,简答题的题量稳定在 3 道,所占分值为 30 分,占试卷总分值的 20%。考点分布如下:

时间	题干	考点
2020(下)	简述教育观察法的基本步骤	教育观察法
	简述皮亚杰认知发展理论的教育启示	心理发展理论
	简述小学班主任对学优生的教育策略	班主任工作的内容与方法
2019(下)	简述小学综合实践活动开展的基本步骤	综合实践活动
	简述维果斯基"最近发展区"理论及其教育启示	心理发展理论
	简述实施榜样教育的基本要求	小学德育的方法
2019(上)	简述人格形成与发展的影响因素。	人格、气质与性格
	简述小学德育的实施途径。	小学德育的途径
	简述《小学教师专业标准(试行)》中关于教师专业能力的构成。	《小学教师专业标准(试行)》
2018(下)	简述影响学生有意注意的因素。	注意
	简述家校合作的途径。	班主任工作的内容与方法
	《小学教师专业标准(试行)》中"专业知识"维度包括哪些领域?	《小学教师专业标准(试行)》
2018(上)	教师建立良好师生关系的基本要求有哪些?	师生关系
	简述学习迁移的影响因素	学习迁移
	调查问卷的问题设计有哪些基本要求?	教育调查法

续表

时间	题干	考点
2017(下)	简述思维过程中问题解决的影响因素。	思维
	简述班主任培养良好班风的主要措施。	班集体的形成与培养
	简述访谈法的基本步骤。	教育调查法

从上表可以看出,教育基础知识、心理学基础知识和班级管理是简答题考查的重点,考生需重点掌握这部分知识。

真题示例

[2020 下半年]简述小学班主任对学优生的教育策略。

[作答思路]本题考查考生的识记能力。答题分两步:第一步,审题,确定所考知识点,回忆相关理论知识。小学班主任对学优生的教育策略是属于班主任进行个别教育工作的内容。第二步,逐条列出各知识点,给出相关叙述。考生在作答时要明确列出每个方面,做到全面、完整。

[参考答案]班主任对学优生应该做到:(1)严格要求,防止自满;(2)不断激励,提高抗挫折能力;(3)消除嫉妒,公平竞争;(4)发挥优势,带动全班。

解题方法

(1)对已有的科学事实和观点做出肯定,阐明其具体表现,这是简答题中比较好解决的一类问题。在回答中,只要说明"是怎样",就可以了。

(2)比较难的一种问题,突出实践过程,强调具体方法,回答"应当怎样"。对这类问题,要注意操作的程序性,否则,回答就可能出现错误。

(3)最多的一类问题,要求阐明原因,回答"为什么"。对这类问题,关键是把道理讲清楚,看你的论据是否全面。

(4)还有一种特殊问题,对两个容易混淆的概念或观点,要求界定,加以区别。回答这类问题,语言必须简洁,直接点出差异所在,就达到了题目要求。有时,最好的办法和策略,就是叙述概念,自然地把差异说了出来,不必再写什么。

(5)在简答题中,最简单的是一些记忆性问题,不要求你解释,只要求你整体把握。一个问题,回答的要点多,是这类问题的特点。

(三)材料分析题

材料分析题是教师资格考试的必考题型之一,主要考查考生对知识点的综合运用能力。材料分析题在教育教学知识与能力中主要考查班级管理、教学实施等,题目范围涉及广泛。在历年真题中,材料分析题共2小题,每小题20分,共40分,占试卷总分值的27%。考点分布如下:

时间	题干	考点
2020(下)	(1)分析该校长发言中所蕴含的学生观 (2)结合材料谈谈小学教师应树立怎样的教育观	新课改的理念
	(1)评析李老师评价作文的方式 (2)如何通过作业评价促进学生的发展	现代教育评价

续表

时间	题干	考点
2019(下)	(1)分析小璇和我关系疏远的原因 (2)结合材料谈谈建立良好师生关系的基本要求	良好师生关系的建立
	(1)对材料中王老师使用教学媒体的情况进行评析 (2)阐述在教学过程中选择教学媒体的依据	课堂管理
2019(上)	(1)结合材料,谈谈你对教师与家长冲突的看法 (2)试述教师家访的注意事项	班主任工作的内容与方法
	(1)结合材料,评析王老师解决小杰困惑的教学行为 (2)简述教学过程中开发和利用学生资源的基本要求	教学原则 开发和利用学生资源的基本要求
2018(下)	(1)结合材料,评析黄老师的做法 (2)教师应如何对随班就读的"特殊儿童"进行教育	新课改的理念 "特殊儿童"的教育
	(1)结合材料,评析林老师的作业设计 (2)谈谈教师布置作业的基本要求	小学课堂教学的基本环节
2018(上)	(1)结合材料谈谈对小学生进行劳动教育的必要性 (2)如果你是李老师,将如何在班级开展劳动教育	小学德育的目标和内容
	(1)评析这一教学片段中,沈老师的教学行为 (2)结合材料谈谈沈老师是如何在教学过程中发挥主导作用的	教学原则 教学过程的基本规律
2017(下)	(1)评析吴老师对学生冲突的处理方式 (2)结合材料简述教师处理学生冲突的基本要求	班级突发事件的处理
	(1)评析这一教学片断中于老师的教学行为 (2)结合材料谈谈你对"教学是一门艺术"的认识	新课改的理念 教学原则和教师劳动的特点

从上表可以看出,材料分析题考查的重点包括新课程改革倡导的教育观念,班级管理中的问题和应对,课堂突发事件处理,教学实施的过程、原则、方法、基本环节、情境创设等。该题型对知识的综合性要求较高。

真题示例

[2019 上半年]**材料**:王老师出示问题:每棵树苗 16 元,张叔叔要买 4 棵,经过协商,买 3 棵送 1 棵。每棵便宜多少元?学生很快就有了以下两种解法:

(1)16×3=48(元),48÷4=12(元),16-12=4(元)

(2)16×3=48(元),16×4=64(元),64-48=16(元),16÷4=4(元)

王老师习惯性地问了一句:"还有不同的解法吗?"

小杰迟疑地举起了手:"老师,我的方法是 16÷4=4(元),但我说不出为什么。"这种解法王老师也没预料到,是否可行呢?是巧合吗?面对这一情况,王老师及时调整了教学思路,组织同学进行探讨。

学生纷纷发言,有的说"这个 16 元也表示买 4 棵一共便宜的,除以 4 得到的就是每棵便宜的。"有的说"买 3 棵送 1 棵,便宜的就是送的这 1 棵,也就是 4 棵便宜 16 元,所以 16 除以 4 就是每颗树便宜多少元。"……小杰困惑的表情舒展了,王老师也露出了笑容。

问题：

(1)结合材料，评析王老师解决小杰困惑的教学行为。

(2)简述教学过程中开发和利用学生资源的基本要求。

[作答思路] 材料分析题的考查方式非常灵活，通常涉及教育理论的综合运用。考生在作答时，首先，根据问题分析材料所考查的知识点；之后，阅读材料，画出关键语句，逐条列出与材料相关的内容；最后，依照答题要求具体作答，力求全面、具体。答题时有逻辑、有条理地进行阐述。

[参考答案] (1)材料中王老师的教学行为是正确的，是值得提倡的。

①启发性原则是指在教学活动中，教师要调动学生的主动性和积极性，引导他们通过独立思考、积极探索，生动活泼地学习，自觉地掌握科学知识，提高分析问题和解决问题的能力。材料中王老师在教学过程中注意调动学生的学习主动性，在学生产生疑惑时，组织同学讨论，从而帮助学生解决了疑惑，这就是一个引导学生独立思考，积极探索，生动活泼地学习的过程，体现了启发性教学原则。

②教师是教学活动的领导者、组织者。材料中王老师在教学过程中，一步步引导学生自己发现问题并解决问题，这体现了教师在教学过程中的主导作用。

③以"学生为本"是"以人为本"的理念在学校教育中的具体体现，也是教育的价值追求所在。它强调了学生的主体地位，要求教师尊重学生，关爱学生，充分发挥学生的主动性，为学生提供适合的教育。材料中王老师在教学过程中充分尊重学生，以学生为本，并在学生产生疑惑的时候，调整教学思路，引导学生通过讨论自己解决疑惑，体现了"以人为本"的教育理念。

(2)学生资源是指在课堂教学中源于学生的，包括学生已有的知识、生活经验、情感、动作等，通过师生互动而产生的，有利于教学的资源。教学过程中开发和利用学生资源的基本要求：①合理选择；②学生自愿；③利用适度；④创设机会；⑤因地制宜；⑥导有目的；⑦及时调控；⑧社区参与；⑨了解学生；⑩尊重学生。

解题方法

破解材料分析题的方法可归纳为"三知与四步"。

(1)"三知"就是：知情、知点、知规则。知情，即考生明白材料反映的问题；知点，就是考生明白考查的知识点；知规则，即考生明白如何利用知识点所反映出来的规则分析解决该问题。

(2)"四步"就是破解材料分析题的四个具体步骤：看点、审题、找规则、答题。看点，就是看题干最后提出的问题，弄清考什么。审题，可以逐字逐句地阅读，也可同时划出关键词。找规则，根据题干所提出的问题和给定的材料，思考所要考查的知识点，回忆有关教育理论的概念或原理。答题，可以分为组织解答提纲、确定解答方式、落笔成文三步。

(四)教学设计题

教学设计题是教师资格考试的必考题型之一，考查方式一般六个科目(语文、数学、英语、音乐、体育与健康、美术)择其一，分值为40分，约占总分值的27%。其中，每个科目下一般设置3个小题。下表为各学科在教学设计题中的历年考点分布。

科目	2020(下)	2019(下)	2019(上)	2018(下)	2018(上)	规律
语文	《我要的是葫芦》	《火烧云》	《惊弓之鸟》	《爬山虎的脚》	《浅水洼里的小鱼》	侧重考查学科知识、教学目标和教学重难点、导入环节或新授环节等

续表

科目	2020(下)	2019(下)	2019(上)	2018(下)	2018(上)	规律
数学	《统计》	《三角形内角和》	《体积和体积单位》	《整理房间》	《简易方程》	考查学科知识、教学目标设计和教学过程
英语	Today is Saturday	Things around us	At the De-partment Store	My day	Children's Day	主要考查学科教学知识、教学目标、导入和操练环节的设计
音乐	《小松树》	《小纸船的梦》	《数鸭子》	《小蜻蜓》	《火车开啦》	考查以低学段为主，主要包括学科知识、教学目标、教学环节的设计
体育与健康	《蹲踞式跳远》	《正面下手双手垫球》	《跨越式跳高》	《立定跳远》	《行进间体前变向换手运球》	主要涉及水平二和水平三的内容，包括教学重难点、教学目标、易犯错误纠正等
美术	《诗情画意》	《身边的设计艺术》	《变幻无穷的形象》	《剪对称鱼形》	《动物的脸》	侧重考查学科知识、教学目标和教学重难点、导入环节或新授环节等

真题示例

[2019 上半年]请认真阅读下列材料，并按要求作答。

数鸭子

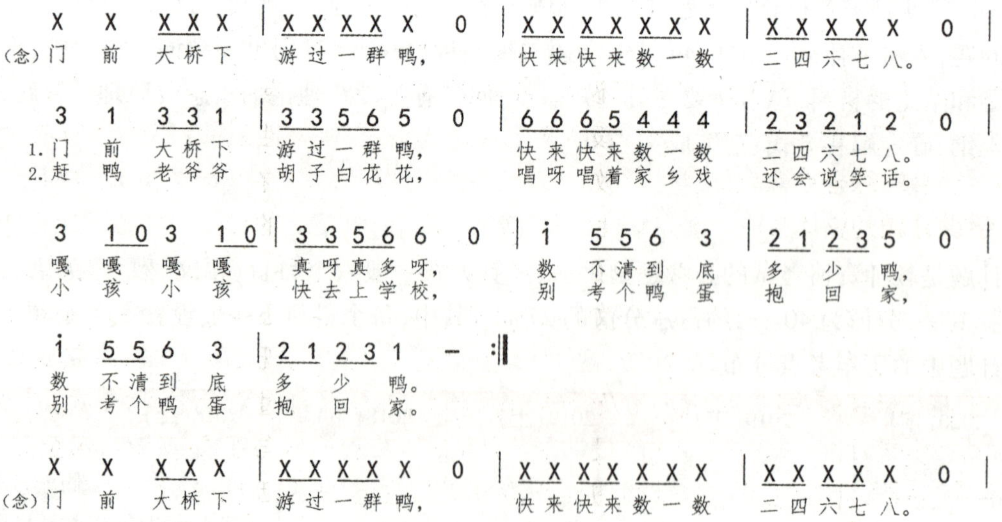

X X X X X | X X X X X 0 | X X X X X X X | X X X X X 0 |
(念)门 前 大 桥 下 游 过 一 群 鸭，快 来 快 来 数 一 数 二 四 六 七 八。

3 1 3 3 1 | 3 3 5 6 5 0 | 6 6 6 5 4 4 4 | 2 3 2 1 2 0 |
1.门 前 大 桥 下 游 过 一 群 鸭，快 来 快 来 数 一 数 二 四 六 七 八。
2.赶 鸭 老 爷 爷 胡 子 白 花 花，唱 呀 唱 着 家 乡 戏 还 会 说 笑 话。

3 1 0 3 1 0 | 3 3 5 6 6 0 | i 5 5 6 3 | 2 1 2 3 5 0 |
嘎 嘎 嘎 嘎 真 呀 真 多 呀，数 不 清 到 底 多 少 鸭，
小 孩 小 孩 快 去 上 学 校，别 考 个 鸭 蛋 抱 回 家，

i 5 5 6 3 | 2 1 2 3 1 – :‖
数 不 清 到 底 多 少 鸭。
别 考 个 鸭 蛋 抱 回 家。

X X X X X | X X X X X 0 | X X X X X X X | X X X X X 0 |
(念)门 前 大 桥 下 游 过 一 群 鸭，快 来 快 来 数 一 数 二 四 六 七 八。

请根据上述材料完成下列任务：

(1)简要分析歌曲的特点。

(2)如指导低年级小学生学唱本歌曲，试拟定教学目标。

(3)依据拟定的教学目标,结合歌曲设计节奏教学环节并说明理由。

[作答思路]教学设计题的考查方式比较固定,注重考查学科相关知识、教学目标的设计、教学重难点的设计、教学过程的设计。答题分三步:第一步,认真审题,回忆理论点;第二步,带着问题和理论点来分析材料;第三部,整体规划,按照作答要求规范书写。

[参考答案](1)歌曲的特点

《数鸭子》是一首具有说唱风格、形象生动、活泼有趣的童谣歌曲。歌词描写了小朋友看到鸭群游过大桥,兴奋地数鸭子的情景。曲调为C大调,四四拍,旋律主要以级进为主。前后皆有数板,巧在说唱结合,表现了少年儿童活泼可爱的个性,充满了童趣。

(2)教学目标

情感态度与价值观目标:学唱歌曲《数鸭子》,感受歌曲欢快活泼的音乐情绪,并编创动作表现其音乐形象。

过程与方法目标:在歌曲学唱过程中,认识四分休止符,并能准确运用。

知识与技能目标:认、读、拍出四分休止符“0”;能够用自然、活泼的声音演唱歌曲《数鸭子》。

(3)教学环节

节奏练习:

①模仿小鸭子的动态

师:“真是一群快乐的小鸭子呀!刚才我们模仿过它们的叫声,现在能不能用手模仿一下小鸭子在‘咕嘎咕嘎’叫时那扁扁的嘴巴呢?”(学生自由模仿)

②初听音乐,拍出歌曲的强弱规律指导学生模仿小鸭子的嘴巴:双手掌根相靠,指尖朝前模仿鸭嘴一张一合。聆听音乐,在歌曲强拍时合,弱拍时张,拍出歌曲的强弱规律。

③再听音乐,认、读、拍出四分休止符“0”师:“在这首歌曲当中,小鸭子给我们留下了一个非常特殊的礼物,那就是一个个小鸭蛋。这些小鸭蛋在音乐当中叫作‘四分休止符’,在这首歌曲里,我们每次看见它,就要停下来休息一拍将鸭蛋捡起来。仔细观察一下,在这首歌曲中,我们要捡几颗鸭蛋。接下来,就让我们跟着音乐模仿鸭子嘴巴的动态。注意,在看见小鸭蛋时,一定要停一拍,做一个捡鸭蛋的动作。”

[设计意图]通过形象的动作,拍出歌曲的强弱规律,并将四分休止符比喻成鸭蛋,每遇到它就停下一拍捡鸭蛋,轻松掌握“0”的时值。根据低年级学生的心理特点,将知识与技能巧妙融入音乐活动中,让学生通过形式多样的音乐活动反复聆听音乐,熟悉歌曲旋律,将本课的难点简单化。

解题方法

备考难点在于教学设计。在进行教学设计时,考生应做到如下几点:

(1)遵循教学设计的基本原则。教学设计的基本原则有:①系统性原则。教学设计必须从教学系统的整体功能出发,综合考虑教师、学生、教材、手段、评价等各种因素在教学中的地位和作用,并协调各种因素,发挥它们的整体效应。②目标性原则。教学设计应有明确的目标。教学设计应建立包括知识与技能、过程与方法、情感态度与价值观在内的立体化的教学目标群。③程序性原则。教学设计要按照一定流程,对教学内容进行巧妙构思,使教学层次的展开符合学生的心理活动规律,与思维及问题解决的过程基本一致,做到环环相扣,自然流畅。④反馈性原则。教学设计既要以了解和研究学生为基础,又要根据教学目标设计课堂提问、板书、演示及形成性目标测试练习,以通过测试进行教学效果反馈。

(2)撰写教学设计。一份优秀的教学设计主要包括以下一些内容与要求:教学目标全面具体、教学重点定位准确、教具学具实用必需、学情分析切中要害、教学过程突出活动、练习设计务实灵活、板书设计美观助学、教学反思有利成长。在考试中,只是对课堂某一环节进行教学设计,因此,考生应注意设计内容简洁、美观,切忌长篇赘述、主题不明。

三、备考攻略

在考试备考期间，时间是最宝贵的，通过合理安排学习时间和学习内容，不仅能使复习事半功倍，更能收到很好的学习效果。所以建议考生在备考时注意以下策略：

(一)立足真题，掌握考情

真题是掌握考情的关键。通过对历年真题进行分析整理，我们可以知道考试重点、命题特点和考查频次，能为全面备考及复习作铺垫。为此，我们特组织编写了“应试指导”模块，通过题型解读，总结各部分的命题特点、具体考情，帮助考生把握命题趋势，明确备考目标。

(二)夯实考点，熟练技法

凡事都要从基础做起，基础抓得牢，才能追求更高层次的进步。所以，考生在复习中，一定要完善自己的知识体系，尽可能做到全面备考，不要图多和快，要把硬性知识点掌握牢固。同时，本书中总结了一些备考技巧和解题技法，有助于考生快速掌握考点，提升成绩。

(三)综合训练，巩固提升

综合训练要注意技巧和方法。考生在做完题后，要深入研究题目的内在规律，明白错误的选项为什么错，学会分析命题人的思路和考查方向。同时，考生切忌一味的题海战术，要有针对性地训练，对易错薄弱内容，进行专门性的强化练习，并注意分析和总结。

通过以上内容，大家应该对本科目的备考有了自己的认识和理解，接下来就是要整理心情，充实信心，踏实走好每一步，相信大家都会收到让自己满意的结果。

01 教育基础

教育基础

- **题型题量**
  - 7～9道单项选择题
  - 0～2道简答题
  - 0~1道材料分析题
- **所占分值**
  - 34～48分
- **重点掌握**
  - 1.教育学基础知识
  - 2.课程的类型、目标、内容
  - 3.当前我国基础教育课程改革的具体内容

第一节　教育学基础知识

考向分析

本节主要介绍教育的产生与发展、教育学的产生与发展、教育与社会的发展、教育与人的发展、教育目的、学校教育制度、义务教育制度等相关知识。本节需要考生掌握的核心知识和能力包括：

知识点	关键点	考频	题型	要求
教育的基本形态	学校教育的直接目标、家庭教育的特点	2	单选	识记、理解
教育的起源	生物起源说的观点	1	单选	识记、理解
教育的产生与发展	教育产生的根本原因、学校产生的基本条件	2	单选、简答	识记
教育学的萌芽阶段的教育思想	孔子的教育思想	5	单选	识记、理解
教育学的独立形态阶段的教育思想	夸美纽斯、卢梭、杜威的教育思想	4	单选	识记、理解
中国近现代教育思想	陶行知的教育思想	2	单选	识记、理解
当代教育学理论的新发展	布鲁纳、巴班斯基的教育思想	2	单选	识记
教育与社会的发展	教育与政治/文化的关系	4	单选、简答	识记、理解
教育与人的发展	环境、主观能动性在个体发展中的作用	2	单选、简答	识记、理解
	个体身心发展的动因	1	单选	识记、理解
	马克思关于人的全面发展学说	3	单选	识记
学校教育制度	学制的内容	1	单选	识记
	现代学制的类型	1	简答	识记
	旧中国的学制	3	单选	识记
义务教育制度	义务教育的特点、《中华人民共和国义务教育法》的颁布时间	4	单选	识记、理解

本节知识内容较为琐碎，主要涉及单选和简答两种题型。在备考时，考生应注意：①教育学的萌芽阶段的教育思想；②教育学的独立形态阶段的教育思想；③教育与社会的发展；④教育与人的发展；⑤学校教育制度；⑥义务教育制度。预计在之后的考试中，以上内容仍是考查重点，但更突出对考生能力和素养的考查。

思维导图

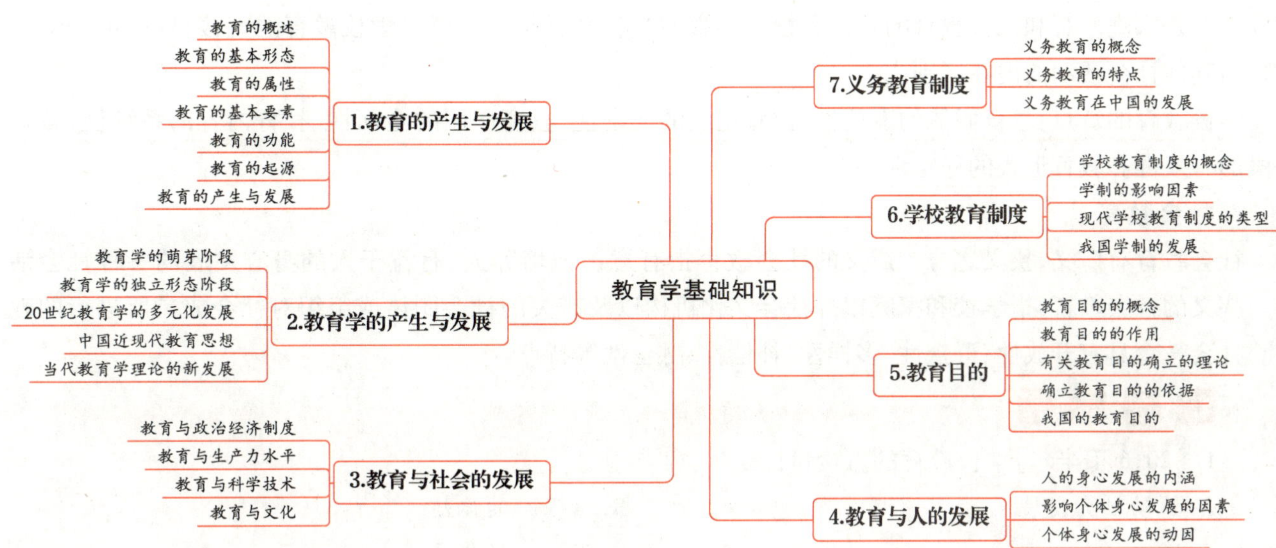

核心知识

一、教育的产生与发展

(一)教育的概述

1."教育"一词的由来

"教育"一词**最早见于**《孟子·尽心上》中的"得天下英才而教育之,三乐也"。许慎在《说文解字》中这样解释:"教,上所施,下所效也","育,养子使作善也"。这是关于"教育"一词的**最早解释**。

在西方,"教育"一词源于拉丁文"educare",前缀"e"有"出"的意思,意为"引出"或"导出"。

山香指导 本知识点要求考生能辨析"教育"一词的最早出处和最早解释。最早提出:孟子的《孟子·尽心上》;最早解释:许慎的《说文解字》。

2.教育的概念

教育有广义和狭义之分。

从广义上说,教育泛指增进人的知识与技能、发展人的智力与体力、影响人的思想观念的活动。它包括社会教育、学校教育和家庭教育。

从狭义上说,教育主要指学校教育,是教育者依据一定的社会要求,依据受教育者的身心发展规律,有目的、有计划、有组织地对受教育者施加影响,促使其朝着所期望的方向发展变化的活动。

(二)教育的基本形态

教育形态是指教育的客观存在形式和表现形态。根据教育系统所赖以运行的场所或空间标准,可以将教育形态划分为家庭教育、学校教育和社会教育。家庭、学校和社会教育的结合称为教育合力。

1.家庭教育

家庭教育是指在家庭内由父母或其他年长者对新生一代和其他家庭成员所进行的有目的、有意识的教育。家庭教育具有先导性、生活性、感染性、针对性、终身性等特点。

2. 学校教育

学校教育是社会发展到一定阶段的产物，是教育发展的高级形态，在整个教育体系中居于核心地位。学校教育是家庭教育和社会教育的导向和枢纽。影响受教育者身心发展是学校教育的直接目标，也是学校教育与其他社会活动的内在区别。

学校教育的特点：教育职能的专门性、教育组织的严密性、教育作用的全面性、教育内容的系统性、教育手段的有效性和教育形式的稳定性。

3. 社会教育

社会教育有广义、狭义之分。广义的社会教育指有意识地培养人、有益于人的身心发展的各种社会活动。狭义的社会教育，指学校和家庭以外社会文化机构以及有关的社会团体或组织对社会成员所进行的教育。社会教育具有开放性、群众性、多样性、补偿性、融合性等特点。

精 选 真 题

1. [2016 下半年]学校教育的直接目标是(　　)

A. 推动社会发展　　B. 增强人的体质

C. 增进社会公平　　D. 促进人的发展

答案:D。本题考查考生的理解与识记能力。学校教育是有目的、有计划、有组织地对受教育者施加影响，促使其朝着所期望的方向发展变化的活动，影响受教育者身心发展是学校教育的直接目标。据此可知，学校教育的直接目标是促进人的发展。

2. [2016 上半年]与学校教育相比，家庭教育的特点主要表现在(　　)

A. 生活性　　B. 计划性　　C. 组织性　　D. 系统性

答案:A。本题考查考生的识记能力。考生识记学校教育、家庭教育的特点即可。

(三)教育的属性

1. 教育的本质属性

教育的本质属性是育人，即教育是一种有目的地培养人的社会活动，这是教育区别于其他事物现象的根本特征，也是教育的**质的规定性**。

教育的具体而实在的规定性体现在：

(1)教育是人类所特有的一种有意识的社会活动。

(2)教育是人类有意识地传递社会经验的活动。

(3)教育是以人的培养为直接目标的社会实践活动。

2. 教育的社会属性

教育具有永恒性、历史性、继承性、长期性、生产性、民族性以及相对独立性等社会属性。

社会属性	内　涵
永恒性	教育与人类社会共始终
历史性	不同时期的教育有其不同的历史形态、特征
继承性	不同时期的教育有共同点，前后相继
长期性	时间周期较长

续表

社会属性	内　涵
生产性	教育从来就是生产性活动,在对象、过程、结果等方面有自己的特殊性
民族性	教育在具体的民族或国家中进行,有其民族性特征
相对独立性	教育有其自身的规律,可以“超前”或“滞后”于当时的社会发展

精选真题

[2013 下半年]“只有通过适当的教育之后,人才能成为一个人。”夸美纽斯的这句话旨在说明教育是(　　)

A. 培养人的社会实践活动

B. 使人得以生存的活动

C. 传递社会经验的活动

D. 保存人类文明的活动

答案:A。本题考查考生的理解能力。夸美纽斯这句话的意思是人必须要接受教育,说明了教育对人的重要性,从一定程度上揭示了“教育是培养人的社会活动”这一本质属性。

(四)教育的基本要素

教育的基本要素主要包括**教育者**、**受教育者**和**教育媒介**(教育影响)。

1. 教育者

教育者是指对受教育者在知识、技能、思想、品德等方面起到教育影响的人,包括学校教师,教育计划、教科书的设计者和编写者,教育管理人员以及参与活动的其他人员。其中,教师是学校教育者的主体,是直接的教育者,在整个教育过程中起主导作用,是学生身心发展的主要影响源。教育者具有主体性、目的性和社会性。

2. 受教育者

受教育者,即学习者,是指在社会教育活动中,在生理、心理及性格发展方面有目的地接受影响、从事学习的人。它既包括在校学习的学生,也包括各种成人教育中的学习者。受教育者是教育的对象及学习的主体,是构成教育活动的基本要素。

3. 教育媒介

教育媒介,也称教育影响,指建构于教育者和被教育者之间起桥梁或沟通作用的一切事物的总和,包括教育内容、教育方法与组织形式和教育手段等。教育媒介是教育活动的中介。

教育者是教育媒介和受教育者之间的纽带;受教育者是教育者选择和施加教育影响的对象;教育媒介是教育者对受教育者作用的桥梁,是教育者和受教育者相互作用的中介。

(五)教育的功能

教育功能是教育活动和系统对个体发展和社会发展所产生的各种影响和作用。教育功能可按照下面几种方式分类:

01

分类标准	类型	含义
作用的对象	个体功能（本体功能）	教育对个体发展的影响和作用。它由教育活动的内部结构特征决定,发生于教育活动内部。教育的个体功能表现为教育对个体社会化和个体个性化的促进作用
	社会功能（派生功能）	教育对社会发展的影响和作用。作为社会结构的子系统,教育通过对人的培养进而影响社会的生存与发展
作用的方向	正向功能（积极功能）	教育有助于社会进步和个体发展的积极影响和作用。该功能强调教育的正面性和积极性
	负向功能（消极功能）	教育阻碍社会进步和个体发展的消极影响和作用。教育的负向功能使教育在不同程度上对人和社会的发展产生阻碍作用
作用呈现的形式	显性功能	教育活动依照教育目的,在实际运行中所出现的与之相吻合的结果。显性功能的主要标志是计划性
	隐性功能	伴随显性教育功能所出现的非预期性的功能
性质	保守功能	教育具有自身的结构,具有内在的稳定性和自身的逻辑性,不随社会的变化而变化,表现出教育重复、封闭、保守的一面
	超越功能	通过教育的自我更新和变革,促进和引领人类社会的发展

(六)教育的起源

对教育起源进行考证,大致断定教育出现的最早时间,主要是为了思考教育现象出现的真正原因,从发生的角度更好地把握教育本质,让教育更好地为人类服务。教育起源问题既是教育史研究的范畴,也是教育基本理论研究的重要课题。关于教育的起源问题有许多不同的观点,比较有代表性的教育起源学说有神话起源说、生物起源说、心理起源说和劳动起源说。

教育的起源

学说	代表人物	观点	评价
神话起源说	朱熹	教育是由人格化的神(上帝或天)所创造的,教育目的是体现神或天的意志	关于教育起源的最古老的观点
生物起源说	利托尔诺(法) 沛西·能(英)	教育是一种生物现象,认为教育起源于动物界中各类动物的生存本能活动	(1)第一个正式提出的有关教育起源的学说;(2)标志着在教育起源问题上开始转向科学解释;(3)没有把握人类教育的目的性和社会性,把教育的起源问题生物学化
心理起源说	孟禄(美)	教育起源于儿童对成人的无意识模仿	把人类有意识的教育行为混同于无意识模仿,否定了教育活动的目的性和意识性,同样导致了教育的生物学化,否认了教育的社会属性
劳动起源说	苏联和我国学者	在马克思历史唯物主义理论指导下形成,认为教育起源于人类特有的生产劳动	提供了理解教育起源和教育性质的一把“金钥匙”

神话起源说

生物起源说

心理起源说

劳动起源说

巧学妙记　(1)**诸神合一**：神话起源说认为教育的目的是使人皈依于神或顺从于天。**诸**：朱熹。

(2)**本能生利息**：生物起源说认为教育起源于动物的生存本能。**利息**：利托尔诺和沛西·能。

(3)**心里做着一个无意识的梦**：心理起源说认为教育起源于儿童对成人的无意识模仿。**梦**：孟禄。

精选真题

[2016 下半年]英国教育学家沛西·能认为，教育是天生的而不是获得的表现形式，是扎根于本能的、不可避免的行为。这一观点属于(　　)

A. 神话起源说　　B. 生物起源说　　C. 心理起源说　　D. 劳动起源说

答案：B。本题考查考生的理解能力。沛西·能将教育归结于本能，认为教育是一种生物现象，教育起源于动物界中各类动物的生存本能活动。题干所述教育是扎根于本能、不可避免的行为，属于生物起源说的观点。

(七)教育的产生与发展

1. 教育的产生

教育产生的原因：人类对自身生存和发展的需要是教育产生的根本原因，也是教育作为人类社会中具有永恒意义的范畴的根本原因。

教育产生的条件：人类劳动的进行，是教育产生的最根本条件。劳动是教育产生的必要条件，同时，语言的形成也使教育的产生成为可能。

精选真题

[2016 下半年]教育产生的根本原因是(　　)

A. 社会经济发展的需要　　B. 国家政权稳定的需要

C. 人类文化传承的需要　　D. 人类生存发展的需要

答案：D。本题考查考生的识记能力。考生记忆教育产生的原因即可。

2. 原始社会的教育

总体来说,原始社会的教育主要有以下三个特征:

(1)教育具有非独立性,教育和社会生活、生产劳动紧密相连。教育是在生产劳动和社会生产中进行的,没有特定的教育场所和专职教育人员。

(2)教育具有自发性、全民性(普及性)、广泛性、无等级性(平等性)和无阶级性,是原始状态下的教育机会均等,只因年龄、性别和劳动分工不同而有差别。

(3)教育具有原始性。教育内容简单,主要是传递生产经验;教育方法单一,只限于动作示范与观察模仿、口耳相传与耳濡目染。

3. 古代社会的教育

(1)学校的产生

学校是人类社会发展到一定历史阶段的产物,人们一般认为学校产生于奴隶社会时期。学校产生的条件包括:

①社会生产水平的提高为学校的产生提供了必要的物质基础。

②脑力劳动与体力劳动的分离为学校的产生提供了专门从事教育活动的知识分子。

③文字的创造以及社会生产生活知识的大量积累为学校的产生提供了进行教育的工具和内容,以及进行文字教学和传授知识的社会需要。

④国家的产生需要专门的教育机构培养维护统治阶级利益的官吏和知识分子。

精选真题

[2015 **下半年**]简述学校成立的基本条件。

参考答案:参见内文。

(2)中国古代教育的发展

时期	学校名称	特点
五帝时期	**成均、庠**	我国古代学校的萌芽
夏朝	**序、校**	我国最早的学校出现
商朝	大学、小学、瞽宗、庠、序	有了比较正规的学校教育场所;根据不同年龄的学生在教育上的要求,划分了不同的教育阶段 **注:**瞽宗是商代大学特有的名称,是当时奴隶主贵族子弟学习礼乐的场所
西周	国学、乡学	形成了政教合一,"学在官府"("学术官守")的官学体系; 形成了以"礼乐"为中心的"六艺"(礼、乐、射、御、书、数)教育——学校教育的基本学科
春秋战国	**稷下学宫**	官学衰微,私学兴起,教育的对象由贵族扩大到平民,促成百家争鸣。 **稷下学宫**是养士的缩影,是由官家举办、私家主持的学校,特点是学术自由
两汉时期	太学、鸿都门学	中央官学。汉武帝采纳董仲舒"罢黜百家、独尊儒术"的建议,设立太学,太学是当时的最高教育机构。 东汉灵帝时设立鸿都门学,是一所研究文学艺术的专门学校
两汉时期	郡国学或郡县学	地方官学。其发展始于"文翁兴学"

续表

时期	学校名称	特点
隋唐时期	六学、二馆	采用科举制取士，唐朝形成以六学二馆为主干的完备的官学教育系统。 六学：国子学、太学、四门学、律学、书学、算学；二馆：崇文馆、弘文馆
宋朝	书院	国学：程朱理学。 教育内容："四书五经"。"四书"是《大学》《中庸》《论语》《孟子》的合称；"五经"是《诗》《书》《礼》《易》《春秋》的合称。 **注：**六大书院有白鹿洞书院、石鼓书院、岳麓书院、应天府书院、嵩阳书院、茅山书院
明朝	社学	八股文成为科举考试的固定格式，其出现标志着封建社会教育的衰落。在城镇和乡村地区广泛开设社学
清朝	学堂	1905 年(清光绪三十一年)科举制度被废除

精选真题

[2013 下半年]中国最早的学校形态出现在(　　)

A. 西周　　B. 春秋战国

C. 夏朝　　D. 殷商

答案：C。本题考查考生的识记能力。考生记忆中国最早的学校形态出现的时期即可。

(3)外国古代教育的发展

外国古代教育的发展

奴隶社会时期，古印度、古埃及等古代东方国家的教育较为发达，西方以古希腊为代表，出现了雅典教育和斯巴达教育两种教育体系。进入封建社会后，西欧的教育以教会教育和骑士教育为主，这两种教育在欧洲延续了近千年，直到文艺复兴时期，才出现了新的教育思潮——人文主义教育。

地区	教育形式	简介	特征
古代印度	婆罗门教育	以家庭教育为主，记诵《吠陀》经，僧侣是唯一的教师	宗教权威至高无上，教育控制在婆罗门教和佛教手中。 婆罗门和佛教教育的相同之处：①教育目的与人生目标一致，主要是一种道德陶冶；②内容多是消极的、遁世的，缺乏积极因素；③都主张禁欲修行
	佛教教育	佛教教育的目的在于让人们弃绝人间享乐，通过修行，追求虚幻的来世。教育活动主要是背诵经典和钻研经义	
古代埃及	宫廷学校	古王国末期已有宫廷学校，是法老教育皇子皇孙和贵族子弟的场所	"以僧为师""以吏(书)为师"
	职官学校	以吏为师、以法为教，招收贵族和官员子弟，肩负着文化训练和业务训练的任务	
	文士学校	古代埃及开设最多的学校。文士精通文字，能写善书，执掌治事权限，较受尊重	

续表

地区	教育形式	简介	特征
古代希腊	雅典教育	在西方最早形成体育、德育、智育、美育和谐发展的教育,教育内容比较丰富,教育方法也比较灵活,教育目的是培养有文化、有修养和多种才能的政治家和商人	不同社会阶层的人所受教育的方式不同:贵族子弟聘请家庭教师;平民子弟在私立学校接受教育
	斯巴达教育	以军事体育训练和政治道德灌输为主,教育内容单一,教育方法也比较严厉,其教育目的是培养忠于统治阶级的强悍的军人	
中世纪的西欧	教会教育	教会教育的目的是培养教士和僧侣,教育内容是"七艺",包括"三科"(文法、修辞、辩证法)和"四学"(算术、几何、天文、音乐),而且各科都贯穿神学	欧洲封建社会的僧侣教育和骑士教育都脱离生产劳动,为封建地主阶级的统治服务
	骑士教育	骑士教育的目的是培养封建骑士,教育内容是"骑士七技",即骑马、游泳、击剑、打猎、投枪、下棋、吟诗	
文艺复兴时期的欧洲	人文主义教育	人文主义教育是以"人"为中心的教育。 代表人物有意大利的维多利诺、尼德兰的埃拉斯莫斯、法国的拉伯雷和蒙田等人。 教育方法:破除经院之风,提倡新的教学方法	人文主义教育的基本特征主要有人本主义、古典主义、世俗性、宗教性和贵族性

4. 近代社会的教育

19 世纪以后的近代教育发展的主要特点有教育国家化、初等教育义务化、教育世俗化和法制化。具体来说主要表现在以下几点:

(1)国家加强了对教育的重视和干预,公立教育崛起。

(2)初等义务教育的普遍实施。德国是世界上最早普及义务教育的国家。

(3)教育的世俗化。教育逐渐从宗教中分离出来。有些国家明确规定,宗教、政党不得干预学校教育。

(4)教育的法制化。重视教育立法,依法治教。

5. 20 世纪以后教育的新特点

(1)教育的终身化。终身教育思想强调职前教育与职后教育的一体化、青少年教育与成人教育的一体化、学校教育与社会教育的一体化。法国教育家**保罗·朗格朗**最早系统论述了终身教育。终身教育是适应科学知识的加速增长和人的持续发展要求而逐渐形成的一种教育思想和教育制度,包括各个年龄阶段的各种方式的教育。把终身教育等同于成人教育或职业教育的观点是片面的。

(2)教育的全民化。所谓全民教育,即全体国民都有接受教育的基本权利并必须接受一定程度的教育,通过各种方式满足基本的学习需求。也就是教育对象的全民化,亦即教育必须向所有人开放。

(3)教育的民主化。教育民主化是对教育的等级化、特权化和专制性的否定。教育民主化包括教育的民主和民主的教育两个方面。

(4)教育的多元化。多元化是对单一性和统一性的否定,教育的多元化具体包括教育思想的多元化,培养目标、办学模式、教学内容、评价标准等的多元化。

(5)教育技术的现代化。教育技术的现代化是指现代科学技术在教育技术上的应用,包括教育设备、教育手段、教育方法等的现代化以及由此而引起的教育思想、观念的变化。

巧学妙记 **全**(全民化)**民**(民主化)**多**(多元化)**现**(现代化)**身**(终身化)。

二、教育学的产生与发展 重点

教育学是研究教育现象和教育问题，揭示教育规律的一门科学。教育学的研究对象是教育现象，重点是教育问题。教育学的根本任务是揭示教育规律。

教育学的发展，大体可以分成萌芽、独立形态、多元化、现代化四个阶段。

（一）教育学的萌芽阶段

1. 中国萌芽阶段的教育思想

（1）孔子的教育思想

孔子的教育思想

孔子是我国古代伟大的教育家，他的教育思想主要体现在《论语》一书中。孔子认为教育事业的发展，要建立在经济发展的基础上，“庶”（较多劳动力）与“富”（丰足的物质生活）是实现教育的先决条件。

项目	内容	具体阐述
核心思想	**“仁”和“礼”**	“仁”为最核心的思想，主张道德修养，揭示了君子品德的形成
教育对象	**有教无类**	将教育对象扩大到平民，促进了教育公平，对教育教学有推动作用
教育内容	教学的科目：《诗》《书》《礼》《乐》《易》《春秋》 《论语·述而》中“子以四教：文、行、忠、信”	继承了西周以来“六艺”教育的传统； 教学重视社会人事、文事，轻视科技和劳动 **注：**文是文化知识，即六经；而行、忠、信是道德行为规范要求
教学原则与方法	**启发诱导** （“不愤不启，不悱不发。举一隅不以三隅反，则不复也”）	孔子是世界上最早提出启发式教学的教育家，比苏格拉底的“产婆术”早几十年
	因材施教 （“求也退，故进之；由也兼人，故退之”）	根据学生的不同特点施教，培养学生特长
	学、思、行相结合 （“学而不思则罔，思而不学则殆”）	不仅重视学习，更重视思考，并强调学以致用
	温故知新 （“温故而知新，可以为师矣”）	揭示学习的规律

精选真题

1. [2020 下半年]“子曰：自行束脩以上，吾未尝无诲焉。”《论语》中这句话体现的教育思想是（　　）

A. 启发诱导　　　　B. 因材施教

C. 有教无类　　　　D. 诲人不倦

答案：C。本题考查考生的理解与识记能力。《论语》中孔子的这句话可译为：只要是主动带着一束肉干前来求教，我没有不给予教诲的。这说明孔子在教育对象上一律平等对待，没有贫富贵贱的区别，体现了孔子有教无类的教育思想。

2.[2018 下半年]下列主张属于儒家教育思想的是(　　)

A.有教无类　B.道法自然　C.绝圣弃智　D.以吏为师

答案:A。本题考查考生的理解与识记能力。孔子提出了有教无类、启发诱导、因材施教等教育思想,故A项正确。道法自然是道家的教育思想,B项排除;绝圣弃智是道家的教育思想,C项排除;以吏为师源自法家的教育主张,D项排除。

(2)其他教育家的教育思想

人物	教育思想
孟子	①教育思想收录在《**孟子**》一书中; ②思想基础:**“性善论”**; ③教育是扩充“善性”的过程,教育的目的在于“明人伦”; ④提出了理想的**“大丈夫”**人格
荀子	①思想基础:“性恶论”,认为教育的作用是“化性起伪”; ②以儒经为教学内容,强调“闻、见、知、行”的学习过程; ③提倡尊师,认为教师是治国之本
墨翟	①思想基础:**“兼爱”“非攻”**; ②教育内容:科学技术教育、训练思维能力和实用技术的练习; ③知识来源:“亲知”“闻知”“说知”
老子 庄子	①“道法自然”,主张“绝学”和“愚民”,认为“绝学无忧”; ②绝圣弃智,主张教循自然原则,任其自然是最好的教育; ③提倡怀疑的学习方法,讲究辩证法
朱熹	①教育思想归纳为三点:重视基础教育、重视思想品德教育和讲究教育方法。认为教育的作用是**“存天理,灭人欲”**; ②著有《四书章句集注》,该书成于南宋,后作为科举考试的重要依据; ③提出“朱子读书法”:循序渐进、熟读精思、虚心涵泳、切己体察、着紧用力、居敬持志
王阳明	①教育思想的核心是“致良知”。首先,树立正确、坚定的志向是致良知的前提;其次,自求自得;再次,讲究教育方法; ②在《训蒙大意示教读刘伯颂等》中论及儿童教育问题,对束缚儿童、摧残儿童的教育进行尖锐的批评

(3)《学记》的教育思想

《学记》(收入《礼记》)是中国也是世界教育史上的第一部教育专著,成文大约在战国末期。《学记》重点阐述了教育的原则:

原则	著名论断	具体阐述
教学相长	是故学然后知不足,教然后知困。知不足,然后能自反也;知困,然后能自强也。故曰:教学相长也	强调教与学相辅相成
尊师重道	师严然后道尊,道尊然后民知敬学	高度评价教师作用的同时,对教师提出更高的要求

续表

原则	著名论断	具体阐述
藏息相辅	大学之教也,时教必有正业,退息必有居学	认为正课学习与课外练习必须兼顾,课内与课外相结合、相补充
豫时孙摩	禁于未发之谓豫,当其可之谓时,不陵节而施之谓孙,相观而善之谓摩	①“豫”是预防性原则,要在不良倾向尚未发作时就采取预防措施; ②“时”是及时施教原则,要把握教学的最佳时机,适时进行; ③“孙”是指循序渐进原则,教学要遵循一定的顺序进行; ④“摩”指学习观摩原则,学习中要相互观摩,取长补短
启发诱导	故君子之教,喻也。道而弗牵,强而弗抑,开而弗达	反对死记硬背,主张启发式教学
长善救失	教也者,长善而救其失者也	与我国德育提倡的长善救失思想相一致
学不躐等	幼者听而不问,学不躐等也	教学要遵循学生心理发展特点,循序渐进

精选真题

[2013 下半年]“是故学然后知不足,教然后知困。知不足,然后能自反也;知困,然后能自强也。故曰:教学相长也。”这句话出自(　　)

A.《大学》　B.《论语》　C.《学记》　D.《孟子》

答案:C。本题考查考生的理解与识记能力。题干中这句话的意思是通过学习才能知道自己的不足,通过教人才能感到困惑。知道学业的不足,才能反过来严格要求自己;感到困惑然后才能不倦地钻研。所以说,教与学是互相促进的。这句话体现了教学相长的教育思想,出自《学记》。考生要注意辨析孔子的教育思想和《学记》的教育思想,掌握必备的名句。

2. 西方萌芽阶段的教育思想

西方教育学的思想主要源于古希腊的哲学家苏格拉底、柏拉图和亚里士多德。

(1)苏格拉底

①苏格拉底以其雄辩和与青年智者的问答法著名。

②苏格拉底问答法亦称“**产婆术**”,分为三步:第一步称为**苏格拉底讽刺**,他认为除非一个人很谦逊,“自知其无知”,否则他不可能学到真知;第二步称为**定义**,在问答中经过反复诘难和归纳,从而得出明确的定义和概念;第三步称为**助产术**,引导学生自己进行思索,自己得出结论。

③苏格拉底问答法的实质是一种启发式教学。

(2)柏拉图

①教育思想集中体现在其代表作《理想国》中。

注:柏拉图的《理想国》和卢梭的《爱弥儿》、杜威的《民主主义与教育》被称为西方教育思想史上的三个里程碑。

柏拉图

②提出了“回忆说”,认为学习即回忆。

③认为教育的最高目标是培养哲学王兼政治家。这种观点是国家主义

教育思想的渊源。

④重视哲学,为哲学教育开列了诸多教育科目。

(3)亚里士多德

亚里士多德是古希腊百科全书式的哲学家,其教育思想主要体现在他的著作《**政治学**》中。

①秉承了柏拉图的理性说,认为追求理性是教育的最高目的。

②将人的灵魂分为植物灵魂、动物灵魂和理性灵魂。据此,将教育分为体育、德育、智育。其中,体育是基础,智育是目的。

③在教育史上首次提出了"教育遵循自然"的观点,主张按照儿童心理发展的规律对儿童进行分阶段教育,提倡对儿童进行和谐的教育,成为后来全面发展教育的思想源泉。

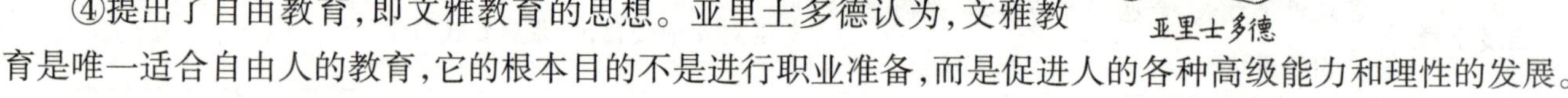

亚里士多德

④提出了自由教育,即文雅教育的思想。亚里士多德认为,文雅教育是唯一适合自由人的教育,它的根本目的不是进行职业准备,而是促进人的各种高级能力和理性的发展。

(4)昆体良

昆体良是西方教育史上**第一个**专门论述教育问题的教育家。其代表作《**雄辩术原理**》(又称《**论演说家的教育**》)是西方最早的教育著作,也被誉为古代西方的第一部教学法论著。在这一著作中,昆体良将学习过程概括为"模仿—理论—练习"三阶段。昆体良关于班级授课的阐述,是班级授课制思想的萌芽。

(二)教育学的独立形态阶段

由于认定学科形成的标准不同,人们对教育学成为一门独立学科的标志有不同的看法。教育学的学科独立是一个历史过程,这里所说的学科形成时期,是指教育学成为一门独立学科所经历的时期。这个时期的起点是17世纪捷克教育家夸美纽斯《大教学论》的问世,终点是19世纪初德国教育家赫尔巴特《普通教育学》的发表。

1. 培根

近代实验科学鼻祖培根首次提出把教育学作为一门独立的学科,他提出的归纳法为教育学的发展奠定了方法论基础。他在1623年出版的《论科学的价值和发展》中首次将教育学作为一个独立的学科。培根的教育观点:

(1)**经验化教学**:知识源于感觉,重视经验的作用。

(2)**科学归纳法**:真理的获得源于科学的归纳。

2. 夸美纽斯

捷克教育家夸美纽斯于1632年出版的《**大教学论**》被认为是近代第一本教育学著作,是教育学开始形成一门独立学科的标志。夸美纽斯也因此被称为"教育学之父"。夸美纽斯的教育观点:

夸美纽斯

(1)**"泛智"教育**。夸美纽斯提出了普及教育的思想。他认为教学应当成为"把一切事物教给一切人类的全部艺术",提出"一切男女青年都应该进学校"。

(2)**教育适应自然**。教育适应自然的原则是夸美纽斯整个教育思想体系的根本性原则。

(3)**班级授课制**。夸美纽斯对近代教育学最大的贡献之一,就是他所确立的班级教学制度及其理论。

(4)**教学原则**。夸美纽斯提出并论证了直观性、系统性、量力性、巩固性和自觉性等教学原则。

精选真题

[2018 下半年]明确指出教学就是阐明“把一切事物教给一切人类的全部艺术”的著作是(　　)

A. 赫尔巴特的《普通教育学》　　B. 卢梭的《爱弥儿》

C. 夸美纽斯的《大教学论》　　D. 洛克的《教育漫话》

答案:C。本题考查考生的识记能力。考生记忆夸美纽斯“泛智”教育的观点即可。

3. 康德

康德的教育思想主要体现在其著作《**康德论教育**》一书中。康德认为“人是唯一需要教育的动物”,**教育的根本任务**在于充分发展人的自然禀赋,使人人都成为自身,成为本来的自我,都得到自我完善。

康德曾先后四次在哥尼斯堡大学讲授教育学,是最早在大学开设教育学讲座的有影响的学者之一。

4. 裴斯泰洛齐

瑞士教育家裴斯泰洛齐是第一个提出“**教育心理学化**”的主张,是第一位将“教育与生产劳动相结合”这一思想付诸实践的教育家,代表作为《林哈德与葛笃德》。他被称为“慈爱的儿童之父”。

裴斯泰洛齐提出了**要素教育论**,主张教学必须从最简单的要素开始,认为儿童对母亲的爱是道德教育最基本的要素。

5. 卢梭

卢梭是法国启蒙主义思想家和教育家,代表作为《**爱弥儿**》,他被人们誉为第一个“发现儿童”的人。卢梭的教育观点:

(1)**秉承“性善论”**,认为教育的任务应该使儿童“归于自然”,这是其自然主义教育的核心。

(2)在代表作《爱弥儿》中宣扬自然和自由教育的思想,认为“出自造物主之手的东西都是好的,而一到了人的手里,就全变坏了。”

精选真题

1. [2017 下半年]在西方近现代教育史上,被认为最先发现了“儿童”的教育家是(　　)

A. 杜威　　B. 卢梭　　C. 康德　　D. 洛克

答案:B。本题考查考生的理解与识记能力。卢梭在《爱弥儿》里最早提出不要把儿童当作“小大人”,他被认为是最先发现了“儿童”的教育家。

2. [2013 上半年]主张让儿童顺其自然地发展,甚至摆脱社会影响的法国教育家是(　　)

A. 裴斯泰洛齐　　B. 洛克　　C. 卢梭　　D. 杜威

答案:C。本题考查考生的理解与识记能力。卢梭主张自然主义教育,提倡儿童的自然发展,他认为教育的任务应该使儿童“归于自然”。

6. 洛克

洛克的教育思想集中反映在其代表作《**教育漫话**》中。洛克的教育观点:

(1)**白板说**。认为人的心灵如同白板,是无差别的,观念和知识都是后天获得的,教育使心灵丰富多彩。

(2)**绅士教育**。认为教育目的是培养绅士,而这种培养只能通过家庭教育,由此提出了“绅士教育论”。

7. 赫尔巴特

德国教育家赫尔巴特被誉为“**科学教育学的奠基人**”“**现代教育学之父**”。其代表作《**普通教育学**》的出版标志着规范教育学的诞生,也被认为是第一本现代教育学著作。赫尔巴特的教育思想:

(1)**思想基础**:将伦理学和心理学作为教育学的理论基础。伦理学起价值规范的作用;心理学则为实现教育目的确定方法和手段。

(2)**教育目的**:教育的最高目的是道德和性格的完善,具体来说,教育的根本目的就是要养成内心自由、完善、仁慈、正义和公平这五种道德观念。

(3)**教育原则**:在西方教学史上,赫尔巴特首次提出了“教育性教学”的概念。“教育性教学”指没有任何无教学的教育,也没有任何无教育的教学。

(4)**教学四阶段论**:指出教学活动经历的四个阶段:明了、联合(联想)、系统、方法。后来四阶段论被发展为五阶段,即预备、提示、联系、总结、应用。

8. 杜威

美国教育家杜威是实用主义教育学的代表人物。其代表作有《民主主义与教育》《我的教育信条》等。他的教育理论是现代教育理论的代表。杜威的教育思想:

01

(1)提出了“儿童中心(学生中心)”“活动中心 ”“经验中心”的“新三中心论”。区别于传统教育“课堂中心”“教材中心”“教师中心”的“旧三中心论”。

(2)认为教育即生活,教育即生长,教育即经验的改组或改造。“教育是生活的过程,而不是将来生活的准备。”此外,杜威还提出“学校即社会”,这是对“教育即生活”的延伸。

(3)论教育的目的。杜威从“教育即生活”中引出他的“教育无目的论”。“教育的过程,在它自身以外没有目的,它就是它自己的目的;教育的过程是一个不断改组、不断改造和不断转化的过程。”

(4)“**从做中学**”。在经验论的基础上,杜威提出“从做中学”,要求以活动性、经验性的主动作业取代传统的书本式教材的统治地位。同时,“从做中学”也是一种经验的方法、思维的方法和探究的方法,这种探究的五个步骤就是思维五步法,即创设疑难情境、确定疑难所在、提出解决问题的种种假设、推断哪个假设能解决这个困难、验证这个假设。

> **命题点拨**
>
> 教育学的独立形态在考试中主要以单选题形式考查。形式为给出某个教育观点,询问这种教育观点属于谁。考生不仅要识记各人物的教育思想,还要理解其内涵。

杜威的教育学说提出以后,西方教育学便出现了以赫尔巴特为代表的传统教育学派和以杜威为代表的现代教育学派的对立局面。

精选真题

1.[2019 下半年]倡导经验课程,并主张以主动作业形式实施这种课程的教育家是(　　)

A.卢梭　　B.杜威

C.泰勒　　D.布鲁纳

答案:B。本题考查考生的理解与识记能力。杜威提出“从做中学”,要求以活动性、经验性的主动作业取代传统的书本式教材的统治地位。从题干“经验课程”“主动作业”可以判断这是杜威的观点。

2.[2016 上半年]教育史上传统教育派与现代教育派的代表人物分别是(　　)

A.夸美纽斯和布鲁纳　　B.夸美纽斯和杜威

C.赫尔巴特和布鲁纳　　D.赫尔巴特和杜威

答案:D。本题考查考生的理解与识记能力。以赫尔巴特为代表的传统教育学派强调“教师中心”“教材中心”“课堂中心”的“旧三中心论”;以杜威为代表的现代教育学派提出了“儿童中心”“经验中心”“活动中心”的“新三中心论”。

(三)20世纪教育学的多元化发展

1. 实验教育学

实验教育学产生于19世纪末20世纪初的德国,主要代表人物有德国的梅伊曼和拉伊、法国的比纳、美国的霍尔和桑代克,主要代表作有《**实验教育学**》《**实验教育学纲要**》等。

实验教育学重视研究儿童发展与教育的关系,重视实验,并强调从实验的结果中寻找教育的途径和方法。其基本观点主要有:

(1)反对以赫尔巴特为代表的强调概念思辨的教育学,认为这种教育学对检验教育方法的优劣毫无用途。

(2)提倡把实验心理学的研究成果和方法运用于教育研究,使教育研究"科学化"。

(3)把教育实验分为提出假设、进行实验和确证三个基本阶段。

(4)主张用实验、统计和比较的方法探索儿童心理发展过程的特点及其智力发展水平,用实验数据作为改革学制、课程和教学方法的依据。

2. 文化教育学

文化教育学又称为精神科学教育学,产生于19世纪末的德国,代表人物有狄尔泰、斯普兰格、利特。代表著作主要有《关于普遍妥当的教育学的可能》《教育与文化》等。文化教育学主要观点有:

(1)人是一种文化的存在,人类历史是一种文化的历史。

(2)教育的过程是一种历史文化过程。

(3)教育研究采用精神科学或文化科学的方法(即理解与解释的方法)进行。

(4)教育的目的是促进社会历史的客观文化向个体的主观文化转变,培养完整的人格。

3. 实用主义教育学

实用主义教育学产生于19世纪末20世纪初的美国,代表人物是杜威、克伯屈。代表著作主要有《民主主义与教育》《经验与教育》《设计教学法》等。实用主义教育学的主要观点有:

(1)教育即生活,教育的过程与生活的过程是合一的。

(2)教育即学生个体经验持续不断的增长。

(3)学校是一个雏形的社会。

(4)课程组织应以学生的经验为中心。

(5)师生关系以儿童为中心。

(6)教学过程注重学生的独立发现和体验,尊重学生发展的个体差异。

4. 批判教育学

批判教育学产生于20世纪70年代,是当代西方教育理论界占主导地位的教育思潮,代表人物有美国的鲍尔斯、金蒂斯、阿普尔,法国的布厄迪尔,代表著作主要有《资本主义美国的学校教育》《教育与权力》《教育、社会和文化的再生产》等。批判教育学的主要观点有:

(1)当代资本主义学校教育是维护现实社会的不公平、造成社会差别和对立的根源。

(2)学校教育的功能就是再生产出占主导地位的社会政治意识形态、文化关系和经济结构。

(3)教育目的是要对师生进行"启蒙",以达到意识"解放"。

(4)教育理论研究要采用实践批判的态度和方法。

5. 社会主义教育学

社会主义教育学又称马克思主义教育学。代表人物及其代表作有克鲁普斯卡娅的《国民教育与民主主义教育》(最早以马克思主义为基础探讨教育学问题的著作)、凯洛夫的《教育学》(公认的世界上首部马克

思主义的教育学著作)、我国教育家杨贤江的《新教育大纲》(我国第一部马克思主义教育学著作)。社会主义教育学的主要观点有:

(1)教育是一种社会历史现象,在阶级社会中具有鲜明的阶级性,不存在脱离社会影响的教育。

(2)教育起源于生产劳动。

(3)教育的根本目的是促进学生的全面发展。

(4)现代教育与生产劳动相结合不仅是发展社会生产力的重要方法,也是培养全面发展的人的唯一方法。

(5)在与社会的政治、经济、文化的关系上,教育一方面受其制约,另一方面又具有相对独立性,并反作用于政治、经济、文化。

(6)马克思主义唯物辩证法和历史唯物主义是教育科学研究的方法论基础。

(四)中国近现代教育思想

1. 蔡元培

蔡元培是我国近代著名的民主革命家和教育家。毛泽东评价他为“学界泰斗,人世楷模”。蔡元培的教育思想:

(1)“五育并举”的教育方针:军国民教育、实利主义教育、公民道德教育、世界观教育和美感教育。这五育相互联系,是一个统一的整体。

(2)改革北京大学的教育实践:①抱定宗旨,改变校风;②贯彻“思想自由,兼容并包”的办学原则;③教授治校,民主管理;④学科与教学体制改革。

(3)教育独立的思想:①教育经费独立;②教育行政独立;③教育学术和内容独立;④教育脱离宗教而独立。

精 选 真 题

[2013 下半年]被毛泽东称为“学界泰斗,人世楷模”的教育家是(　　)

A. 杨贤江　　B. 徐特立　　C. 蔡元培　　D. 陶行知

答案:C。本题考查考生的识记能力。考生记忆蔡元培的相关内容即可。

2. 黄炎培

黄炎培是我国职业教育的先驱。他的教育思想:

(1)职业教育的目的:使无业者有业,使有业者乐业。

(2)职业教育的原则:主张手脑并用,理论与实际并行,知识与技能并重,提倡“大职业教育主义”。

(3)职业道德教育的要求:“敬业乐群”,要有“利居众后,责在人先”的服务精神和奉献精神。

3. 晏阳初

晏阳初被称为“**国际平民教育之父**”。他的教育思想:

(1)在乡村教育实践中,他提出了“四大教育”“三大方式”。“四大教育”即文艺教育、生计教育、卫生教育和公民教育;“三大方式”即学校式、家庭式和社会式。

(2)主张知识分子要到乡村去,为农民办教育,要“化农民”必须先“农民化”。

4. 梁漱溟

梁漱溟主张“创造新文化,救活旧农村”。他认为中国的建设问题归根结底是“乡村建设”,乡村教育与乡村建设应合二为一。

5. 陶行知

陶行知

毛泽东称颂他为“伟大的人民教育家”；宋庆龄赞誉他为“万世师表”。生活教育理论是陶行知教育思想的核心，它包括了教育的目的、内容和方法。

(1)生活即教育。生活教育理论的核心。它主张以人类的生活作为教育内容，在生活实践中接受教育。

(2)社会即学校。生活教育理论的范围论。“社会即学校”提出要“把学校里的一切延伸到大自然界中去”。

(3)教学做合一。生活教育理论的教育方法论。陶行知提出教师的责任不在教，而在教学，在教学生学，强调道德是做人的根本。

精选真题

[2017 下半年]陶行知先生指出“先生的责任不在教，而在教学，在教学生学”“教的法子必须根据学的法子”，故而将“教授法”改为“教学法”。这一改动所体现的教学理念是(　　)

A. 教学合一　　B. 言行合一　　C. 学做合一　　D. 教做合一

答案：A。本题考查考生的理解能力。陶行知先生这句话的意思是教师不仅要向学生传授知识，还要教会学生学习。这体现了要将教师的教和学生的学相结合，即教学合一。

(五)当代教育学理论的新发展

20 世纪中叶以后，教育学理论进一步发展。赞可夫、布鲁纳、瓦·根舍因提出的教育理论，被称为现代教育理论的三大流派。这一时期的主要代表人物有：

1. 赞可夫

苏联教育家赞可夫著有《教学与发展》。他的理论核心是“以最好的教学效果使学生达到最理想的发展水平”。赞可夫提出了发展性教学理论的五条教学原则，即高难度、高速度、理论知识起主导作用、理解学习过程、使所有学生包括“差生”都得到一般发展的原则。

2. 布鲁纳

美国教育家布鲁纳是结构主义教育思想的代表人物，著有《教育过程》。布鲁纳强调学科结构，提出了结构主义教学理论，倡导发现式学习。在 20 世纪 60 年代发起了课程改革运动。

3. 瓦·根舍因

德国教育家瓦·根舍因著有《范例教学原理》，创立了范例教学理论。范例教学理论是指教师在教学中选择真正基础的本质的知识作为教学内容，通过“范例”内容的传授，使学生举一反三，掌握同一类知识规律的方法。

4. 苏霍姆林斯基

苏联教育家苏霍姆林斯基著有《给教师的一百条建议》《把整个心灵献给孩子》《帕夫雷什中学》等书，其教育理论的核心内容是人的全面和谐发展教育思想。他的著作被称为“**活的教育学**”。

5. 布卢姆

美国教育家布卢姆著有《教育目标分类学》，提出了掌握学习理论。布卢姆在其教育目标分类系统中将教育目标分为认知、情感和动作技能三大领域。

6. 巴班斯基

苏联教育家巴班斯基著有《**教学过程最优化**》，提出了教学过程最优化理论。巴班斯基认为，应该把教学看作一个系统，从系统的整体与部分之间、部分与部分之间，以及系统与环境之间的相互联系、相互作用之中考察教学,以便最优处理教育问题。

巧学妙记　姆有掌握目标,纳来发现结构,瓦根找范例,高度赞发展,巴班最优化,全面和谐好斯基。

精选真题

1.[2017 下半年]20 世纪 60 年代美国“结构主义”课程改革的代表人物是(　　)

A. 斯金纳　　B. 罗杰斯　　C. 布鲁纳　　D. 布卢姆

答案:C。本题考查考生的识记能力。考生记忆布鲁纳的相关内容即可。

2.[2018 下半年]巴班斯基认为,应该把教学看作一个系统,从系统的整体与部分之间、部分与部分之间,以及系统与环境之间的相互联系、相互作用之中设计教学。这一教学理论称为(　　)

A. 教学环境最优化　　B. 教学内容最优化

C. 教学过程最优化　　D. 教学方法最优化

答案:C。本题考查学生的识记能力。考生记忆巴班斯基的相关内容即可。

三、教育与社会的发展

(一)教育与政治经济制度

教育与政治经济制度是相互制约的关系,一定的社会政治经济制度影响和制约着教育,而教育又对社会政治经济制度产生一定的影响和作用。

1. 社会政治经济制度对教育发展的影响和制约

社会政治经济制度决定教育的性质。在同一政治经济制度下,各国的教育虽然也有差异,但其本质属性是相同的。

(1)社会政治经济制度决定教育的领导权

社会中占统治地位的阶级,总是通过对教育方针政策的颁布、教育目的的制定、教师和教育行政人员的任命聘用等,实现对教育领导权的控制。

在教育领域,一般是通过课程标准的设置、教科书的编写、教科书的审定、各种读物的出版发行以及对教师的培训和思想的影响等方式,在实际上左右着教育的领导权。

(2)社会政治经济制度决定受教育权

在阶级社会中,“超阶级”“超政治”的教育是不存在的。

(3)社会政治经济制度决定教育目的

政治经济制度,尤其是政治制度是直接决定教育目的的因素。

(4)社会政治经济制度决定着教育内容的取舍

不同政治经济制度的社会具有不同的政治方向、思想意识和主流文化,并且要求培养具有不同政治立场和思想意识的人,这自然要求传递不同的教育内容,特别是思想道德方面的内容。

(5)社会政治经济制度决定着教育体制

任何一个国家的教育体制都要随着政治体制、经济体制的变革而变革。

(6)社会政治经济制度制约教育的改革与发展

在推动教育改革和发展的动力因素中,政治经济制度起着直接的推动作用。任何由非政治力量引发的教育改革和发展,都需要而且只能借助于政治的中介作用才能实现。

(7)教育相对独立于政治经济制度

尽管政治经济制度对教育有着巨大的影响和制约作用,但教育也具有自身的规律,有自己的相对独立

性。这就意味着学校不可以忽视自身的办学规律，不能放弃学校教育任务而直接为政治经济制度服务。

2. 教育对社会政治经济制度的影响(教育的政治功能)

(1)教育培养出政治经济制度所需要的人才

通过培养人才实现对政治经济制度的影响，是教育作用于政治经济制度的主要途径。任何一种政治经济制度，要想得到维持、巩固和发展，都需要大量依据一定要求培养出来的人才，而这些人才的培养，很大程度上依靠教育。

(2)教育通过传播思想、形成舆论作用于一定的政治经济制度

教育特别是学校教育，不仅向学生传播、灌输一定的政治思想意识，而且通过在校师生的言论行动、学校的教材和刊物向社会宣传一定的思想意识，制造社会舆论，借以影响群众，影响社会的风俗习惯和道德面貌等，为一定的政治经济服务，起着巩固现有政治经济制度的作用。

(3)教育促进民主化进程，但对政治经济制度不起决定作用

一个国家普及教育的程度越高，人的知识越丰富，就越能增强公民的意识，认识民主的价值。社会政治经济制度发展的根本动力是生产力与生产关系的矛盾运动，教育在这种矛盾运动中只起加速或延缓作用，而不起决定作用。

精选真题

1. [2019 下半年]“玉不琢，不成器；人不学，不知道。是故古之王者建国君民，教学为先。”《学记》中的这句话反映了(　　)

A. 教育与经济的关系　　B. 教育与文化的关系

C. 教育与政治的关系　　D. 教育与科技的关系

答案：C。本题考查考生的理解能力。《学记》中这句话的意思是：玉石不经雕琢，就不能变成好的器物；人不经过学习，就不会明白道理。所以古代仁君圣王，建立国家，统治人民，一定要把教育放在首要地位。这句话表明教育能够教会人们道理，向人们传输一定的政治思想，帮助统治者更好地统治人民，这体现的是教育的政治功能。

2. [2017 上半年]“君子如欲化民成俗，其必由学乎！”《学记》中这句话反映了(　　)

A. 教育与经济的关系　　B. 教育与科技的关系

C. 教育与政治的关系　　D. 教育与人口的关系

答案：C。本题考查考生的理解能力。《学记》中这句话的意思是：君子如果要教化人民，形成良好的风俗习惯，一定要从教育入手。这表明教育可以教化人民，影响社会的风俗习惯，体现的是教育与政治的关系。

(二)教育与生产力水平

1. 生产力对教育发展的影响和制约

(1)生产力的发展水平制约着教育发展的规模和速度

教育发展的规模与速度，取决于生产力发展所提供的物质条件和生产力发展对教育事业所提出的要求。

(2)生产力的发展水平制约着教育结构的变化

生产力的发展促使经济结构产生各种变化，从而也决定了教育结构的变化。

(3)生产力发展水平制约着教育的内容、方法与手段

生产力的发展促进了科学技术的发展与更新，从而也要求教育内容不断调整与更新。同时，生产力的

提高也在不断地促进教学方法、手段、组织形式的更新与发展。

(4)生产力发展水平制约着学校的专业设置

学校的专业设置及结构调整,必须依据人才市场所需要的专门人才的规格及数量而进行,即学校的专业设置受制于社会生产力发展状况。

(5)教育相对独立于生产力的发展水平

教育与生产力的发展并非完全同步。一方面,在一定时期内,如果人们的思想意识落后于生产力,教育思想、内容、手段等将会落后于生产力的发展;另一方面,当生产力处于较低水平时,受到文化交流、社会转型或者传统的影响,教育的思想、方法可能超越生产力的发展水平。但我们也要认识到,教育相对独立于生产力的发展水平并不是说教育的发展可以脱离生产力的发展,教育归根结底还是要受生产力发展水平的制约。

2. 教育对生产力的促进作用(教育的经济功能)

(1)教育再生产劳动力

劳动力的质量和数量是生产力发展的重要条件,教育承担着再生产劳动力的重任。教育再生产劳动力具体体现在:①教育使潜在的生产力转化为现实的生产力;②教育可以提高劳动力的质量和素质,使之获得一定劳动部门认可的技能和技巧,成为发达的和专门的劳动力;③教育可以改变劳动力的形态,把一个简单劳动力训练成一个复杂劳动力,把一个体力劳动者培养成一个脑力劳动者;④教育可以使劳动力得到全面发展,提高劳动转换能力,摆脱现代分工对每个人造成的片面性。

(2)教育再生产科学知识

科学知识是第一生产力,但是科学知识在未用于生产前只是一种意识形态的或潜在的生产力。教育是实现科学知识再生产的重要手段。教育再生产科学知识具体表现在:①教育可以高效能地扩大科学知识的再生产,使原来为少数人所掌握的科学知识在较短的时间内为更多的人所掌握,从而提高劳动生产效率,促进生产力的发展;②教育也担负着发展科学、再生产科学的任务,这在高校表现得尤为明显。

(三)教育与科学技术

1. 科学技术对教育发展的影响和制约

现代教育发展的根本动因是科技进步。科学技术对教育的影响,首先表现为对教育的动力作用。具体地说,科技对教育的作用表现如下:

(1)科学技术能够改变教育者的观念

科技发展水平决定了教育者的知识水平和知识结构,影响到他们对教育内容、方法的选择和运用,也会影响到他们对教育规律的认识和教育过程中教育机制的设定。

(2)科学技术能够影响受教育者的数量和教育质量

一方面,科技的发展及其在教育上的广泛运用,使教育对象得以扩大;另一方面,科技的发展正日益揭示出教育对象的身心发展规律,从而使教育活动遵循这种规律,提高了教育质量。此外,科学技术的每次革新都极大地促进了受教育者数量的增长和教育质量的提高。

(3)科学技术能够影响教育的内容、方法和手段

科技的发展促使教学内容不断更新、课程体系不断变化。同时,随着科学技术的迅猛发展,教育的方法和手段也得以改进。

(4)科学技术影响教育技术

科学技术可以渗透到教育活动的所有环节中去,为教育技术的更新和发展提供各种必要的思想基础和技术条件。

2. 教育对科学技术发展的作用(教育的科技功能)

(1)教育能完成科学知识的再生产

教育对科学创造的成果加以合理的加工和编排,传授给更多的人,尤其是传授给年青一代,使他们能够掌握前人创造的科学成果,为进行科学知识的再生产打下基础。

(2)教育推进科学的体制化

科学的体制化是指出现职业的科学家以及专门的科研机构去开展科学研究。只有在教育高度发达的情况下,才会出现科学的体制化。

(3)教育具有科学研究的功能

教育者在传播科学知识的同时,也直接从事科研工作,这在高校里尤为突出。

(4)教育促进科研技术成果的开发利用

科学技术在教育上的应用,丰富了科学技术的活动,能扩大科学技术的成果。

(四)教育与文化

1. 文化对教育发展的影响和制约

(1)文化观念影响教育观念

文化观念制约人们对教育的态度和行为;文化观念影响教育思想的产生和发展。

(2)文化对教育具有价值定向作用

不同的教育在很大程度上是由不同的文化价值观支配和决定的。

(3)文化发展促进学校课程的发展

课程的发展不是随文化变迁而自发更新嬗变的过程,而是有意识的创造性转换的过程。

(4)文化影响教育目的的确立

教育目的的确立,除了取决于社会政治经济制度和生产力发展水平以外,还受文化的影响。

(5)文化影响教育内容的选择

教育的内容就是人类的文化,不同时期的文化和不同国家与民族的文化,影响着教育内容的不同选择。

(6)文化影响教育教学方法的使用

不同的文化影响着人们对知识及其来源的认识,在教育上影响着人们对师生关系的认识,由此决定了人们对教育教学方法的不同应用。

精选真题

[2015 上半年]简述文化对教育的制约作用。

参考答案:参见内文。

2. 教育对文化发展的促进作用(教育的文化功能)

(1)教育能够传承文化

文化的传承是文化得以延续和发展的基本前提。教育传承文化的功能有三种主要表现形式(传递、保存、活化)。

①教育可以传递和保存文化。教育是文化传递和保存最为基本和最为有效的手段。

②教育可以活化文化。教育要实现真正意义上的文化传承,还必须把储存形态的文化转化为现实活跃形态的文化,即把附着于物体、文字和技术性载体上的文化符号转化到人这一载体上,为人所掌握与内化。这一转化的过程就是文化的活化。

(2)教育能够改造文化(选择和整理、提升文化)

改造文化是指在原有文化要素的基础上所进行的取舍、调整和再组合。教育对文化的改造主要是通过选择文化和整理文化来实现的。

文化选择,是对某种、某部分文化的吸收或舍弃。教育对文化的选择意味着价值的取舍与认知意向的改变,并且是为了文化自身的发展与进步。

(3)教育能够传播、交流和融合文化

教育通过传播文化,使不同国家和民族的文化相互交流、交融,促进文化的优化和发展。教育应重视发展多元文化,促进各社会群族间的相互尊重与和谐发展。

(4)教育能够更新和创造文化

没有文化的更新和创造,就没有文化的真正发展。教育更新、创造文化的功能主要表现在两个方面:

①教育通过培养具有创新精神和创造能力的人来发挥其文化创造的功能。

②教育直接创造新的文化。

传承文化

改造文化

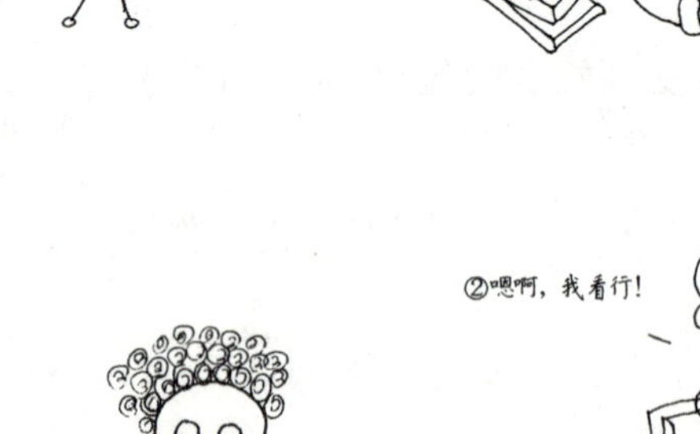

传播、交流和融合文化

更新和创造文化

精选真题

1. [2017 下半年]近年来,越来越多的"一带一路"沿线国家留学生来我国学习,并把中国文化带回自己的国家。这反映了教育具有(　　)

A. 文化传承功能　　B. 文化创造功能　　C. 文化更新功能　　D. 文化传播功能

答案:D。本题考查考生的理解能力。题干强调教育使不同国家的文化得以交流和传播,体现了教育具有文化传播的功能。

2. [2014 下半年]小学开展经典诵读活动时,对传统文化要取其精华,去其糟粕。这说明教育对文化具有(　　)

A. 传承功能　　B. 传递功能　　C. 选择功能　　D. 创造功能

答案:C。本题考查考生的理解能力。"对传统文化取其精华,去其糟粕"是有选择地对文化进行吸收和舍弃,体现了教育对文化具有选择的功能。

四、教育与人的发展

(一)人的身心发展的内涵

人的身心发展是指作为复杂整体的个体在从生命开始到生命结束的全部人生过程中,不断发生的变化过程,特别是指个体的身心特点向积极方面变化的过程。就内容而言,人的身心发展包括身体和心理两方面的发展。

身体发展又称为生理的发展,是指机体的各种组织系统(骨骼、肌肉、心脏、神经系统等)的发育及其机能的增长,是人的生理方面的发展。

心理发展指感觉、知觉、注意、记忆、思维、想象、情感、意志、性格等方面的发展,是人的精神方面的发展。

(二)影响个体身心发展的因素

总体来看,影响个体身心发展的因素主要有遗传、环境、学校教育和个体主观能动性等。

1. 遗传及其在人的发展中的作用

遗传,也叫遗传素质,是指从上一代继承下来的生理解剖上的特点,如机体的形态、结构以及器官和神经系统的特征等。遗传素质在人的身心发展中的作用具体体现在以下几个方面:

(1)遗传素质是人的身心发展的前提,为人的发展提供了可能性,但不能决定人的发展,遗传素质还具有可塑性。遗传素质不决定人身心发展的现实性,王安石的《伤仲永》中的方仲永就是一个典型的例子。“用进废退”和“获得性遗传”说明遗传素质具有一定的可塑性,它会随着环境、教育的改变和人类实践活动的深入等作用而逐渐发生变化。

(2)遗传素质的差异对人的身心发展有一定的影响作用。遗传素质存在着个别差异,表现在高级神经活动类型、感觉器官的结构和机能方面。天赋优异的儿童,比较容易成才,而存在智力缺陷的儿童教育起来就比较困难。

(3)遗传素质的成熟机制制约着人的身心发展的水平及阶段,为一定年龄阶段的身心特点的出现提供了可能和限制,制约着年青一代身心发展的过程及其阶段。教育必须按照遗传素质发展的水平进行,超越或落后于遗传素质成熟水平都不利于人的发展。

2. 环境及其在人的发展中的作用

环境是指人生活在其中、赖以生存并影响人的发展的一切外部条件的总和。这里主要分析社会环境对人发展的影响。环境在人的发展中的作用具体体现在:

(1)环境为个体的发展提供了多种可能,包括机遇、条件和对象,环境使遗传提供的发展可能性变成现实。“近朱者赤,近墨者黑”“蓬生麻中,不扶而直”及“孟母三迁”的故事,都说明了社会环境对人的发展的影响。

(2)环境是推动人身心发展的动力,是人的身心发展的现实基础。积极的环境促进人身心的发展;消极的环境制约着人身心的发展。

(3)人在接受环境影响和作用时,不是消极的、被动的。人具有主观能动性,人在改造环境的实践中发展着自身。因此,夸大环境对人的发展的作用,特别是“环境决定论”的观点是错误的。

精选真题

[2016 上半年]“近朱者赤,近墨者黑。”这说明在人的身心发展中起决定作用的因素是(　　)

A. 遗传　　B. 环境　　C. 个性差异　　D. 个人努力

答案:B。本题考查考生的理解能力。“近朱者赤,近墨者黑”的意思主要表达了环境对人的影响,这说明在人的身心发展中起决定作用的因素是环境。

3. 学校教育在人的发展中的作用

(1)学校教育在人的发展中起主导作用的原因

①学校教育是有目的、有计划、有组织地培养人的活动;②学校有专门负责教育工作的教师,相对而言效果较好;③学校教育能有效地控制和协调影响学生发展的各种因素。

(2)学校教育在人身心发展中起主导作用的表现

①学校教育对于个体发展做出社会性规范;②学校教育具有开发个体特殊才能和发展个性的功能;③学校教育对个体发展的影响具有即时和延时的价值;④学校教育具有加速个体发展的特殊功能。

(3)学校教育对人身心发展的促进作用

学校教育对人身心发展的促进作用表现为促进**个体个性化**与**个体社会化**两方面。

①教育的个体个性化发展功能主要体现在,教育能促进人的主体意识、个体特征的发展以及人的个体价值的实现。

②教育的个体社会化的功能主要体现在:教育根据社会的规范和要求促进个体思想意识的社会化;教育通过引导和规范个体的行为,促进个体行为的社会化;教育通过指导学生根据自己的兴趣和能力确定自己未来的职业意向和角色,培养个体的职业角色意识。

4. 个体主观能动性及其在人的发展中的作用

个体主观能动性是指人的主观意识和活动对于客观世界的积极作用,包括能动地认识客观世界和改造客观世界,并统一于人们的社会实践活动中。从活动水平角度看,个体主观能动性由三个层次构成:第一层次是人作为生命体进行的生理活动;第二层次是个体的心理活动;最高层次是社会实践活动。

个体的主观能动性是人的身心发展的内在动力,也是促进个体发展从潜在的可能状态转向现实状态的决定性因素。逆境可以成才,“同流而不合污”“出淤泥而不染”“威武不能屈”等典故反映了人的主观能动性在个体发展中的作用。

总之,影响人的身心发展的因素是多方面的。**遗传素质**是人的身心发展的**物质前提**,环境为个体的发展提供了多种可能,而教育作为特殊的环境对人的身心发展起**主导作用**和**促进作用**,**个体因素**是人的身心发展的**内因和动力**。这些因素彼此关联、相互配合,共同发挥作用,促进人的身心发展。

精选真题

1. [2017 上半年]简述主观能动性在个体发展中的作用。

参考答案:参见内文。

2. [2013 上半年]简述影响个体发展的主要因素。

参考答案:参见内文。

(三)个体身心发展的动因

个体身心发展的动因

1. 内发论(遗传决定论)

内发论强调内在因素,如“需要”“成熟”,强调人的身心发展的力量主要源于人自身的内在需要,身心发展的顺序也是由身心成熟机制决定的。

内发论强调**遗传**在人的发展中的决定作用,教育所起的作用只是为人的发展创造条件,但却不能改变和决定人的发展。内发论过度夸大了遗传的作用,忽视了外部环境对人的影响,忽略了教育和人的主观能动性等的作用,将遗传看作是决定人的发展的唯一因素,是不正确的。

内发论的代表人物有孟子、弗洛伊德、威尔逊、高尔顿、格塞尔、霍尔等。

代表人物	观点
孟子(中国)	人的本性是善的,“万物皆备于我”。人的本性中就有恻隐、羞恶、辞让、是非四端,这是仁、义、礼、智四种基本品性的根源,人只要善于修身养性,向内寻求,这些品性就能得到发展
弗洛伊德(奥地利)	人的性本能是最基本的自然本能,它是推动人发展的潜在的、无意识的、最根本的动因
威尔逊(美国)	把“基因复制”看作是决定人的一切行为的本质力量
高尔顿(英国)	遗传决定论的鼻祖,他认为个体的发展及其个性品质早在基因中就决定了,发展只是这些内在因素的自然展开,环境只起引发作用
格塞尔(美国)	通过“双生子爬梯实验”强调成熟机制对人的发展的决定作用。认为人的发展顺序受基因决定,教育要想通过外部训练抢在成熟的时间表前面形成某种能力是低效的,甚至是徒劳的
霍尔(美国)	个体心理发展是人类进化过程的简单重复,个体心理发展由种系发展决定(复演说)

01

2. 外铄论(环境决定论)

外铄论认为个体心理发展的实质是环境影响的结果,环境影响决定个体心理发展的水平和形式。在教育上外铄论强调教育的价值,对教育的作用持乐观的态度,关注的重点是学习。

外铄论的主要代表人物有荀子、洛克、华生等。

代表人物	观点
荀子(中国)	人的贵贱、愚智、贫富都取决于后天的教育和学习,教育在人的发展中起着“化性起伪”的作用
洛克(英国)	提出“白板说”:人的心灵犹如一块白板,它本身没有内容,可以任意涂抹
华生(美国)	给我一打健康的婴儿,不管他们的祖先状况如何,我可以任意把他们培养成从领袖到小偷等各种类型的人

巧学妙记 外铄论的代表人物可记忆为“外出寻找落花生”。“外”代表外铄论,“寻”代表荀子,“落”代表洛克,“花生”代表华生。

3. 多因素相互作用论(共同作用论)

辩证唯物主义认为,人的发展是个体的内在因素(如先天遗传素质、机体成熟的机制)与外部环境(如外在刺激的强度、社会发展的水平、个体文化背景等)在个体活动中相互作用的结果。人是能动的实践主体,没有个体的积极参与,个体的发展是不能实现的。

该观点认为人的实践是推动人的发展的主要原因,发展既是人的内在需要与潜能的表现,又是在一定的外部环境刺激下,发生并作用于外部环境的过程。

因此,我们把个体积极投入实践的活动,看作是内因和外因对个体身心发展综合作用的汇合点,也是推动人身心发展的关键。

精选真题

[2019 上半年]英国哲学家洛克提出“白板说”,认为外部力量决定了人的发展。这种观点属于(　　)

A. 外铄论　　B. 内发论　　C. 多因素论　　D. 相互作用论

答案:A。本题考查考生的识记和理解能力。外铄论认为环境决定个体心理发展的水平和形式,强调教育的作用。“白板说”主张人的心灵如同白板,教育使心灵丰富多彩。洛克的“白板说”属于典型的外铄论。

01

五、教育目的

(一)教育目的的概念

教育目的是国家对培养人的总的要求,它规定着人才的质量和规格,对教育工作具有全程性的指导作用。教育目的是整个教育工作的方向,是一切教育工作的出发点。教育目的的实现是教育活动的归宿。

广义的教育目的是指人们对受教育者的期望,即人们希望受教育者通过教育在身心诸方面发生什么样的变化。

狭义的教育目的是指各级各类学校在国家对受教育者培养的总的要求指导下,对人才培养的质量和规格上的具体要求。

(二)教育目的的作用

1. 导向作用

教育目的一经确立,就成为人们行动的指南,不仅为受教育者指明了发展方向,预定了发展结果,也为教育工作者指明了工作方向和奋斗目标。

2. 激励作用

教育目的深刻影响着教师的教师观和学生观,激励着教育工作者按教育方针的规定去培养人才。

3. 评价作用

教育目的既是一个国家人才培养的质量规格和标准,同时也是衡量教育质量和效益的重要依据。

(三)有关教育目的确立的理论

理论	代表人物	基本观点
社会本位论	荀子 赫尔巴特 柏拉图 孔德 涂尔干 凯兴斯泰纳	(1)从社会发展需要出发,注重教育的社会价值; (2)主张教育的目的是培养合格公民和社会成员; (3)教育是国家的事业; (4)评价教育要看其对社会的发展贡献的指标
个人本位论	卢梭 孟子 福禄贝尔 裴斯泰洛齐	(1)从个体本能需要出发,强调教育要服从人的成长规律和满足人的需要; (2)注重教育对个人的价值; (3)主张教育的目的是培养“自然人”,发展人的个性,增进人的价值,促使个人自我实现
生活本位论	斯宾塞	教育要为完满的生活做准备
教育无目的论	杜威	教育的过程,在它自身以外没有目的,它就是它自己的目的

个人本位论

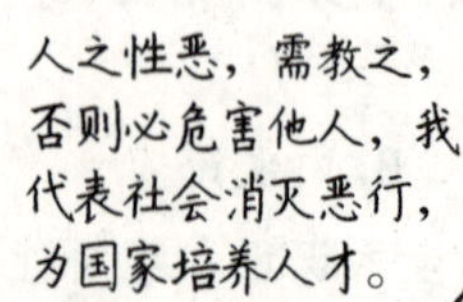

社会本位论

巧学妙记 社会本位论：寻(荀)赫图的(德)涂尔兴。个人本位论：陪(裴)卢梦(孟)福禄

精选真题

[2013上半年]德国教育家凯兴斯泰纳认为，国家的教育制度只有一个目标，那就是造就公民。这种教育目的观的价值取向是(　　)

A. 社会本位　　B. 科学本位　　C. 伦理本位　　D. 个人本位

答案：A。本题考查考生的识记和理解能力。社会本位论认为教育的目的是培养合格公民和社会成员；个人本位论主张教育的目的是发展人的个性，促使个人自我实现。凯兴斯泰纳认为教育制度是培养合格的公民，属于社会本位论。考生需注意辨析社会本位论与个人本位论的观点。

(四)确立教育目的的依据(教育目的的影响因素)

1. 特定的社会政治、经济、文化背景

(1)不同的社会发展阶段有不同的教育目的；(2)不同的社会制度有不同的教育目的；(3)不同国家的文化背景也使教育培养的人各具特色。

2. 人的身心发展特点和需要

人的身心发展特点是确定各级各类教育目的(或目标)的重要依据。人的需要包括物质的和精神的需要、现实的和未来的需要、生存的和发展的需要等。

3. 人们的教育理想

从根本上说，教育目的是存在于人的头脑中的一种观念，它反映的是教育者在观念上预先建立起来的关于未来新人的主观形象。因此，教育目的是一种理想。这种理想同政治理想、社会理想等紧密结合在一起。

4. 我国确立教育目的的理论依据是马克思关于人的全面发展学说

马克思阐述了关于人的全面发展学说，这一学说是我国确立教育目的的理论依据和基础。它的内容主要有以下几点：

(1)人的全面发展。马克思讲的人的全面发展，是指人的劳动能力的全面发展，即人的体力和智力的协调发展。

(2)旧式分工造成了人的片面发展。

(3)机器大工业生产为人的全面发展提供了基础和可能。

(4)社会主义制度是实现人的全面发展的社会条件。

(5)教育与生产劳动相结合是“造就全面发展的人的唯一方法”。

精选真题

1. [2019上半年]马克思主义经典作家关于人的全面发展的基本含义是指(　　)

A. 德智体美劳全面发展　　B. 人的身心全面发展

C. 人的劳动能力全面发展　　D. 人的独立个性全面发展

答案：C。本题考查考生的识记能力。考生记忆马克思关于人的全面发展学说的基本含义即可。

2. [2017上半年]马克思认为，造成人的片面发展的根本原因是(　　)

A. 个人天赋　　B. 社会分工　　C. 国家性质　　D. 教育水平

答案：B。本题考查考生的识记能力。考生记忆造成人的片面发展的根本原因即可。

01

(五)我国的教育目的

1. 我国教育目的的基本精神

(1)我们要求培养的人是社会主义事业的建设者和接班人,因此要坚持思想政治道德素质与科学文化知识能力的统一。

(2)我们要求学生在德、智、体等方面全面发展,要求坚持脑力劳动与体力劳动两方面的和谐发展。

(3)适应时代发展的要求,强调学生个性的发展,培养学生的创造精神和实践能力。

(4)教育与生产劳动相结合,是实现我国教育目的的根本途径。

(5)注重提高全民族素质。

精 选 真 题

[2014 上半年]简述我国教育目的的基本精神。

参考答案:参见内文。

2. 我国全面发展教育的基本构成

全面发展的教育由德育、智育、体育、美育和劳动技术教育构成。它们相互依存、相互促进、相互制约,构成一个有机整体,共同促进人的全面发展。

(1)德育

德育是向学生传授一定的社会思想准则、行为规范,并使其养成相应的思想品德的教育活动。德育在全面教育中起着灵魂和核心作用,起着保证方向的作用。

(2)智育

智育是教育者以系统的科学文化知识和技能来武装学生,发展学生智力的教育。

(3)体育

体育是授予学生体育卫生知识和技能,使学生增强体质,发展机体素质和运动能力,养成良好的卫生、保健习惯的教育。体育为人的全面发展教育提供了重要物质基础。

(4)美育

美育,又称为审美教育或美感教育,是运用艺术美、自然美和社会生活美培养学生正确的审美观点以及感受美、鉴赏美和创造美的能力的教育。

(5)劳动技术教育

劳动技术教育是向学生传授现代生理劳动知识和生产技能,培养学生正确的劳动观点,养成良好劳动习惯的教育。

体育是各育实施的物质前提,是人的一切活动的基础;智育是各育实施的认识基础,是智力支持;德育是各育实施的方向统帅和动力源泉;美育协调各育发展;劳动技术教育是各育的实践基础。

六、学校教育制度

(一)学校教育制度的概念

广义的教育制度指国民教育制度,是一个国家为实现其国民教育目的,从组织系统上建立起来的一切教育设施和有关规章制度的总和。

狭义的教育制度指学校教育制度,简称学制,是一个国家各级各类学校的总体系,具体规定各级各类学校的性质、任务、要求、入学条件、修业年限以及它们之间的相互关系。

学校教育制度处于国民教育制度的核心和主体地位,体现了一个国家国民教育制度的实质。

精选真题

[2015 上半年]下列属于学校教育制度内容的是( )

A. 修业年限 B. 教学大纲 C. 课程标准 D. 课程设置

答案:A。本题考查考生的识记能力。考生记忆学校教育制度的概念即可。

(二)学制的影响因素

1. 生产力发展水平和科学技术发展状况

生产力发展水平较低的情况下,学校类型单一,规模较小。随着生产力水平的提高,出现了近代学制。当前社会学校类型更加多样化,这些都是生产力发展的反映。

2. 社会政治经济制度

学制中关于学校专业的设置,各级各类学校教育目的,学制年限,入学条件等,直接受统治阶级的有关方针、政策的制约,反映着统治阶级的愿望和要求。

3. 青少年儿童身心发展规律

学制的建立与改革必须遵循青少年儿童身心发展规律,否则就有可能贻误对青少年进行教育的最佳时机。

4. 本国学制的历史发展和外国学制的影响

各国在建立新学制时,既不能脱离本国学制的历史沿革,也会吸收其他国家学制改革的有益经验,或多或少地根据国情加以改革。

(三)现代学校教育制度的类型

现代学制最早出现在欧洲,主要有三种类型:一是双轨学制,二是单轨学制,三是分支型学制。

现代学校教育制度的类型

1. 双轨制

双轨制以**英国**为典型代表,法国、联邦德国等欧洲国家的学制都属这种学制。这种学制的学校系统分为两轨:一轨是**学术教育**,为特权阶层子女所占有,学术性很强,学生可升到大学以上;另一轨是**职业教育**,为劳动人民的子弟所开设,属生产性的一轨。两轨之间互不相通,互不衔接。这种学制不利于教育的普及。

2. 单轨制

单轨制是从小学直至大学、形式上任何儿童都可以入学的学制。这种学制有利于教育的普及,但教育参差不齐、效益低下、发展失衡,同级学校之间教学质量相差较大。**美国**的学制是单轨制。

3. 分支型学制

分支型学制是介于双轨学制和单轨学制之间的学制,也被称为中间型学制或"Y"型学制。这种学制试图融会单轨制与双轨制之长,兼顾公平与效益;既有利于教育的普及,又使学术性保持较高水平。**苏联**学制属于分支型学制。

我国现行学制是从单轨学制发展而来的分支型学制。目前,我国义务教育阶段根据实际情况设置"六三制"(小学六年,初中三年)、"五四制"(小学五年、初中四年)和"九年一贯制"。

精选真题

[2016 下半年]简述现代学校教育制度的类型。

参考答案:参见内文。

01

(四)我国学制的发展

1. 旧中国学制

学制名称	颁布时间	颁布政府	特点	地位
壬寅学制 (《钦定学堂章程》)	1902 年	清政府	以日本的学制为蓝本,由管学大臣张百熙起草	中国颁布的第一个现代学制,但只颁布没有施行
癸卯学制 (《奏定学堂章程》)	1904 年	清政府	以洋务派"中学为体,西学为用"的教育思想为指导,以读经尊孔为教育宗旨。癸卯学制以普通教育为主干,分为纵向三段七级、横向三类。纵向三段七级是:第一段为初等教育,第二段为中等教育,第三段为高等教育。横向三类学校是:普通教育、实业教育、**师范教育**	中国实施的第一个近代学制,是实行新学制的开端
壬子癸丑学制	1912~1913 年	南京临时政府	第一次规定男女同校,废除读经,充实了自然科学的内容,并将学堂改为学校	中国教育史上第一个具有资本主义性质的学制
壬戌学制 (新学制或六三三学制)	1922 年	北洋军阀	以美国学制为蓝本。规定小学六年,初中三年,高中三年	新学制的颁布和实施,标志着中国资产阶级教育制度的确立

注:因为癸卯学制是 1903 年拟定、1904 年颁布执行的,故在不同的参考资料中,有说 1903 年的"癸卯学制",也有说 1904 年的"癸卯学制"。本书结合大多数资料的说法,采用 1904 年的"癸卯学制"这一说法。

巧学妙记 壬寅首颁布,癸卯来实施,癸丑同男女,壬戌仿美国。

2. 新中国学制的改革与发展

新中国成立以后,学制几经改革。1951 年,政务院颁布的《关于改革学制的决定》是新中国第一个学制。1995 年颁布的《中华人民共和国教育法》以法律形式确立了我国的基本教育制度。国家实行学前教育、初等教育、中等教育和高等教育的学校教育制度。

精 选 真 题

1. [2018 下半年]我国教育史上首次纳入师范教育并实施的学制是(　　)

A. "癸卯学制"　　B. "五四三学制"

C. "壬寅学制"　　D. "六三三学制"

答案:A。本题考查考生的识记能力。考生记忆癸卯学制的特点与地位即可。

2. [2014 上半年]在我国历史上,以"中学为体,西学为用"为指导思想,以读经尊孔为教育宗旨,第一次以法令形式颁布并实施的学制是(　　)

A. 壬寅学制　　B. 癸卯学制　　C. 癸丑学制　　D. 壬戌学制

答案:B。本题考查考生的识记能力。考生记忆癸卯学制的内容即可。

七、义务教育制度

(一)义务教育的概念

义务教育是依据法律规定,适龄儿童和青少年都必须接受的,国家、社会、学校、家庭必须予以保证的国民教育。

(二)义务教育的特点 重点

义务教育是强迫教育,具有强制性、普及性(普遍性)、免费性、公共性、基础性、民主性等特点。

(1)**强制性**。一是适龄儿童必须接受教育;二是国家必须予以保障。

(2)**普及性(普遍性)**。原则上义务教育覆盖我国所有适龄儿童、少年,也包括具有接受教育能力的盲、聋、哑、弱智和肢残的儿童、少年。

(3)**免费性**。我国《义务教育法》明确规定了免收学费和杂费。

(4)**公共性(国民性)**。义务教育的公共性即义务教育的国民性。所谓公共性是指义务教育是一种社会公共事业,属于国民教育的范畴。公共性的实质就是平等地占有资源,平等是最大的公平。教育资源属全社会共有,人人都有受教育权、获取教育资源的权利。如果教育资源被一部分人占有,或集中于一部分人而另一部分人很少,这就表现出教育资源分配上的不公平,违反了教育的公共性。

(5)**基础性**。基础性是指义务教育是基础教育,其目的是为提高民族素质、培养社会主义人才奠定基础。

(6)**民主性**。义务教育是面向一切人的教育,从它开始产生的时候起,就具有为争取人类教育机会和权利等而奋斗的目的。它要求全社会不论贵贱等级,不分男女,不管肤色和种族,所有的适龄儿童都有权利进学校受教育,显示着强烈的民主性。几百年来,正是在民主思想的指导下,人类普及义务教育的实践才取得了巨大成就。

精选真题

1.[2019 **下半年**]义务教育的基本特征主要包括(　　)

①强制性　②普遍性　③公共性　④选择性　⑤终身性

A.①②③　　B.①②④

C.①③⑤　　D.②③④

答案:A。本题考查考生的识记能力。考生记忆义务教育的基本特征即可。

2.[2018 **上半年**]面向全体学生,实现城乡、区域和校际的均衡发展,这表明义务教育具有(　　)

A.公共性　　B.民主性

C.免费性　　D.强制性

答案:A。本题考查考生的理解能力。义务教育的公共性即义务教育的国民性。公共性的实质就是平等地占有资源,"均衡发展"强调的就是教育资源的平等。故A项正确。义务教育的民主性是指不分种族、阶级、男女,所有儿童都有接受教育的权利,考生注意辨析两者的区别。

(三)义务教育在中国的发展

1985年颁布的《中共中央关于教育体制改革的决定》,规定把普及九年义务教育的责任交给地方,有计划、有步骤地普及九年义务教育。

1986 年 4 月,第六届全国人大第四次会议通过了《中华人民共和国义务教育法》,以国家立法形式正式确立我国实行九年义务教育,标志着我国义务教育制度的确立。

2006 年 6 月 29 日,中华人民共和国第十届全国人民代表大会常务委员会第二十二次会议再次修订通过《中华人民共和国义务教育法》(简称新《义务教育法》),该法自 2006 年 9 月 1 日起实施,由此拉开了我国义务教育向着均衡、公平方向发展的序幕。

> **命题点拨**
>
> 义务教育制度在考试中主要以单选题形式考查。形式为考查义务教育的特点、各特点内涵和《中华人民共和国义务教育法》的颁布时间及内容。

精选真题

1. [2019 上半年]《中华人民共和国义务教育法》颁布的时间是(　　)

A. 1983 年　　B. 1986 年　　C. 1993 年　　D. 2006 年

答案:B。本题考查考生的识记能力。考生记忆《中华人民共和国义务教育法》的颁布时间即可。

2. [2015 下半年]我国首次颁布《中华人民共和国义务教育法》确定实施九年义务教育的时间为(　　)

A. 1982 年　　B. 1986 年　　C. 2000 年　　D. 2006 年

答案:B。本题考查考生的识记能力。考生记忆《中华人民共和国义务教育法》的颁布时间即可。

第二节　我国的小学教育

考向分析

本节主要介绍小学教育概述、我国小学教育的发展历程、小学的组织与运行等相关知识。本节在历年考试中考查频率较低,近五年没有考查,考生可根据自身情况有选择地学习。

思维导图

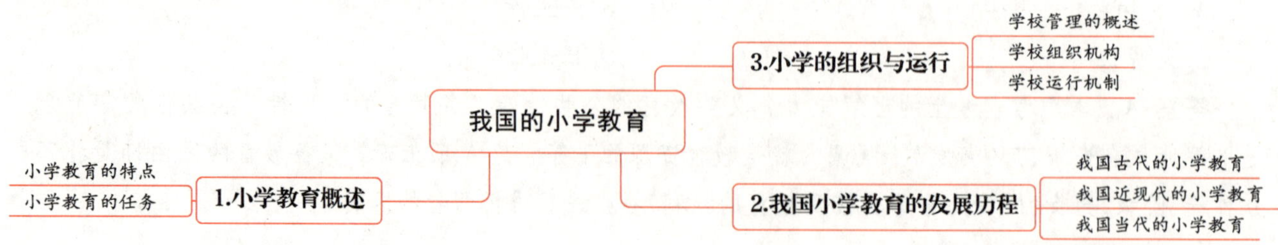

核心知识

一、小学教育概述

小学教育也称初等教育，是指一个国家学制中第一个阶段的教育，教育对象一般为6～12岁的儿童。小学教育是基础教育，是对全体公民实施的基本的普通文化知识的教育，是培养公民基本素质的教育。

（一）小学教育的特点

小学教育的特点可以概括为启蒙性、基础性、义务性、全民性、全面性、活动性和趣味性。

1. 启蒙性

从人生发展历程来看，小学阶段是最重要的，也是人的智力、能力和良好习惯形成的最佳时期。同时，小学生的自我主体意识比学龄前有了新的发展，他们的独立自主意识、主动性、积极性都有所提高。

2. 基础性

小学教育是终身教育和人生发展的奠基阶段。小学教育为提高国民素质奠定基础，为各级各类人才的培养奠定基础，为儿童一生的发展奠定基础。

3. 义务性

《义务教育法》规定："国家实行九年义务教育制度。"小学教育面向全体适龄儿童，任何未成年的公民，不论其种族、民族、性别、肤色、语言、社会经济地位的差异，只要达到一定年龄，都必须接受小学教育。因此，小学教育在整个教育中具有义务教育的性质。

4. 全民性

小学教育的全民性，从广义上说，是指小学教育必须面向全体人民。这样才能从整体上提高全民族的文化素养。从狭义上讲，是指小学教育必须面向全体适龄儿童。小学教育的全民性是世界各国教育改革的共同趋势。

5. 全面性

小学教育是面向全体儿童实施的普通的基础知识和基本技能的教育。在此基础上发展他们的能力，培养他们高尚的思想道德品质和提高他们的身体、心理素质，使他们具备国民应有的一些基本素质。

全面发展绝不意味着每个学生的各方面平均发展，而是包含着其个性的多样性和丰富性。

6. 活动性

活动对于小学儿童的发展具有特殊的价值。活动可以保证儿童身体的健康发育，它是促进小学儿童基本心理机能发展的必要条件。

7. 趣味性

对小学教育而言，一方面，仍然存在着激发和培育儿童对教育上有价值的事物的有趣、乐趣的心理倾向；另一方面，要具有发展的观点，有意识地引导儿童向志趣方向发展。

（二）小学教育的任务

小学教育是基础教育，既是各级各类学校教育的基础，也是个体身心健康发展的基础。所以，小学教育的根本任务就是打好基础。打好读、写、算的基础；推进素质教育，打好全面发展的基础；初步学会运用手脑、智慧与体力，为培养高素质的公民和提高全民族文化素质打基础。

01

二、我国小学教育的发展历程

(一)我国古代的小学教育

我国的小学产生于殷周时代。《孟子·滕文公上》中曾提到:“夏曰校,殷曰序,周曰庠。学则三代共之,皆所以明人伦也。”据推测,校、序、庠都是当时的小学。西周时期,文化水平较殷商有所提高,周天子建立了小学,设在官府。春秋战国时期,私学兴起,其中以孔子办的私学规模为最大。此后,各朝代不仅有官办的小学,也有私立的小学。

(二)我国近现代的小学教育

创办者或颁布者	学校名称或文件名称	主要特点
张焕纶(1878)	上海正蒙书院	(1)拉开了我国近代小学教育改革的序幕; (2)正蒙书院采用班级授课制; (3)课程主要有算术、格致、游戏、技艺、英文、法文等,采用俗话解释文言、讲解与背诵并重的教学方法,尤重德育
钟天纬(1896)	三等公学	教学活动注重课堂教学与课外活动相结合的方式,以经书为主,也重视英文
盛宣怀(1896)	南洋公学	(1)办学思想:德育、智育、体育三者结合和谐发展; (2)师范院的学生轮流教学,开设有国文、数学、历史、地理、体育等课程,这也可视为我国师范学校附设小学的开端
清政府(1898)	小学堂	清政府下谕,命各省府州县设学堂,并将各州县的书院改为小学堂。这可看作是清政府下决心推行现代小学的开始,也是小学教育计划见于公文的开端
清政府(1904)	《奏定初等小学堂章程》	规定设初等小学堂,入学对象为7岁儿童,修业年限为5年,并规定初等小学教育为义务教育
民国政府(1912)	《小学校令》	改小学堂为小学校,分初等小学校和高等小学校。初等小学校招收6岁儿童入学,修业年限为4年
民国政府(1922)	壬戌学制	规定小学教育修业年限为6年,前4年为初级,后2年为高级。前4年可单独设立

(三)我国当代的小学教育

时间	文件	主要内容
1949年	《中国人民政治协商会议共同纲领》	强调小学教育为基础国民教育
1951年	《关于学制改革的决定(草案)》	小学年限为5年,施行五年一贯制,入学年龄以7周岁为标准
1986年	《中华人民共和国义务教育法》	(1)1986年7月1日开始在全国正式施行九年义务教育,它的颁布标志着我国的义务教育进入了一个新阶段; (2)学制:“六三三制”和“五四学制”并存; (3)课程编写由以前的“一纲一本”改为“一纲多本”

续表

时间	文件	主要内容
1993 年	《中国教育改革和发展纲要》	(1)提出基础教育要由应试教育转向全面提高国民素质的轨道，小学开始了以素质教育为导向的改革； (2)小学实行校长负责制的学校管理体制
2001 年	第八次基础教育课程改革	(1)全国基本普及了九年一贯制的义务教育； (2)小学课程注重内容的现代化，强调学生学会学习和正确价值观的形成，以综合课程为主； (3)重视地方课程和学校课程，改革课程过于集中的状况； (4)学习方式倡导自主、合作、探究相结合； (5)多媒体技术在学校教学中得到普遍使用

精选真题

[2014 下半年]根据 1993 年颁发的《中国教育改革和发展纲要》的相关规定，小学实行(　　)

A. 校长负责制　　B. 党支部领导下的校长负责制

C. 书记负责制　　D. 教职工代表大会制

答案:A。本题考查考生的识记能力。考生记忆我国小学施行的是校长负责制即可。

三、小学的组织与运行

(一)学校管理的概述

学校管理是学校管理者在一定社会环境条件下，遵循教育规律，采用一定的手段和措施，带领和引导师生员工，充分利用校内外的资源和条件，有效实现工作目标而进行的一种组织活动。

1. 学校管理的基本内容

学校管理的基本内容包括思想品德教育管理、教务行政管理、教学工作管理和总务工作管理。

(1)思想品德教育管理包括制订学生思想品德教育计划，抓好班主任工作，上好政治课，充分发挥共青团、少先队和学生会的作用，加强与学生家长及校外教育机关的联系并要求他们密切配合。

(2)教务行政管理是指教务处的具体业务工作，主要有招生、编班、排课表、学籍管理与成绩统计、管理图书仪器和编制教务表册等。

(3)教学工作管理是学校管理的中心。教学工作管理的主要内容和方法有抓好教学组织工作、领导好教研组工作、督促检查和指导教学工作。

(4)总务工作管理包括校舍的建设、维修，设备的购置、管理，生活福利工作和财务管理工作。

2. 学校管理的原则

学校管理原则作为学校管理客观规律在人们意识中的主观反映，是学校管理者处理工作中各种矛盾的指导思想，是学校管理工作必须遵循的基本要求。包括以下六个原则：

(1)**方向性原则**。学校管理必须以一定的办学方向为先导，在我国就是要坚持社会主义的办学方向、加强党对学校工作领导的行为准则。

(2)**有效性原则**。这里的“效”包括效果、效率、效益。学校管理者在学校管理过程中能充分整合利用人力、物力、财力、时间、空间、信息等资源，以最小的代价换取最大的收益。

(3)**民主性原则**。学校管理者在学校管理过程中,要能够充分调动全体师生员工的积极性和创造性,使之共同参与、监督学校的管理工作。

(4)**科学、规范性原则**。学校管理者通过编制各种管理计划,建立健全学校的各项规章制度来组织、协调、控制学校的全部管理活动,不断提高学校的管理水平和教育质量。

(5)**系统、整体性原则**。学校管理者要从学校管理工作的整体出发,通盘规划,统一指挥,使学校各部门、各层次、各要素之间以及学校与学校之间进行协调,充分发挥整体优势,提高整体效能。

(6)**责任制原则**。学校管理的各项工作由专人负责,明确规定岗位职责范围进行管理。

(二)学校组织机构

学校组织机构是按照学校发展目标的要求,将学校组织的职责、岗位和人员进行合理的组合和分配,形成结构合理、权责清楚的协作系统。

1. 学校组织机构类型

常见的学校组织结构模式有直线型学校组织、职能型学校组织、直线—职能型学校组织、矩阵型学校组织、事业部型学校组织。其中,最常见的是直线—职能型学校组织。

结构模式	概述
直线型	是一种简单垂直领导的学校组织。这种组织中的各种职位直线垂直排列,模式简单、统一指挥、集中领导,适用于规模较小的学校
职能型	强调专业化领导的学校组织。 缺点:基层组织受到来自不同职能部门的多重指挥,这种多重指挥难免出现冲突
直线—职能型	综合了直线型学校组织统一指挥和职能型学校组织发挥专业部门优势进行管理的优点。 职能部门无权直接向下级单位发号施令,只能对其进行业务指导,下级单位最终听从直线部门的直接领导
矩阵型	把管理中的垂直联系和水平联系、集权化与分权化有机地结合起来而设计的。 我国的大学和规模较大的中小学,很多都采用这种组织形式
事业部型	是一种典型的用分权形式来管理学校的组织形式。 事业部型学校组织一般是那些规模较大、有复合教学业务的或有跨地区教学业务的学校

2. 学校组织机构的职能部门

学校组织机构的主要职能部门包括党组织、群众性组织、行政性组织和事务性组织。

(1)党组织是学校组织机构的重要职能部门,在小学中处于政治核心地位。

(2)群众性组织包括少年先锋队、学生会组织、教育工会组织和学校教职工代表大会。

(3)行政性组织包括学校的校务委员会、行政会议、校长办公室、教导处、总务处等。

(4)事务性组织包括教研组、年级组、班级、教育科研组织和教学辅助组织。

(三)学校运行机制

学校运行机制包括学校管理体制和学校规章制度等具有动力作用的系统,其中学校管理体制是领导和管理学校的根本制度,支配着学校的全部管理工作。

1. 学校管理体制

学校管理体制规定学校的管理权限、机构设置及其隶属关系,是学校内部机制的核心和灵魂。

1993 年颁发的《中国教育改革和发展纲要》规定,我国现阶段中小学的管理体制为校长负责制。现行的

校长负责制是指由校长对学校工作全面负责、党在学校的基层组织党支部保证监督、教职工民主管理三个部分有机组成的相互联系和统一的管理制度。

2. 学校规章制度

学校规章制度是学校依据法律、法规以及主管行政部门的授权或在其办学自主权范围内制定的学校内部管理规范的总和。

教育行政部门制定的学校规章制度包括：学校管理规程，课程计划、课程标准和教科书制度，各级各部门工作人员的职责及工作制度，学生守则、学生成绩考核、升留级制度，学籍管理制度，学生考勤制度，奖惩制度等。

学校制定的规章制度包括：会议制度、资料档案保管制度、教职工工作制度以及各种规则细则。

第三节 课 程

考向分析

本节主要介绍课程概述、课程的类型、课程理论流派、课程目标与结构、课程内容、课程资源、课程开发、课程实施与评价、当前我国基础教育课程改革等相关知识。本节需要考生掌握的核心知识和能力包括：

知识点	关键点	考频	题型	要求
课程的内涵	斯宾塞关于"课程"定义的观点	1	单选	识记、理解
课程的类型	综合课程、综合实践活动、校本课程、隐性课程的内容	8	单选、简答	识记、理解
	必修课程与选修课程的关系；国家课程与地方课程的关系	2	单选	识记
	古德莱德的课程层次理论	3	单选	识记
课程目标取向的分类	表现性目标的内涵	1	单选	理解
三维课程目标	知识与技能、情感态度与价值观目标的内涵	7	单选	理解
新课程结构的主要内容	我国小学阶段课程结构的主要特点	1	单选	识记
制约课程内容选择的因素	具体因素的辨别	1	单选	识记、理解
课程内容的组织形式	螺旋式、纵向组织、横向组织的内涵	4	单选	理解
课程内容的文本表现形式	课程计划的内容	1	单选	识记
	课程标准的内容	2	单选	识记
	教材的内涵以及教材编写的原则和要求	2	单选	识记、理解
课程资源的类型	社会课程资源的内容	1	单选	理解
课程开发的模式	目标模式的局限	1	单选	识记
课程实施的基本取向	相互适应取向的表现	1	单选	理解

续表

知识点	关键点	考频	题型	要求
当前我国基础教育课程改革	课程结构均衡性的内涵、三级课程管理制度的内容	2	单选	识记、理解
	教育观念的改革	6	单选、材料	识记、理解

本节知识内容较为琐碎,主要涉及单选、简答、材料分析三种题型。在备考时,考生应注意:①课程的类型;②课程目标;③课程内容;④当前我国基础教育课程改革。预计在之后的考试中,以上内容仍是考查重点,但更突出对考生能力和素养的考查。

思维导图

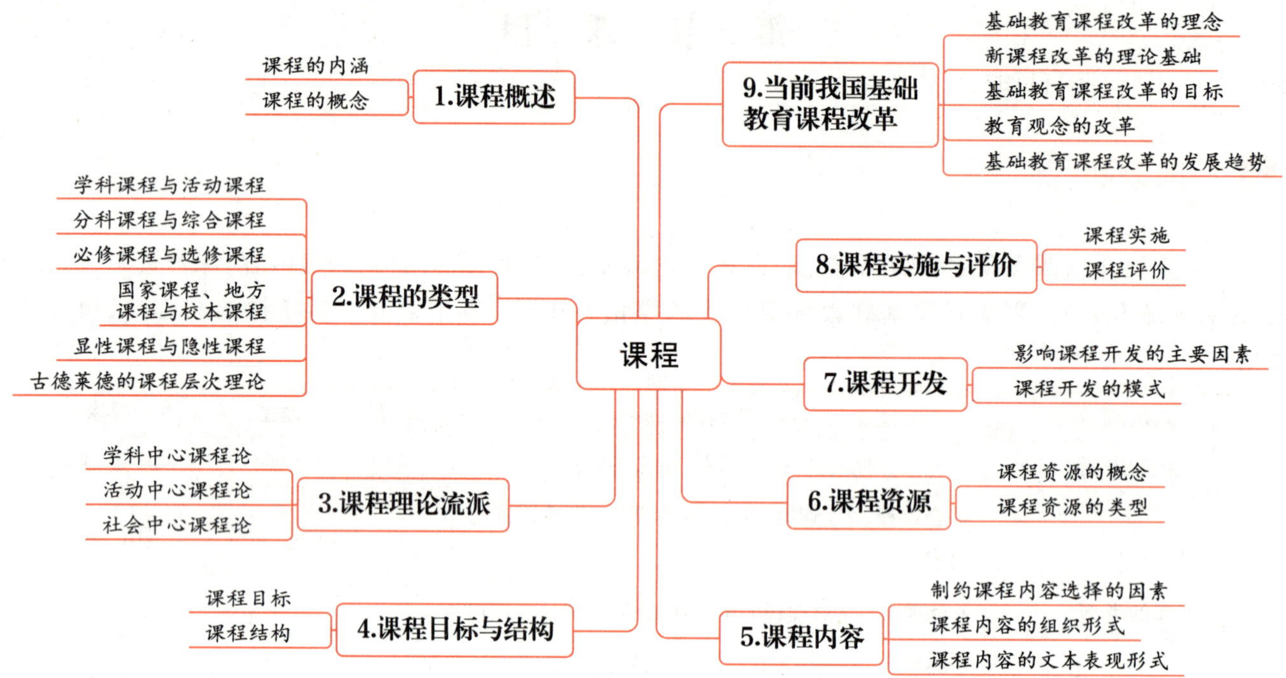

核心知识

一、课程概述

(一)课程的内涵

“课程”一词在我国始见于唐宋期间。唐朝**孔颖达**在《**五经正义**》里为《诗经·小雅·巧言》中“奕奕寝庙,君子作之”一句注疏:“维护课程,必君子监之,乃得依法制也。”这是“课程”一词在汉语文献中的最早显露。

宋朝朱熹在《朱子全书·论学》中多次提及课程,如“宽着期限,紧着课程”,这里的课程已含有学习范围、进程、计划的程序之义,与我们现在许多人对课程的理解有相似之处。

在西方,“课程”一词最早出现在英国教育家**斯宾塞**的《什么知识最有价值》一文中。它由拉丁语派生而来,意为“跑道”。根据这个词源,最常见的课程定义是“学习的进程”,简称学程。

一般认为，美国学者**博比特**在1918年出版的《**课程**》一书，标志着课程作为专门研究领域的诞生，这也是教育史上第一本课程理论专著。

山香指导 在我国，最早出现的"课程"一词并不是现代意义上的"课程"。
最早提出——唐·孔颖达《五经正义》；现代意义的课程——宋·朱熹《朱子全书·论学》。

精选真题

[2017 **上半年**]课程是"组织起来的教育内容"。最早提出这一观点的是(　　)

A. 斯宾塞　　B. 布鲁纳　　C. 赫尔巴特　　D. 夸美纽斯

答案：A。本题考查考生的理解与识记能力。斯宾塞在《什么知识最有价值》一文中，将"课程"解释为教学内容的系统组织，即题干中所说的"组织起来的教育内容"。

(二)课程的概念

课程是指学校学生所应学习的学科总和及其进程安排。课程有广义和狭义之分，广义的课程包括学校所教的各门学科和有目的、有计划的教育活动；狭义的课程专指某一门课程，如语文课程、历史课程等。

下面介绍几种典型的课程定义：

课程定义	概述
课程即教学科目	把课程等同于所教的科目。如我国古代的"六艺"与欧洲中世纪的"七艺"
课程即有计划的教学活动	把所有有计划的教学活动都组合在一起，以求对课程有一个比较全面的看法
课程即预期的学习结果	课程不应指向活动，而应关注预期的学习结果或目标，要求课程事先制定一套有结构、有序列的学习目标，所有教学活动都是为达到这些目标服务的
课程即学习经验	经验是学生在对所从事的学习活动的思考中形成的。这种课程定义的核心是把课程的重点从教材转向个人
课程即社会文化的再生产	其实质在于使学生顺应现存的社会结构，从而把课程的重点从教材、学生转向社会
课程即社会改造	一些激进的教育家认为，学校的课程应该帮助学生摆脱对外部强加给他们的世界观的盲目依从，使学生具有批判的意识

精选真题

[2013 **下半年**]"课程不应指向活动，而应直接关注制定一套有结构、有序列的学习目标，所有教学活动都是为达到这些目标而服务的。"这种观点意味着课程即(　　)

A. 教学科目　　B. 社会改造

C. 经验获得　　D. 预期的学习结果

答案：D。本题考查考生的理解能力。题干中的观点认为课程是为实现目标而服务，与"课程即预期的学习结果"内涵一致。

二、课程的类型 

(一)学科课程与活动课程

从**课程内容的固有属性**来划分，课程可分为学科课程与活动课程。

1. 学科课程

> 命题点拨
>
> 课程的类型在考试中主要以单选题形式考查。形式为给出课程内容,询问属于哪种课程;也会考查同一分类标准下,课程之间的关系。

学科课程是指以文化知识(科学、道德、艺术)为基础,按照一定的价值标准,从不同的知识领域或学术领域选择一定的内容,根据知识的逻辑体系,将所选出的知识组织为学科的课程类型。学科课程的代表人物有夸美纽斯、赫尔巴特、斯宾塞等。

学科课程是最古老、使用范围最广泛的课程类型。其主导价值在于传承人类文明,强调使学生掌握、传递和发展人类积累下来的文化遗产。我国古代的"六艺"和古希腊的"七艺"都是学科课程。

2. 活动课程

01

活动课程又称经验课程,是指围绕着学生的需要和兴趣、以活动为组织方式的课程形态,即以学生的主体性活动的经验为中心组织的课程。活动课程的主要代表人物是杜威。其主导价值在于使学生获得关于现实世界的直接经验和真切体验。

经验课程以开发与培育主体内在的、内发的价值为目标,旨在培养具有丰富个性的主体。学生的兴趣、动机、经验是经验课程的基本内容。

(二)分科课程与综合课程

从**课程内容的组织方式**来划分,课程可分为分科课程与综合课程。

1. 分科课程

分科课程是一种单学科的课程组织模式,它强调不同学科门类之间的相对独立性,强调一门学科的逻辑体系的完整性。其主导价值在于使学生获得逻辑严密和条理清晰的文化知识,但是容易带来科目过多、分科过细的问题。

2. 综合课程

综合课程是指打破传统的分科课程的知识领域,组合两门以上学科领域而构成的一门学科。其主导价值在于通过相关学科的集合,促使学生认识的整体发展并形成把握和解决问题的全面视野与方法。

常见的综合课程类型有相关课程、融合课程和广域课程。

相关课程在保留原来学科的独立性基础上寻找两个或多个学科的共同点,加强学科之间的联系。例如,在设计课程时,有意识地寻找语文和历史、历史和地理、数学和物理等相邻学科之间的知识联系点,使各学科之间保持密切的横向联系。

融合课程是把有内在联系的不同学科融合在一起而形成一门新的学科。如把动物学、植物学、生理学等融合为生物学。

广域课程是指依据学科及活动性质,将学校分科课程进行整合,构成领域更广的几类课程。如社会研究课综合了历史、地理、经济学、社会学、政治学、法学和人类学等有关学科内容。

山香指导 融合课程强调相关学科,广域课程侧重于相邻学科。融合课程的范围要小一些,如"生物学"就是指生物这个领域。而广域课程的范围更广,如"社会研究"是一个非常宽泛的概念。

小学阶段设置的综合课程主要有小学一、二年级的《品德与生活》、小学高年级的《品德与社会》。2003年秋,小学科学课程取代了传统的自然课程,成为小学阶段的另一门综合课程。2016年,教育部发布通知,将义务教育小学的"品德与生活""思想品德"教材名称统一改为"道德与法治"。

精选真题

1. [2019 下半年]我国现行的小学《道德与法治》课程属于(　　)

A. 分科课程　B. 综合课程　C. 边缘课程　D. 隐性课程

答案:B。本题考查考生的识记能力。考生记忆小学阶段设置的综合课程即可。

2. [2016 下半年]小学《科学》课程整合了自然科学各学科的内容,这种课程属于(　　)

A. 融合课程　B. 广域课程　C. 核心课程　D. 合并课程

答案:B。本题考查考生的理解能力。小学《科学》是对自然科学各学科的整合,内容广泛,属于广域课程。

关联知识

综合实践活动

综合实践活动是基于学生的直接经验,密切联系学生自身生活和社会生活,体现对知识的综合运用的课程形态。这是一门以学生的经验与生活为核心的实践性课程。综合实践活动是新的基础教育课程体系中设置的必修课程。2017 年教育部印发的《中小学综合实践活动课程指导纲要》中规定自小学一年级至高中三年级全面实施综合实践活动课程。综合实践活动课程实施过程主要包括:

(1)确定活动主题。主题确立包括发现问题、分析归纳问题、论证形成主题三个环节。

(2)制订活动方案。活动方案是活动的规划和蓝图,是活动开展的前提条件。从构成上看,综合实践活动方案包括活动主题、活动目标、聘请指导老师及请老师提建议、活动准备、活动时间、地点及其安排、预计的活动成果、活动过程与方法、活动方案可行性评价等。

(3)活动具体实施。实施活动方案具体体现在:引导学生开展多样的活动;提供必要的物质支持;教给学生必要的方法;协调各方关系;指导学生做好原始资料的积累工作;及时发现生成性课题。

(4)总结交流。总结交流既是对综合实践活动过程中的表现、成果质量的检查,也为师生之间、学生之间共同学习、成果共享提供了机会。综合实践活动课程的总结交流要注意以下几点:交流的形式可多样化;成果展示要自然真实;启发提升,拓展主题。

(5)活动反思。活动反思使教师以理性的方式审视自己的教学行为,提高活动效率,能够创造性地实施课程,也为今后的课程实施积累经验。综合实践活动课程中的反思可分为主题活动实施前的反思、实施过程中的反思、实施后的反思。

精选真题

1. [2015 上半年]小学开设的综合实践活动课程属于(　　)

①国家课程　②地方课程　③必修课程　④选修课程

A. ①③　B. ①④

C. ②③　D. ②④

答案:A。本题考查考生的理解与识记能力。综合实践活动课程是国家课程标准规定的课程,是新的基础教育课程体系中设置的必修课程。

2. [2019 下半年]简述小学综合实践活动开展的基本步骤。

参考答案:参见内文。

(三)必修课程与选修课程

从对**学生学习要求**的角度或**学生选课的自主性**来划分,课程可分为必修课程与选修课程。

1. 必修课程

必修课程是指国家、地方或学校规定学生必须学习的公共课程,是为了保证所有学生的基础学习而开发的课程。其主导价值在于培养和发展学生的共性,体现对学生的基本要求。

就我国现阶段基础教育课程现状而言,必修课程一般包括国家课程和地方课程。

2. 选修课程

选修课程是指依据不同学生的特点与发展方向,允许个人选择的课程。其主导价值在于满足学生的兴趣、爱好,培养和发展学生的良好个性。

必修课程与选修课程的关系:首先,必修课程与选修课程具有互补性。其次,必修课程与选修课程具有等价性,即二者拥有同等的价值。再次,必修课程与选修课程相互渗透、相互作用。

01

精选真题

[2016 **下半年**]从实现学校培养目标来看,必修课和选修课之间具有( )

A. 层次性　　B. 等量性　　C. 等价性　　D. 主次性

答案:C。本题考查考生的识记能力。考生记忆必修课程与选修课程的关系即可。

(四)国家课程、地方课程与校本课程

按**课程设计、开发和管理主体或管理层次(或制定者)**不同来划分,课程可分为国家课程、地方课程和校本课程。

1. 国家课程

国家课程是指由国家教育行政部门负责编制、实施和评价的课程,其主导价值在于通过课程体现国家的教育意志,确保所有国民的共同基本素质。它是实施国家基础教育课程的主体部分,也是衡量一个国家基础教育质量的重要标志。

2. 地方课程

地方课程是指由地方教育行政部门根据国家课程标准及各地发展需要而开发的课程,其主导价值在于通过课程满足地方社会发展的现实需要。它是基础教育课程结构的重要组成部分,与国家课程具有平等的地位和作用。

3. 校本课程

校本课程是指由学生所在学校的教师编制、实施和评价的课程,其主导价值在于通过课程展示学校的办学宗旨和特色,同时要满足每一位受教育者的特殊需要和兴趣。

精选真题

1. [2018 **下半年**]在我国基础教育课程结构中,地方课程与国家课程在地位上具有( )

A. 平等性　　B. 层次性　　C. 辅助性　　D. 从属性

答案:A。本题考查考生的识记能力。考生记忆地方课程与国家课程具有平等的地位和作用即可。

2. [2018 **上半年**]某学校开发了一门介绍当地风俗、物产与人物的课程,该课程属于( )

A. 地方课程　　B. 校本课程　　C. 隐性课程　　D. 分科课程

答案:B。本题考查考生的理解能力。题干中该学校开发的介绍当地风俗、物产与人物的课程属于展示学校办学特色的校本课程,并且题干强调"某学校开发",符合校本课程的内涵。

（五）显性课程与隐性课程

从**课程的表现形式或者说影响学生的方式**来划分，课程可分为显性课程和隐性课程。

1. 显性课程

显性课程也叫公开课程，指的是为实现一定的教育目标而正式列入学校教学计划的各门学科以及有目的、有组织的课外活动。显性课程的主要特征是计划性，这是区分显性课程和隐性课程的主要标志。

2. 隐性课程

隐性课程也叫潜在课程、隐蔽课程，指学生在学校情景中无意识地获得经验、价值观、理想等意识形态内容和文化影响。“隐性课程”一词是由杰克逊在1968年出版的《班级生活》一书中首先提出来的。

隐性课程的主要表现形式有：

（1）观念性隐性课程，包括隐藏于显性课程之中的意识形态，学校的校风、学风，有关领导与教师的教育理念、价值观、知识观、教学风格、教学指导思想等。

（2）物质性隐性课程，包括学校建筑、教室的设置、校园环境等。

（3）制度性隐性课程，包括学校管理体制、学校组织机构、班级管理方式、班级运行方式。

（4）心理性隐性课程，包括学校人际关系状况，师生特有的心态、行为方式等。

隐性课程是伴随显性课程而产生的，没有显性课程也就没有隐性课程。

精选真题

1. ［**2020下半年**］校歌、校徽、校标等是学校课程的一部分，这类课程属于（　　）

A. 学科课程　　B. 活动课程　　C. 显性课程　　D. 隐性课程

答案：D。本题考查考生的理解能力。校歌、校徽、校标等都可以对学生产生潜移默化的影响，是一种隐性课程。

2. ［**2017上半年**］学校利用板报、橱窗、走廊、墙壁、雕塑、地面、建筑物等媒介，旨在体现教育理念，实现育人功能。在课程分类中，这属于（　　）

A. 学科课程　　B. 活动课程　　C. 显性课程　　D. 隐性课程

答案：D。本题考查考生的理解能力。学校利用板报、走廊、墙壁等媒介，在不知不觉中实现了对学生的教育，这属于隐性课程。

（六）古德莱德的课程层次理论

在课程设置方面，古德莱德认为“课程”应分为以下五个层次：

1. 理想的课程

理想的课程是由一些研究机构、学术团体和课程专家提出的应该开设的课程。例如，有人提议在中学开设性教育的课程。

2. 正式的课程

正式的课程是由教育行政部门规定的课程计划、课程标准和教材，也就是列入学校课程表中的课程。

3. 领悟的课程

领悟的课程是指任课教师所领会的课程。这种领悟的课程可能与正式课程之间会产生一定的距离，正所谓“一千个读者就有一千个哈姆雷特”。

4. 运作的课程

运作的课程是指在课堂上实际实施的课程。在实施中，教师常常会根据学生的反应随时进行调整。

5. 经验的课程

经验的课程是学生在课堂学习中实实在在体验到的东西,即课程经验。

精选真题

1. [2019 上半年]按照美国学者古德莱德的课程层次理论,由教育行政部门制定的课程计划属于(　　)

A. 理想的课程　B. 正式的课程　C. 领悟的课程　D. 运作的课程

答案:B。本题考查考生的识记能力。考生记忆古德莱德的课程层次理论中不同课程的概念即可。

2. [2016 上半年]按照美国学者古德莱德的课程层次理论,教师在课堂中实施的课程属于(　　)

A. 理想的课程　B. 正式的课程

C. 领悟的课程　D. 运作的课程

答案:D。本题考查考生的识记能力。考生记忆古德莱德的课程层次理论中不同课程的概念即可。

三、课程理论流派

(一)学科中心课程论

学科中心课程理论是最早出现、影响最广的课程理论,代表人物是夸美纽斯、赫尔巴特、斯宾塞等。

该课程理论的基本观点是主张教学内容应以学科为中心,与不同学科对应设置课程,通过分科教学,使学生掌握各科教学的基本知识、技能、思想方法,从而形成学生的知识结构。

(二)活动中心课程论

活动中心课程又叫经验课程,代表人物是美国的杜威和其学生克伯屈。其基本特征是:第一,主张一切学习都来自经验,而学习就是经验的改造或改组;第二,主张学习必须和个人的特殊经验发生联系,教学必须从学习者已有的经验开始;第三,主张打破严格的学科界限,有步骤地扩充学习单元和组织教材,强调在活动中学习,而教师从中发挥协助作用。

(三)社会中心课程论

社会中心课程理论,又称为社会改造主义课程理论,主张围绕重大社会问题来组织课程内容。代表人物有布拉梅尔德等。

社会中心课程理论认为,教育的根本价值是社会发展,学校应该致力于社会的改造而不是个人的发展。强调课程建设要关注社会焦点问题,反映社会政治经济变革的客观需求,课程学习应深入社会生活中。

四、课程目标与结构

(一)课程目标

1. 课程目标的内涵

课程目标是根据教育宗旨和教育规律而提出的具体价值和任务指标,是课程本身要实现的具体目标和意图。它是确定课程内容、教学目标和教学方法的基础,是整个课程编制过程中最为关键的准则。

2. 课程目标取向的分类

(1)普遍性目标。普遍性目标是根据一定的哲学或伦理观、意识形态、社会政治需要,对课程进行总括性和原则性规范与指导的目标,一般表现为对课程有较大影响的教育宗旨或教育目的。它对各门学科都有普遍的指导价值。《大学》提出的“格物、致知、诚意、正心、修身、齐家、治国、平天下”的教育宗旨即典型的普遍性目标。

(2)行为性目标。行为性目标是以具体的、可操作的行为的形式加以陈述的课程目标。它指明课程过程结束后学生身上所发生的行为结果。它的特点是目标具有精确性、具体性和可操作性,对于学习以训练知识、技能为主的课程内容较为适合。

(3)生成性目标。生成性目标不是由外部事先规定的目标,而是在教育情境之中随着教育过程的展开自然生成的目标。它关注的是学习活动的过程,考虑学生的兴趣、能力差异,强调目标的适应性、生成性。但生成性目标在授课实践中,面对几十个不同的学生,很难实施。

(4)表现性目标。表现性目标是指在教育情境的种种经历中每一个学生个性化的创造性表现,关注学生的创造精神、批判思维,适合以学生活动为主的课程安排。表现性目标只为学生提供活动的范围或领域,至于活动的结果则是开放的。它强调学生的自主性和主体性,尊重学生的差异性。

精选真题

[2017 下半年]课堂上,老师让各小组用自己的方式展示对"友情"的理解,出现了故事讲述、小品表演、诗歌朗诵等多种形式。这一教学行为旨在达成(　　)

A. 行为性目标　　B. 普遍性目标　　C. 表现性目标　　D. 生成性目标

答案:C。本题考查考生的理解能力。题干中的老师没有规定答案,而是让学生创造性地进行反应,属于表现性目标。

3. 确立课程目标的依据

(1)学习者的需要(对学生的研究)。课程的价值在于促进学习者的身心发展,因此,学习者的需要是确定课程目标的基本依据。对学生的研究,就是要找出教育者期望在学生身上所要达到的预期结果。

(2)当代社会生活的需求(对社会的研究)。学校课程要反映社会政治、经济、文化发展的需求。当代社会生活的需求不仅指社会生活的当下现实需求,更重要的是社会生活的变迁趋势和未来需求。

(3)学科知识及其发展(对学科的研究)。课程内容来源于一些主要学科的知识,因而课程目标的实现必须要以学科为依托,即在确定课程目标的过程中首先要考虑学科本身的功能。

4. 三维课程目标 重点

新课程背景下的课堂教学,要求根据各学科教学的任务和学生的需求,从知识与技能、过程与方法、情感态度与价值观三个维度出发设计课程目标。

(1)**"知识与技能"**目标强调基础知识和基本技能的获得,相当于传统的"双基教学"。

(2)**"过程与方法"**目标突出的是让学生"学会学习",使学生获得知识的过程同时成为获得学习方法和能力发展的过程。

(3)**"情感态度与价值观"**目标强调教学过程中激发学生的情感共鸣,引起积极的态度体验,形成正确的价值观。

三维课程目标应是一个整体,知识与技能、过程与方法、情感态度与价值观三个方面互相联系,融为一体。

> **命题点拨**
>
> 在教育基础部分,三维课程目标在考试中主要以单选题形式考查。形式为给出一个具体的教学目标,询问该目标属于三维课程目标中的哪一个。

精选真题

1. [2020 下半年]在学习《长城》一课时,通过阅读课文和观看长城的影像,学生感受到万里长城的宏伟和壮观,民族自豪感和爱国之情油然而生。这一教学活动主要达成的教学目标是(　　)

A. 知识与技能　　B. 认知与技能

C. 过程与方法　　D. 情感态度与价值观

答案:D。本题考查考生的理解能力。题干中感受万里长城的宏伟和壮观以及油然而生的民族自豪感和爱国之情,是学生情感态度与价值观方面的变化,达成的是情感态度与价值观目标。

2. [2019 下半年]小学生通过科学课的学习,了解了水具有固态、液态和气态三种状态,进而知道在一定条件下物质状态可以改变。按照三维目标的分类,这主要达成的教学目标是(　　)

A. 知识与技能　　B. 过程与方法

C. 认知与实践　　D. 情感态度与价值观

答案:A。本题考查考生的理解能力。题干所述水的三种状态以及在一定条件下物质状态可以改变,这都属于基本知识,按照三维目标分类,这属于知识与技能目标要求掌握的内容。

(二)课程结构

课程结构指课程各部分的组织和配合,即课程内容有机联系在一起的组织方式。课程结构是课程目标转化为教育成果的纽带,是课程活动顺利开展的依据。

1. 课程结构的特征

(1)客观性

课程作为一种文化现象,其内容来源于社会文化和社会生活。课程内容各要素、各成分间的结构关系反映的是科学知识间的关系、各种社会生活经验的结构关系以及不同学习活动间的结构关系。人们在设计课程结构时必然要考虑学生的身心发展水平和学习规律。

(2)有序性

课程结构的有序性就是指课程内部各要素、各成分之间相互联系的有规则性。课程结构的有序性表现为“空间序”和“时间序”。

(3)可转换性

转换性就是指课程内部各要素间的构成关系能依地区、学校和学生等条件的变化而进行相应调整的属性,正是由于这种转换,中小学课程才能因地制宜,适应不同地区、不同学段、不同学生的特点和需要,实现课程模式的多样化。

(4)可度量性

课程内部各要素、各成分间的联系和结构方式往往可以用数量关系来说明,这表明课程结构有可度量性。

精选真题

[2014 上半年]为了适应不同地区学校和学生的特点和需要,各地可以对国家统一规定的中小学课程结构进行相应调整。这体现了课程结构的(　　)

A. 可操作性　　B. 可替代性　　C. 可转换性　　D. 可度量性

答案:C。本题考查考生的理解能力。根据不同地区学校和学生的特点和需要调整课程结构,体现了课程结构的可转换性。

2. 新课程结构的主要内容

(1)整体设置九年一贯的义务教育课程。小学阶段以综合课程为主。

(2)高中以分科课程为主。在开设必修课的同时,设置丰富多样的选修课程,开设技术类课程,积极试行学分制管理。

(3)从小学至高中设置综合实践活动课程并作为必修课程。

(4)农村中学课程要为当地社会经济发展服务。

精选真题

[2019 上半年]当前我国小学阶段课程结构的主要特点是(　　)

A. 分科课程为主　　B. 活动课程为主　　C. 综合课程为主　　D. 校本课程为主

答案:C。本题考查考生的识记能力。考生记住新课程结构的主要内容即可。

五、课程内容

课程内容是课程的核心要素。从总体上讲,课程内容是根据课程目标,有目的地选择的一系列直接经验和间接经验的总和,是从人类的经验体系中选择出来,并按照一定的逻辑序列组织编排而成的知识体系和经验体系。

(一)制约课程内容选择的因素

1. 社会因素

学生要适应社会生活和生产的需要,必须具有认同社会主流的价值观念、思想意识和社会生活方式。因而,学校教育在课程设置以及课程内容的选择上,需要注重社会取向,根据社会发展的需要,选择适应社会发展需要的课程内容。

2. 受教育者身心发展的规律

受教育者身心发展规律、水平和需要,制约着课程内容。一方面,课程内容的选择需要考虑受教育者现有的发展水平及其发展规律。另一方面,课程内容的选择必须满足受教育者身心发展的需要,促进受教育者个性的自由发展。

3. 科学文化知识

课程内容的基本要素是知识。因而,课程内容的选择必须考虑人类科学文化知识和技术本身的特点及其发展趋势。知识是制约课程内容选择的基本因素。

(1)人类科学文化知识是课程内容选择的直接来源。

(2)科学文化知识的发展速度制约着课程内容更新的速度。

(3)科学文化知识的结构制约着课程内容的结构。

精选真题

[2018 上半年]现代课程论认为,制约课程内容选择的因素主要包括(　　)

A. 知识、技能与情感　　B. 难度、广度与深度

C. 社会、儿童与学科　　D. 政治、经济与文化

答案:C。本题考查学生的理解与识记能力。制约课程内容选择的三个因素是社会因素、受教育者身心发展的规律与科学文化知识,即社会、儿童与学科。

(二)课程内容的组织形式 

课程内容的组织形式

课程内容采取何种逻辑形式编排和组织,直接影响课程内容结构的性质和形式,制约着课程实施中的学习活动方式。课程内容组织应处理好的逻辑组织形式的关系包括:

1. 直线式与螺旋式

直线式是指把课程内容组织成一条在逻辑上前后联系的“直线”，前后内容基本不重复，即课程内容直线前进，前面安排过的内容在后面不再呈现。

螺旋式是指在不同单元乃至阶段或不同课程门类中，使课程内容重复出现，逐渐扩大知识面，加深知识难度，使之呈现“螺旋式上升”的形状。

直线式和螺旋式是课程内容组织的两种基本逻辑方式，它们各有利弊，分别适用于不同性质的学科、不同年级的学生。

精选真题

[2019 上半年]在小学《科学》教材中，先呈现动植物的基本知识，接着是与动植物有关的生态系统知识，再是与人类相关的生态系统知识，这种课程内容的组织形式属于(　　)

A. 直线式　　B. 螺旋式　　C. 并列式　　D. 循环式

答案:B。本题考查考生的理解能力。题干所述先呈现基本知识，再呈现与动植物有关的生态系统知识，最后是与人类相关的生态系统知识，课程内容层层递进，逐渐扩大知识面，这种课程内容组织形式为螺旋式。

2. 纵向组织与横向组织

纵向组织，又称垂直组织、序列组织，是指按照知识的逻辑序列，由已知到未知(要求课程内容的呈现由浅入深、由易到难)、由简单到复杂等先后顺序组织编排课程内容。

横向组织，又称水平组织，是指打破学科的知识界限和传统的知识体系，按照学生发展阶段，以学生发展阶段需要探索的、社会和个人最关心的问题为依据，组织课程内容，构成一个一个相对独立的专题。

> 命题点拨
>
> 课程内容的组织形式在考试中主要以单选题形式考查。形式为给出一种内容组织方式，询问该组织方式属于哪一种。

纵向组织注重课程内容的独立体系和知识的深度，而横向组织强调课程内容的综合性和知识的广度。

精选真题

[2016 上半年]按照由易到难、由简到繁的顺序编排课程内容，这种组织方式属于(　　)

A. 横向组织　　B. 水平组织　　C. 纵向组织　　D. 综合组织

答案:C。本题考查考生的识记能力。考生记忆纵向组织的内涵即可。

3. 逻辑顺序与心理顺序

逻辑顺序，是指根据学科本身的体系和知识的内在联系来组织课程内容。

心理顺序，是指按照学生心理发展的特点来组织课程内容。

(三)课程内容的文本表现形式 重点

课程计划、课程标准、教材是课程内容的文本表现形式，是课程设计的三个层次，是我国中小学课程的主要组成部分。

课程计划体现了国家对学校的统一要求，是编写各科课程标准的主要依据；**课程标准**是课程计划的分学科展开，每门学科都有对应的学科课程标准；**教材**是课程标准的具体化，课程标准中规定的各门学科一般都有相应的教材。

> 命题点拨
>
> 课程内容的文本表现形式在考试中主要以单选题形式考查。形式为给出某一具体内涵，要求考生选出相应的文本表现形式；也会考查文本表现形式的编写要求。

1. 课程计划

课程计划是根据一定的教育目的和培养目标，由教育行政部门制定的有关学校教育和教学工作的指导性文件。课程计划体现了国家对学校教育和教学工作的统一要求，是学校组织教育和教学工作的重要依据。它具体规定了教学科目的设置（课程设置）、学科顺序（课程开设顺序）、课时分配（教学时数）、学年编制和学周安排。其中，开设哪些科目（课程设置）是课程计划的中心和首要问题。

1992 年，原国家教委在制定九年义务教育的教学计划时，把“教学计划”更名为“课程计划”。义务教育阶段的教学计划具有强制性、普遍性和基础性的特点。

精选真题

[2016 上半年]体现国家对学校的统一要求，作为学校办学的基本纲领和重要依据的是（　　）

A. 课程计划　　B. 课程标准　　C. 教学大纲　　D. 教学目标

答案：A。本题考查考生的识记能力。考生记忆课程计划的内容即可。

2. 课程标准

课程标准是国家根据课程计划以纲要的形式编定的有关某门学科内容及其实施、评价的指导性文件。它规定了学科的教学目标、任务，知识的范围、深度和结构，教学进度以及有关教学方法的基本要求，是编写教科书和教师进行教学的直接依据，也是衡量各科教学质量的重要标准。

课程标准是国家课程基本的纲领性文件，是国家对基础教育课程的基本规范和质量要求。它是教材编写、教学、评估和考试命题的依据，也是国家管理和评价课程的基础。

精选真题

[2019 上半年]某小学拟编写一本综合实践活动校本教材，编写这一教材的主要依据应为（　　）

A. 教学目标　　B. 教学内容　　C. 课程标准　　D. 课程计划

答案：C。本题考查考生的识记能力。考生记忆课程标准的内容即可。

3. 教材

（1）教材的概念

教材是教师和学生据以进行教学活动的材料，包括教科书、讲义、讲授提纲、参考书、活动指导书以及各种视听材料。其中，教科书和讲义是教材的主体部分，故人们常把教科书与讲义简称为教材。

教科书又称课本，它是依据课程标准编制的，系统反映学科内容的教学用书。教科书不同于一般书籍，通常按学年或学期分册，划分单元或章节。课文是教科书的主体部分。

（2）教材的编排方式

教科书有以下两种编排形式：

直线式教科书结构，即把一门学科的课程内容或其中一个课题的内容按照知识本身的逻辑结构来展开呈现在教科书中，使各种知识在内容上均不重复。

螺旋式教科书结构，即把同一课题内容按深度、广度的不同层次安排在教科书的不同阶段重复出现，使得每一次重复都将原有的知识、方法、经验进一步加深拓宽，逐级深化。

（3）教材编写的原则和要求

①按照不同学科的特点，在内容上体现科学性和思想性。

②强调内容的基础性。在加强基础知识和基本技能的同时，教材还要有利于培养学生把知识运用于实

践的能力,以全面发展学生的综合素质。

③在保证科学性的前提下,教材还要考虑到我国社会发展的现实水平和教育现状,必须注意到基本教材对大多数学生和大多数学校的适用性。

④在教材的编排上,要做到知识的内在逻辑与教学方法要求的统一。

⑤教科书的编排形式要有利于学生的学习。教材的编排要符合卫生学、教育学、心理学、美学的要求,有利于学生的学习。

⑥教科书的编排要兼顾同一年级各门学科内容之间的关系和同一学科各年级教材之间的衔接。

精选真题

1.[2018 下半年]小学教科书的编排形式应有利于学生的学习,不仅要符合教育学、心理学和美学的要求,还应符合(　　)

A. 社会学的要求　　B. 政治学的要求

C. 生态学的要求　　D. 卫生学的要求

答案:D。本题考查考生的识记能力。考生记忆教材编写的要求即可。

2.[2015 下半年]教师上课时所使用的课件、视频、投影、模型等教学资源属于(　　)

A. 教材　　B. 教案　　C. 教参　　D. 教科书

答案:A。本题考查考生的理解与识记能力。课件、投影等是视听材料,属于教材。

六、课程资源

(一)课程资源的概念

课程资源是课程建设的基础,包括教材以及学生家庭、学校和社会生活中一切有助于学生发展的各种资源。其中,教材是课程资源的核心和主要组成部分。

课程资源有狭义和广义之分。狭义的课程资源仅指形成课程的直接要素来源;广义的课程资源指有利于实现课程目标的各种因素,包括形成课程的直接要素来源(素材性课程资源)和实施课程的必要而直接的条件(条件性课程资源)。综合这两种观点,课程资源是指课程设计、实施和评价等整个课程教学过程中可以利用的一切人力、物力以及自然资源的总和,包括教材、教师、学生、家长以及学校、家庭和社区中所有有利于实现课程目标,促进教师专业成长和学生有个性的全面发展的各种资源。

(二)课程资源的类型

分类标准	类型	内容
空间分布	校内课程资源	校内的各种场所和设施,如图书馆、实验室、专用教室、信息中心、实验实习农场和工厂等
	校外课程资源	学生家庭、社区乃至整个社会中各种可用于教育教学活动的设施和条件以及丰富的自然资源。如校外图书馆、科技馆、网络资源以及乡土资源等
存在方式	显性课程资源	看得见摸得着,可以直接运用于教育教学活动的课程资源。如教材,计算机网络,自然和社会中的事物、活动等
	隐性课程资源	以潜在的方式对教育教学活动施加影响的课程资源。如学校的风气、社会风气、家庭氛围、师生关系等

续表

分类标准	类型	内容
功能特点	素材性课程资源	知识、技能、经验、活动方式与方法、情感态度和价值观等方面的因素，其特点是直接作用于课程，并且能够成为课程的素材或来源
	条件性课程资源	直接决定课程实施范围和水平的人力、物力、财力、时间、场地、媒体、设备、设施和环境，以及对于课程的认识状况等因素
性质	自然课程资源	强调“天然性”，如自然界中的动植物、微生物、地质、地貌、矿产、气候、自然景色等
	社会课程资源	强调“人工性”，如图书馆、博物馆、雕塑、政治活动、军事活动、科技活动、宗教礼仪、风俗习惯等

精选真题

[2019 下半年]在小学课程实施过程中，教师挖掘和利用的民风民俗、传说故事、传统节日、文化活动等资源属于(　　)

A. 自然资源　　B. 校内资源　　C. 社会资源　　D. 个体资源

答案：C。本题考查考生的理解能力。民风民俗、传说故事等都是人为创造的，具有“人工性”，属于社会资源。

七、课程开发

课程开发是指通过社会和学习者需求分析，确定课程目标，再根据这一目标选择某一个学科的教学内容和相关教学活动进行计划、组织、实施、评价、修订，以最终达到课程目标的整个工作过程。

(一)影响课程开发的主要因素

儿童、社会及学科特征是制约学校课程的三大因素。进一步讲，学生因素包括学生的年龄特征、知识、能力基础及其可接受性；社会因素包括社会政治经济制度和文化发展水平；学科特征影响课程的编制。

(二)课程开发的模式

1. 目标模式

目标模式是以目标为课程开发的基础和核心，围绕课程目标的确定及其实现、评价而进行课程开发的模式。课程开发目标模式的代表人物是美国课程论专家拉尔夫·泰勒。

泰勒在《课程与教学的基本原理》一书中指出，开发任何课程和教学计划都必须回答四个基本问题：

(1)学校应当追求哪些目标？(学校应当追求的目标)

(2)怎样选择和形成学习经验？(选择和形成学习经验)

(3)怎样有效地组织学习经验？(有效地组织学习经验)

(4)如何确定这些目标正在得以实现？(课程评价/评价结果)

这四个基本问题——确定教育目标、选择教育经验、组织教育经验、评价教育计划，即构成著名的“泰勒原理”。

泰勒原理的实质是以目标为中心的模式，因此又被称为“目标模式”。

目标模式的最大特点是通过目标引导教师在教学过程中有据可依，具有很强的可操作性。该模式逻辑清晰，结构明了，易于理解和把握，因此，近半个世纪以来，这种模式仍旧长盛不衰。但由于它只关注预期的目标,忽视了其他方面,如理解力、鉴赏力、情感、态度等同样有教育价值的东西,所以受到了许多批评。

精选真题

[2020 下半年]将课程编制过程划分为确定目标、选择经验、组织经验、评价结果四个阶段,并被誉为“课程评价之父”的教育家是(　　)

A. 卢梭　　B. 杜威

C. 泰勒　　D. 布鲁纳

答案:C。本题考查考生的识记能力。考生记忆泰勒在课程领域的成就即可。

2. 过程模式

01

斯腾豪斯在 1975 年出版的《课程研究与开发导论》中,对目标模式的课程理论进行了分析批判,以此为基础,提出了过程模式的课程理论。

过程模式强调课程开发关注的应是过程,而不是目的。它不预先指定目标,而是详细说明内容和过程中的各种原理,然后在教育活动、经验中,不断予以改进、修正。

八、课程实施与评价

(一)课程实施

1. 课程实施的内涵

课程实施是将编定好的课程付诸实施的过程,它是达到预期目标的基本途径。

新课程提倡改善课程实施的过程,其主要观点如下:(1)教师是教学过程的组织者和引导者;(2)学生是学习的主人;(3)教材是教学内容的重要载体;(4)加强师生相互交流和沟通。

2. 课程实施的基本取向

辛德等人将课程实施或研究课程实施的取向分为三种:忠实取向、相互适应取向、创生取向。

(1)忠实取向

忠实取向者认为,课程实施过程就是忠实地执行、落实课程方案的过程。实施的课程越接近课程计划,实现程度越高,就越忠实,课程实施也就越成功。

(2)相互适应取向

相互适应取向者认为,课程实施过程是课程计划与班级或学校实际情境在课程目标、内容、方法、组织模式诸方面相互调整、改变与适应的过程,强调课程实施不是单向的传递、接受,而是双向的互动与改变。相互适应取向反映了师生的主动性、课程实施的复杂性、不确定性和过程性。与忠实取向相比,其更符合课程实施的实际情况。

(3)创生取向

创生取向又称为课程缔造取向,创生取向者认为,课程实施本质上是在具体教育情境中缔造新的教育经验的过程,教师的角色是课程开发者。

创生取向强调教师和学生在课程开发中的创造性,重视教师和学生在课程修正过程中的作用。

山香指导　本考点要求考生能区分三种课程实施取向的内涵,考生可抓住关键词进行辨析:

忠实取向:忠实执行计划;

相互适应取向:教学实施中调整、改变与适应;

创生取向:新的、创造性。

精选真题

[2018 上半年]针对班级学生基础较差、学习兴趣不高的情况，周老师上课时对教学内容进行了删减，增加了一些趣味性知识，这一课程实施符合(　　)

A. 忠实取向　　B. 创生取向　　C. 技术取向　　D. 相互适应取向

答案:D。本题考查考生的理解能力。教师针对学生情况，改进教学内容，是相互调整、改变与适应的表现，符合相互适应取向。

(二)课程评价

课程评价是指检查课程的目标、编订和实施是否实现了教育目的，实现的程度如何，以判定课程设计的效果，并据此作出改进课程的决策。课程评价的模式主要分为以下四种：

模式	代表人物	主要观点
目标评价模式	泰勒	以目标为中心展开，是针对 20 世纪初形成并流行的常模参照测验的不足而提出的，是在泰勒的"评价原理"和"课程原理"的基础上形成的
目的游离评价模式	斯克里文	主张把评价的重点从"课程计划预期的结果"转向"课程计划实际的结果"上来。主张评价除了要关注预期的结果之外，还应关注非预期的结果
CIPP 评价模式	斯塔弗尔比姆	评价最重要的目的不在证明，而在改进。 四个步骤：背景评价、输入评价、过程评价、成果评价
CSE 评价模式	斯太克	旨在为教育改革服务。 实施步骤：需要评定、方案计划、形成性评价、总结性评价

九、当前我国基础教育课程改革 

(一)基础教育课程改革的理念

1. 基础教育课程改革的核心理念

教育改革的核心是课程改革。新课程改革的核心理念是教育以人为本，即"一切为了每一位学生的发展"。

2. 基础教育课程改革的基本理念

新课程改革的基本理念是：(1)促进课程的适应性和管理的民主化，创建富有个性的学校文化；(2)重建课程结构和倡导和谐发展的教育；(3)提升学生的主体性和注重学生经验。

(二)新课程改革的理论基础

新课程改革的主要理论基础是建构主义理论、多元智能理论等。

1. 建构主义理论

建构主义可以比较好地说明人类学习过程的认知规律，即能较好地说明学习如何发生、意义如何建构、概念如何形成，以及理想的学习环境应包含哪些主要因素等等。其核心概括为以学生为中心，强调学生对知识的主动探索、主动发现和对所学知识意义的主动建构。

2. 多元智能理论

多元智能理论由美国心理学家加德纳提出。该理论认为，人的智力结构中存在着七种相对独立的智力：(1)语言智力；(2)逻辑—数学智力；(3)视觉—空间智力；(4)音乐智力；(5)身体—动觉智力；(6)人际智力；(7)自知智力。每种智力都有其独特的解决问题的方法，在每个人身上的组合方式不同。

多元智能理论为我国新课改“建立促进学生全面发展的评价体系”提供了有力的理论依据与支持。

(三)基础教育课程改革的目标

1. 实现课程功能的转变

改变课程过于注重知识传授的倾向,强调形成积极主动的学习态度,使获得基础知识与基本技能的过程同时成为学生学会学习和形成正确价值观的过程。

2. 体现课程结构的均衡性、综合性和选择性

改变课程结构过于强调学科本位、科目过多和缺乏整合的现状,整体设置九年一贯的课程门类和课时比例,并设置综合课程,以适应不同地区和学生发展的需求,体现了课程结构的均衡性、综合性和选择性。

课程结构的**均衡性**是指学校课程体系中的各种课程类型、具体科目和课程内容能够保持一种恰当、合理的比重。根据新课程的培养目标,新课程结构涵盖了各种类型的课程和多种与现实社会生活以及学生的自身生活密切相关的科目,同时通过课时比例的调整,使其保持适当的比重关系,这是从课程方案层面体现出来的均衡性。

01

课程结构的综合性是针对过分强调学科本位、科目过多和缺乏整合的现状而提出的。它体现在三个方面:第一,加强学科的综合性;第二,设置综合课程;第三,增设综合实践活动课程。

课程结构的选择性是针对地方、学校与学生的差异而提出的,它要求学校课程要以充分的灵活性适应于地方社会发展的现实需要,以显著的特色性适应于学校的办学宗旨和方向,以选择性适应于学生的个性发展。选择性的集中体现是新课程适当减少了国家课程在学校课程体系中所占的比重。

精选真题

1. [2016 上半年]根据《基础教育课程改革纲要(试行)》的要求,我国小学现阶段既要开设语文、数学、英语等学科课程,又要开设科学、艺术等综合课程,这体现了课程结构具有(　　)

A. 综合性　　B. 均衡性　　C. 选择性　　D. 时代性

答案:B。本题考查考生的理解能力。课程结构的均衡性强调各种课程比重恰当、合理。题干中根据新课改的要求,我国小学阶段既要开设学科课程,也要开设综合课程,这使学校的课程类型保持合理的分配,体现了课程结构的均衡性的内涵。

2. [2014 下半年]我国基础教育课程改革要求整体设置九年一贯的义务教育课程,通过课时比例调整使其保持适当的比重关系。这强调了课程结构的(　　)

A. 均衡性　　B. 综合性　　C. 选择性　　D. 统一性

答案:A。本题考查考生的识记能力。考生记忆基础教育课程改革在课程结构方面的改变即可。

3. 密切课程内容与生活和时代的联系

改变课程内容“难、繁、偏、旧”和过于注重书本知识的现状,加强课程内容与学生生活以及现代社会和科技发展的联系,关注学生的学习兴趣和经验,精选终身学习必备的基础知识和技能。

4. 改善学生的学习方式

改变课程实施过于强调接受学习、死记硬背、机械训练的现状,倡导学生主动参与、乐于探究、勤于动手,培养学生收集和处理信息的能力、获取新知识的能力、分析和解决问题的能力以及交流与合作的能力。

5. 建立与素质教育理念相一致的评价与考试制度

改变课程评价过分强调甄别与选拔的功能,发挥评价促进学生发展、教师提高和改进教学实践的功能。新课程倡导“立足过程,促进发展”的课程评价,这不仅仅是评价体系的变革,更重要的是评价理念、评价方

法与手段以及评价实施过程的转变。

6. 实行三级课程管理制度

改变课程管理过于集中的状况，实行国家、地方、学校三级课程管理，增强课程对地方、学校及学生的适应性。

精选真题

[2017 下半年]2001 年颁布的《基础教育课程改革纲要（试行）》在课程管理方面的改革目标是（　　）

A. 设置综合课程　　B. 转变学生学习方式

C. 体现课程结构的均衡性和选择性　　D. 形成国家、地方、学校三级课程体系

答案：D。本题考查考生的识记能力。考生记忆基础教育课程改革在课程管理方面的目标即可。

（四）教育观念的改革

1. 新课程倡导的学生观

（1）学生是发展中的人

第一，学生的身心发展是有规律的。教师必须依据学生的身心发展规律和特点开展教育活动。

第二，学生具有巨大的发展潜能。教师必须坚信每个学生都是可以积极成长的，是可以获得成功的，对教育好每一个学生都应充满信心。

第三，学生是处于发展过程中的人。学生正在发展与成长，所以学生是一个不成熟的人，是一个在教师指导下不断成长的人。

（2）学生是独特的人

第一，学生是完整的人。在教育活动中，必须反对那种割裂人的完整性的做法，还学生完整的生活世界，丰富学生的精神生活，给予学生全面展现个性的时间和空间。

第二，每个学生都有自身的独特性。珍视学生的独特性和培养具有独特个性的人，应成为我们对待学生的基本态度。独特性也意味着差异性，教师要尊重学生的差异，使每个学生都得到完全、自由的发展，因材施教。

> **命题点拨**
>
> 教育观念的改革在考试中主要以单选题、简答题和材料分析题形式考查。单选题考查频率较低，考生需理解新课程倡导的学习方式的具体内涵；简答题要求考生牢记新课程倡导的学生观、教学观、教师观等；材料分析题的形式为给出一段教育事迹，要求考生分析教师的教学行为。考生需辨析材料中教师符合或违背的新课程理念，并结合材料进行分析。

第三，学生与成人之间存在着巨大的差异。学生的观察、思考、选择和体验方式，都和成人有着明显的不同。所以，应把学生看成孩子，而不是一个成人。

（3）学生是具有独立意义的人

第一，每个学生都是独立于教师的头脑之外，不以教师的意志为转移的客观存在。教师不能将自己的意志与知识强加给学生，否则就会挫伤学生学习的主动性和积极性，扼杀他们的学习兴趣，禁锢他们的思想，引起他们自觉或不自觉的抵制或抵抗。

第二，学生是学习的主体。教师只能引导学生自己读书，自己感受事物，自己观察、分析、思考，从而使他们明白事理，自主把握事物发展变化的规律。教师应引导学生而不是代替学生做出选择。

第三，学生是责权的主体。学生是权利主体，教师要保护学生的合法权利；学生是责任主体，教师要引导学生学会对学习、对生活、对自己、对他人负责，学会承担责任。

精选真题

[2013 下半年]简述当前我国基础教育课程改革所倡导的学生观。

参考答案：参见内文。

2. 新课程倡导的教学观

(1)教学是课程创生与开发的过程

新课程所倡导的教学观认为教师和学生是课程的有机构成部分，是课程的创造者和主体，他们共同参与课程开发的过程。教学不只是课程传递和执行的过程，更是课程创生与开发的过程。

(2)教学是师生交往、积极互动、共同发展的过程

新课程强调教学是教与学的交往、互动，师生双方相互交流、相互沟通。在这个过程中，教师与学生分享彼此的思考过程、经验和知识，交流彼此的情感、体验与观念，丰富教学内容，求得新的发现，从而达成共识、共享、共进，实现教学相长和共同发展，彼此形成一个真正的“学习共同体”。

(3)教学重过程甚于重结论

教学的目的之一就是使学生理解和掌握正确的结论。但是，如果学生不经过一系列的质疑、比较与判断以及相应的分析、综合等认识活动，就难以获得结论，也难以得到真正的理解和巩固。因此，教学不仅要重结论，更要重过程。

(4)教学更为关注人而不只是学科

新课程强调以人为本，关注人是新课程的核心理念。“一切为了每一位学生的发展”意味着在教学中，教师应关注每一位学生，关注学生的情绪生活和情感体验，关注学生的道德生活和人格养成。

3. 新课程倡导的教师观

(1)教师角色的转变

从教师与学生的关系看，新课程要求教师应该是学生学习的促进者。

从教学与研究的关系看，新课程要求教师应该是教育教学的研究者。

从教学与课程的关系看，新课程要求教师应该是课程的建设者和开发者。

从学校与社区的关系看，新课程要求教师是社区型的开放的教师。

(2)教师教学行为的转变

在对待师生关系上，新课程强调尊重、赞赏。

在对待教学关系上，新课程强调帮助、引导。

在对待自我上，新课程强调反思。

在对待与其他教育者的关系上，新课程强调合作。

4. 新课程倡导的学习方式

新课程倡导的学习方式有自主学习、探究学习和合作学习。

学习方式	概念	特点
自主学习	关注学习者的主体性和能动性，是学生自主而不受他人支配的学习方式	(1)自主学习是一种主动学习，是相对于“被动学习”“他主学习”而言的； (2)自主学习是一种独立学习； (3)自主学习是一种元认知监控的学习

续表

学习方式	概念	特点
探究学习	是一种以问题为依托的学习，是学生通过主动探究解决问题的过程。探究学习是相对于“接受学习”而言的	自主性、开放性、过程性、实践性
合作学习	学生以小组为单位进行学习的方式。合作学习是相对于“个体学习”而言的	互助性、互补性、自主性、互动性

精选真题

1.［2015 **上半年**］学生在小组或团队中，通过任务分解、责任分工、协同互助，以完成共同的学习任务。这种学习方式属于（　　）

A. 掌握学习　　B. 合作学习

C. 探索学习　　D. 发现学习

答案：B。本题考查考生的理解能力。合作学习是以小组为单位进行的，具有互助性、互补性、自主性、互动性。题干中的学习是在小组或团队中进行，有共同的学习目标，小组成员协同互助，这体现了合作学习的内涵。

2.［2013 **上半年**］我国第八次基础教育课程改革倡导自主学习、合作学习和探究学习，简述你对这三种学习方式的理解。

参考答案：参见内文。

3.［2018 **下半年**］**材料：**一天，黄老师要求学生背诵课文。才过了五六分钟，几个成绩比较优秀的学生就来找老师背诵，并得到了老师表扬。这时，小伟也要求背诵，几个同学听了哈哈大笑，因为小伟有智力缺陷，思维缓慢，说话不流畅，普通孩子用几秒钟说的一句话，他却需要一两分钟才能讲清楚，黄老师望着小伟涨红的脸，微笑着说：“好的。小伟，你来背，不着急，慢慢来。”

小伟用他那特有的发音，一字一句认真地背诵起来。5 分钟过去了，小伟一字不差地背完了。黄老师激动地竖起大拇指说：“小伟，你真棒！”教室里响起了热烈的掌声，小伟的脸上露出了灿烂的笑容。

问题：

（1）结合材料，评析黄老师的做法。

（2）教师应如何对随班就读的“特殊儿童”进行教育？

参考答案：（1）材料中黄老师的做法是值得肯定和赞赏的。

在对待师生关系上，新课程强调尊重、赞赏；在对待教学关系上，新课程强调帮助、引导。材料中的黄老师面对说话不流畅的小伟，没有嘲笑、挖苦，反而是耐心引导，并及时鼓励，既尊重了学生的人格尊严，还发挥了教师的引导作用。

材料中黄老师对小伟充满信心，坚信他可以顺利地背完课文，最终小伟没让黄老师失望，也赢得了其他同学的认可。黄老师把小伟看成是发展中的人，认为学生具有巨大的发展潜能，遵循了以人为本的学生观。

（2）对待“特殊儿童”，教师首先应该关心、爱护、尊重他们。因为特殊儿童更需要周围人的关心；其次在教学中，教师要帮助、引导他们，多鼓励他们；最后，要对他们进行因材施教、长善救失，依靠积极因素来克服他们的消极因素。

(五)基础教育课程改革的发展趋势

1. 以学生发展为本、促进学生全面发展与培养个性相结合

以学生发展为本的课程是把学生的发展作为课程开发的着眼点和目标,强调学生是能动实践的主体。"为了每一位学生的发展"是我国基础教育课程改革的核心理念,也是未来课程改革的基本趋势。

2. 稳定并加强基础教育(课程的社会化、生活化和能力化,加强实践性,由"双基"到"四基")

在课程改革中,基础教育课程十分注重加强课程与社会、生活和自然的联系,增加学生的实践性学习环节,改变理论脱离实际的现状,培养学生的动手能力和创新精神。

3. 加强道德教育和人文教育,加强课程科学性与人文性融合

道德教育如何才能在学校课程中更好地体现并融为一体,产生有效的德育效应和氛围,是未来课程改革必须面对的问题。道德教育绝不只是政治思想品德课的责任,而是各科教学和活动都应承担的责任;不仅要重视正式课程的作用,也要重视非正式课程即隐性课程潜移默化的作用,进而形成学校、社会、家庭三位一体的局面。

4. 加强课程综合化

综合化课程既是为了避免增设新学科造成学生课业负担,也是学生认识和把握科学知识基础的需要。一般来说,年级越低,综合程度越高,特别是科学教育科目应该适当加以综合。

5. 课程与现代信息技术相结合,加强课程个性化和多样化

小学课程既要体现共同性,又要体现差异性、层次性,也即个性。课程的个性化实际上就是因材施教的问题。个性化的课程必然带来多样化的课程,多样化的课程是我国未来的课程改革所倡导的。

6. 课程法制化

随着我国法制建设的日益完善,我国基础教育课程教材改革也必然会沿着法制化的轨道健康前进。目前,我国已经制定了一系列关于课程教材建设的政策与法规。

第四节　学生与教师

考向分析

本节主要介绍学生的特点、教师概述、教师专业发展、《小学教师专业标准(试行)》、师生关系等相关知识。本节需要考生掌握的核心知识和能力包括:

知识点	关键点	考频	题型	要求
习近平总书记对广大教师的新要求	四有好老师、四个引路人的内容	3	单选	识记
教师劳动的特点	长期性的具体内涵	2	单选	理解
《小学教师专业标准(试行)》	专业知识的领域的内容	1	简答	识记
	专业能力的基本内容	2	单选、简答	识记、理解
良好师生关系的建立	影响师生关系的主导因素	1	单选	识记
	师生关系建立的基本要求	2	简答、材料	识记、理解、运用

本节知识主要涉及单选、简答、材料三种题型。在备考时，考生应注意：①习近平总书记对广大教师的新要求；②教师劳动的特点；③《小学教师专业标准（试行）》的基本内容；④师生关系。预计在之后的考试中，以上内容仍是考查重点，但更加突出对考生能力和素养的考查。

思维导图

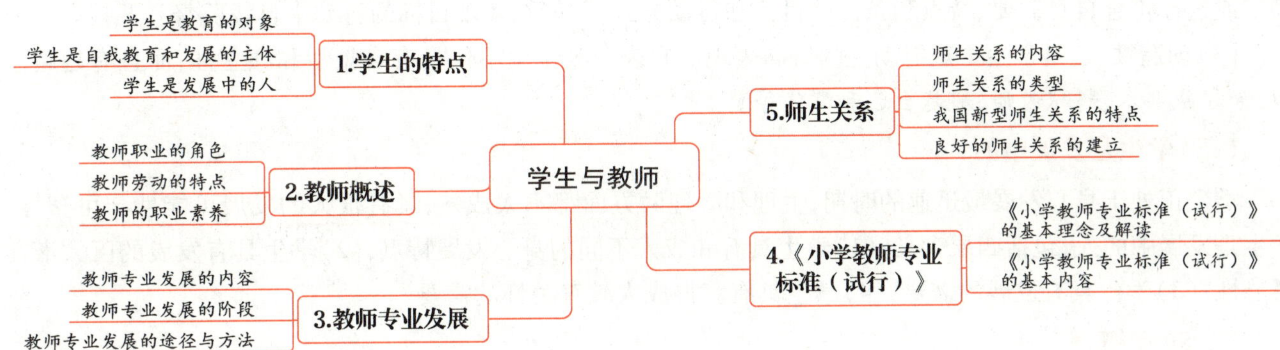

核心知识

一、学生的特点

（一）学生是教育的对象

从教师方面看，教师是教育过程的组织者、领导者，学生是教师教育实践活动的作用对象，是被教育者、被组织者和被领导者。

从学生自身特点看，学生具有可塑性、依赖性和向师性。

（1）**学生具有可塑性**。学生处于身心发展的形成时期，各方面尚未成熟，有很大的发展潜力，具有“染于苍则苍，染于黄则黄”的特点。

（2）**学生具有依赖性**。学生多属未成年人，还不具备完全独立的生活能力。在家里，他们要依赖父母，入学后他们将对父母的依赖心理转移到教师身上。

（3）**学生具有向师性**。学生入学后，会自然地亲近、信赖、尊敬甚至崇拜教师，把教师作为获取知识的智囊、解决问题的顾问、行为举止的楷模。

精选真题

［2013 下半年］小学三（1）班班主任李老师用了一支比较别致的笔，不久全班多数同学也用上了和李老师一样的笔，这说明小学生具有（　　）

A. 依赖性　　B. 向师性　　C. 接受性　　D. 可塑性

答案：B。本题考查考生的理解能力。学生模仿老师的行为，是向师性的体现。全班多数同学都用上了与李老师一样的笔，这体现了小学生具有向师性。

（二）学生是自我教育和发展的主体

学生是自我教育和发展的主体。首先，学生是具有主观能动性的人。学生是有意识、有情感、有个性的社会人，他们不是盲目、机械、被动地接受作用于他们的影响。其次，学生在接受教育的过程中，也具有一定的素质,可以进行自我教育。

作为自我教育和发展的主体,学生要在教育和活动中发挥主观能动性。学生的主观能动性主要表现在:

(1)**自觉性**,也称主动性,这是学生主观能动性最基本的表现。它表现为学生能根据一定的目标或要求,或在某种情境的激发下,自行采取相应的态度或行动。

(2)**独立性**,也称自主性,这是自觉性进一步发展的表现。它表现为学生不仅具有自觉性,而且能自行确定或选择符合自身需要、特点和条件的目标和行动方式,并能在实现目标的行动中自我监督和调控。

(3)**创造性**,这是学生主观能动性的最高表现。它表现为学生不仅具有自觉性和独立性,而且有超越意识,如超越书本、超越教师、超越自己和群体等。

(三)学生是发展中的人

01

学生正处于身心发展最迅速的时期,生理和心理两方面都不太成熟,具有很大的发展可能性与可塑性。学生是发展中的人,包括四层含义:(1)学生具有和成人不同的身心发展特点;(2)学生具有发展的巨大潜在可能性;(3)学生具有发展的需要;(4)学生具有获得成人教育关怀的需要。

二、教师概述

教师是履行教育教学职责的专业人员,承担教书育人、培养社会主义事业建设者和接班人、提高民族素质的使命。教师是学校教育工作的主要实施者,根本任务是教书育人。

(一)教师职业的角色

教师职业的最大特点在于职业角色的多样化。

(1)传道者的角色。教师负有传递社会传统道德、价值观念的使命,"道之所存,师之所存也"。

(2)授业解惑者的角色。教师是要将自己获得的知识经验、技能进行精心加工整理,然后以特定的方式传授给年青一代,并帮助他们解除学习中的困惑。

(3)示范者的角色(榜样角色)。教师的言行是学生学习和模仿的榜样;优秀教师还是其他教师学习的模范,是社会各界学习的模范。

(4)教育教学活动的设计者、组织者和管理者的角色。

(5)朋友的角色。教师要在学习、生活、人生等多方面给予学生指导,与学生一起分担痛苦与忧伤、分享欢乐与幸福。

(6)研究者的角色。教师要以一种变化发展的态度来对待自己的工作对象、工作内容,要不断学习、不断反思、不断创新。

(7)学生学习的促进者。教师要将工作重心转移到提高学生学习能力上来,做学生学习的促进者。

关联知识

习近平总书记对广大教师的最新要求

习近平总书记在系列讲话中,对广大教师提出了明确指示和要求。要求广大教师要争做"四有好老师",做学生的"四个引路人",教育工作要做到"四个相统一"。

(1)四有好老师:有理想信念、有道德情操、有扎实学识、有仁爱之心。

(2)四个引路人:做学生锤炼品格的引路人,做学生学习知识的引路人,做学生创新思维的引路人,做学生奉献祖国的引路人。

(3)四个相统一:坚持教书和育人相统一,坚持言传和身教相统一,坚持潜心问道和关注社会相统一,坚持学术自由和学术规范相统一。

精选真题

1. [2020 下半年]做“好老师”应该具有理想信念、道德情操、扎实学识和仁爱之心的特质。这是由下列哪位党和国家领导人提出的(　　)

A. 邓小平　　B. 江泽民
C. 胡锦涛　　D. 习近平

答案:D。本题考查考生的识记能力。考生记忆习近平总书记对教师提出的“四有好老师”的内容即可。

2. [2019 下半年]总书记在2014年教师节讲话中提出了“四有好老师”标准,其主要内容是(　　)

①有理想信念　②有道德情操　③有扎实学识　④有实践能力　⑤有仁爱之心

A. ①②③④　　B. ①②③⑤　　C. ①③④⑤　　D. ②③④⑤

答案:B。本题考查考生的识记能力。考生记忆习近平总书记对教师提出的“四有好老师”的内容即可。

(二)教师劳动的特点

1. 复杂性和创造性

(1)教师劳动的复杂性主要表现在:①教育目的的全面性;②教育任务的多样性;③劳动对象的差异性。

(2)教师劳动的创造性主要表现在:①因材施教;②教学方法上的不断更新;③教师需要“教育机智”。教育机智是指教师能根据学生新的特别是意外的情况,迅速而正确地作出判断,随机应变地采取及时、恰当而有效的教育措施解决问题的能力。

2. 连续性和广延性

(1)教师劳动的连续性是指时间的连续性。教师要不断了解学生的过去与现状,预测学生的发展与未来,检验教育教学效果,获取教育教学反馈信息,准备新一轮的教育教学活动。

(2)教师劳动的广延性是指空间的广延性。教师没有严格界定的劳动场所,课堂内外、学校内外都可能成为教师劳动的空间。

3. 长期性和间接性

(1)教师劳动的长期性指人才培养的周期比较长,教育的影响具有迟效性。

(2)教师劳动的间接性。教师的劳动并没有直接服务于社会,或直接贡献于人类的物质产品和精神产品。

精选真题

[2015 下半年]优秀运动员的成功,往往要追溯到启蒙教练的培养。这说明教师劳动具有(　　)

A. 创造性　　B. 长期性　　C. 示范性　　D. 复杂性

答案:B。本题考查考生的理解能力。运动员的培养是一个长期的过程,追溯到启蒙教练说明教师的劳动具有长期性。

4. 主体性和示范性

(1)教师劳动的主体性指教师自身可以成为活生生的教育因素和具有影响力的榜样。

(2)教师劳动的示范性指教师的言行举止,如人品、才能、治学态度等都会成为学生学习的对象。

(三)教师的职业素养

教师的职业素养包括教师的职业道德素养、教师的知识素养、教师的能力素养和职业心理健康。

1. 教师的职业道德素养

(1)对待事业:忠于人民的教育事业。忠于人民的教育事业要求教师做到:依法执教,严谨治教;爱岗敬业,廉洁从教。

(2)对待学生:热爱学生。热爱学生是教师职业道德的核心,是教师高尚道德品质的表现。

(3)对待集体:团结协作。团结协作要求教师必须与各方面协同合作,以便形成教育合力,共同完成培养人的工作。

(4)对待自己:为人师表(良好的道德修养)。教师只有自己具备了良好的道德修养,才能有力地说服学生、感染学生、教育学生。

2. 教师的知识素养

(1)政治理论修养。主要包括:马列主义、毛泽东思想和邓小平理论。

(2)精深的学科专业知识(本体性知识)。这是教师知识结构的核心,也是教师向学生传授知识的必备基础。

(3)广博的科学文化知识。教师的知识不仅要"专",而且要"博",教师的专业知识应建立在广博的科学文化知识的基础之上。

(4) 必备的教育科学知识(条件性知识)。教育学、心理学及各科教材教法是教师首先要掌握的最为基本的教育科学知识。此外,教师还要掌握教育管理方面的知识。

(5)丰富的实践知识。教师的实践性知识是基于教师个人的经验积累,在对待和处理教育问题时体现出的个人特质和教育智慧。

3. 教师的能力素养

(1)语言表达能力。语言,特别是口头语言,是教师向学生传递教育信息的重要工具,因此要求教师具有较强的语言表达能力。

(2)组织管理能力。教师要进行教育活动,必须具备一定的组织管理能力。

(3)组织教育和教学的能力。教师是教育教学过程的组织者、领导者,因此要求教师具有驾驭教育和教学的能力。

(4)自我调控和自我反思能力(较高的教育机智)。教育活动要根据实际情况来进行,这就要求老师要能适应各种变化,能够进行自我调控。教师的调控能力主要包括对自我表现的监控能力和对教学的监控能力。教师的自我反思能力主要包括教学设计、课堂的组织和管理、学生活动的促进、语言和非语言的沟通、评价学习行为、教学后省思等。

4. 职业心理健康

(1)高尚的师德。高尚的师德包括热爱学生、教书育人、为人师表和团结协作等内容。

(2)愉悦的情感。对教师来说,情感是塑造青少年灵魂的强大精神力量,丰富的情感具有强烈的感染力,它使广大学生在潜移默化中,在期待和激励下,自觉热情地学习。

(3)良好的人际关系。良好的人际关系是教师完善人格的一个重要标志,也是教师心理健康的重要内容。

(4)健康的人格。教师的健康人格是在培养人、教育人的过程中表现出来的成熟的、积极的心理素质。

三、教师专业发展

教师专业发展,又称教师专业成长,是指教师在整个专业生涯中,依托专业组织、专门的培养制度和管理制度,通过持续的专业教育,习得教育教学专业技能,形成专业理想、专业道德和专业能力,从而实现专业自主的过程。

(一)教师专业发展的内容

(1)专业理想的建立。具有专业理想的教师对教学工作会产生强烈的认同感和投入感,会对教学工作抱有强烈的期待。

(2)专业态度和动机的完善。教师的专业态度和动机是教师专业活动的动力基础。

(3)专业知识的拓展与深化。作为专业人员,教师必须具备从事专业工作所需要的基本知识。教师专业知识(合理的知识结构)主要包括本体性知识、条件性知识、实践性知识和一般文化知识。

本体性知识,即特定学科及相关知识,是教学活动的基础。

条件性知识,即认识教育对象、开展教育活动和研究所需的教育学科知识和技能,如教育原理、心理学、教学论、学习论、班级管理、现代教育技术等。

实践性知识,即课堂情境知识,体现教师个人的教学技巧、教育智慧和教学风格,如导入、强化、发问、课堂管理、沟通与表达、结课等技巧。

(4)专业能力的提高。教师的专业能力是教师综合素质最突出的外在表现,也是评价教师专业性的核心因素。

(5)教师的专业人格。教师的专业人格是教师在教育教学工作中所必须具有的道德品质方面的自我修养,诚实正直、善良宽容、公正严格是教师专业人格的重要内容。

(6)专业自我的形成。专业自我包括自我意象、自我尊重、工作动机、工作满意感、任务知觉和未来前景。教师的专业自我是教师个体对自我从事教育教学工作的感受、接纳和肯定的心理倾向,这种倾向将显著地影响教师的教育教学工作效果。

精选真题

[2014 下半年]教师的知识结构中,小学英语教师所拥有的英语学科知识属于(　　)

A. 一般性知识　　B. 条件性知识

C. 本体性知识　　D. 实践性知识

答案:C。本题考查考生的理解能力。小学英语教师所拥有的英语学科知识属于特定学科的相关知识,属于专业知识中的本体性知识。

(二)教师专业发展的阶段

福勒和布朗根据教师的需要和不同时期所关注的焦点问题,把教师的成长划分为关注生存、关注情境和关注学生三个阶段。

1. 关注生存阶段

处于这一阶段的一般是新教师,他们非常关注自己的生存适应性,最担心的问题是“学生喜欢我吗”“同事们如何看我”“领导是否觉得我干得不错”等。这造成有些新教师可能会把大量的时间都花在如何与学生搞好个人关系上。

2. 关注情境阶段

在此阶段,教师关心的是如何教好每一堂课的内容,一般总是关心诸如班级的大小、时间的压力和备课材料是否充分等与教学情境有关的问题。一般来说,老教师比新教师更关注此阶段。

3. 关注学生阶段

教师将考虑学生的个别差异,认识到不同发展水平的学生有不同的需要,某些教学材料和方式不一定适合所有学生。能否自觉关注学生是衡量一个教师是否成熟的重要标志之一。

(三)教师专业发展的途径与方法

1. 观摩和分析优秀教师的教学活动

课堂教学观摩可分为组织化观摩和非组织化观摩。组织化观摩是有计划、有目的的观摩,非组织化观摩则没有这些特征。为培养、提高新教师和教学经验缺欠的年轻教师可以进行组织化观摩;非组织化观摩要求观摩者有相当完备的理论知识和洞察力。

2. 开展微格教学

微格教学指以少数的学生为对象,在较短的时间内(5～20 分钟),尝试做小型的课堂教学,并把这种教学过程摄制成录像,课后再进行分析。这是训练新教师、提高教学水平的一条重要途径。

3. 进行专门训练

教师的成长与发展也可以通过专门的教学能力训练来实现,如训练新教师掌握教学过程中有效的教学策略等。研究表明,专家型教师所具有的教学技能和教学策略是可以教给新教师的,新教师在掌握这些知识后,会在一定程度上促进其教学。但同时也要明白,仅仅通过学习专家型教师的经验是远远不够的,新教师还应注重对自身教学经验的反思,使两者有效结合,才能真正提高自己的教学水平。

4. 进行教学反思

教学反思是指教师以自己的教学活动过程为思考对象,对自己所做出的某种教学行为、决策以及由此所产生的结果进行审视和分析的活动。

布鲁巴奇等人 1994 年提出四种反思的方法:

(1)反思日记。在每一天教学工作结束后,要求教师写下自己的经验,并与指导教师共同分析。

(2)详细描述。教师相互观摩彼此的教学,详细描述看到的情景,并对此进行讨论分析。

(3)交流讨论。来自不同学校的教师聚集在一起,首先提出课堂上发生的问题,然后共同讨论解决办法,最后得到的方案为所有教师共享。

(4)行动研究。为弄清课堂上遇到的问题的实质,探索用以改进教学的行动方案,教师以及研究者进行调查和实验研究。

美国教育心理学家波斯纳提出了教师成长的公式:**经验 + 反思 = 成长**。

四、《小学教师专业标准(试行)》

(一)《小学教师专业标准(试行)》的基本理念及解读

1. 师德为先

热爱小学教育事业,具有职业理想,践行社会主义核心价值体系,履行教师职业道德规范,依法执教。关爱小学生,尊重小学生人格,富有爱心、责任心、耐心和细心;为人师表,教书育人,自尊自律,做小学生健康成长的指导者和引路人。

【解读】“师德为先”突出强调了师德的重要性。教师工作面对的不是物,而是人。教师不仅是用自己所掌握的专业知识和所具有的专业能力从事小学教育工作,更是用自身的职业道德修养立教。因此,小学教师应增强教书育人的责任感和使命感,坚持社会主义核心价值观。师德是作为教师的第一要素。小学教师教育对象的特殊性决定了他们既需要成人的精心呵护与帮助,同时又是接受教育的黄金时期。因此,小学教师特别要注意师德修养,重视榜样作用。在对待小学生的态度方面,小学教师要遵循“教师爱是小学教师的灵魂”这一理念。

2. 学生为本

尊重小学生权益，以小学生为主体，充分调动和发挥小学生的主动性；遵循小学生身心发展特点和教育教学规律，提供适合的教育，促进小学生生动活泼学习、健康快乐成长。

［解读］“学生为本”是“以人为本”的理念在学校教育中的具体体现，也是教育的价值追求所在。他强调了学生的主体地位，要求教师尊重学生，关爱学生，充分发挥学生的主动性，为学生提供适合的教育，促进每个学生主动、活泼地发展。

命题点拨

《小学教师专业标准（试行）》在考试中主要以简单题形式考查。一般询问某一具体理念或某一维度的具体内容，考生须牢记《小学教师专业标准（试行）》的基本理念和基本内容。

3. 能力为重

把学科知识、教育理论与教育实践相结合，突出教书育人实践能力；研究小学生，遵循小学生成长规律，提升教育教学专业化水平；坚持实践、反思、再实践、再反思，不断提高专业能力。

【解读】“能力为重”实质是强调小学教师把学科知识、教育理论与教育实践相结合，不断研究，改善教育教学工作，不断提升专业能力。小学教育教学工作是实践性很强的专业工作，小学教师必须具备较强的专业能力，才能提供具有发展适宜性的教育策略，灵活运用有效的教育方法。

01

4. 终身学习

学习先进小学教育理论，了解国内外小学教育改革与发展的经验和做法；优化知识结构，提高文化素养；具有终身学习与持续发展的意识和能力，做终身学习的典范。

【解读】“终身学习”是当代社会的重要特征。教师要主动适应经济社会和教育发展的要求，在形成全民学习，构建学习型社会的过程中，起到领头羊的作用。教师专业发展是一个不断完善的过程，需要终身进行专业学习。教师的终身学习主要体现在主动发展的意识和不断反思、制定发展规划的能力上。小学教师既是小学教育工作者，又是与小学生共同成长的学习者。

（二）《小学教师专业标准（试行）》的基本内容 

维度	领域	基本要求
专业理念与师德	（一）职业理解与认识	1. 贯彻党和国家教育方针政策，遵守教育法律法规 2. 理解小学教育工作的意义，热爱小学教育事业，具有职业理想和敬业精神 3. 认同小学教师的专业性和独特性，注重自身专业发展 4. 具有良好职业道德修养，为人师表 5. 具有团队合作精神，积极开展协作与交流
	（二）对小学生的态度与行为	6. 关爱小学生，重视小学生身心健康，将保护小学生生命安全放在首位 7. 尊重小学生独立人格，维护小学生合法权益，平等对待每一个小学生。不讽刺、挖苦、歧视小学生，不体罚或变相体罚小学生 8. 信任小学生，尊重个体差异，主动了解和满足有益于小学生身心发展的不同需求 9. 积极创造条件，让小学生拥有快乐的学校生活
	（三）教育教学的态度与行为	10. 树立育人为本、德育为先的理念，将小学生的知识学习、能力发展与品德养成相结合，重视小学生全面发展 11. 尊重教育规律和小学生身心发展规律，为每一个小学生提供适合的教育 12. 引导小学生体验学习乐趣，保护小学生的求知欲和好奇心，培养小学生的广泛兴趣、动手能力和探究精神 13. 引导小学生学会学习，养成良好学习习惯 14. 尊重和发挥好少先队组织的教育引导作用

续表

维度	领域	基本要求
专业理念与师德	(四)个人修养与行为	15. 富有爱心、责任心、耐心和细心 16. 乐观向上、热情开朗、有亲和力 17. 善于自我调节情绪,保持平和心态 18. 勤于学习,不断进取 19. 衣着整洁得体,语言规范健康,举止文明礼貌
专业知识	(五)小学生发展知识	20. 了解关于小学生生存、发展和保护的有关法律法规及政策规定 21. 了解不同年龄及有特殊需要的小学生身心发展特点和规律,掌握保护和促进小学生身心健康发展的策略与方法 22. 了解不同年龄小学生学习的特点,掌握小学生良好行为习惯养成的知识 23. 了解幼小和小初衔接阶段小学生的心理特点,掌握帮助小学生顺利过渡的方法 24. 了解对小学生进行青春期和性健康教育的知识和方法 25. 了解小学生安全防护的知识,掌握针对小学生可能出现的各种侵犯与伤害行为的预防与应对方法
	(六)学科知识	26. 适应小学综合性教学的要求,了解多学科知识 27. 掌握所教学科知识体系、基本思想与方法 28. 了解所教学科与社会实践、少先队活动的联系,了解与其他学科的联系
	(七)教育教学知识	29. 掌握小学教育教学基本理论 30. 掌握小学生品行养成的特点和规律 31. 掌握不同年龄小学生的认知规律和教育心理学的基本原理和方法 32. 掌握所教学科的课程标准和教学知识
	(八)通识性知识	33. 具有相应的自然科学和人文社会科学知识 34. 了解中国教育基本情况 35. 具有相应的艺术欣赏与表现知识 36. 具有适应教育内容、教学手段和方法现代化的信息技术知识
专业能力	(九)教育教学设计	37. 合理制定小学生个体与集体的教育教学计划 38. 合理利用教学资源,科学编写教学方案 39. 合理设计主题鲜明、丰富多彩的班级和少先队活动
	(十)组织与实施	40. 建立良好的师生关系,帮助小学生建立良好的同伴关系 41. 创设适宜的教学情境,根据小学生的反应及时调整教学活动 42. 调动小学生学习积极性,结合小学生已有的知识和经验激发学习兴趣 43. 发挥小学生主体性,灵活运用启发式、探究式、讨论式、参与式等教学方式 44. 发挥好少先队组织生活、集体活动、信息传播等教育功能 45. 将现代教育技术手段整合应用到教学中 46. 较好使用口头语言、肢体语言与书面语言,使用普通话教学,规范书写钢笔字、粉笔字、毛笔字 47. 妥善应对突发事件 48. 鉴别小学生行为和思想动向,用科学的方法防止和有效矫正不良行为

续表

维度	领域	基本要求
专业能力	（十一） 激励与评价	49. 对小学生日常表现进行观察与判断，发现和赏识每一个小学生的点滴进步 50. 灵活使用多元评价方式，给予小学生恰当的评价和指导 51. 引导小学生进行积极的自我评价 52. 利用评价结果不断改进教育教学工作
	（十二） 沟通与合作	53. 使用符合小学生特点的语言进行教育教学工作 54. 善于倾听，和蔼可亲，与小学生进行有效沟通 55. 与同事合作交流，分享经验和资源，共同发展 56. 与家长进行有效沟通合作，共同促进小学生发展 57. 协助小学与社区建立合作互助的良好关系
	（十三） 反思与发展	58. 主动收集分析相关信息，不断进行反思，改进教育教学工作 59. 针对教育教学工作中的现实需要与问题，进行探索和研究 60. 制定专业发展规划，积极参加专业培训，不断提高自身专业素质

精选真题

1. [2018 **上半年**]作为青年教师，除了自我学习以外，还应该通过集体备课、同行研讨等教研组活动，分享教学经验，提高教学水平。这突出体现的教师专业能力是（　　）

A. 沟通与合作能力　　B. 激励与评价能力

C. 教育教学设计能力　　D. 组织与实施能力

答案：A。本题考查考生的理解能力。题干所述作为青年教师，还应在教师集体中相互交流合作，共同发展，这体现的教师专业能力是沟通与合作能力。

2. [2019 **上半年**]简述《小学教师专业标准（试行）》中关于教师专业能力的构成。

参考答案：参见内文。

3. [2018 **下半年**]《小学教师专业标准（试行）》中“专业知识”维度包括哪些领域？

参考答案：参见内文。

五、师生关系

师生关系是指教师和学生在教育教学活动中为完成一定的教育任务，以“教”和“学”为中介而形成的一种特殊的社会关系，包括彼此所处的地位、作用和态度等。师生关系是教育活动过程中人与人关系中最基本、最重要的关系。

（一）师生关系的内容

（1）师生在教育内容的教学上结成授受关系。①从教师与学生的社会角色规定的意义上看，教师是传授者，学生是受授者；②学生在教学中主体性的实现，既是教育的目的，也是教育成功的条件；③对学生的指导、引导的目的是促进学生的自主发展。

（2）师生在人格上是平等的关系。①学生作为一个独立的社会个体，在人格上与教师是平等的；②教师和学生是一种朋友式的友好帮助关系。

(3)师生在社会道德上是互相促进的关系。①师生关系在本质上讲是一种人—人关系;②教师对学生的影响不仅仅是知识上的、智力上的影响,更是思想上、人格上的影响。

(二)师生关系的类型

1. 专制型

专制型师生关系以命令、权威、疏远为其心态和行为特征。教师在教室内采取专制的作风,并担负全部的责任,计划班级的学习活动,安排学习的情境,指导学习的方法,控制学生的行为;学生没有自由,只能听从教师的命令,对教师往往是敬而远之。

2. 民主型

民主型师生关系以开放、平等、互助为其主要心态和行为特征。教师在教室内以民主的方式教学,重视集体的作用,与学生共同计划,共同讨论,帮助学生设立目标,指引学生对照着目标进行学习。

3. 放任型

放任型师生关系以无序、随意、放纵为其心态和行为特征。在教学中,教师采取放任的作风,不负任何实际责任,给予学生充分的自由,要他们学习自己所喜好的东西。教师不控制学生的行为,也不指示学习的方式,一切活动由学生自己进行。

(三)我国新型师生关系的特点

1. 尊师爱生

尊师与爱生是相互促进的两个方面:教师通过对学生的尊重和关爱换取学生发自内心的尊敬与信赖,学生对教师的这种尊敬与信赖又可激发教师更加努力地工作,为学生营造良好的心理气氛和学习条件。

2. 民主平等

民主平等包括两方面:一方面是师生关系的民主平等,另一方面是学生之间的民主平等。民主平等要求教师理解学生,发挥非权力性影响,并一视同仁地与所有学生交往,善于倾听不同意见,同时也要求学生正确表达自己的思想和行为,学会合作和共同学习。

3. 教学相长

教师应促进自己不断学习、不断进步。同时,教师在教育过程中向学生学习,主动了解学生,改进教育教学方式。

4. 心理相容

心理相容是群体成员在心理和行为上的彼此协调一致和相互理解。它是群体人际关系的重要心理成分,是群体团结的心理特征。在教学实施过程中表现为师生关系密切、情感融洽、平等合作。

(四)良好的师生关系的建立 重点

影响师生关系的因素很多,大致可以归纳为三个方面:教师方面的因素、学生方面的因素和教育环境方面的因素。在教育活动中,构建民主、和谐、融洽的师生关系的主导因素是教师,教师的素养是影响师生关系的核心因素。所以,要建设民主、和谐、充满活力的师生关系,对教师而言要做到以下几点。

1. 了解和研究学生

教师要与学生有共同语言,使教育影响深入学生的内心世界,就必须了解和研究学生。了解和研究学生包括了解学生的个体意识、道德品质、兴趣、需要、知识水平等。

2. 树立正确的学生观

学生观就是教师对学生的基本看法，它影响着教师对学生的认识态度与行为，进而影响学生的发展。正确的学生观主要包括：学生都有巨大的发展潜力；学生的不成熟具有成长价值；学生具有主体性，特别是创造性；学生是责权主体，有正当的权利和利益；学生是一个整体的人，是知、情、意、行的统一体。正确的学生观来自教师对学生的观察和了解，来自教师对学生的学习的反思以及自我反思。

3. 热爱、尊重学生，公平对待学生

教师要对学生充满爱心，经常走到学生之中，忌讳挖苦、讽刺、粗暴对待学生。尊重学生要从尊重学生的人格开始，保护学生的自尊心，维护学生的合法权益，避免师生对立。教师处理问题必须公正无私，使学生心悦诚服。

4. 主动与学生沟通，善于与学生交往

在师生交往初期，往往出现不和谐因素，如因为不了解而不敢交往或因误解而造成冲突等，这就要求教师掌握沟通与交往的主动权，经常与学生保持接触、交流。

5. 努力提高自我修养，健全人格

教师的素质是影响师生关系的核心因素，教师的师德修养、知识能力、教育态度、个性、心理品质无不对学生发生深刻的影响。教师要保证师生关系的和谐，就必须通过自己崇高的理想、科学的世界观、人生观、渊博的知识、严谨的治学态度等引导学生，从而建立健康和谐的师生关系。

精选真题

1. [2017 上半年]在教育活动中，构建民主、和谐、融洽的师生关系的主导因素是(　　)

A. 学生　　B. 家长　　C. 教师　　D. 文学艺术活动

答案：C。本题考查考生的识记能力。考生记忆构建良好师生关系的主导因素即可。

2. [2018 上半年]教师建立良好师生关系的基本要求有哪些?

参考答案：参见内文。

3. [2019 下半年]材料：课前，我一走进教室，几个学生便围着我有说有笑。“咦，许老师的水杯怎么还在这儿?”我笑着说：“谁帮许老师送回办公室啊?”话音刚落，离我最近的小璇同学便伸手去端水杯。当我看到她脏兮兮的小手时，竟鬼使神差地制止了她：“不用了，让课代表去吧。”课代表从教室后面跑来，高兴地端着水杯走了。上课时，我发现小璇的情绪明显低落，下课后，我便问她是不是有什么心事，她只是摇头不语，从那以后，我感觉小璇与我的关系明显疏远了。

问题：

(1)分析小璇和我关系疏远的原因。

(2)结合材料谈谈建立良好师生关系的基本要求。

参考答案：(1)原因：①该老师没有做到尊重学生、关爱学生。看到小璇的手脏，就不让她帮忙拿杯子，没有考虑到小璇的心理感受，导致小璇的自尊心受挫，从而与老师疏远。

②该老师发现问题后没有和小璇进行及时地沟通，深入地了解她的心事，没有进一步地开导教育她，导致小璇与老师关系的疏远。

③该老师没有做到民主平等。看到小璇的手脏，就不让她接杯子，没有做到一视同仁，忽略了小璇的感受，没有尊重小璇表达自己想法的权利。

④该老师的个人修养不够高,看到手脏就嫌弃学生,不让她帮忙送水杯,不能给学生树立好的榜样。

(2)①该老师应该树立正确的现代教育观、教师观和学生观。正确的学生观是教师爱生的基础,而正确的教师观是学生尊师的基础。②该老师应该关爱、尊重和信任学生。师爱生是建立良好师生关系的基本要求,尊师和爱生是密不可分、互相联系又相互促进的。③该老师应该采取公平民主的教育方式。教师的民主作风对师生关系的影响极大,学生最喜欢的是和蔼可亲的老师。④该老师应该主动与学生交往,善于做教育沟通。及时了解学生情况,及时进行教育。⑤该老师应该提高自我修养,以人格塑造人格。为人师表,做好表率作用。

第五节　小学教育科学研究

考向分析

本节主要介绍教育科学研究概述、教育科学研究的基本过程、教育科学研究方法等相关知识。本节需要考生掌握的核心知识和能力包括:

知识点	关键点	考频	题型	要求
教育文献的分布	教育年鉴的作用	1	单选	识记、理解
教育观察法	教育观察法的概念、分类依据	2	单选	识记
	非参与性观察的内涵	1	单选	理解
教育调查法	有效问卷的回收率	1	单选	识记
	问卷调查问题设计的基本要求	2	单选、简答	识记
	访谈调查的优点、基本步骤	2	单选、简答	识记、理解
教育实验法	自变量的内涵	1	单选	理解
叙事研究法	叙事研究法的概念内涵	1	单选	理解

本节知识主要涉及单选、简答两种题型。在备考时,考生应注意教育科学研究方法这一部分的内容,预计在之后的考试中仍是考查重点。

思维导图

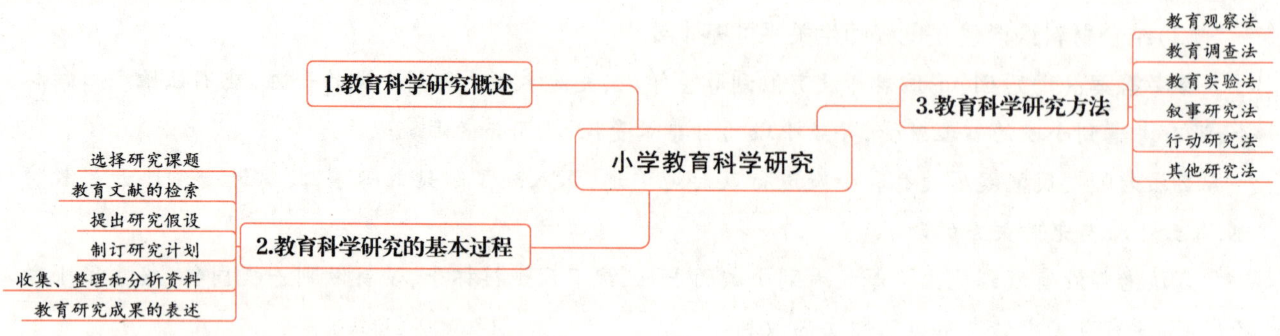

01

核心知识

一、教育科学研究概述

教育科学研究是以教育问题为对象，运用科学的方法，遵循一定的研究程序，收集、整理和分析有关资料，以发现和总结教育规律的过程。

教育科学研究的原则：(1)客观性原则；(2)创新性原则；(3)理论联系实际原则；(4)伦理原则。

二、教育科学研究的基本过程

(一)选择研究课题

选题决定教育研究的方向和水平。正确选题是教育研究工作者进行科学研究的基本前提。

一个好的研究课题必须具有以下特点：(1)选题必须有价值；(2)选题必须有科学的现实性；(3)选题必须明确具体；(4)选题必须新颖，有独创性；(5)选题必须有可行性。

(二)教育文献的检索

教育文献是记载有关教育科学的情报信息和知识的载体。教育科学研究文献的数量和质量，直接决定了教育科学发展的水平。

1. 教育文献的种类

教育文献依据不同的分类标准，分为以下几种类别。

分类标准	分类	概念	举例
文献的功能	事实性文献	专门为教育科学研究提供事实证据的文献	文物、教育史学专著、各种测验量表、各类教育实验报告、教育名家的教育实录等
	工具性文献	专门为教育科学研究提供检索咨询的文献	工具书、网上检索查询、学术动态综述等
	理论性文献	专门为教育科学研究提供理性认识的文献	教育专著、论文、文集、教育家评传、方法论著作等
	政策性文献	专门为教育科学研究提供政策依据的文献	规章制度、政府文件与统计资料等
	经验性文献	专门为教育科学研究提供感性认识的文献	调查报告、工作总结、经验、教育参考书、各级各类学校教科书、教学大纲等
文献的处理、加工程度	一次文献	以作者本人的实践为依据而创作的原始文献	专著、论文、调查报告、档案材料等
	二次文献	对原始文献加工、整理，使之系统化、条理化的检索性文献	题录、书目、索引、提要和文摘等
	三次文献	是在利用二次文献的基础上对某个范围内的一次文献进行广泛深入的分析研究之后，综合浓缩而成的参考性文献	动态综述、专题述评、数据手册、年度百科大全以及专题研究报告等

精选真题

[2014 上半年]在教育研究文献中,如文物、教育史专著、名师教育实录等属于(　　)

A. 事实性文献　　B. 工具性文献

C. 理论性文献　　D. 经验性文献

答案:A。本题考查考生的识记能力。考生记忆事实性文献的内容即可。

2. 教育文献的分布

(1)书籍

书籍主要包括名著要籍、教育专著、教科书、资料性工具书(如教育辞书和百科全书)及科普通俗读物。它是教育科学文献中品种最多、数量最大、历史最长的一种情报源。

①名著要籍是指某个时代、学科或流派最有影响力的权威著作,如马克思主义经典作家论教育、著名哲学家的教育名著等。

②专著(包括论文集)是就教育领域某一学科、某一专门问题进行系统全面深入的论述,内容专深,大多是作者多年研究成果的结晶。

③教科书是专业性书籍,具有严格的科学性、系统性和逻辑性。

④教育辞书和百科全书都属于资料性工具书。其中,教育辞书主要是提供教育科学名词术语的资料,规范、精确、准确,以条目形式出现。

(2)报刊

报纸和期刊均属于连续出版物。报纸发行广泛,传递信息迅速,但材料分散不系统,且不易保存。期刊出版周期短、内容新颖、论述深入、发行量大,常反映有关学科领域研究的最新动态和最高水平,是教育科研工作者查阅文献最有效且最简便的途径。

(3)教育档案类

教育档案类包括教育年鉴、教育法令集、教育调查报告、学术会议文件以及地方志、墓志、碑刻等。

①教育年鉴是以全面、系统、准确地记述一年内教育发展状况为主要内容的重要教育发展情况档案,便于了解教育现状和研究发展趋势。

②教育法令集是官方的有关教育政策法规的指令性文件汇集,通过立案归档,成为资料的一部分。

③学位论文是研究生进行专题研究后为取得某种学位而撰写并提交的科学论文,带有一定的独创性,一般选题论证充分,文献综述较全面,探讨问题往往比较专深。

除此之外,还有专家访谈、非文字资料等方式。

精选真题

[2016 下半年]李老师为研究近年来我国小学教育的发展状况,需要收集有关信息,最可靠的信息来源是(　　)

A. 教育论文　　B. 教育年鉴　　C. 教育辞书　　D. 教育著作

答案:B。本题考查考生的理解与识记能力。查阅教育年鉴可以迅速了解教育现状和研究发展趋势。李老师研究近年来我国小学教育的发展状况,最可靠的信息来源是教育年鉴。

3. 教育文献的检索

文献检索就是研究者运用科学的方法从图书馆和资料中心查找文献资料的活动。文献检索贯穿于教育科学研究的全过程。

(1)文献检索的基本要求

①**检索要全面,即全面性**。广泛查阅有关研究材料,特别是第一手材料,以保证研究的客观全面。

②**检索要认真细致,即准确性**。通过检索,把握有关的主要代表著作、观点、基本事实,查准率要高。

③**勤于积累**。养成不断学习、善于积累的好习惯,并有意识地培养自己读书治学的能力。

④**善于思索**。对文献资料去粗取精,去伪存真,锻炼和提高对材料真伪和价值的判断力和信息意识。

(2)文献检索的基本方法

查阅文献资料的途径有很多,其中,网络检索是查阅资料最快捷的方法。文献检索的基本方法包括:

①**顺查法**:以课题研究发生的时间为起点,按事件发展的时序,由远及近地查找有关资料。

②**逆查法**:以目前研究的时间为起点,按照由近及远的顺序查找有关资料。

③**引文查找法**:以现有的与研究课题有关的资料为依据,以其中的引文和附录为线索,来查找所需要的资料,是一种"滚雪球式"的方法。

④**综合查找法**:综合地运用各种方法,全面、准确、迅速地查找有关资料的方法。

4. 教育文献的综述

教育文献综述,是在对文献进行整理、阅读、思考、分析、综合、概括的基础上,用自己的语言将与研究课题有关的文献内容叙述出来,在叙述的同时可以根据需要进行评论。

文献综述有两种类型:(1)叙述性文献综述;(2)述评性文献综述。

精选真题

[**2014 下半年**]简述教育研究中文献检索的基本要求。

参考答案:参见内文。

(三)提出研究假设

理论假设也叫研究假设,它是指根据已有的事实材料和科学原理,对未知事实及其规律提出的一种不完备的、尚待验证的假设与推测。一个好的教育研究假设应具有:科学性、推测性、表述的明确性、可检验性。

(四)制订研究计划

研究计划是研究工作进行之初所做的书面规划,是如何进行研究的具体设想,是研究实施的蓝图,是实现研究目的的前提。制订研究计划的基本要求可以归纳为以下四点:研究什么、为什么研究、怎样研究、预计成效。

制订研究计划的主要内容包括:(1)研究题目;(2)对研究课题目的及意义的简单说明;(3)课题研究的基本内容;(4)课题的研究思路和方法,制订研究工作方案和进度计划;(5)研究课题已具备的工作基础和有关条件;(6)研究成果的预计取向及适用范围;(7)经费概算以及需购置的仪器设备。

(五)收集、整理和分析资料

1. 收集研究资料

收集研究资料是指研究者在实施研究计划的过程中所得到的现实资料。收集资料是研究的主要任务和研究基础。一般来说,教育研究资料的收集主要有两个渠道:一是采用问卷、访谈、测量、个案、观察等方法直接收集资料;二是从现成的文献资料入手,在有关的文件、档案、作品中收集有关资料。

2. 整理研究资料

资料整理是根据调查、研究的目的,对收集和调查研究所得的资料进行科学的审核、分类、汇总和再加工的过程。资料整理有助于保证资料的可靠性,使研究资料和数据系统化、条理化,便于保存。

3. 分析研究资料

分析研究资料就是对收集到的教育事实和数据进行整理和分析,做理性的加工处理。分析研究资料主要有两种方式:定性分析和定量分析。

定性分析就是通过分类处理文字描述资料,分析研究对象是否具有某种性质,分析某种现象变化的原因及变化的过程,从而揭示教育现象和规律。

定量分析就是将丰富的现象材料,用数量化的形式表现出来,借助教育统计方法进行处理,描述现象中存在的共同特征并对变量间的关系进行假设检验。

(六)教育研究成果的表述

在对教育研究数据资料进行整理分析的基础上,写出研究报告并对研究成果进行评价,这是教育研究工作的最后阶段。教育调查成果的主要表现形式包括教育学术论文、教育调查报告、教育实验报告等。

(1)教育学术论文的结构:题目、署名、摘要、关键词、前言、正文、结论、注释。其中,前言、正文和结论构成论文的主体。

(2)教育调查报告的结构:标题、前言、主体、结尾。

(3)教育实验报告的结构:题目、问题的提出、研究方法、实验结果、讨论与结论、参考资料。

综上所述,教育研究报告一般包括题目、前言、正文、结论、参考文献和附录。其中,题目是指报告的标题或者课题名称。前言往往简明扼要地说明研究的目的、背景、价值和意义。正文是报告的主体,一般要求客观、真实地对研究材料和数据进行分析。结论就是针对问题给出相应的答案。参考文献和附录是对报告中所引用资料注明出处来源。

三、教育科学研究方法 重点

(一)教育观察法

教育观察法是指研究者有目的、有计划地通过感官或科学仪器,对处于自然状态下的研究对象进行系统考察,从而获取经验事实的研究方法。观察法是教育科学研究中广泛使用的基本的研究方法。

分类标准	类型	特点
是否控制环境条件 (观察条件是否人为控制)	自然情境中的观察	自然状态,不可改变和控制
	实验室中的观察	人工控制,可改变和控制

续表

分类标准	类型	特点
是否借助仪器设备	直接观察	用感官观察
	间接观察	借助仪器观察
观察者是否直接参与被观察者所从事的活动（观察者是否直接介入活动）	参与性观察	观察者直接参与被观察者所从事的活动
	非参与性观察	观察者不直接参与被观察者所从事的活动
是否对观察活动进行严格的控制（观察内容是否有统一设计的、有一定结构的观察项目和要求）	结构式观察	在观察前有详细的观察计划、明确的观察指标体系，观察时严格按计划进行
	非结构式观察	既没有详细的观察计划，也没有明确的观察指标体系
观察活动的进行是否有规律	系统观察	在较长的一段时间内对观察对象进行的有目的、有计划的观察
	非系统观察	对学生个体的偶发性行为进行实例记录

精选真题

1. [**2017 上半年**]将观察法分为系统观察和非系统观察的依据是（　　）

A. 观察条件是否人为控制　　B. 观察活动是否有规律

C. 观察者是否直接介入活动　　D. 观察内容是否有设计并有结构

答案：B。本题考查考生的识记能力。考生记忆观察法的分类依据即可。

2. [**2016 上半年**]有目的、有计划地对事物或现象进行感知以获取资料的研究方法是（　　）

A. 历史法　　B. 问卷法

C. 观察法　　D. 文献法

答案：C。本题考查考生的识记能力。考生记忆观察法的概念即可。

3. [**2015 下半年**]在教育研究中，透过单向玻璃进行的隐蔽性观察属于（　　）

A. 显性观察　　B. 参与性观察

C. 隐性观察　　D. 非参与性观察

答案：D。本题考查考生的理解能力。观察者利用单向玻璃，并未直接参与到被观察者所从事的活动中，这是非参与性观察。

（二）教育调查法

教育调查法是指研究者通过问卷、访谈等方式，有目的、有计划地搜集研究对象的有关资料，对取得的第一手资料进行整理和分析，从而揭示事物本质和规律，寻求解决实际问题的方案的研究方法。

依据调查的方法和手段，可以将调查分为问卷调查、访谈调查、测量调查和调查表法。

1. 问卷调查

问卷调查，又称问题表格法，指以书面提出问题的方式搜集资料的一种研究方法。研究者将所要研究的问题编制成问题表格,以邮寄、当面作答或追踪访问的方式填答,从而了解被试对某一现象或问题的看法和意见。

(1)问卷调查的优点和局限性

优点:方便实用,省时,花钱少;由于可以不署名,在某些情况下结论比较客观;能收集大样本信息资料,收效大;便于归类整理,能做量的统计处理,使调查结果具有一定代表性。

缺点:问卷的问题是否明确、题量大小、调查者合作意向等都会影响结论的代表性;收集的资料往往比较表面,被试不作回答的情况难以究其原因,影响问卷效度等。

关联知识

问卷的回收率

对回收的问卷,在剔除废卷的同时,要统计有效问卷的回收率。一般来说,如果回收率仅为30%,所得资料只能用作参考;回收率在50%,所得资料可以作为提出建议的依据;只有当回收率在70%以上,所得资料方可作为研究结论。

精选真题

[**2019上半年**]在教育调查研究中,有效问卷的回收率一般不低于(　　)

A. 20%　　B. 40%

C. 60%　　D. 80%

答案:D。本题考查考生的识记能力。考生记忆问卷的回收率内容即可。

(2)问卷调查的步骤

①提出问题;②查找文献;③设计问卷并进行小范围测试;④分析测试结果并修改问卷;⑤选择样本并发放问卷。

(3)问卷调查问题设计的基本要求

①**语义清楚**。设计的问题应使被调查者能够正确理解,不会产生歧义,对题意的理解应是唯一的,不能把两个或两个以上的问题合并成一个问题来提问。

②**语句简洁**。问题的语句形式要简单,通俗易懂。

③**面向对象**。问题的语句和措辞要适合被调查者的文化水平和职业特点,特别是被调查者是小学生和幼儿时,要考虑被调查者的理解能力,尽量把复杂问题简化处理。另外,在问题中应避免使用生僻词语以及新名词和概念。

④**价值中立**。在设计问题时,应避免印证权威论断,也不应把个人的认识、观点和价值判断包含在问题之中,以避免对被调查者产生暗示作用,导致特定的、有倾向性的回答。

⑤**避免社会认可效应**。社会认可效应是指被调查者按照社会规范、社会期望进行反应,而不是反映自己真实的观点、看法和态度。这种现象一般在回答有关思想、政治和道德等方面的问题时出现,因此设计这类问题时,应少用是否式回答,可以用情境式问题或两难问题代替。

精选真题

[2018 上半年]调查问卷的问题设计有哪些基本要求?

参考答案:参见内文。

2. 访谈调查

访谈调查,指研究者通过与研究对象进行面对面的交谈,以口头问答的形式搜集资料的一种调查研究方法。

(1)访谈调查的优点和局限性

优点:较为灵活,能深入了解被访者的心理感受,可观察表情、动作等体态语言,容易进行深入调查。

缺点:时间和精力花费较多,代价比较高昂,访谈结果不易量化等。

(2)访谈调查实施的基本步骤

①提出访谈问题,确定访谈对象;②制订访谈计划;③确定访谈的具体问题和框架,拟定访谈提纲;④进行正式访谈,访谈时注意倾听并适时追问;⑤整理访谈资料,分析访谈结果并得出访谈结论。

精选真题

1. [2018 下半年]在教育研究中,访谈法与问卷法相比(　　)

A. 更具客观性　　B. 更有利于做大样本研究

C. 更易对数据进行编码处理　　D. 更有利于对问题进行深层次研究

答案:D。本题考查考生的理解与识记能力。访谈法比问卷法灵活,容易深入调查,更有利于对问题进行深层次的研究。

2. [2017 下半年]简述访谈法的基本步骤。

参考答案:参见内文。

3. 测量调查

测量调查,指用一组测试题(标准化试题或自编试题)去测定某种教育现象的实际情况,从而搜集数据资料进行量化研究的一种方法。

测量调查的科学性强,测验量表的编制过程客观严谨,测验结果直观形象,测量所得数据便于记录和分析。但测验编制难度较大,费时费力,尤其是标准化测验的编制,非专业人员不能胜任,对研究者要求高,测验灵活性差。

4. 调查表法

调查表法,指通过向相关的调查对象发放按研究要求设计好的各种调查表格来搜集有关事实或数据资料的调查。

调查表法形式简洁、信息密集,且搜集到的资料标准化程度高,便于处理。但研究内容比较复杂时,表格统计难度较大。

(三)教育实验法

教育实验法是指研究者根据研究目的,运用一定的人为手段,主动干预或控制研究对象的发生、发展过程,通过观察、测量、比较等方式探索、验证所研究现象因果关系的研究方法。实验研究的目的是发现事物间的因果关系，是各类研究中唯一能确定因果关系的研究。

1. 教育实验的基本类型

(1)按照实验研究的目的，可分为探索性实验、验证性实验和改造性实验。

(2)根据对实验的控制程度，可分为前实验、准实验和真实验。

(3)根据实验环境不同，可分为实验室实验和自然实验。

(4)根据分配方法可分为等组实验、单组实验和轮组实验。

(5)根据自变量因素的多少，可分为单因素实验和多因素实验。

2. 教育实验法的优缺点

(1)**优点**：①能确立因果关系，认识事物的本质和规律；②研究结果客观、准确、可靠；③能对变量进行控制，提高研究的信度；④能为理论的构建提供佐证和说明；⑤能将实验变量和其他变量的影响分离开来；⑥严密的逻辑性是其他研究方法难以比拟的。

(2)**缺点**：①应用范围有限，有些问题难以用实验的方法来解决；②可能会有人为造作的痕迹，实验的结果不一定就是现实的结果，缺乏生态效应等。

3. 教育实验法的基本步骤

(1)确定实验目的、方法和组织形式，拟定实验计划。

(2)创造实验条件，准备实验用具。

(3)实验的进行，在实验过程中要做精准而详尽的记录，在各阶段中要做准确的测验。

(4)处理实验结果，考虑各种因素的作用，慎重核对结论，力求排除偶然因素的作用。

关联知识

变量的类型

变量是指在研究过程中，需要进行操纵控制和测量的诸因素。可分为自变量、因变量和干扰变量三种。

(1)自变量。自变量是指由研究者安排的、人为操纵控制、作有计划变化的因素，即是研究者有计划加以改变的。

(2)因变量。因变量是随自变量的变化而变化的，又称反应变量。是研究者应该观测和记录的变化因素。

(3)干扰变量(也叫无关变量)。干扰变量是指除了研究者操纵控制的自变量之外，另外还有一些也能引起研究结果产生变化的量，会使研究者无法对研究结果作出正确判断和解释。

精选真题

[2019下半年]教育实验中，控制其他条件，考查不同教学方式对学生学习效果的影响。教学方式在这项实验中属于(　　)

A. 因变量　　B. 自变量　　C. 干扰变量　　D. 无关变量

答案：B。本题考查考生的理解能力。题干中学生的学习效果会因教学方式的不同而产生不同的影响，在这里学生的学习效果是因变量，教学方式属于自变量。

（四）叙事研究法

叙事研究法是以抓住人类经验的故事性特征进行研究并用故事的形式呈现研究结果的一种研究方式。它所关注的是在一定的场景和实践中所发生的故事，以及主人公是如何思考、筹划、应对、感受、理解这些故事的。

1. 教育叙事研究的类型

（1）根据教育叙事研究的主体，可分为教师自陈式叙事和他人记叙式叙事。

（2）根据教育叙事研究的内容，可分为教学叙事、生活叙事和自传叙事。

（3）根据教育叙事研究的方式，可分为调查的叙事研究、经验的叙事研究和历史的叙事研究。

（4）根据教育叙事研究结果的呈现形式，可分为教育传记、教育自传、教育故事、教育小说、教育电影和教育寓言。

2. 教育叙事研究的优缺点

（1）**优点**：易于操作，接近日常生活与思维方式，能创造性地再现事件场景和过程，具有人文气息，易于理解，引人深思。

（2）**缺点**：容易遗漏事件中的一些重要信息，收集的材料可能不容易与故事的线索相吻合，难以使读者身临其境。

精选真题

［2015 上半年］教育研究主体通过对有意义的教育教学事件的描述与分析，发掘或揭示内隐于这些生活、事件、经验和行为背后的教育思想、教育理论和教育信念，从而发现教育的本质、规律和价值意义的研究方法是（　　）

A. 经验研究法　　B. 调查研究法

C. 行动研究法　　D. 叙事研究法

答案：D。本题考查考生的理解能力。题干中通过对教育教学事件的描述和分析，发掘事件背后的意义、思想或理念，这体现了叙事研究法的内涵。

（五）行动研究法

行动研究法是指实际工作者（如教师）基于解决实际问题的需要，与专家、学者及本单位的成员共同合作，将实际问题作为研究的主题，进行系统的研究，以解决实际问题的一种研究方法。

1. 行动研究法的优缺点

（1）**优点**：灵活，能适时做出反馈与调整；能将理论研究与实践问题结合起来；对解决实际问题有效。

（2）**缺点**：研究过程松散、随意，缺乏系统性，影响研究的可靠性；研究样本受具体情境的限制，缺少控制，影响研究的代表性。

2. 行动研究法的步骤

（1）**计划**。这一阶段要完成的任务是明确问题、分析问题、制订计划。

(2)**行动**。行动指计划的实施,它是行动研究的核心步骤。

(3)**观察**。观察指对行动的过程和结果、行动的背景、影响因素以及行动者特点进行全面考察。

(4)**反思**。在反思过程中,要对行动的过程和结果做出判断,对有关现象和原因做出分析解释,以提高思考的质量。

(六)其他研究法

1. 个案研究法

个案研究法是指研究者在自然状态下,对特殊或典型的案例进行全面、深入的调查和分析,来认识该案例的现状或发展变化的研究方法。个案研究中常用的研究方法主要有跟踪法、追因法、临床法、产品分析法和教育会诊法等。

2. 历史研究法

历史研究法是指研究者通过搜集某种教育现象发生、发展和演变的历史事实,加以系统客观地分析研究,从而揭示其发展规律的一种研究方法。

运用历史研究法研究教育问题时要注意:(1)要坚持全面分析的方法;(2)要把历史分析和阶级分析结合起来;(3)要正确处理批判与继承的关系。

强化练习

建议用时	实际用时	设定分值	实际得分
40 分钟		48 分	

一、单项选择题(每小题 2 分,共 14 分)

1. “教育的过程,在它自身以外没有目的,它就是它自己的目的。”提出此教育观点的是(　　)

A. 裴斯泰洛齐　　B. 赞可夫

C. 夸美纽斯　　D. 杜威

2. 孔子将“礼、乐、射、御、书、数”六门功课教给学生,这是我国(　　)的雏形。

A. 活动课程　　B. 学科课程

C. 综合课程　　D. 结构课程

3. 19 世纪在欧洲国家兴起了一种学制,它将学校系统分为两个互不相通的轨道:一轨是为资产阶级子女设立的,另一轨是为劳动人民子女设立的。这种学制的类型属于(　　)

A. 双轨制　　B. 单轨制

C. 分支制　　D. 多轨制

4. 地处少数民族聚集地的育民小学对各民族文化进行了课程开发,开设了“民族文化面面观”课程。该课程属于(　　)

A. 国家课程　　B. 地方课程

C. 校本课程　　　　D. 社会课程

5. 刚刚走上工作岗位的周老师很怕不能在学校站稳脚跟，每天想的都是如何跟学生、家长、校领导搞好关系。周老师处于(　　)

A. 关注生存阶段　　　　B. 关注情境阶段

C. 关注学生阶段　　　　D. 关注自我感受阶段

6. 持有“课程是教师与学生联合创造的教育经验”观点的是课程实施的(　　)

A. 活动取向　　　　B. 忠实取向

C. 创生取向　　　　D. 相互适应取向

7. 在课程目标中，“体会劳动人民辛苦劳动、无私奉献的精神”属于(　　)目标。

A. 知识与技能　　　　B. 情感态度与价值观

C. 过程与方法　　　　D. 认知与实践

二、简答题(每小题 10 分，共 20 分)

1. 简述生产力对教育的制约作用。

2. 简述《小学教师专业标准(试行)》中的“师德为先”的基本理念。

上岸帮手　山香老师

参考答案及解析

一、单项选择题

1. **答案**：D。杜威从“教育即生活”中引出了他的“教育无目的论”，即“教育的过程，在它自身以外没有目的，它就是它自己的目的”。

2. **答案**：B。学科课程是最古老、使用范围最广泛的课程类型。我国古代的“六艺”和古希腊的“七艺”都是学科课程，所以孔子所教的“礼、乐、射、御、书、数”属于我国学科课程的雏形。

3. **答案**：A。将资产阶级子女和工人阶级子女接受的教育截然分开的学制类型是双轨制，以英国为典型。

4. **答案**：C。校本课程是指由学生所在学校的教师编制、实施和评价的课程。题干中的课程是由学校开发的，因此为校本课程。

5. **答案**：A。处于关注生存阶段的一般是新教师，他们非常关注自己的生存适应性，最担心的问题是“学生喜欢我吗""同事们如何看我""领导是否觉得我干得不错"等。题干中刚走上工作岗位的周老师每天想的问题都是与自身在学校的生存适应有关,说明周老师正处于关注生存阶段。

6. **答案**:C。创生取向者认为,课程实施本质上是在具体教育情境中创生新的教育经验的过程。题干所述观点属于创生取向。

7. **答案**:B。新课程改革倡导的三维课程目标包括知识与技能目标、过程与方法目标、情感态度与价值观目标。其中,情感态度与价值观目标强调在教学过程中激发学生的情感共鸣,引起积极的态度体验,形成正确的价值观。题干所述体会什么样的精神属于情感态度与价值观目标。

二、简答题(答案要点)

1. (1)生产力的发展水平制约着教育发展的规模和速度。

(2)生产力的发展水平制约着教育结构的变化。

(3)生产力发展水平制约着教育的内容、方法与手段。

(4)生产力发展水平制约着学校的专业设置。

(5)教育相对独立于生产力的发展水平。

2. (1)热爱小学教育事业,具有职业理想,践行社会主义核心价值体系,履行教师职业道德规范,依法执教。

(2)关爱小学生,尊重小学生人格,富有爱心、责任心、耐心和细心;为人师表,教书育人,自尊自律,做小学生健康成长的指导者和引路人。

02 学生指导

学生指导

- **题型题量**
  - 3～6道单项选择题
  - 1～2道简答题
- **所占分值**
  - 16～42分
- **重点掌握**
  - 1.认知过程、个性心理
  - 2.个体身心发展的一般规律、心理发展理论
  - 3.行为主义学习理论、学习策略的分类
  - 4.品德的心理结构、品德发展理论、德育途径与方法
  - 5.安全教育内容、心理辅导方法

第一节　心理学基础知识

考向分析

本节主要介绍心理学概述、认知过程、情绪情感过程、意志过程、个性心理等相关知识。本节需要考生掌握的核心知识和能力包括：

知识点	关键点	考频	题型	要求
感觉	联觉、感觉对比的内涵	3	单选	理解
知觉	知觉的基本特性及其内涵	2	单选、简答	识记、理解
注意	影响有意注意的因素	1	简答	识记
	注意的起伏	1	单选	理解
记忆	遗忘的原因	1	单选	理解
	过度学习、合理复习的内容	2	单选、简答	识记
思维	思维的特点	1	单选	理解
	创造性的特征	2	单选	识记、理解
	问题解决的影响因素	1	简答	识记
想象	创造想象力的培养	1	简答	识记
情绪情感过程	道德感、理智感的内涵	2	单选	理解
意志过程	动机冲突	2	单选	理解
需要	马斯洛的需要层次理论的内容	2	单选、简答	识记、理解
能力	加德纳的多元智力理论	1	简答	识记
人格	影响人格形成与发展的因素	1	简答	识记

本节知识内容较为琐碎，主要涉及单选和简答两种题型。在备考时，考生应注意：①认知过程中的感知觉、注意、记忆、思维等内容；②情绪情感过程、意志过程的内容；③个性心理当中的需要、能力、人格等的内容。预计在之后的考试中以上内容仍是考查重点，但更加突出对考生能力和素养的考查。

思维导图

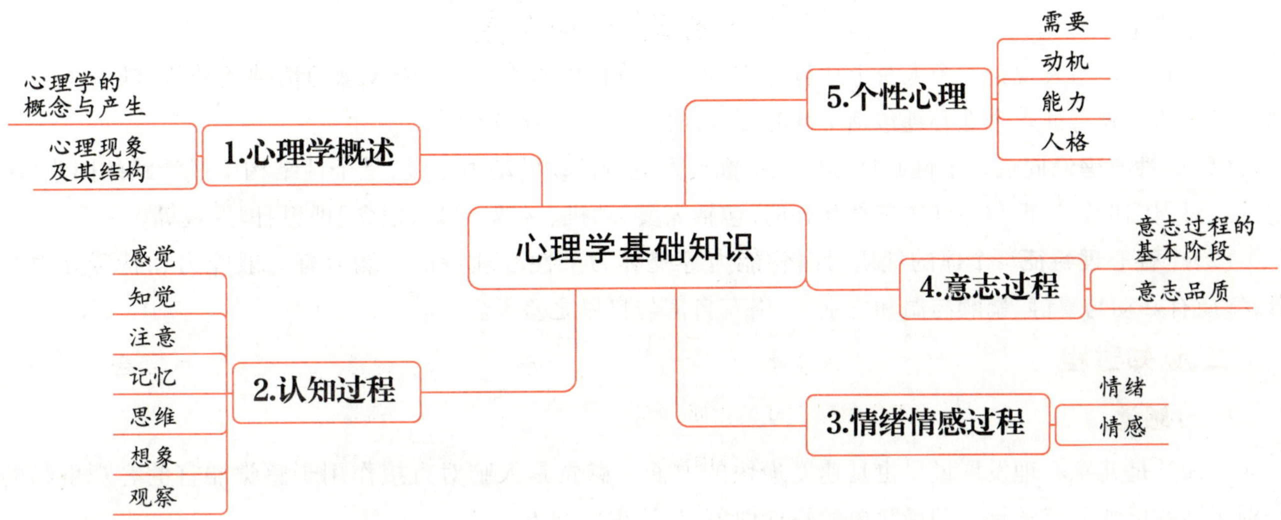

核心知识

一、心理学概述

（一）心理学的概念与产生

心理学是研究心理现象及其发生发展规律的科学，它是兼有自然科学和社会科学性质的一门边缘（中间）科学。

1879 年，德国著名心理学家**冯特**在德国莱比锡大学创建了世界上第一个心理学实验室，开始对心理现象进行系统的实验研究，这被公认为是心理学独立的标志。冯特也因此被称为**“心理学之父”**，其著作有《生理心理学原理》《民族心理学》等。

（二）心理现象及其结构

心理现象又称为心理活动，一般来说，心理现象从形式上可以分为心理过程和个性心理两个方面。

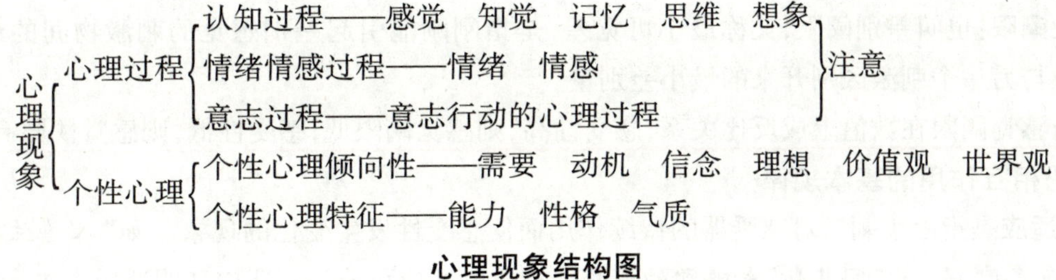

心理现象结构图

1. 心理过程

心理过程是心理活动的一种动态过程，是人脑对客观现实的反映过程。心理过程包括认知过程、情绪情感过程、意志过程三部分。

（1）**认知过程。**认知过程包括感觉、知觉、记忆、想象、思维等。

（2）**情绪情感过程。**喜爱、快乐、满意、忧愁、悲哀、憎恨等都是对一定的客观事物是否符合人的需要而引起的关系反映。

(3)**意志过程**。这种与改造现实相联系的自觉地确定目的,根据目的有计划地调节支配行动,克服困难,最终实现目标的心理过程称为意志过程。

2. 个性心理

个性心理是指表现在一个人身上比较稳定的心理特性的综合,是一个人总的精神面貌,反映了人与人之间稳定的差异特征。个性心理包括个性心理倾向性和个性心理特征。

(1)**个性心理倾向性**。个性心理倾向性是推动人进行活动的动力系统,是个性结构中最活跃的因素,决定着人对周围世界认识和态度的选择和趋向,包括需要、动机、兴趣、爱好、信念、理想、世界观等。

(2)**个性心理特征**。个体的气质、性格、能力等统称为个性心理特征。能力有一般能力和特殊能力之分,气质有好动与喜静、暴躁与温和之别,性格有自信与自卑之差等。

二、认知过程

(一)感觉

感知觉是儿童心理发展最早也是速度最快的方面。**感觉**是人脑对直接作用于感觉器官的客观事物的个别属性的反映。感觉是一种最简单的心理现象,是认识的起点。

02

1. 感觉的种类

根据感觉所接受信息的来源不同,可以把感觉分为外部感觉和内部感觉两类。

(1)**外部感觉**是指感受外部刺激,反映外部事物个别属性的感觉,主要分为视觉、听觉、嗅觉、味觉和肤觉。其中,视觉在人的各种感觉中起主导作用。

(2)**内部感觉**是指感受内部刺激,反映机体内部变化的感觉,主要分为机体觉、平衡觉和运动觉。

2. 感觉产生的条件

感觉是人对客观世界的主观映像,产生感觉必须具备两个条件:一个是主体的感觉能力;另一个是客观世界的刺激。前者是感受性的问题;后者是感觉阈限的问题。

(1)**感受性**是指感觉器官对适宜刺激的感觉能力,也就是人对刺激的感觉灵敏程度。

绝对感受性:感官觉察这一最小刺激强度的能力。

差别感受性:能够感受刺激之间最小差异量的能力。

(2)**感觉阈限**是指刚刚能引起感觉或差别感觉的刺激量。感受性是通过感觉阈限来测量的。

绝对感觉阈限:刚刚能引起感觉的最小刺激强度。

差别感觉阈限:也叫差别阈限,又称最小可觉差,是指刚刚能引起差别感觉的刺激物间的最小差异量,是将一个刺激与另一个刺激区别开来的最小差别量。

感受性与感觉阈限在数值上成反比关系,感受性高,则感觉阈限低;感受性低,则感觉阈限高。

3. 感觉的相互作用的基本规律

(1)**感觉适应**是指由于刺激对感受器的持续作用而使感受性发生变化的现象。如“入芝兰之室,久而不闻其香;入鲍鱼之肆,久而不闻其臭”是嗅觉的适应。视觉的适应可分为暗适应和明适应。

暗适应:从亮的环境到暗的环境,开始看不到东西,后来逐渐看到了东西。暗适应是在光刺激由强变弱的情况下发生的感受性提高的过程。

明适应:从暗的环境到亮的环境,开始觉得光线刺得眼睛睁不开,很快就习惯了。明适应是在光刺激由弱变强的情况下发生的感受性降低的过程。明适应的过程一般比较短暂,在最初的半分钟内,视觉感受性迅速下降,而后速度减慢,在两三分钟里趋于稳定。

(2)**感觉对比**是指同一感受器接受不同的刺激,而使感受性发生变化的现象。感觉对比分为两种:同时对比和继时对比。

同时对比:几个刺激物同时作用于同一感受器而产生的对某种刺激物的感受性变化。例如,把一个灰色的小方块放在白色的背景上,看起来小方块就显得暗些;把相同的小方块放在黑色的背景上,小方块就显得亮些。

继时对比:几个刺激物先后作用于同一感受器而产生的对某种刺激物的感受性变化。例如,吃过糖之后吃橘子,会觉得橘子特别酸;手放进热水之后,再放到温水中,会觉得温水很凉。

(3)**感觉后效**,又称感觉后像,是指在刺激作用停止后暂时保留的感觉现象。在各种感觉中,视觉的后效很显著,又称视觉后像。视觉后像分为正后像和负后像。同原有感觉性质相同的为正后像,与原有感觉性质相反的则为负后像。

(4)感觉的补偿作用和联觉

①感觉的补偿作用。当某些感觉缺失以后,可以由其他感觉来弥补。例如,盲人失去视觉,通过实践活动使听觉更加敏锐;聋哑人能"以目代耳"等。

②**联觉**。一种感觉兼有另一种感觉的心理现象叫联觉。例如,红色给人以热烈、紫色给人以高贵、蓝色给人以安静、黑色给人以沉重的感觉等。

精选真题

1.[2019 **上半年**]橙色往往使人感到温暖,蓝色往往使人感到清凉,这种心理现象属于(　　)

A.联觉　　B.感觉对比

C.感觉适应　　D.感觉后像

答案:A。本题考查考生的理解能力。橙色、蓝色不仅引起了视觉,还引起肤觉上的温暖、清凉,这种心理现象就属于联觉。

2.[2015 **下半年**]在板书写字时,教师常把形近字的相异部分用不同颜色的粉笔写出来,以引起学生的注意。这所运用的感觉规律是(　　)

A.感觉适应　　B.感觉后像

C.感觉补偿　　D.感觉对比

答案:D。本题考查考生的理解能力。题干中教师在板书写字时,把形近字的相异部分用不同颜色的粉笔标记出来,使学生产生不同的刺激,从而引起学生对形近字的相异部分的注意,这所运用的感觉规律是感觉对比。

(二)知觉

知觉是人脑对直接作用于感觉器官的客观事物的整体属性的反映。

1.知觉的种类

根据人脑反映的对象的不同,可以把知觉分为物体知觉和社会知觉。

(1)物体知觉

物体知觉可分为空间知觉、时间知觉、运动知觉等。

①**空间知觉**:人脑对物体的空间特征的反映。它包括形状知觉、大小知觉、方位知觉和深度知觉。

②**时间知觉**:人脑对客观现象延续性和顺序性的感知,具体表现为对时间的分辨、对时间的确认、对持续时间的估量、对时间的预测。

③**运动知觉**:人脑对物体在空间位移的知觉。运动知觉分为真动知觉和似动知觉。

(2)社会知觉

社会知觉,也叫社会认知,是人对社会现象和社会关系的知觉。它包括对别人的知觉、自我知觉、人际知觉三部分。在社会知觉过程中,由于受各种主客观因素的影响,人们有时不能全面地看待问题,从而产生了知觉上的偏差。下面介绍几种知觉偏差:

社会知觉偏差

类别	定义	举例
社会刻板效应(刻板印象)	对一类事物或人物的一种比较固定、概括而笼统的看法	北方人粗犷豪爽,南方人精明细致
晕轮效应(光环效应)	当我们认为某人具有某种特征时,就会对他的其他特征做相似判断	爱屋及乌、情人眼里出西施
首因效应(最初效应)	在总体印象形成上,最初获得的信息比后来获得的信息影响更大的现象	人们交往时很注重第一印象
近因效应(最近效应)	在总体印象形成上,新近获得的信息比原来获得的信息影响更大的现象	多年不见的朋友,在自己脑海中印象最深的其实就是临别时的情景
投射效应	个体在知觉他人时,总以为他人也具备与自己相似的特性	以小人之心,度君子之腹;推己及人

02

2. 知觉的基本特性

(1)知觉的选择性

知觉的选择性是指当面对众多的客体时,知觉系统会自动地将刺激分为对象和背景,并把知觉对象优先地从背景中区分出来。

被清晰反映的刺激物叫知觉的对象;被模糊反映的刺激物叫知觉的背景。例如,学生听教师讲课,教师的语言就成为学生知觉的对象,听得很清楚;而其余事物,如室外的声音、室内同学的私语,就成为背景,听不清楚。知觉的对象与背景是相对的,可以互相转换。

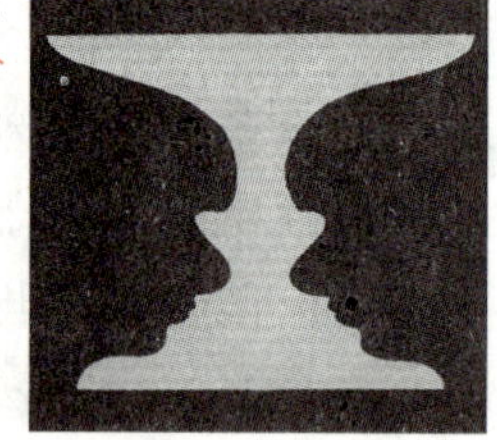
花瓶与人脸侧影

(2)知觉的理解性

知觉的理解性是指人以知识经验为基础对感知的事物加工处理,并用语词加以概括赋予说明的加工过程。如"外行看热闹,内行看门道"。

知觉与记忆和经验有深刻的联系。知识经验越丰富,理解就越深刻,知觉也就越完整、精确。例如,下图,我们看到的是一些黑色斑点,一下子分辨不出是什么,当有人说出这是一条"狗"时,这些斑点便马上显示成一条"狗"的轮廓。

隐匿图形

(3)知觉的整体性

知觉的整体性是指人根据自己的知识经验把直接作用于感官的客观事物的多种属性整合为统一整体的过程。例如,一首乐曲由不同人演唱,用不同乐器演奏,仍被人们知觉为同一首乐曲。

知觉的整体性既有助于人的知觉能力与速度的提高,也可能妨碍和干扰对部分与细节特征的反映。

(4)知觉的恒常性

知觉的恒常性是指客观事物本身不变,但知觉条件在一定范围内发生变化时,人的知觉映像仍相对不变。例如,无论是清晨、中午、傍晚,都会把中国国旗看作是鲜红色的。

知觉恒常性包括颜色恒常性、亮度恒常性、形状恒常性、大小恒常性和声音恒常性。

知觉大小恒常性

山香指导 考生注意辨析知觉的四个特性:

知觉的选择性——强调对象与背景的关系;

知觉的理解性——强调知识经验的作用;

知觉的整体性——强调部分与整体之间的关系;

知觉的恒常性——强调知觉条件变化而事物本身不变。

精选真题

1. [2017 下半年]周老师在教生字的时候,把容易写错的笔画,用彩笔标出来,这是利用( )

A. 知觉的整体性 B. 知觉的选择性 C. 知觉的理解性 D. 知觉的恒常性

答案:B。本题考查考生的理解能力。用彩色笔将易错笔画从生字中区别出来,这是利用了知觉的选择性。

2. [2015 下半年]简述知觉的一般特性。

参考答案:参见内文。

(三)注意

注意是心理活动或意识对一定对象的指向和集中,是心理过程的动力特征之一。注意是人们清晰地认识事物和做出准确反应的保证,是人们获得知识、掌握技能、完成各种智力活动和实际操作的重要心理条件。

1. 注意的特性

(1)指向性

注意的**指向性**是指心理活动有选择地反映一定的对象,而离开其余的对象。例如,学生在听课时,心理活动不是指向教室里的一切事物,而是把教师的讲述从许多事物中挑选出来,并且比较长久地把心理活动保持在教师的讲述上。

(2)集中性

注意的**集中性**是指心理活动在选择对象的同时,对别的事物的影响加以抑制而不予理会,以保证对所选对象做出鲜明和清晰的反映。例如,医生在做复杂的手术时,他的注意高度集中在病人的病患部位和自己的手术上,与手术无关的其他人和事情,便排除在他的意识中心之外。

2. 注意的分类

根据有无目的和意志努力,注意可分为无意注意、有意注意和有意后注意三种。

注意种类	概念	条件或影响因素
无意注意 (不随意注意)	没有预定目的、无需意志努力、不由自主地对一定事物所发生的注意。 无意注意是注意的初级形式,人和动物都存在无意注意	客观条件:刺激物本身的特点; 主观条件:人本身的状态
有意注意 (随意注意)	有预先目的、必要时需要意志努力、主动地对一定事物所发生的注意。 有意注意是注意的高级形式,是人类所特有的一种注意	影响因素:对活动目的、任务的理解;对事物的间接兴趣;活动的合理组织;个人已有经验;个人的意志品质
有意后注意 (随意后注意)	有预定目的,但不需要意志努力的注意。 有意后注意是一种更高级的注意,在活动进行中不容易感到疲倦	形成条件:浓厚的兴趣和活动的自动化

02

精选真题

1. [**2014 上半年**]同学们正在教室里聚精会神地听课,突然从外面飞进来一只蝴蝶,大家都把视线转向它。从心理学的角度看,这是(　　)

A. 有意注意　　B. 无意注意　　C. 随意注意　　D. 有意后注意

答案:B。本题考查考生的理解能力。学生听课时不由自主地被无关事物吸引,这是无意注意。

2. [**2018 下半年**]简述影响学生有意注意的因素。

参考答案:参见内文。

3. 注意的品质

(1)注意的稳定性

注意的稳定性,是指注意保持在某一对象或某一活动上的时间长短特性。这是注意的时间特征。持续时间愈长,注意就愈稳定。例如,上课时学生既要听教师讲课,又要记笔记,还要看实验演示或幻灯片等。但所有这些行为都服从于听课这一总任务,因此,他们的注意是稳定的。

短时间内注意周期性地不随意跳跃现象称为**注意的起伏**(或注意的动摇),它是由于人的感受性不能长时间地保持固定的状态,而是间歇性地加强和减弱造成的。注意的起伏周期一般为 2、3 秒至 12 秒。

影响注意稳定性的因素:①注意对象的特点;②有无坚定目的;③人的主观状态。

注意不稳定表现为**注意的分散**,也叫**分心**。注意的分散是指注意离开了当前应当完成的任务而被无关的事物所吸引。

(2)注意的广度

注意的广度也称注意的范围,是指在同一时间内,人们能够清楚地知觉出的对象的数目。例如,"一目十行"。注意的紧张度越高,注意的范围越小;注意的范围越大,要保持高紧张度的注意就越困难。

影响注意的广度的因素:①知觉对象的特点;②当时的知觉任务;③已有的知识经验和水平。

(3)注意的分配

注意的分配是指人在进行两种或多种活动时能把注意指向不同对象的现象,表现为"**一心二用**"。如司机需要一边驾车,一边观察路况;学生一边听课,一边做笔记。

影响注意的分配的因素:①在同时进行的两种活动中,必须有一种活动是已经熟练的;②同时进行的几种活动都已熟练;③几种不同的活动已成为一套统一的组织。

(4)注意的转移

注意的转移是根据新的任务,主动地把注意从一个对象转移到另一个对象或由一种活动转移到另一种活动的现象。良好的注意转移表现在两种活动之间的转换时间短,活动过程的效率高。

影响注意的转移的因素:①原有注意的紧张度;②新的注意对象的特点;③大脑皮层神经兴奋过程和抑制过程相互转换的灵活性;④各项活动的目的性或第二信号系统的调节作用。

精选真题

[2016 上半年]当你注视面前这个棱台框架时,一会儿觉得小方框平面位于大方框平面的前方,一会儿觉得位于大方框平面的后方。这种注意反复变化的现象属于(　　)

A. 注意的分散　　B. 注意的起伏　　C. 注意的分配　　D. 注意的转移

答案:B。本题考查考生的理解能力。题干中当你注视棱台框架时,小方框和大方框的位置发生了反复变化的现象,不能长时间的保持固定的位置,这属于注意的起伏。

山香指导 注意转移不同于注意分散。注意的转移是主动的、有目的的、符合当前活动需要的过程;而注意的分散却是受无关事物吸引,注意离开了当前的任务,是被动的,不符合当前活动需要的过程。

4. 小学生注意发展的特点

(1)无意注意的发展先于有意注意,从无意注意向有意注意过渡。

(2)注意有明显的情绪色彩。

(3)小学生注意的品质逐渐提高。

(4)具体生动、直观形象的事物更容易引起小学生的注意。

5. 注意规律在教学中的应用

(1)根据注意的外部表现了解学生的听课状态

课堂上,学生表现出积极的神情和适应性的动作,说明他在全身心地关注教学,教师可以利用这种积极的学习状态深化知识教学,启发思考,培养创造性。相反,学生若是做小动作,或漫不经心,或心浮气躁,就说明学生的注意力有所分散,教师应该及时提醒,同时也要灵活地组织教学,帮助学生把注意力集中到课堂教学中来。

(2)运用无意注意的规律组织教学

在教学过程中,教师要善于利用有关刺激物的特点组织学生的注意。在教学中应注意:①创造良好的教学环境;②注重讲演、板书技巧和教具的使用;③注重教学内容的组织和教学形式的多样化。

(3)运用有意注意的规律组织教学

培养学生有意注意的具体措施包括:①明确学习的目的和任务;②培养间接兴趣;③合理组织课堂教学,防止学生分心;④运用多种教学手段。

(4)运用两种注意相互转换的规律组织教学

无论是在整个教学活动过程中,还是在一堂课上,教师都应充分利用两种注意转换的规律来组织教学。

例如,在讲授新的教学内容时,要求学生对教学内容产生无意注意,但当讲到重点、难点时,则必须设法让学生保持有意注意,以充分理解和思考问题。

此外,教师还应有意识地培养学生的有意后注意,如培养学生边听课边记笔记的习惯等,这对提高学习效率有很大帮助。

(四)记忆

记忆是过去的经验在人脑中的反映,即人脑对过去经验的识记、保持和恢复的过程。记忆的品质包括记忆的敏捷性、记忆的持久性、记忆的准确性、记忆的准备性。

1. 记忆的分类

(1)感觉记忆、短时记忆和长时记忆

根据**信息保持时间的长短**,记忆可分为感觉记忆、短时记忆和长时记忆。

类别	含义	保持时间	编码方式
感觉记忆(瞬时记忆)	当客观刺激停止作用后,感觉信息会在一个极短的时间内保存下来	2 秒以内	图像记忆和声像记忆
短时记忆	信息从感觉记忆到长时记忆的过渡阶段	1 分钟之内	主要是听觉编码,还有视觉编码,也存在语义编码
长时记忆	信息经过充分的和一定深度的加工后,在脑海中长时间存储的记忆	1 分钟以上,直至保持终生	以意义编码为主,包括表象和语义编码。语义编码是长时记忆最主要的编码方式

(2)形象记忆、动作记忆、情绪记忆、语义记忆和情景记忆

根据**记忆的内容和经验的对象**,可将记忆分为形象记忆、情景记忆、语义记忆、情绪记忆和动作记忆。

形象记忆是以我们感知过的事物形象为内容的记忆。例如,人们游览过“万里长城”后在头脑中留下了生动的形象。

情景记忆是以亲身经历的、发生在一定时间和地点的事件(情景)为内容的记忆。例如,想起自己参加过的一个会议或曾经去过的地方。

语义记忆又称**语词逻辑记忆**,是个体以各种有组织的知识为内容的记忆。例如,概念、定理、公式和规则等。

情绪记忆是个体以曾经体验过的情绪或情感为内容的记忆。例如,对过去的一些美好事情的记忆。

动作记忆是以做过的运动或动作为内容的记忆,又称运动记忆。例如,在头脑中保留的体操动作、舞蹈动作等。

(3)陈述性记忆和程序性记忆

根据**信息加工和存储的内容不同**,可将记忆分为陈述性记忆和程序性记忆。

陈述性记忆:对有关事实和事件的记忆。例如,学生在课堂上学习的各种课本知识和日常了解的生活常识。

程序性记忆:程序性记忆是指对如何做事情的记忆,包括对知觉技能、认知技能和运动技能的记忆。例如,该怎样做事情或如何掌握技能。

2. 记忆的过程

记忆过程包括识记、保持、回忆或再认三个基本环节。

(1)识记

识记是记忆过程的开端,是个体获得知识经验的过程,它具有选择性。识记可以从以下方面进行分类:

①根据**识记有无目的性**,可以把它分为无意识记和有意识记

无意识记是事先没有预定目的,也不需要运用任何有助于识记的方法和意志努力,自然而然地

识记。

有意识记是有明确的目的,并运用一定方法的识记,在识记过程中需要一定的意志努力。

②**根据识记材料的性质和识记方法的不同**,可以分为机械记忆和意义记忆

机械识记是根据材料的外在联系,采取多次重复的方式所进行的识记,即平时所说的死记硬背。

意义识记是在理解的基础上,依据材料的内在联系,并运用已有的知识经验而进行的识记,有人也称之为**理解记忆**或**逻辑记忆**。

(2)保持与遗忘

保持是记忆过程的第二个环节,是指已获得的知识经验在人脑中巩固的过程。识记的材料在保持过程中总会发生不同程度的变化和遗忘。**遗忘**是指对识记过的材料不能回忆或再认,或者表现为错误的回忆或再认。

①遗忘规律

德国心理学家**艾宾浩斯**首先对遗忘现象进行了比较系统的研究。他从实验结果得知记忆的内容的保持将随时间的延长呈减少的趋势,并依据实验数据绘制了遗忘曲线,即"**艾宾浩斯遗忘曲线**"。

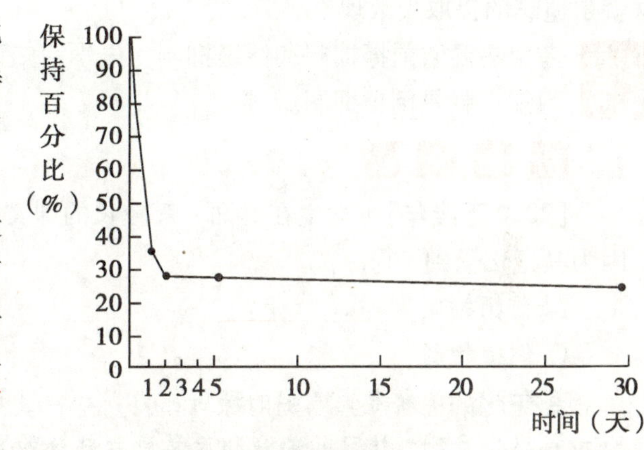

艾宾浩斯遗忘曲线

这条曲线表明,遗忘在学习之后立即开始,最初遗忘速度很快,随着时间的推移,遗忘的速度逐渐缓慢下来,过了相当长的时间后,几乎不再发生遗忘。由此看出,遗忘的进程是不均衡的,其趋势是先快后慢、先多后少,呈负加速,且到一定的程度就不再遗忘了。

②影响遗忘进程的因素

第一,学习材料的性质。学习材料的性质指材料的种类、长度、难度以及意义性。

第二,系列位置效应。系列位置效应就是指接近开头和末尾的记忆材料的记忆效果好于中间部分的记忆效果的趋势。

第三,识记材料的数量和学习程度。一般来说,材料过多、学习程度太小或太大,都不利于对知识的记忆。实验证明:过度学习达到50%,即学习的熟练程度达到150%时,学习的效果最好。**过度学习**是指学习达到恰能背诵之后再继续学习。例如,读一篇外语课文,学习30分钟就刚好能背诵并正确回忆,为了巩固记忆,又增加了15分钟的学习时间。

第四,记忆任务的长久性与重要性。一般来说,长久的识记任务有利于材料在头脑中保持时间的延长,不重要和未经复习的内容则容易遗忘。

第五,识记的方法。研究表明,以理解为基础的意义识记比机械识记的效果好得多。

第六,时间因素。根据遗忘规律,记忆的最初阶段遗忘的速度快,随后逐渐变慢。学习内容的保存量随着时间的变化而减少。

第七,情绪和动机。学习者的情绪和动机等也影响遗忘进程。

精选真题

[2019 **下半年**]小学生背诵课文时,为达到最佳的记忆效果,学习程度最好达到( )

A. 200%　　B. 150%　　C. 100%　　D. 50%

答案:B。本题考查考生的识记能力。考生记忆学习效果最好的学习程度即可。

③遗忘的原因

关于遗忘的原因,主要有以下几种理论学说:

第一,消退说。这是关于遗忘原因的最古老解释。该理论认为,遗忘是记忆痕迹得不到强化而逐渐衰弱,以致最后消退的结果。

第二,干扰说。该理论认为,遗忘是因为在学习和回忆之间受到其他刺激的干扰所致。干扰说可用前摄抑制和倒摄抑制来说明。**前摄抑制**是先学习的材料对识记和回忆后学习材料的干扰作用。后学习的材料对保持和回忆先学习的材料的干扰作用,称为**倒摄抑制**。

第三,压抑(动机)说。该理论认为,遗忘是由于情绪或动机的压抑作用引起的,如果压抑被解除,记忆就能恢复。该理论是弗洛伊德在给病人催眠时发现的。

第四,提取失败说。从信息加工的观点看,遗忘是一时难以提取出需要的信息,遗忘之所以发生是因为编码不准确,失去了检索线索或线索错误。一旦有了正确的线索,经过搜寻,所需要的信息就能提取出来,这就是遗忘的提取失败理论。

山香指导 考生易混淆前摄抑制和倒摄抑制。先学习知识阻碍后学习知识就是前摄抑制;后学习知识阻碍先学习知识就是倒摄抑制。

02

精选真题

[2020 下半年]小学生在背诵一篇较长的课文时,往往中间部分比开头和末尾部分遗忘较多,这是因为其记忆受到了( )

A. 前摄抑制　　B. 前摄抑制和倒摄抑制

C. 倒摄抑制　　D. 倒摄抑制和干扰抑制

答案:B。本题考查考生的理解能力。小学生背诵一篇较长的课文时,中间部分遗忘较多,这是因为中间部分受到先学习的部分和后学习的部分的影响,因而最容易遗忘。

(3)再认或回忆

再认或回忆是记忆过程的第三个环节,是指在不同的条件下重现过去经验的过程。

再认是指人们对感知过、思考过或体验过的事物,当它再度呈现时,仍能认识的心理过程。例如,好友重逢,一眼就认出了对方;旧地重游,处处有熟悉之感。

回忆是过去经历过的事物不在面前,人们在头脑中把它重新呈现出来的过程。回忆是记忆的最高表现,是比再认更为复杂的一种恢复经验的形式。

3. 依据记忆规律合理安排和组织教学

(1)合理安排教学。首先,学校在排课时应尽可能地避免把性质相近的课程排在一起。其次,教师要保证学生的课间休息。最后,教师应控制每堂课的信息投入量。

(2)教师应根据不同的教学内容,向学生提出明确的识记任务。教师每节课讲的内容要求学生记忆的程度是不同的:有的需要完整记忆,有的需要部分记忆,有的需要记忆大意,有的需要牢固精确记忆,有的需要短时记忆,有的需要长时记忆。这就需要教师向学生提出具体的识记任务,要让学生知道应该记什么,记忆的程度如何。

(3)使学生处于良好的情绪和注意状态。教师要善于调节课堂的情绪气氛,使学生在轻松、愉快、平和的气氛中学习和记忆,尽可能排除不利于记忆活动的负性情绪的干扰。

(4)充分利用无意识记的规律组织教学。无意识记可使学生轻松地获取知识。教师在教学中使学生无意记住更多的内容,是一种更高级的教学艺术。

(5)使学生理解所学内容并把它系统化。教师在教学过程中,要使学生通过思考去理解所学内容,使所

教内容在学生头脑中建立多方面的联系，使知识系统化。不要让学生死记硬背知识，对于没有明显意义的学习材料，如历史年代、外文生词、统计数字等，要尽力找出其间的联系，甚至人为地加以联系，以帮助识记。同时，要充分利用直观形式组织教学，帮助学生进行理解，以利于识记。

(6)培养学生良好的记忆品质，提高其记忆能力。要使学生获得良好的记忆效果，教师在教学过程中就要有意识地培养学生良好的记忆品质。例如，通过布置各种定时性记忆作业并进行课堂提问，来培养学生记忆的敏捷性。

4. 依据记忆规律有效地组织复习

克服遗忘最好的方法是加强复习。因此，为了防止遗忘，我们组织有效的复习是很有必要的。有效组织复习的方法有：

(1)复习时机要得当

①及时复习。遗忘发展的规律表明，识记后遗忘很快就会发生。因此，对于新学习的材料，为了防止遗忘，必须“趁热打铁”及时进行复习。所谓及时复习就是在初期大量遗忘开始之前就进行复习。

②合理分配复习时间。有效的复习时间最好做如下安排：第一次复习，学习结束后的 5 ~ 10 分钟；第二次复习，学习当天的晚些时候或学习结束后的第二天；第三次复习，一星期后；第四次复习，一个月后；第五次复习，半年后。

③间隔复习。一般来说，刚学过的新知识应该多复习，每次复习所用的时间应长些，而间隔的时间要短些。随着记忆巩固程度的提高，每次复习的时间可以短些，而间隔的时间可以长些。

④循环复习。教学上应该遵守“循环复习”的原则，对于所学的材料应经常进行复习，做到“温故而知新”。

(2)复习方法要合理

①分散复习与集中复习相结合。复习难度小的材料可适当集中，难度大的材料可采取分散复习的方式，做到分散复习与集中复习相结合。

②复习方法多样化。单调的复习方法容易使人产生疲劳和厌倦情绪，会降低复习效果。因此，教师在组织学生复习时，方法要灵活多样。例如，在数学课中，对所学的计算方法、公式、定理等内容的复习，就可采用解题、作业评讲、相互订正、自编应用题等方式进行复习。

③运用多种感官参与复习。在复习时应尽量运用多种感官参与，要眼看、耳听、口读、手写相互配合，在头脑中构成它们之间的神经联系，形成记忆痕迹，以后遇到其中的一种刺激信息，就可以激活多种相关的记忆痕迹，提高记忆效果。

④尝试回忆与反复识记相结合。反复阅读与尝试回忆相结合的方法，能使学习者及时了解到识记的成绩，从而提高学习的兴趣，激起进一步学习的动机。

(3)复习次数要适宜

要掌握复习的量：①复习内容的数量要适当，就是说一次复习内容的数量不宜过多，因为，学习内容的数量与复习的次数及所用的时间是成正比增长的；②提倡适当的过度学习，即达到 150% 的学习(过度学习的材料能避免遗忘)，从而提高记忆效果。

(4)重视对记忆品质的培养

(5)注意用脑卫生

在学习过程中，要特别重视脑的营养与适当的休息。严重营养不良，缺乏蛋白质，以及吸毒、酒精中毒、脑外伤等都会给记忆带来不良影响，使记忆力下降。

精选真题

[2015 上半年]依据遗忘规律如何合理地组织复习?

参考答案:参见内文。

(五)思维

思维是人脑对客观事物的本质属性与内在联系的概括的、间接的反映。它是借助语言实现的,能揭示事物本质特征及内部规律的理性认知过程。

1. 思维的特点

(1)间接性

思维的**间接性**是指思维活动不直接反映作用于感觉器官的事物,而是借助一定的媒介和一定的知识经验对客观事物进行间接的认识。例如,医生通过号脉诊断疾病。

(2)概括性

思维的**概括性**是指在大量感性材料的基础上,把一类事物共同的特征和规律抽取出来,加以概括。概括性包含两层意思:

①把同一类事物的共同特征和本质特征抽取出来加以概括。例如,人们把形状、大小各不相同而能结出枣的树木称为"枣树"。

②将多次感知到的事物之间的联系和关系加以概括,得出有关事物之间的内在联系的结论。例如,每次看到"月晕"就要"刮风",础石"潮湿"就要"下雨",就能得出"月晕而风,础润而雨"的结论。

山香指导 思维的间接性和概括性在考试中容易混淆。概括性强调人们经过长期的实践经验,总结出的规律;间接性强调借助中介物来认识客观事物。

精选真题

[2016 上半年]教师可以通过观察学生的言行举止来了解学生的内心世界,这说明思维具有( )

A. 间接性　　B. 概括性　　C. 理解性　　D. 整体性

答案:A。本题考查考生的理解能力。教师借助学生的言行举止了解其内心世界,是一种间接的认识,体现了思维的间接性。

2. 思维的品质

思维的品质主要包括思维的敏捷性、灵活性、深刻性和独创性。

(1)思维的**敏捷性**是指思维活动迅速正确,能当机立断。由于小学儿童的知识结构、解题的技能技巧和整体思维水平不断提高,其解决问题的速度和正确性都获得了相应的提高。

(2)思维的**灵活性**是指能灵活地思考问题。例如,"一题多解"的解题数量在增加,说明小学儿童在面对问题时,思维的起点增多了,分析和综合问题的思路更开阔了。

(3)思维的**深刻性**是指能深入地思考问题,善于透过事物的表面现象,抓住事物的实质,揭露事物之间的内在联系。小学儿童思维深刻性的发展表现在间接推理能力增强,思维的抽象逻辑水平提高。

(4)思维的**独创性**表现为小学生解决问题的独立性、发散性和新颖性。

3. 思维的过程

思维的过程包括分析与综合、比较与分类、抽象与概括、系统化与具体化等。其中,分析与综合是思维的基本过程,也是思维过程的基本环节,其他过程都是由此派生出来的。

(1)分析与综合

分析是指在头脑中把事物或对象分解成各个部分或各个属性。例如,把一棵树分解为根、茎、叶、花等。

综合是在人脑中把事物或对象的个别部分或属性联合为一体。例如,把一个人过去与现在的经历联系起来编成一个短剧;儿童把几个积木块搭成一个小房子等。

(2)比较与分类

比较是指在人脑中把各种事物或现象加以对比,来确定它们之间的异同点和关系的思维过程。如教师对"思维"和"思想"两个概念做出比较。

分类是思想上按照事物的异同,把它们区分为不同种类的思维过程。如学生在掌握数的概念时,把数分为实数与虚数,又把实数分为有理数和无理数。比较是分类的基础。

(3)抽象与概括

抽象是在人脑中提炼各种事物或现象的共同的、本质的特征,舍弃其个别的、非本质的特征的过程。例如,总结鸽子、老鹰、鸡、鸭等共同的、本质的特征,即"有羽毛""是动物"。

概括是人脑把事物间共同的、本质的特征抽象出来加以综合的过程。例如,人们把那些"有羽毛的动物"统称为鸟类。

(4)系统化与具体化

系统化是指人脑把具有相同本质特征的事物归纳到一定类别系统中去的思维过程,如学生掌握数的概念,在掌握整数、分数、小数等知识之后,可以概括归纳为有理数。

具体化是指人脑把经过抽象概括后的一般特征和规律推广到同类的具体事物中去的过程,如用某数学公式解一道具体应用题的过程。

4. 思维的形式

(1)概念

概念是人脑反映客观事物本质属性的思维形式。概念是思维的最基本形式,是构成人类知识的最基本成分。概念具有两个基本特征,即概念的内涵和外延。

(2)判断

判断是用概念去肯定或否定事物具有某种属性的思维形式。它是事物之间的联系和关系在人脑中的反映。判断大都是借助于语言、词汇并以句子的形式来实现的。

(3)推理

推理是指从已知的判断推出新的判断的思维形式。推理可分为归纳推理和演绎推理两种。

归纳推理是由具体事物归纳出一般规律的推理过程,即由特殊到一般。例如,由铁能导电、铜能导电、铝能导电等,推理出"金属能够导电"的结论。

演绎推理是由一般到特殊或具体的推理过程。例如,所有的哺乳类动物都是胎生的,虎是哺乳类动物,所以得出"虎是胎生的"结论。

5. 思维的分类

分类标准	类型	概念
思维的内容凭借物、任务的性质、发展水平以及解决问题的方式	直观动作思维	以实际动作为支柱的思维过程
	具体形象思维	以直观形象和表象为支柱的思维过程
	抽象逻辑思维	以词为中介来反映现实的思维过程

02

续表

分类标准	类型	概念
结论是否有明确的思考步骤和思维过程中意识的清晰程度和逻辑性	分析思维	遵循严密的逻辑程序和规律,逐步推导,然后得出合乎逻辑的正确答案或做出合理结论的思维
	直觉思维	未经逐步分析就迅速对问题答案做出合理的猜测、设想或突然领悟的思维
思维的指向性	聚合思维	人们解决问题时,思路集中到一个方向,从而形成唯一的、确定的答案
	发散思维	人们解决问题时,思路朝着各种可能的方向扩散,从而求得多种答案
思维的创造程度	再造性思维	人们运用已获得的知识经验,按现成的方案和程序,用惯常的方法、固定的模式来解决问题的思维方式
	创造性思维	以新颖、独特的方式来解决问题的思维方式

6. 创造性

创造性是指个体产生出新奇独特的、有社会价值的产品的能力或特性。创造性分为创造性想象和创造性思维。发散思维是创造性思维的核心。

02

(1)创造性的特征

尽管不同的研究及其相关测验强调创造性的不同特征,但目前比较公认的是以发散思维的基本特征来代表创造性的特征。

流畅性是指在限定时间内产生观念数量的多少。该特征能反映个体的心智灵活、思路通达的程度。

灵活性是指摒弃以往的习惯思维方法而开创不同方向的能力,也叫思维的变通性。例如,让被试"举出报纸的用途",如果回答"阅读""学习""获取信息",就只是把报纸的用途局限在了"阅读材料"上;而如果回答"包东西""折玩具"等,则范围更加广泛,变通性也就比较大。

独创性是指产生不寻常的反应和不落常规的能力,以及重新定义或按新的方式对所见所闻加以组织的能力。如在"曹冲称象"的故事中曹冲把"石头"作为称象的工具就显得十分独特。

精选真题

[2020 下半年]在创造性思维训练中,教师要求学生在规定时间内尽可能多地举出"杯子"的用途,这侧重培养的是(　　)

A. 思维的独创性　　B. 思维的灵活性

C. 思维的流畅性　　D. 思维的深刻性

答案:C。本题考查考生的理解与识记能力。题干中强调在规定时间内尽可能多地举出"杯子"的用途,因此这侧重培养的是学生思维的流畅性。

(2)创造性的培养

①创设有利于创造性产生的社会环境。教师应该创设宽松的心理环境,给学生留有充分选择的余地,改革考试制度与考试内容。

②注重创造性个性的塑造。教师应保护学生的好奇心,解除其对答错问题的恐惧心理,鼓励学生发展独立性和创新精神,重视培养其非逻辑思维能力,给学生提供具有创造性的榜样。

③开设培养创造性的课程,进行创造性思维训练。常用的方法有以下几种:

A. **头脑风暴法**。心理学家奥斯本提出，为产生更多新颖、独创的问题解决方案，可使用脑力激励法，即在集体之中群策群力，互相启发，尽可能多地提出解决问题的方法。头脑风暴法通常以集体讨论的方式进行，鼓励参加者尽可能快地提出各种各样异想天开的设想或观点，相互启迪，激发灵感，从而引发创造性思维的连锁反应，形成解决问题的新思路。

B. 戈登的分合法。主要是运用类比和隐喻的技术来帮助学生分析问题，形成不同观点。例如，问学生"如果教室像电影院"，让学生以新的途径去思考熟悉的事物。

C. 清单法。为了给漫无头绪的思考提供思路，戴维斯与豪特曼设计了包括七个项目的清单表，即可以变化颜色、体积、形状、材料，或是增减某一属性，重新组合已有属性，重新设计。例如，让学生设计新服装，便可按上列清单逐一思考，即可创造出许多新服装。

精选真题

[2014 下半年]张老师在组织学生思考和讨论时，常常激励学生尽量列举所有可能的想法。这种思维训练方法是(　　)

A. 分合法　　B. 清单法　　C. 试误法　　D. 头脑风暴法

答案:D。本题考查考生的理解能力。头脑风暴法不对学生的想法进行评价，只求量多。

7. 问题解决

(1)问题解决的概念

问题解决是指为了从问题的初始状态到达目标状态，而采取一系列具有目标指向性的认知操作的过程。创造性是解决问题的最高表现形式。问题解决的基本特征:目的性、认知性、序列性。问题解决的形式有常规性问题解决和创造性问题解决。

(2)问题解决的过程

问题解决的过程一般可分为发现问题、理解问题、提出假设和检验假设四个阶段。

①**发现问题**。从完整的问题解决过程来看，发现问题是其首要环节。

②**理解问题**。理解问题即明确问题，就是把握问题的性质和关键信息，摒弃无关因素，并在头脑中形成有关问题的初步印象，即形成问题的表征。

③**提出假设**。提出假设就是提出解决问题的可能途径与方案，选择恰当的解决问题的操作步骤。能否有效地提出假设，受到个体思维的灵活性与已有知识经验的影响。提出假设是问题解决的关键阶段。

④**检验假设**。检验假设就是通过一定的方法来确定假设是否合乎实际、是否符合科学原理。检验假设的方法有两种:直接检验;间接检验。

(3)问题解决的策略

问题解决的策略主要包括算法式策略和启发式策略。

算法策略是指将解决问题的所有可能的方案都列举出来，逐一尝试，最后找到一个最佳的方法。算法策略需要做大量的准备工作，花费较大的精力和较多的时间，但是优点就是能够确保找到问题解决的途径。

启发法是指人们基于一定的知识经验，在问题空间内进行较少的搜索，以达到问题解决的方法，即依据经验或直觉选择解法。启发法省时省力、速度较快，但不一定能成功地解决问题。以下是几种常用的启发式策略:

①手段—目的分析法。**手段—目的分析法**，就是将需要达到的问题的目标状态分成若干个子目标，通过实现一系列的子目标而最终达到总目标。在手段—目的分析中，首先要发现当前所处状态与想要达到状态的差异，然后把一个问题分解为若干子问题，设立各种子目标，通过实现一系列的子目标最终达到总目标，即解决问题。

②爬山法。**爬山法**是采用一定的方法逐步降低初始状态和目标状态的距离,以达到问题解决的一种方法。爬山法和手段—目的分析法的不同之处在于,手段—目的分析法包括这样一种情况,即有时人们为了达到目的,不得不暂时扩大目标状态与初始状态的差距,以便最终达到目标。

③逆推法。**逆推法**是指从问题的目标状态开始搜索直至找到通往初始状态的方法。逆向搜索更适合于解决那些从初始状态到目标状态只有少数解决方法的问题,数学中的推理运算有时采用这一策略。

(4)问题解决的影响因素

①问题的情境

问题情境是指问题呈现的知觉方式。问题呈现的知觉方式与人们已有的知识经验越接近,问题就越容易解决;反之,越困难。如隔行如隔山。

②定势与功能固着

定势又称心向,是指重复先前的操作所引起的一种心理准备状态。定势会影响人们以习惯的方式解决问题。定势对解决问题有积极和消极之分。在解决相似或相同的问题时,定势有助于人对问题的适应,从而能提高反应与解题速度。对于变化的情境或问题,定势起消极作用,会降低解决问题的速度。

功能固着是指人们看到某物品的惯常用途后,就很难看出它的其他新用途。功能固着也是思维活动刻板化现象,例如,硬币好像只有一种用途,人们很少想到它还能用于导电。

02

③原型启发

对问题解决起启发作用的事物叫原型。**原型启发**是指从其他事物上发现解决问题的途径和方法。任何一个人对某一项目的发明创造或革新,都不是凭空想象出来的,在开始时总要受到某种类似的事物或模型的启发。例如,鲁班从丝茅草割破手得到启发,发明了锯。

④已有知识经验

经验水平或实践知识影响问题解决。善于解决问题的专家与新手的区别,就在于前者具备有关问题的大量知识并善于实际应用这些知识来解决问题。有经验的专家在本专业领域内是解决问题的高手,但在其他领域并不一定特别聪明,有时还显得笨拙。

⑤情绪与动机

一般来说,肯定、积极的情绪状态有利于问题的解决;否定、消极的情绪状态则会阻碍问题的解决。人们对活动的态度、责任感等都可以成为发现问题的动机,影响问题解决的效果。动机的强度不同,影响的大小也不一样。

此外,个体的认知结构、个性特征以及问题的特点等也会影响问题解决。

精选真题

[2017 下半年]简述思维过程中问题解决的影响因素。

参考答案:参见内文。

(5)学生问题解决能力的培养

①培养学生主动质疑和解决问题的内在动机;②问题的难度要适当;③帮助学生正确表征问题;④帮助学生养成分析问题和对问题归类的习惯;⑤提高学生知识储备的数量和质量,指导学生善于从记忆中提取信息;⑥训练学生陈述自己的假设及其步骤,鼓励自我评价和反思;⑦教授与训练解决问题的方法和策略;⑧提供多种练习机会;⑨训练逻辑思维能力,提高思维水平。

(六)想象

想象是人脑对已储存的表象进行加工改造,形成新形象的心理过程。表象是事物不在面前时,人们在

头脑中出现的关于事物的形象。

1.想象的分类

根据想象有无目的和计划性,想象可分为无意想象和有意想象。

(1)无意想象

无意想象也称**不随意想象**,是没有预定目的,不自觉地产生的想象。例如,学生常常出现的"白日梦"现象,就是无意想象的表现。梦是无意想象的极端表现。

(2)有意想象

有意想象也称**随意想象**,是指有预定目的、自觉进行的想象。这种想象活动具有一定的预见性、方向性,人们在想象过程中一直控制着想象的方向和内容。

根据创造程度的不同,有意想象可分为再造想象和创造想象。

①再造想象

再造想象是依据词语或符号的描述、示意在头脑中形成与之相应的新形象的过程。人在阅读文艺作品、历史文献,工人看建筑或机械图纸,学生听教师对课文生动形象的描述时,头脑中出现的有关事物的形象,都属于再造想象。

再造想象产生的条件:必须具有丰富的表象储备;为再造想象提供的词语及实物标志要准确、鲜明、生动;正确理解词语与实物标志的意义。

②创造想象

创造想象是按照一定目的、任务,使用自己以往积累的表象,在头脑中独立地创造出新形象的过程。例如,科学家对于科学研究的设计和研究成果的预见,革新家对生产工具和产品的改革与发明等,都是创造想象的过程。

创造想象产生的条件:强烈的创造愿望;丰富的表象储备;积累必要的知识经验;原型启发;积极的思维活动;灵感的作用。

(3)幻想

幻想是一种与生活愿望相结合并指向于未来的想象,是创造想象的特殊形式。

根据想象与现实的关系,可将幻想分为科学幻想、理想和空想。

科学幻想是科学预见的一种形式,是创造想象的准备阶段和发展的推动力,是具有进步意义和实现可能的积极幻想。

理想是符合事物发展规律、有实现可能的积极幻想。例如,想成为科学家、艺术家,为国家的繁荣富强做贡献,就是许多当代青年的理想。

空想是与客观现实相违背的消极幻想,根本不可能实现。

2.小学生想象力的培养

(1)在教学中发展学生的再造想象

①要扩大学生头脑中的表象储备。

②教师要帮助学生真正弄懂描述中关键性词句和实物标志的含义。

③教师要唤起学生对教材的想象,以加深学生对知识的理解和巩固。

(2)在教学中培养学生的创造想象

①要引导学生学会观察,丰富学生的表象储备。

②引导学生积极思考,有利于打开想象力的大门。

③引导学生努力学习科学文化知识,扩大学生的知识经验,以发展学生的空间想象能力。

④注意发展学生的语言能力。

⑤结合学科教学,有目的地训练学生的想象力。

⑥引导学生进行积极的幻想。培养学生大胆幻想和善于幻想的能力也具有重要意义。对学生的幻想不应讽刺讥笑,应该珍视、鼓励、引导,帮助他们把幻想转变成理想,把幻想同创造想象结合起来。

精选真题

[2016 下半年]简述如何培养小学生创造想象的能力。

参考答案:参见内文。

(七)观察

1. 观察的概念和品质

观察是人的一种有目的、有计划、持久的知觉活动,是知觉的高级形式。观察具有目的性、精确性、全面性和深刻性的品质。

2. 小学生观察力发展的特点

小学生观察力的发展具有以下四个特点:

(1)观察的目的性较差。

(2)观察缺乏精确性。

(3)观察缺乏顺序性。低年级小学生观察事物凌乱、不系统。中、高年级小学生观察的顺序性有较大发展,一般能系统地观察,能从头到尾边看边说,而且在表述前往往能先想一想再表述,即把观察到的材料进行加工,使观察到的内容更加系统化。

(4)观察缺乏深刻性和概括性。

3. 小学生观察力的培养

(1)引导学生明确观察的目的与任务,是良好观察的重要条件。已有的知识经验会直接影响观察的效果,无论是课外还是实验观察,引导学生复习或预习有关的知识是必要的。

(2)充分的准备、周密的计划、提出观察的具体方法,是引导学生完成观察的重要条件。

(3)在实际观察中应加强对学生的个别指导,有针对性地培养学生良好的观察习惯。

(4)引导学生学会记录整理观察结果,在分析研究的基础上,写出观察报告、日记或作文。

(5)引导学生开展讨论、交流并汇报观察成果,不断提高学生的观察能力、培养良好的观察品质。

此外,教师还应努力培养学生的观察兴趣与优良的性格特征,如学习的坚韧性、独立性等。

三、情绪情感过程

(一)情绪

根据主体与客体之间关系的不同,心理学家把人的基本情绪分为快乐、悲哀、愤怒、恐惧四种类型;依据情绪发生的强度、持续性和紧张度的不同,可以把情绪状态划分为激情、心境、应激三种。

1. 激情

激情是一种爆发式的、猛烈而时间短暂的情绪状态。例如,狂喜、暴怒、恐惧、绝望、剧烈的悲痛等。它往往带有特定的指向性和较明显的外部行为表现,如暴跳如雷、浑身战栗、手舞足蹈等。

2. 心境

心境是一种微弱的、持续时间较长的、带有弥漫性的情绪状态。心境一经产生就不只表现在某一特定对象上,而是在相当长的一段时间内,使人的整个心理活动都染上某种情绪色彩,影响人的整个行为表现,

成为情绪生活的背景。"忧者见之则忧，喜者见之则喜"说的就是心境。

3. 应激

应激是出乎意料的紧迫情况所引起的急速而高度紧张的情绪状态。当人们遇到突然出现的事件或意外发生危险时，为了应付瞬息万变的紧急情况，就得果断地采取决定，迅速地做出反应。应激正是在这种情境中产生的内心体验。

(二)情感

情感是同人的社会性需要相联系的态度体验，是人类所特有的心理活动，具有一定的社会历史性。从情感的社会内容角度来看，人类的情感有道德感、美感和理智感三种形式。

1. 道德感

道德感是根据一定的道德标准评价人的思想、意图和言行时所产生的主观体验。它表现在对待国家、集体、工作、事业、学习以及人与人之间的关系等各个方面，如爱国主义情感、集体主义情感、责任感、事业心、荣誉感、自尊心等。

2. 美感

美感是人们根据一定的审美标准对自然或社会现象及其在艺术上的表现予以评价时所产生的情感体验。美感能使人产生愉悦的体验，增加人的生活情趣，帮助人们以美丑的标准去赞扬美好的事物与心灵、蔑视与鞭挞丑陋与粗野的行为，从而促进人类文明的发展。

3. 理智感

理智感是人认识事物和探求真理的需要是否得到满足而产生的主观体验。例如，人们在探求未知的事物时所表现的求知欲、认识兴趣和好奇心、发现问题的惊奇感、问题解决的喜悦感、为真理献身的自豪感、问题不解的苦闷感等。理智感对人们学习知识、认识事物、发现规律和探求真理的活动都有积极的推动作用。

精选真题

1. [2018 下半年]小英帮助生病在家的小勇辅导功课后，感到很快乐，这种情感属于(　　)

A. 道德感　　B. 美感　　C. 理智感　　D. 幸福感

答案：A。本题考查考生的理解能力。小英因帮助小勇辅导功课而产生快乐，这种情感属于道德感。

2. [2016 下半年]欣欣解决了一道困惑已久的数学难题，心里很高兴，美滋滋地给自己点了个赞。这种情感属于(　　)

A. 美感　　B. 道德感　　C. 理智感　　D. 责任感

答案：C。本题考查考生的理解能力。欣欣因探索知识而产生的喜悦感属于理智感。

四、意志过程

意志是指人自觉地确定目的，有意识地根据目的、动机调节支配行动，努力克服困难，实现目标的心理过程。

(一)意志过程的基本阶段

1. 准备阶段

准备阶段包括动机冲突、确定目标、选择行动方法和制订行动计划等环节。

(1)动机冲突

在社会生活中，人的需要是多种多样的，因此也就形成了多种多样的动机。当个体同时出现的几种动机在最终目标上相互矛盾或相互对立时，这些动机就会产生冲突。冲突的种类主要有以下几种：

①**双趋冲突**是指从自己同时都很喜爱的两个事物中仅择其一的心理状态。例如,周末既想去郊游,又想同朋友去听音乐会。

②**双避冲突**是指从希望回避的两种事物中必取其一的心理状态。例如,小学生既不想完成作业又不想被老师惩罚,这两者都是他想逃避的,但他必须选择其一。

③**趋避冲突**是指对同一目的兼具好恶的矛盾心理。例如,有些同学想当班干部为同学服务,但又怕耽误时间影响学习。

④**多重趋避冲突**即对含有吸引与排斥两种力量的多种目标予以选择时所发生的冲突。大学毕业生择业时多种选择的冲突是这类冲突的典型实例。

山香指导 准备阶段中的动机冲突在历年考试中主要考查四种冲突类型的辨析,主要以单选题为主,一般是给定一段材料,要求考生选出材料中反映的冲突类型。我们特总结出题干特征,方便考生作答。

双趋冲突——"既想……又想……"

双避冲突——"既怕(不想)……又怕(不想)……"

趋避冲突——"既想……又怕(不想)……"

多重趋避冲突——趋避冲突因素为两个以上。

精选真题

02

1.[2018 **上半年**]小英想当班干部为同学服务,又怕当不好被同学嘲笑。这种心理现象属于(　　)

A.双趋冲突　　B.双避冲突　　C.趋避冲突　　D.多重趋避冲突

答案:C。本题考查考生的理解能力。小英对于当班干部这一目的,既有想为同学服务这样好的心理,又有害怕当不好被同学嘲笑这样不好的心理,这体现的心理现象是趋避冲突。

2.[2015 **下半年**]小学生既不想完成作业又不想被老师惩罚,这种心理现象属于(　　)

A.双趋冲突　　B.双避冲突　　C.趋避冲突　　D.双重趋避冲突

答案:B。本题考查考生的理解能力。完成作业和老师的惩罚都是小学生想要回避的事物,但必须选择其中一个,这种心理现象是双避冲突。

(2)确定目标

目标的确定与动机的取舍是相随而行的。目标越明确,人的行动越自觉;目标越远大,它对行动的动力作用越大;目标越深刻,被此目标所唤起的意志力也越大。

(3)选择行动方法和制订行动计划

目标确定之后,必须考虑如何实现目标。为了实现目标,必须选择适宜的行动方法和行动计划。

2.执行决定阶段

行动计划制订后,执行计划,采取有效的行动,是达到目的的关键步骤。执行决定阶段是意志行动的中心环节,是意志努力的集中表现。在执行决定的过程中,必然会碰到许多困难。因此,执行决定,克服困难与障碍,需要更大的意志努力。

(二)意志品质

意志的品质	概念	与之相反的意志品质
自觉性	一个人清楚地意识到自己行动的目的和意义,并据此主动调节、支配自己的行动的意志品质	受暗示性(盲从)和独断性

续表

意志的品质	概念	与之相反的意志品质
果断性	一个人在面对复杂多变的情境时，能够分辨是非，迅速而合理地采取决定和执行决定的意志品质	优柔寡断和草率武断
自制性	一个人善于根据预期目的或既定要求，控制自己的心理活动和行为的意志品质	任性和怯懦
坚韧性	一个人在实现预期目标的行动过程中，表现出的坚持不懈、百折不挠、持之以恒、不达目的不罢休的意志品质	动摇性和执拗性

五、个性心理

（一）需要

1. 需要的概念

需要是有机体感到某种缺乏或不平衡状态而力求获得满足的心理倾向，是有机体自身和外部生活条件的要求在头脑中的反映。需要是活动的原动力，是个体活动积极性的源泉。

2. 马斯洛的需要层次理论

马斯洛是美国当代人本主义心理学家。他的需要层次理论是最富有影响力的需要理论。早期，他根据需要出现的先后及强弱顺序，把需要分成了五个层次，即生理需要、安全需要、归属与爱的需要、尊重需要和自我实现的需要。后来他又补充了求知需要和审美需要两种需要。

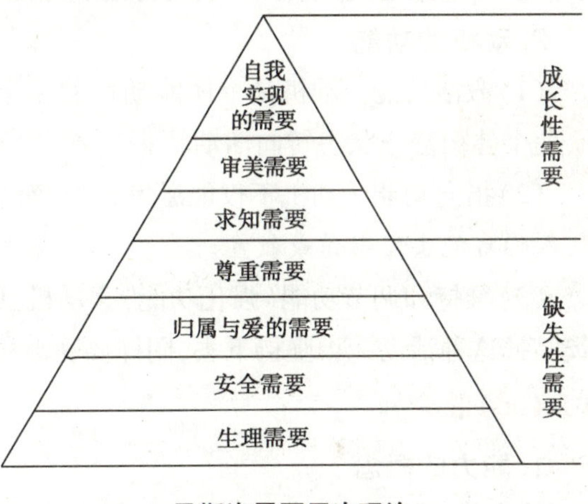

马斯洛需要层次理论

（1）**生理需要**。生理需要是人对食物、水分、空气、睡眠、性等的需要。它是人的所有需要中最基本、最原始，也是最强有力的需要，是其他一切需要产生的基础。

（2）**安全需要**。安全需要是指希求受保护与免遭威胁从而获得安全感的需要。人在生理需要相对满足的情况下，就会出现安全需要。

（3）**归属与爱的需要**。归属与爱的需要，也称社交需要，是指每个人都有被他人或群体接纳、爱护、关注、鼓励及支持的需要。例如，和谐人际关系、被团体接纳、有归属感等。

（4）**尊重需要**。尊重需要是在生理、安全、归属与爱的需要得到基本满足后产生的对自己社会价值追求的需要，包括自尊和受到别人的尊重两个方面。

（5）**求知需要**。求知需要，又称认知与理解的需要，是指个人对自身和周围世界的探索、理解及解决疑难问题的需要。

（6）**审美需要**。审美需要是指对秩序、对称、完整结构以及对行为完美的需要。审美需要是与其他需要相互关联、不可截然分开的，如对秩序的需要既是审美需要，也是安全需要、求知需要（如数学、数量方面）。

（7）**自我实现的需要**。自我实现的需要是最高层次的需要。所谓“自我实现”，即追求自我理想的实现，是充分发挥个人潜能、才能的心理需要，也是一种创造和自我价值得到体现的需要。

马斯洛对以上七种需要进行了进一步的区分：位于需要层次底部的四种需要被称为缺失性需要，后三种需要是成长性需要。较低级的需要至少必须部分满足之后才会出现对较高级需要的追求。最占优势的需要将支配一个人的意识和行为，高级需要出现之后，低级需要仍然存在，但对行为的影响减弱了。例如，在一个非常饥饿的孩子面前同时摆上一堆书和一堆食物,让其选择其一,孩子肯定先选食物,吃饱以后再去选书读。

精选真题

1.[2015 上半年]小学生喜欢亲近老师,渴望得到夸奖。这种需要属于(　　)

A. 生理需要　　B. 安全需要　　C. 归属和爱的需要　　D. 自我实现的需要

答案:C。本题考查考生的理解能力。小学生亲近老师,渴望得到夸奖,都是希望被他人接纳,属于归属与爱的需要。

2.[2016 上半年]简述马斯洛的需要层次理论。

参考答案:参见内文。

(二)动机

1. 动机的概念

动机是激发和维持有机体的行动,并使该行动朝向一定目标的心理倾向或内部驱力。它在需要的基础上产生,可以激起或抑制人行动的愿望和意图,是推动人行为的内在原因。

2. 动机的功能

(1)激活功能。动机是个体能动性的一个主要方面,它具有发动行为的作用,能推动个体产生某种活动,使个体由静止状态转向活动状态。

(2)指向功能。动机不仅能激发行为,而且能将行为指向一定的对象或目标。例如,在学习动机的支配下,人们可能去图书馆或教室。

(3)维持和调节功能(强化功能)。动机具有维持功能,它表现为行为的坚持性。动机激发个体的某种活动后,这种活动能否坚持下去,同样要受动机的调节和支配。

(三)能力

1. 能力的概念

能力是直接影响人的活动效率,促使活动顺利完成的个性心理特征。能力是人顺利完成某项活动的必要的心理条件。能力可分为一般能力和特殊能力,一般能力也称智力。

2. 能力与知识、技能的关系

(1)**联系**:①能力是掌握知识与技能的前提。能力的高低会影响到知识掌握的深浅、难易和技能水平的高低。②能力是在掌握知识和技能的过程中形成和发展起来的,掌握系统的知识和技能有利于能力的增长和发挥。③从一个人掌握知识、技能的速度与质量上,可以看出其能力的大小。

(2)**区别**:①能力与知识、技能具有不同的概括水平。知识是人类社会历史经验的概括和总结,技能是对一系列活动方式的概括,能力是人在从事某种活动时表现出来的多种心理品质的概括。②在一个人身上,知识和技能的发展是无止境的,它随着学习进程的不断深入而不断丰富;而能力的发展则有一定的限度。③知识、技能的掌握和能力的发展是不同步的。知识多了,能力并不一定就高。教师在教学中不仅要向学生传授知识,更要注重培养和发展学生的能力。

3. 智力理论

(1)斯皮尔曼的二因素论

斯皮尔曼认为,智力包括一般因素(即 G 因素)和特殊因素(即 S 因素)。G 因素代表一个人普遍而概括化的能力,参与所有的智力活动。S 因素代表一个人的特殊能力,只在某些特殊方面(如绘画、唱歌等)表现出来。

(2)加德纳的多元智力理论

多元智力理论是美国心理学家**加德纳**提出的。加德纳认为,人的智力结构中存在着七种相对独立的智力,这七种智力在每个人身上的组合方式是多种多样的,每个人在不同领域的智力发展水平是不同步的。加德纳所提出的七种智力是:

①**言语智力**,包括说话、阅读、书写的能力。能说会道、妙笔生花是言语智力高的表现。作家、演说家是言语智力高的人。

②**逻辑—数理智力**,指数字运算与逻辑思考的能力以及科学分析的能力。数学家的逻辑—数理智力很高。

③**视觉—空间智力**,包括认识环境、辨别方向的能力。画家、雕塑家、建筑师的视觉—空间智力发达。

④**音乐智力**,包括对声音的辨识与韵律表达的能力。加德纳认为这种能力多系天赋。

⑤**运动智力**,包括支配肢体以完成精密作业的能力。出色的舞蹈家、运动员、外科医生的运动能力特别强。

⑥**人际智力**(也即社交智力),包括与人交往并和睦相处的能力。人际智力高者善于处理人际关系,善于与人交往。推销员、教师、心理咨询师、政治家的人际智力很高。

⑦**自知智力**(也即内省智力),包括认识自己并选择自己生活方向的能力。神学家、哲学家和心理学家的自知智力比较高。

1995 年,加德纳又提出了第八种智力,即认识自然智力,它是认识自然,并对我们周围环境中的各种事物进行分类的能力。

后来,他又提出了第九种智力,即存在智力,指陈述、思考有关生与死、身体与心理等问题的倾向性。

精 选 真 题

[2017 上半年]简述加德纳的多元智力理论。

参考答案:参见内文。

(3)斯腾伯格的三元智力理论

美国耶鲁大学的心理学家**斯腾伯格**提出了智力的三元理论。该理论包括智力成分亚理论、智力情境亚理论和智力经验亚理论。智力成分亚理论认为,智力包括三种成分及相应的三种过程,即元成分、操作成分和知识获得成分。在智力成分中,元成分起着核心作用,它决定人们解决问题时所使用的策略。

4. 影响智力发展的因素

(1)遗传与营养

遗传素质是智力发展的生物前提。遗传素质是智力发展的基础和自然条件。遗传只为智力发展提供了可能性,要使智力发展的可能性变成现实性,还需要社会、家庭与学校教育许多方面的共同作用。

(2)早期经验

人的智力发展的速度是不均衡的。研究表明,早期阶段获得的经验越多,智力发展就越迅速,不少人把学龄前称为智力发展的一个关键期。

(3)教育与教学

智力不是天生的,教育和教学对智力的发展起着主导作用。教育和教学不仅使儿童获得前人的知识经验,而且促进儿童心理能力的发展。

(4)社会实践

人的智力是人在认识和改造客观世界的实践中逐渐发展起来的。社会实践不仅是学习知识的重要途径,也是智力发展的重要基础。

(5)主观努力

环境和教育的决定作用,只能机械、被动地影响智力的发展。如果没有主观努力和个人的勤奋,要想获得事业的成功和智力的发展是根本不可能的。

(四)人格

1. 人格

人格是构成一个人思想、情感及行为的特有模式,是一个人区别于他人的稳定而统一的心理品质。人格是一个复杂的系统结构,主要包括性格、气质和自我调控系统等方面。

(1)人格的特征

①**独特性**。一个人的人格是在遗传、成熟、环境、教育等先后天因素的交互作用下形成的。不同的遗传、生存及教育环境,形成了各自独特的心理特点。人与人没有完全一样的人格特点。

②**稳定性**。俗话说:"江山易改,禀性难移。"这里的"禀性"就是针对人格而言的。一个人的某种人格特征一旦形成,就相对稳定下来了,要想改变它是比较困难的事情。

③**整合性**。人格是由多种成分构成的有机体,具有内在的一致性,受自我意识的调控。人格的各种结构的组合千变万化,表现千姿百态,因而使个体的行为呈现出多元化、多层面的特征。

④**功能性**。人格决定一个人的生活方式,有时甚至会决定一个人的命运。

⑤**复杂性**。人格的复杂性是指人是世界上最复杂的物种,任何一个人都有一个道不尽说不完的故事。

⑥**社会性**。人格的社会性是指社会化把人这样的动物变成社会的成员。人格是社会的人所特有的。人格是在个体的遗传和生物基础上形成的,受个体生物特性的制约。

(2)影响人格形成与发展的因素

①生物遗传因素

总结以往研究,遗传对人格的作用主要体现在:a. 遗传是人格不可缺少的影响因素;b. 遗传因素对人格的作用程度因人格特征的不同而异;c. 人格发展过程是遗传与环境交互作用的结果,遗传因素影响人格的发展方向及改变。

②社会因素

A. 家庭教养方式

鲍姆宁曾根据控制、成熟的要求、父母与儿童的交往、父母的教养水平等四个指标,将父母的教养行为分成专制型、放纵型和民主型三种方式。

专制型教养方式的父母在教育子女中,表现得过于支配,孩子的一切都由父母来控制。

放纵型教养方式的父母,对孩子过于溺爱,任孩子随心所欲,父母对孩子的教育有时处于失控状态。

民主型教养方式的父母,与孩子在家里处于一种平等和谐的氛围,父母尊重孩子,给孩子一定的自主权和积极正确的指导。

B. 学校教育

学校教育按一定社会的教育目标,有计划、有步骤地对学生施加影响,因而直接制约着学生人格发展的方向和基本质量。学校教育在学生社会化中的作用主要是通过教师与学生的相互影响来实现的。教师对学生人格的发展具有指导定向的作用。

C. 同伴群体

与同伴群体的交往使儿童能够进行人际关系和交流的探索,并发展人际敏感性,奠定儿童今后社会交往的基础,促进儿童的社会化和人格的发展。一方面,同伴群体是儿童学习社会行为的强化物。另一方面,同伴群体又为儿童的社会化和人格发展提供社会模式或榜样。

随着年龄的增长,同伴的影响越来越强,在某种程度上甚至超过父母的影响。但应该注意的是,不良同伴群体对学生人格发展的影响极坏。教师要让学生远离这种不良同伴群体,防止它对学生的成长带来危害,同时,对于已存在的不良群体,应采取某种教育手段,对其成员进行分化和引导。

③个人主观因素

社会上各种影响因素,首先要为个人接受和理解,才能转化为个体的需要、动机和兴趣,才能推动他去思考与行动。

另外,个体已有的心理发展水平对人格特征形成的作用会随着年龄的增加而日益增强。

精选真题

[2019 **上半年**]简述人格形成与发展的影响因素。

参考答案:参见内文。

2. 气质

气质是表现在心理活动的强度、速度、灵活性与指向性等方面的一种稳定的心理特征,即我们平时说的脾气、秉性。它是人心理活动的动力特征的表现,它依赖于人的生理素质或身体特点。气质是人的天性,无好坏之分。

(1)气质的类型

希波克拉底提出,人体内有四种性质不同的体液:血液、黄胆汁、黑胆汁和黏液。他认为,正是这四种体液“形成了人的性质”。罗马医生**盖伦**从希波克拉底的体液说出发,加进了人的道德品行,组成了 13 种气质类型,后来简化为 4 种气质类型,即多血质、胆汁质、黏液质和抑郁质。每一种体液对应一种气质类型。气质类型与高级神经活动类型如下表:

气质类型	高级神经活动过程	高级神经活动类型	气质类型特点	代表人物
胆汁质	强、不平衡	不可遏制型(兴奋型)	精力旺盛、粗枝大叶、表里如一、刚强、易感情用事	张飞、李逵、鲁智深
多血质	强、平衡、灵活	活泼型(灵活型)	反应迅速、有朝气、活泼好动、动作敏捷、情绪不稳定	贾宝玉、王熙凤
黏液质	强、平衡、不灵活	安静型(不灵活型)	稳重,但灵活性不足;踏实,但有些死板;沉着冷静,但缺乏生气	林冲、薛宝钗
抑郁质	弱	抑制型(弱型)	敏锐、稳重、体验深刻、外表温柔、怯懦、孤独、行动缓慢	林黛玉

(2)气质与教育

在教育教学中,根据学生的不同气质类型,可以从以下几方面做好教育工作:

①对待学生应克服气质偏见;②针对学生气质差异因材施教;③帮助学生进行气质的自我分析、自我教育,培养良好的气质品质;④特别重视胆汁质和抑郁质学生;⑤组建学生干部队伍时,应考虑学生的气质类型。

02

3. 性格

性格是指人的较稳定的态度与习惯化了的行为方式相结合而形成的人格特征。它是一个人心理面貌本质属性的独特结合,是人与人相互区别的主要方面。

(1)性格的类型

性格类型是指在一类人身上所共有的性格特征的独特结合。

①依据个人心理活动的倾向性,可把人的性格分为外倾型与内倾型。这是由瑞士心理学家**荣格**提出的。外倾型:善于表露情感、表现行为,与人交往显得开朗而活跃。内倾型:不善于表露情感、表现行为,与人交往显得沉静而孤僻。

②依据一个人独立或顺从的程度,可把人的性格分为独立型和顺从型。这是由奥地利心理学家**阿德勒**提出的。**独立型**:独立性强,善于独立思考和解决问题,不易受外来因素干扰,在紧急和困难情况下能镇静自如,积极发挥自己的作用。**顺从型**:独立性差,易接受暗示,不加批判地按照别人的意旨办事,在紧急和困难情况下表现出惊慌失措。

③根据理智、情绪、意志三者在心理机能方面哪一个占优势,性格可以分为理智型、情绪型和意志型。理智型:善于思考问题,三思而后行。情绪型:情绪易波动,并左右行为。意志型:明确目的,自觉支配行动。

(2)性格的结构

①性格的态度特征。它是指个体对自己、他人、集体、社会以及对工作、劳动、学习的态度特征。如谦虚或自负、利他或利己、粗心或细心、创造或墨守成规等。

②性格的意志特征。指个体自觉地确定目标,调节支配行为,从而达到目标的性格特征。如顽强拼搏、当机立断。

③性格的情绪特征。指个体稳定而独特的情绪活动方式。如情绪活动的强度、稳定性、持久性和主导心境等方面的特征。

④性格的理智特征。又叫作性格的认知特征,指个体在感知、记忆、想象、思维等认知过程中表现出来的认知特点和风格。如主动感知或被动感知。

4. 自我意识

自我意识是个体对自己以及自己与周围事物的关系的意识。自我意识是人意识发展的最高阶段，是人格的自我调控系统。

一般认为，自我意识包括自我认识、自我体验、自我监控三种成分。个体自我意识的发展经历了从生理自我到社会自我、再到心理自我的过程。

(1)生理自我(自我中心期)

生理自我是自我意识最原始的形态。通常儿童1周岁末开始将自己的动作和动作的对象区分开来，把自己和自己的动作区分开来，并在与成人的交往中，按照自己的姓名、身体特征、行动和活动能力来看待自己，并做出一定的评价。生理自我在3岁左右基本成熟。

(2)社会自我(客观化时期)

儿童在3岁以后，自我意识的发展进入社会自我阶段。他们从轻信成人的评价逐渐过渡到自我独立评价。这时，自我评价的独立性、原则性、批判性正在迅速发展，对道德行为的判断能力，也逐渐达到了前所未有的水平，从对具体行为的评价到有一定概括程度的评价。但他们的自我评价通常不涉及个人的内心世界和人格特征，自我的调节控制能力也较差，常出现言行不一的现象。社会自我至少年期基本成熟。

(3)心理自我(主观自我时期)

心理自我是在青春期开始发展和形成的。这时，青年开始形成自觉地按照一定的行动目标和社会准则来评价自己的心理品质和能力。他们的自我评价越来越客观、公正和全面，且具有社会道德性，并在此基础上形成自我理想，追求最有意义和最有价值的目标。

精选真题

[**2019下半年**]小学高年级学生自我意识的发展受学校、教师、同伴等影响显著。这表明其自我意识发展处于(　　)

A. 生理自我时期　　B. 社会自我时期　　C. 心理自我时期　　D. 精神自我时期

答案：B。本题考查考生的理解能力。小学高年级大约是10～12岁，还未进入青春期，处于社会自我的发展时期。

第二节　小学生身心发展

考向分析

本节主要介绍个体身心发展的一般规律、心理发展理论、学生的个别差异等相关知识。本节需要考生掌握的核心知识和能力包括：

知识点	关键点	考频	题型	要求
个体身心发展的一般规律	顺序性的内涵	2	单选	理解、识记
	差异性的表现	1	简答	识记
	差异性的教育要求	1	单选	理解
	不均衡性的教育要求	1	单选	理解

续表

知识点	关键点	考频	题型	要求
皮亚杰的认知发展阶段理论	具体运算阶段的特征	2	单选	理解
维果斯基的最近发展区理论	最近发展区理论及其教育启示	2	单选、简答	识记
埃里克森的人格发展阶段理论	6~11 岁儿童的人格发展任务	1	单选	识记
认知方式差异	场独立型的特点	1	单选	识记

本节知识主要涉及单选和简答两种题型。在备考时,考生应注意:①个体身心发展的一般规律;②心理发展理论。预计在之后的考试中以上内容仍是考查重点,但更加突出对考生能力和素养的考查。

思维导图

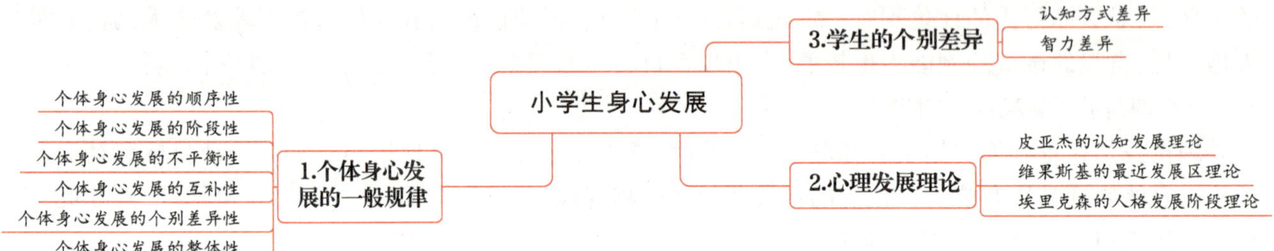

02

核心知识

一、个体身心发展的一般规律

(一)个体身心发展的顺序性

1. 顺序性的内涵

个体身心发展的**顺序性**是指个体的身心发展是一个由低级到高级、由简单到复杂、由量变到质变的连续不断的发展过程。例如,人们常说的"三翻六坐八爬叉,十二个月喊爸爸。"身体的发展遵循着从上到下、从中间到四肢、从骨骼到肌肉的顺序,心理的发展是由机械记忆到意义记忆,由具体思维到抽象思维。

2. 教育要求

人的发展的顺序性是客观的、不以人的意志为转移的,教育工作要遵循这种顺序性,循序渐进地促进人的发展。所以,教育一般不可"陵节而施",否则就会出现教育的异化,造成教育的负效应。早期教育并不是越早越好,过于夸大早期教育的目的和作用是极为错误的。

精选真题

1. [**2018 下半年**]人们常说"三翻六坐八爬叉,十二个月喊爸爸",这一说法所体现的儿童身心发展规律是(　　)

A. 稳定性　　B. 顺序性　　C. 不平衡性　　D. 个体差异性

答案:B。本题考查考生的理解能力。题干的说法表明儿童的发展是按照一定顺序进行的,体现了个体身心发展的顺序性。

2. [**2018 上半年**]人的身心发展是由低级到高级、连续的、不可逆的过程。这反映了人的身心发展

具有(　　)

A. 阶段性　　B. 整体性

C. 顺序性　　D. 差异性

答案:C。本题考查考生的理解与识记能力。由题干中的“由低级到高级”“连续”“不可逆”可知,人的身心发展具有一定的顺序,且不以人的意志为转移,这是个体身心发展的顺序性的表现。

(二)个体身心发展的阶段性

1. 阶段性的内涵

身心发展的**阶段性**是指个体在不同的年龄阶段表现出不同的总体特征及主要矛盾,面临着不同的发展任务。在一定的年龄阶段,人的生理与心理两方面就会出现某些典型的、本质的特征,即年龄特征。例如,童年期学生的思维特点是具有较大的具体性和形象性,抽象思维能力还比较弱,对抽象的道理不易理解;少年期的学生,抽象思维已有了很大的发展,但经常需要具体的感性经验作支持。

2. 教育要求

个体身心发展的阶段性规律决定了教育工作必须从教育对象的实际出发,针对不同年龄的学生,提出不同的具体任务,采用不同的教育内容和方法。在教育教学的要求、内容和方法的选择上,要适应年轻一代身心发展的年龄特征和主要矛盾,不能搞“一刀切”“一锅煮”。同时,还要注意各阶段间的衔接和过渡。

02

精选真题

[2014 下半年]儿童发展是一个持续不断的过程,不同年龄阶段表现出不同的特征,儿童发展的阶段性特点决定了教育工作要(　　)

A. 循序渐进　　B. 有针对性

C. 因材施教　　D. 抓关键期

答案:B。本题考查考生的理解能力。不同年龄阶段的学生具有不同的身心发展特征和矛盾,教育工作必须有针对性。

(三)个体身心发展的不平衡性(不均衡性)

1. 不平衡性的内涵

身心发展的不平衡性主要表现在两个方面:

(1)同一方面的发展速度,在不同年龄阶段是不平衡的。例如,青少年的身高和体重有两个生长的高峰期。

(2)不同方面发展的不平衡性。在生理方面,神经系统、淋巴系统成熟在先,生殖系统成熟在后;在心理方面,感知成熟在先,思维成熟在后,情感成熟则更晚。

2. 教育要求

根据身心发展的不平衡性,教育教学工作要抓住关键期,以求在最短的时间内取得最佳的效果。**关键期**又称**敏感期**,是由奥地利生态学家**劳伦兹**提出的,是指人的某种身心潜能在人的某一年龄段有一个最好的发展时期。在这一时期内,对个体某一方面进行训练可以获得最佳成效,并能充分发挥个体在这一方面的潜力。错过了关键期,训练的效果就会降低,甚至永远无法补偿。

精选真题

[2020 下半年]小学教育要抓住儿童发展的“关键期”,这是由于个体身心发展具有(　　)

A. 顺序性　　B. 阶段性

C. 不均衡性　　　　D. 个别差异性

答案:C。本题考查考生的理解能力。根据个体身心发展的不均衡性这一规律,教育教学工作要抓住关键期,以求在最短的时间内取得最佳的效果。

(四)个体身心发展的互补性

1. 互补性的内涵

互补性反映个体身心发展各组成部分的相互关系。个体身心发展的互补性有两层意思:

(1)互补性是指机体某一方面的机能受损甚至缺失后,可通过其他方面的超常发展得到部分补偿。如失明者通过听觉、触觉、嗅觉等方面的超常发展得到补偿。

(2)互补性存在于心理机能与生理机能之间。人的精神力量、意志、情绪状态对整个机体能起到调节作用,能帮助人战胜疾病和残缺,使身心依然得到发展。

2. 教育要求

培养自信和努力品质是教育工作者的重要内容。它要求教育者:

(1)要树立信心,相信每一个学生,特别是暂时落后或某些方面有缺陷的学生,通过其他方面的补偿性发展,都会达到与一般正常学生一样的发展水平。

(2)要掌握科学的教育方法,发现学生的优势,扬长避短、长善救失,激发学生自我发展的信心和自觉。

(五)个体身心发展的个别差异性

1. 个别差异性的内涵

个体身心发展的个别差异性是指个体之间的身心发展以及个体身心发展的不同方面之间,存在着发展程度和速度的不同。这种差异性表现在:

(1)不同儿童同一方面的发展速度和水平不同,如有些人“少年得志”,有些人则“大器晚成”。

(2)不同儿童不同方面的发展存在差异,如有的儿童,他们的数学能力较强,但绘画却很差,而有的儿童正好相反。

(3)不同儿童所具有的个性心理倾向不同,如同年龄的儿童具有不同的兴趣、爱好和性格等。

(4)个别差异也表现在群体间,如男女性别的差异。

2. 教育要求

个体身心发展的差异性要求贯彻因材施教的原则,全面深入地了解每个学生,系统掌握其成长发展的资料,注意对个别学生进行特殊培养,采取弹性教学制度等教学组织形式,如允许加速学习或减速学习,采用能力分组及组织兴趣小组等。在思想道德方面,针对学生不同的个性特点,有的放矢地进行引导。

精选真题

1. [2015 上半年]儿童的身心发展具有明显的差异性,这个特点决定了教育工作要(　　)

A. 循序渐进　　　　B. 因材施教

C. 教学相长　　　　D. 求同存异

答案:B。本题考查考生的理解能力。儿童身心发展的差异性要求对儿童的教育要因材施教。

2. [2016 上半年]儿童身心发展的个别差异性表现在哪些方面?

参考答案:参见内文。

(六)个体身心发展的整体性

1. 整体性的内涵

个体身心发展的**整体性**认为学生是一个整体的人,以其整个身心投入教学生活,并以整个身心来感知、体验、享受和创造这种教学生活。

2. 教育要求

教学应面对学生的整个身心;教学要着眼于学生的整体性,促进学生的一般发展,注意做到认知因素与非认知因素、意识与潜意识、科学与艺术的统一。

山香指导 个体身心发展的一般规律是历年考试的重点,考生应掌握每条规律及其教育要求。山香特总结了每条规律对应的教育要求,供考生参考:

(1)**顺序性**——要循序渐进,不能"揠苗助长""陵节而施"。

(2)**阶段性**——要有针对性,不能"一刀切"。

(3)**不平衡性**——要把握关键期,适时而教。

(4)**互补性**——要善于长善救失,扬长避短。

(5)**个别差异性**——要因材施教。

(6)**整体性**——要把学生看作复杂的整体。

二、心理发展理论

(一)皮亚杰的认知发展理论

1. 建构主义的发展观

皮亚杰的理论核心是"**发生认识论**"。皮亚杰认为,人的知识来源于动作,动作是感知的源泉和思维的基础。儿童的认知是在已有图式的基础上,通过同化、顺应和平衡,不断从低级向高级发展。

(1)**图式**是指人在认识周围世界的过程中,形成自己独特的认知结构。图式是认知结构的起点和核心,是人类认识事物的基础。最初的图式来源于**遗传**。(最初由康德提出)

(2)适应分为两种不同的类型:同化和顺应。**同化**是指把客体纳入主体已有的图式的过程。**顺应**是主体改变其已有图式或形成新的图式以适应外界的变化。同化不改变认知结构;顺应会改变认知结构。

(3)**平衡**是指个体通过自我调节机制,使认知发展从一个平衡阶段向另一个平衡阶段过渡的过程,平衡是同化和顺应之间的"均衡"。

精选真题

[2013 下半年]皮亚杰认为,个体适应环境的方式是( )

A. 尝试与顿悟 B. 同化与顺应 C. 平衡与守恒 D. 刺激与反应

答案:B。本题考查考生的识记与理解能力。皮亚杰认为个体适应环境的方式有两种,分别是同化和顺应。

2. 认知发展阶段理论

皮亚杰认为,人的认知发展分为四个阶段:感知运动阶段、前运算阶段、具体运算阶段和形式运算阶段。每个阶段都是前一阶段的自然延伸,也是后一阶段的必然结果。发展阶段不可逾越,不可逆转。

(1)感知运动阶段(0～2 岁)

感知运动阶段的婴儿主要有以下几个方面的特征:

①感觉和动作的分化。儿童只能依靠自己的肌肉动作和感觉应付环境中的刺激。

②“**客体永久性**”的形成。在感知运动阶段的后期(9~12个月),完整清晰的客体永久性已经形成。此时,尽管儿童并没有看见这些物体放在某个特定的地方,但也能积极地寻找他们认为被藏起来的东西。

③问题解决能力开始得到发展。起初,个体的行为更多是以尝试—错误为基础,后期则能够计划解决问题的方法。例如,想要东西的婴儿可能会伸手够几次但最终放弃;几个月之后,他们可能会用其他物体来帮助其得到原来的物体;到2岁时,他们可能会非常善于利用工具来帮助自己获得所向往的东西。

④延迟模仿的产生。皮亚杰研究发现,12~18个月的婴儿能够比较精确地进行模仿,到18个月左右就出现了**延迟模仿**,即榜样已经离开了现场,婴儿也能够表现出榜样的行为。

(2)前运算阶段(2~7岁)

这一阶段,儿童的思维特征主要表现在以下八个方面:

①早期的信号功能。儿童能将各种感知信息以心理符号的形式储存下来,积累了表象素材,促进了表象性思维的发展。随着年龄的增长,儿童越来越多地使用符号来表示外部世界,如用“牛”“羊”来代表真正的牛和羊等。

②自我中心性(中心化)。儿童还不能设想他人所处的情境,常以自己的经验为中心,从自己的角度出发来观察和理解世界。

③思维的不可逆性。儿童观察事物时往往只能注意表面的、显著的特征,倾向于注意事物的静止状态。思维活动表现的关系单一,不能进行可逆运算。例如,问一名4岁儿童:“你有兄弟吗?”他回答:“有。”“兄弟叫什么名字?”他回答:“吉姆。”但反过来问:“吉姆有兄弟吗?”他回答:“没有。”

④不能够推断事实。该阶段的儿童往往是根据知觉到的表面现象做出反应,不能够推断事实。例如,给3岁的幼儿一辆红色的玩具小汽车,当着他的面盖上一块罩子,小汽车看起来是黑色的,问他小汽车是什么颜色的,他会说是黑色的。

⑤泛灵论。这一阶段的儿童往往会认为任何物体都是有生命的。例如,儿童画画,太阳或月亮上各画了一张笑脸。

⑥不合逻辑的推理。这一阶段的儿童思维的另一个局限是不合逻辑的推理,这种推理既不是演绎推理也不是归纳推理。根据皮亚杰的观点,前运算阶段儿童的思维是在这两者之间,即从特殊到特殊而不涉及一般。例如,皮亚杰两岁女儿的一个小朋友是驼背,她说这个小朋友很可怜,他病了。几天后她听说这个小朋友得了流感,睡在床上。后来又听说这个小朋友的流感好了。于是,她说:“现在他的驼背没有了。”

⑦不能理顺整体和部分的关系。这一阶段的儿童能把握整体,也能分辨两个不同的类别。但是,当要求他们同时考虑整体和整体的两个组成部分的关系时,儿童多半给出错误的答案。

⑧认知活动具有具体性,还不能进行抽象的思维运算。

(3)具体运算阶段(7~11岁)

与前运算阶段相比,具体运算阶段的儿童能够运用逻辑思维解决具体问题,但必须依赖于实物和直观形象的支持才能进行逻辑推理和运用逻辑思维解决问题,不能够进行纯符号运算。这一阶段儿童的思维具有以下特征:

①**去自我中心性**。这一阶段的儿童能够多角度地看待和理解事物,即去自我中心,得出具体问题的解决方法。在皮亚杰和英海尔德的“三山实验”任务中,7~9岁的儿童就能够注意到一种情境的多个方面,从他人的角度理解问题。

②**可逆性**。这一阶段的儿童能理解先前曾是一团泥土的飞机模型能够再变成一团泥土;他同样明白8个珠子加6个珠子等于14个珠子,而从14个珠子中拿走6个珠子还剩8个珠子。

③**守恒**(即儿童认识到客体在外形上发生了变化,但特有的属性不变)。处于这一阶段的儿童能够去中

心化并能逆向运算,因此守恒能力迅速发展。6 岁左右的儿童可以解决数字守恒问题,7 或 8 岁的儿童则能解决面积或容积守恒问题,9 ~ 10 岁的儿童能够解决重量守恒问题,到 11 或 12 岁时儿童能解决体积守恒问题等。

④**分类**。这一阶段的儿童能够进行分类。5 岁时儿童已经能够进行一些简单分类,如呈现一组白色或黑色的圆圈、方块和三角形,儿童可能会将他们分成两组:白色和黑色。

⑤**序列化**。序列化是指能够根据大小、体积、重量或其他的一些特性对一系列要素进行心理上的排序。具体运算阶段的儿童能够顺利完成排列大小的任务。例如,给他们长短不等的小木棒,他们能够按照从长到短或从短到长的顺序进行排序。

精选真题

1. [**2016 下半年**] 小军在上幼儿园时,将自己最喜欢的玩具汽车送给妈妈作为生日礼物;三年级时,他送给妈妈的生日礼物是妈妈喜欢的漂亮发夹。这一转变说明他的思维已进入(　　)

A. 感知运动阶段　　B. 前运算阶段　　C. 具体运算阶段　　D. 形式运算阶段

答案:C。本题考查考生的理解能力。上幼儿园时的小军还处在自我中心期,此阶段他往往只注意主观的观点,不能向客观事物集中,只能考虑自己的观点。而他到了三年级,处在具体运算阶段,就可以从他人的角度理解问题,知道送给妈妈她喜欢的发夹。

2. [**2015 上半年**] 根据皮亚杰的理论,能够解决"7 × 8 = 56"这个问题的儿童属于(　　)

A. 前运算阶段　　B. 直观动作阶段

C. 感知运动阶段　　D. 具体运算阶段

答案:D。本题考查考生的理解能力。处于具体运算阶段的儿童,思维运算必须有具体的事物支持,已经可以进行简单的抽象思维。小学生的思维水平处于具体运算阶段,能够解决"7 × 8 = 56"这个问题。

3. [**2014 下半年**] 简述皮亚杰理论中 7 ~ 12 岁小学生思维发展的特征。

参考答案:参见内文。

(4)形式运算阶段(11 岁 ~ 成人)

形式运算阶段,是儿童思维发展趋于成熟的阶段。这一阶段儿童思维的特征主要表现在以下几个方面:

①命题之间的关系。这一阶段儿童的思维是以命题形式进行的。他们不仅能考虑命题与经验之间的真实性关系,而且能看到命题与现实之间的关系,并能推论两个或多个命题之间的逻辑关系。

②假设—演绎推理。这一阶段的儿童不仅能够运用经验—归纳的方式进行逻辑推理,而且能够运用假设—演绎推理的方式来解决问题。

③类比推理。这一阶段的儿童能够很好地进行类比推理,能够理解类比关系。例如,"皮毛对狗就像羽毛对鸟一样",这个类比的核心是"狗—皮毛"与"鸟—羽毛"之间的关系。只有通过反省性思维,而不是观察,才可能理解这种关系。

④抽象逻辑思维。这一阶段的儿童能理解符号的意义、隐喻和直喻,能对事物做一定的概括,其思维发展水平已接近成人的水平。

⑤可逆与补偿。这一阶段的儿童不仅具备了逆向性的可逆思维,而且具备了补偿性的可逆思维。例如,对于"在天平的一边加一点东西,天平就失去平衡,怎样使天平重新平衡"的问题,他们不仅能考虑把所加的重量拿走(逆向性),而且能考虑移动天平的加重的盘子使它靠近支点,即使力臂缩短(补偿性)。

⑥反思能力。这一阶段的儿童具备了反思能力,即系统地检验假设的能力,能够系统地概括出解决某

一问题的所有可能方法或能进行组合推理。

⑦思维的灵活性。这一阶段的儿童不再刻板地恪守规则，反而常常由于规则与事实的不符而违反规则。对这一年龄阶段的儿童，教师和家长不宜采用过多的命令和强制性的教育，而应鼓励和指导他们自己做决定，同时对他们考虑不全面的地方提出建议和改进的办法。

⑧形式运算思维的逐渐发展。形式运算思维是逐渐出现的，而不是一次全部出现。

山香指导 皮亚杰的认知发展阶段理论是历年考试的重点，对这一理论内容，考生要以理解为主，并有重点地识记，考生要深刻理解“图式”“同化和顺应”“平衡”的含义。认知发展的四个阶段的思维特征以及每个特征对应的例子在考试中常结合实际的情境进行考查。

(二)维果斯基的最近发展区理论

1.“文化—历史”发展理论

维果斯基强调社会文化在认知发展中的作用。为此，他创立了“文化—历史”发展理论。维果斯基区分了两种心理机能：

(1)作为动物进化结果的低级心理机能，它是个体早期以直接的方式与外界相互作用时表现出来的特征，如简单的感觉和无意注意等。

(2)作为历史发展结果的高级心理机能，即以符号系统为中介的心理机能，如抽象逻辑思维。高级心理机能是人类所特有的，它使得人类心理在本质上区别于动物。

维果斯基还提出了著名的“**两种工具**”说：物质工具和精神工具。物质工具指向外部，引起客体的变化；精神工具(如语言符号系统)则指向内部，不引起客体的变化，却影响人的行为。

2.心理发展的实质和内化说

维果斯基强调环境和社会因素在儿童发展中的重要作用。他提出心理发展的**实质**是在环境和教育的影响下，个体在低级心理机能的基础上逐渐向高级心理机能转化的过程。

他认为，发展大部分得益于由外向内，即个体通过内化，从情境中汲取知识，获得发展。**内化说**是维果斯基心理发展观的核心思想。

3.最近发展区

(1)“最近发展区”的思想

维果斯基认为，儿童有两种发展水平：一是儿童的现有水平，即由一定的已经完成的发展系统所形成的儿童心理机能的发展水平；二是可能达到的发展水平。这两种水平的差异，就是**最近发展区**。所谓最近发展区是指儿童在有指导的情况下，借助成人的帮助所能达到的解决问题的水平与独自解决问题所达到的水平之间的差异，即两个邻近发展阶段间的过渡状态。

(2)“教学应走在发展前面”

在维果斯基看来，教学的可能性由学生的最近发展区决定，“教学应该走在发展的前面”。这里有两层含义：

①教学在发展中起主导作用。它决定着儿童的发展，决定着发展的内容、水平、速度及智力活动的特点。

②教学创造着最近发展区。教学应适应学生的现有水平，但更重要的是要发挥教学对发展的主导作用。

精选真题

1.[2015 上半年]下列关于儿童“最近发展区”的观点，不正确的是(　　)

A.发展要先于教学，以更好地进行教学

B.教学内容应略高于儿童的现有发展水平

C.教学要走在发展的前面，以更好地促进发展

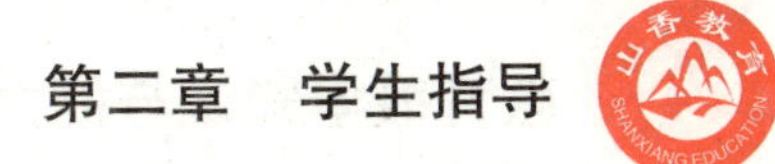

D. 教学应同时考虑儿童的现有发展水平和所能达到的水平

答案:A。本题考查考生的识记能力。考生记忆维果斯基“最近发展区”的思想内容即可。

2. [2019 **下半年**]简述维果斯基“最近发展区”理论及其教育启示。

参考答案:参见内文。

(三)埃里克森的人格发展阶段理论

埃里克森认为,人格发展是一个逐渐形成的过程,必须经历八个顺序不变的阶段,其中前五个阶段属于儿童成长和接受教育的时期。每一阶段都有一个由生物学的成熟与社会文化环境、社会期望之间的冲突和矛盾所决定的发展危机。成功而合理地解决每个阶段的危机或冲突将使个体形成积极的人格特征,发展健全的人格。

阶段	年龄	发展危机	发展任务	人格品质
婴儿前期	0~1.5 岁	基本的信任感对基本的不信任感	培养信任感	希望品质
婴儿后期	2~3 岁	自主感对羞耻感	培养自主性	意志品质
幼儿期	4~5 岁	主动感对内疚感	培养主动性	目标品质
学龄期	6~11 岁	勤奋感对自卑感	培养勤奋感	能力品质
青年期	12~18 岁	自我同一性对角色混乱	培养自我同一性	诚实品质
成年早期	19~25 岁	亲密感对孤独感	培养亲密感	爱
成年中期	26~60 岁	繁殖感对停滞感	培养繁殖感	关心
成年晚期	60 岁以上	自我整合对绝望感	培养自我整合	智慧

埃里克森提出人的发展经历八个阶段,每个阶段都有需要解决的任务,都包括了积极与消极两方面的品质,如果每个阶段都保持向积极品质发展,就会逐渐实现健全的人格,否则将产生心理社会危机和情绪障碍,形成不健全的人格。

精 选 真 题

[2016 **下半年**]根据埃里克森的人格发展阶段理论,6~12 岁儿童人格发展的主要任务是获得(　　)

A. 勤奋感　　B. 主动感

C. 自主感　　D. 自我同一感

答案:A。本题考查考生的识记能力。考生记忆埃里克森的人格发展理论各阶段的发展任务即可。

三、学生的个别差异

(一)认知方式差异

认知方式又称**认知风格**,是个体在认知活动中加工和组织信息时所显示出来的独特而稳定的风格。认知方式无好坏之分,主要影响学生的学习方式,例如学生对学科、学习内容组织方式、学习环境等的不同偏好。

1. 场依存型和场独立型

美国心理学家**赫尔曼·威特金**将认知方式分为场依存型和场独立型。场独立和场依存这两种认知方式,并无优劣之分。

场依存型的学生对客观事物的判断常以外部线索为依据，其态度和自我认知易受到周围环境或背景的影响，往往不易独立地对事物做出判断，而是人云亦云，从他人处获得标准。行为表现为社会敏感性强，爱好社交活动。

场独立型的学生对客观事物的判断常以自己的内部线索为依据，不易受周围环境因素的影响和干扰，倾向于对事物的独立判断。行为表现为社会敏感性差，不善于社交，关心抽象的概念和理论，喜欢独处。

场独立型者和场依存型者的差异

	场独立型者	场依存型者
学科兴趣	自然科学和理科	社会科学和人文
学科成绩	自然科学成绩好，社会科学成绩差	自然科学成绩差，社会科学成绩好
学习策略	独立自觉学习，由内在动机支配	易受暗示，学习欠主动，由外在动机支配
教学偏好	结构不严密的教学	结构严密的教学

精选真题

[2016 上半年]不受外界环境影响，常用自己的内在标准判断客观事物的人，其认知方式属于(　　)

A. 场独立型　　B. 场依存型　　C. 整体型　　D. 系列型

答案：A。本题考查考生的识记能力。考生记忆场独立型的学生的特征即可。

02

2. 冲动型和沉思型

杰罗姆·卡根将认知方式分为冲动型和沉思型。冲动和沉思的区别标准是反应时间与精确性。

冲动型的学生在解决认知任务时，总是急于给出问题的答案，而不习惯对解决问题的各种可能性进行全面思考，有时问题还未弄清楚就开始解答。这种类型的学生认知问题的速度虽然很快，但错误率高，在运用低层次事实性信息的问题解决中占优势。

沉思型的学生在解决认知任务时，总是谨慎、全面地检查各种假设，在确认没有问题的情况下才会给出答案。这种类型的学生解答认知问题的速度虽然慢，但错误率很低，在解决高层次问题中占有优势。

3. 辐合型和发散型

美国心理学家**吉尔福特**将认知方式分为辐合型和发散型。

辐合型认知方式是指在解决问题的过程中常表现出辐合思维的特征，表现为搜集或综合信息与知识，运用逻辑规律缩小解答范围，直到找到最合适的唯一正确解答。

发散型认知方式则是指在解决问题的过程中常表现出发散思维的特征，表现为个人的思维沿着许多不同的方向发展，使观念发散到各个有关的方面，最终产生多种可能的答案而不是唯一正确的答案，因而容易产生有创见的新颖观念。

4. 具体型和抽象型

认知方式也可分为具体型和抽象型。

具体型的学生在进行信息加工时，善于比较深入地分析某一具体观点或情境，但必须把尽可能多的信息提供给他们，否则很容易使他们产生偏见。

抽象型的学生在对事物进行认知时，能够看到某个问题或论点的众多方面，可以避免刻板印象，能够容忍情境的模糊性并能进行抽象程度较高的思考。

(二)智力差异

智力反映了一个人的聪明程度,而且这种聪明程度可以通过智力商数(IQ)来衡量。个体智力在 13 岁前直线上升,25 岁达到最高峰,35 岁后有下降趋势。

1. 智力的个体差异

(1)智力类型差异主要是指学生在知觉、记忆、想象和思维等方面表现出的差异,例如,有的人长于想象,有的人长于记忆,有的人长于思维等。

(2)智力发展水平的差异(即一般能力的差异)指的是个体之间或个体内部智力水平高低不同的程度。研究表明,人们的智力水平呈正态分布,大多数人的智力属于中等水平。一般认为,IQ 超过 130 为智力超常,低于 70 为智力落后。

2. 智力的群体差异

智力的群体差异是指不同群体之间的智力差异,包括智力的性别差异、年龄差异和种族差异等。智力的性别差异表现在:

(1)男女智力的总体水平大致相等,但男性智力分布的离散程度比女性大,即很聪明的男性和很笨的男性都比女性多,智力中等的女性比男性多。

(2)男女的智力结构存在差异,各自具有自己的优势领域。男女在一般智力因素上没有显著差异,其性别差异主要反映在特殊智力因素中,主要包括数学能力、言语能力和空间能力。

第三节 小学生学习指导

考向分析

本节主要介绍学习的概念、学习理论、学习策略、学习迁移、学习兴趣、学习习惯等相关知识。本节需要考生掌握的核心知识和能力包括:

知识点	关键点	考频	题型	要求
行为主义学习理论	泛化的表现	1	单选	理解
	强化的分类;负强化、替代强化的内涵	3	单选	识记、理解
认知派学习理论	有意义学习和机械学习的分类标准	1	单选	理解
建构主义学习理论	建构主义学习观	1	单选	理解
学习策略	复述策略、精加工策略、资源管理策略的内涵	3	单选	理解
学习迁移	影响学习迁移的因素	1	简答	识记

本节知识主要涉及单选和简答两种题型。在备考时,考生应注意:①行为主义学习理论;②学习策略。预计在之后的考试中以上内容仍是考查重点,但更加突出对考生能力和素养的考查。

思维导图

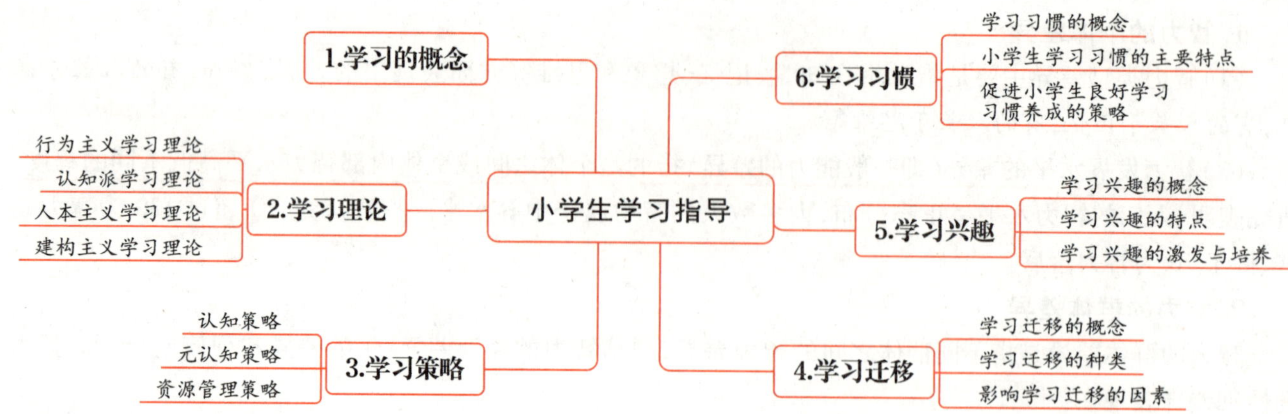

核心知识

02

一、学习的概念

学习是个体在特定情境下由于**练习和反复经验**而产生的**行为或行为潜能**的**相对持久**的变化。学习的内涵可以从以下几方面去理解:

(1)学习实质上是一种适应活动;

(2)学习是人和动物共有的普遍现象;

(3)学习是由反复经验引起的;

(4)学习是有机体后天习得经验的过程;

(5)学习的过程可以是有意的,也可以是无意的;

(6)学习引起的是相对持久的行为或行为潜能的变化。

学习的定义有广义和狭义之分。广义的学习是指人类的学习和动物的学习;狭义的学习特指人类的学习。相对于动物的学习,人类的学习具有主动性、社会性,并且以语言为中介。这是人类学习与动物学习的本质不同。

二、学习理论

(一)行为主义学习理论

行为主义学习理论的核心观点认为,学习过程是有机体在一定条件下形成刺激与反应的联系,从而获得新经验的过程。由于行为主义强调**刺激—反应**的联结,因此,也属于联结派学习理论。

1. 巴甫洛夫的经典性条件作用理论

巴甫洛夫是俄国著名的心理学家和生理学家,他的经典实验就是经典条件反射实验。

(1)第一信号系统与第二信号系统

根据条件刺激的特点,巴甫洛夫把大脑皮层的功能分为**第一信号系统活动**和**第二信号系统活动**。

第一信号系统是指用具体事物作为条件刺激而建立的条件反射系统,它以声、光、化学性和机械性等具体刺激,作为条件刺激的信号,如望梅生津,它是人和动物共有的。

第二信号系统是指用语词作为条件刺激而建立的条件反射系统,如成语"谈虎色变",它是人类特有的,是人类和动物的条件反射活动的根本区别。

(2)经典性条件作用理论的主要规律

①泛化与分化

泛化是指机体对与条件刺激相似的刺激做出条件反应。例如，一朝被蛇咬，十年怕井绳。

分化是指只对条件刺激做出条件反应，而对其他相似刺激不做反应。即辨别相似但不同的刺激并做出不同的反应。例如，为了使狗能够区分圆形和椭圆形光圈，只在圆形光圈出现时才给予食物强化，而在椭圆形光圈出现时则不给予强化，那么狗便可以学会只对圆形光圈做出反应而不理会椭圆形光圈。

刺激泛化和刺激分化是互补的过程。泛化是对事物的相似性的反应，分化则是对事物的差异的反应。泛化能使我们的学习从一种情境迁移到另一种情境；而分化则能使我们对不同的情境做出不同的恰当反应，从而避免盲目行动。

山香指导 考生重点辨析分化与泛化，泛化是对不同刺激做出相同的反应，是分不清楚刺激的表现；而分化是对不同刺激做出不同的反应，能分清楚刺激。

②获得与消退

获得是指条件刺激(如铃声)反复与无条件刺激(如食物)相匹配，使条件刺激获得信号意义的过程，即条件反射建立的过程。

消退指如果条件刺激重复出现多次而没有无条件刺激相伴随，则条件反应会变得越来越弱，并最终消失。

③恢复

恢复是指消退现象发生后，如果个体得到一段时间的休息，条件刺激再度出现，这时条件反射可能又会自动恢复的现象。

精选真题

[2016 上半年]小英到医院打针以后再遇到穿白大褂的人就会害怕，这种心理现象是(　　)

A. 内化　　B. 泛化　　C. 焦虑　　D. 移情

答案：B。本题考查考生的理解能力。题干中小英见到穿白大褂的人会害怕，是因为这一刺激与打针相似，所以同样会感觉到害怕，这种心理现象属于泛化。

2. 桑代克的联结—试误学习理论

桑代克是美国著名心理学家，西方教育心理学奠基人之一，联结主义学习理论的创始人。桑代克的联结学说是教育心理学史上第一个比较完整的学习理论。

(1)学习的实质

学习的**实质**在于形成情境与反应之间的联结。**联结公式**是 S－R。桑代克认为刺激与反应之间的联结是直接的，并不需要中介作用。学习的过程就是形成刺激与反应之间联结的过程，而联结是通过尝试错误的过程建立的。

(2)学习的过程

学习的过程是一种渐进的、盲目的、尝试错误的过程。在此过程中随着错误反应的逐渐减少和正确反应的逐渐增加，而最终在刺激与反应之间形成牢固的联结。这种理论又被称为尝试—错误论，简称**试误论**。

(3)学习要遵循三条重要的原则

桑代克在实验的基础上，提出了促进联结形成的三条原则，也就是著名的**桑代克学习定律**，即准备律、练习律、效果律。

①**准备律**是指联结的加强或削弱取决于学习者的心理准备和心理调节状态。

②**练习律**是指刺激与反应之间的联结会由于重复或练习而加强,不重复或练习,联结的力量就会减弱。练习律又分为应用律和失用律两个次律。

③**效果律**是指刺激和反应之间的联结可因导致满意的结果而加强,也可因导致烦恼的结果而减弱。

3. 斯金纳的操作性条件作用理论

斯金纳是美国著名的行为主义心理学家,他用白鼠作为实验对象,进一步发展了桑代克的学说。

(1)应答性行为和操作性行为

斯金纳认为人和动物的行为有两类:应答性行为和操作性行为。

应答性行为是由特定刺激引起的,是不随意的反射性反应,是经典条件作用的研究对象,具有被动性。例如,学生听到上课铃声后迅速安静坐好、人遇到强光会眯眼睛、咀嚼食物时分泌唾液。

操作性行为则不与任何特定刺激相联系,是有机体自发做出的随意反应,具有主动性,日常生活中的大部分行为属于此类。例如,小孩学会自己穿衣服,上课举手发言、游泳、写字、读书等。

(2)强化

强化是采用适当的强化物而使机体的反应频率、强度和速度增加的过程。**强化物**是指能增强行为频率的刺激或事件。斯金纳认为,强化是塑造行为的有效而重要的条件,塑造行为的过程,就是学习的过程。强化有正强化和负强化之分。

正强化也称为积极强化,是指通过呈现想要的愉快刺激(如某种奖励、奖品)来增强反应频率;**负强化**也称消极强化,是指通过消除或中止厌恶、不愉快刺激(如撤销批评、处分)来增强反应频率。无论是正强化还是负强化,都是增加以后反应发生的频率。

在选择强化物时,可以遵循**普雷马克原理**,又称为"祖母法则",即用高频活动作为低频活动的有效强化物。例如,教师在课堂中经常使用的"只要写完作业,就可以出去玩""学完这个难点,我们就休息一下"等,如果有一件愉快的事等着学生去做,他们会很快完成另一件不喜欢的行为。要注意行为和强化的关系不能颠倒,必须先有行为,再有强化。

斯金纳认为强化的程序不止一种。它包括连续强化和间隔强化,间隔强化又分为固定比例强化和变化比例强化、固定时间强化和变化时间强化等。在固定时间强化中,个体的行为效率依据强化的固定时间形成工作高峰,低峰,呈现出扇贝形曲线的变化趋势,这种现象称为**扇贝效应**,如每当发年终奖之前大家都辛勤工作,不敢迟到;每当考试之前,有人临时突击抱佛脚等。

精选真题

1. [**2017 上半年**]小强不按时完成作业,妈妈就禁止他看动画片,一旦按时完成就取消这一禁令,随后小强按时完成作业的次数增加了。这属于(   )

A. 正强化　　B. 负强化　　C. 自我强化　　D. 替代强化

答案:B。本题考查考生的理解能力。小强完成作业后,妈妈取消了不准他看动画片这一厌恶刺激,是负强化的运用。

2. [**2014 下半年**]妈妈要求小华必须完成作业以后才能看动画片。这种做法符合(   )

A. 负强化原则　　B. 替代强化原则

C. 自我强化原则　　D. 普雷马克原理

答案:D。本题考查考生的理解能力。在运用普雷马克原理时要注意行为和强化的关系不能颠倒,必须先有行为,再有强化。写完作业才能看动画片就属于这一原理的运用。

(3)逃避条件作用与回避条件作用

逃避条件作用是指当厌恶刺激出现时,有机体做出某种反应,从而逃避了厌恶刺激,则该反应在以后的类似情境中发生的概率便增加的条件作用。例如,看见路上的垃圾后绕道走开;感觉屋内人声嘈杂时暂时离屋等。

回避条件作用是指当预示厌恶刺激即将出现的刺激信号呈现时,有机体也可以自发地做出某种反应,从而避免了厌恶刺激的出现,则该反应在以后的类似情境中发生的概率便增加的条件作用。例如,过马路时听到汽车喇叭声后就迅速躲避。

逃避条件作用和回避条件作用都是负强化的条件作用类型。

(4)消退

消退是指条件刺激形成以后,如果得不到强化,条件反应会逐渐减弱,直至消失的现象。消退是一种无强化的过程,其作用在于降低某种反应在将来发生的概率,以达到消除某种行为的目的。

(5)惩罚

惩罚是指当有机体做出某种反应以后,呈现一个厌恶刺激,以消除或抑制此反应的过程。惩罚与负强化有所不同,负强化是通过厌恶刺激的排除来增加反应在将来发生的概率,而惩罚则是通过厌恶刺激的呈现来降低反应在将来发生的概率。

惩罚并不能使行为发生永久性的改变,它只能暂时抑制行为,而不能根除行为。因此,惩罚的运用必须慎重,惩罚一种不良行为应与强化一种良好行为结合起来,方能取得预期的效果。

山香指导 强化、消退、惩罚是历年考试的常考点。考生需重点辨析他们之间的区别,考试中经常会给定一个材料,要求考生判断运用的是哪种手段。

规律		刺激物	行为发生频率	例子
强化	正强化	给予一个愉快刺激	增加	考试取得第一名,会获得喜欢的玩具
	负强化	摆脱厌恶刺激	增加	考试取得第一名,不用做家务
惩罚	呈现性惩罚	呈现一个厌恶刺激	减少	如体罚、谴责等
	移除性惩罚	撤销一个愉快刺激	减少	不写完作业不能出去玩
消退		无任何强化物(不理睬)	减少	孩子为获得玩具不停哭闹,家长置之不理,时间久了,孩子停止哭闹

4. 班杜拉的社会学习理论

(1)学习的本质

社会学习理论将学习分为参与性学习和替代性学习。参与性学习是指通过实做并体验行动后果而进行的学习,实际上就是在做中学。而替代性学习就是观察学习。

班杜拉认为观察学习是学习的实质,是人学习的最重要形式。**观察学习**即个体通过对他人学习行为及其强化结果的观察,从而获得一些新的反应或者修正已有的行为反应。观察学习的特征包括:①观察学习不依赖于直接强化;②观察学习不一定具有外显的行为反应;③观察学习具有认知性。

(2)强化的分类

班杜拉指出,人的行为受行为的结果因素与先行因素的影响。行为的结果因素就是通常所说的强化。强化分为三种:

①**直接强化**:指观察者因表现出观察行为而受到强化。

②**替代强化**:观察者因看到榜样的行为被强化而受到强化。例如,教师给某位助人为乐的学生一颗小

红花作为奖励,班上的其他人也将会助人为乐。

③**自我强化**:自我强化是指对自己表现出的符合或超出标准的行为进行自我奖励。例如,孩子多次做好事被奖励之后,知道了做好事是一种道德准则,加以内化之后,以后做了好事就会自己表扬自己一下,日后又会增加做好事的频率。

精选真题

1. [2019 下半年]教师表扬小明坚持每天背诵 20 个单词之后,班上更多的同学表现出坚持完成学习任务的行为。这属于(　　)

A. 直接强化　　B. 替代强化　　C. 自我强化　　D. 负强化

答案:B。本题考查考生的理解能力。教师表扬小明后,班上的同学出现了和小明一样的行为是由于受到了替代强化。

2. [2016 上半年]将强化分为直接强化、替代强化和自我强化的心理学家是(　　)

A. 罗杰斯　　B. 布鲁纳

C. 班杜拉　　D. 桑代克

答案:C。本题考查考生的识记能力。考生记忆班杜拉对强化的分类即可。

(二)认知派学习理论

认知派学习理论认为,有机体获得经验的过程是通过积极主动的内部信息加工活动形成新的认知结构的过程。

1. 苛勒的完形—顿悟学习理论

苛勒等人通过著名的黑猩猩实验,对学习的实质及原因做出了解释。苛勒认为学习是个体利用自身的智慧与理解力对情境及情境与自身关系的顿悟,而不是动作的累积或盲目的尝试。

(1)学习的**实质**是形成新的完形。从学习的结果来看,学习并不是形成刺激—反应的联结,而是形成了新的完形。

(2)学习是通过**顿悟**过程实现的。所谓**顿悟**,就是领会到自己的动作和情境,特别是和目的物之间的关系。

2. 托尔曼的符号学习理论

托尔曼是认知主义的先驱,他提出的认知学习理论和内部强化理论对现代认知学习理论的发展有一定的贡献。他关于学习的主要观点包括:

(1)学习是有目的的,是期望的获得。学习的目的性是人类学习区别于动物学习的主要标志。期望是个体依据已有经验建立的一种内部准备状态,是通过学习而形成的关于目标的认识和期待。期望是托尔曼学习理论的核心概念。

(2)学习是对完形的认知,是形成**认知地图**的过程。托尔曼主张将行为主义 S－R 公式改为 S－O－R 公式,O 代表机体的内部变化。

3. 布鲁纳的认知—发现学习理论

布鲁纳是美国著名的认知教育心理学家,他主张学习的目的在于以发现学习的方式,使学科的基本结构转变为学生头脑中的认知结构。因此,他的理论常被称为**认知—结构教学论或认知—发现学习说**。

(1)认知学习观

①学习的**实质**在于主动形成认知结构。学习的本质不是被动地形成刺激—反应的联结,而是主动的形

成认知结构。学习任何一门学科的最终目的是构建学生良好的认知结构。

②学习包括获得、转化和评价三个过程。布鲁纳认为，学习包括三种几乎同时发生的过程：**新知识的获得、知识的转化、知识的评价**。这三个过程实际上就是学习者主动地建构新认知结构的过程。

（2）结构教学观

①教学的目的在于理解学科的基本结构。布鲁纳认为，教学的最终目标是促进学生对学科结构的一般理解。所谓**学科的基本结构**，是指学科的基本概念、基本原理及其基本态度和方法。而掌握学科的结构，应该是学习知识方面的最低要求。学生如果掌握了"学科的基本结构"，就能更好地掌握整个学科。

②掌握学科的基本结构的教学原则。

——**动机原则**。内在动机是维持学习的基本动力。学生具有三种最基本的内在动机，即好奇内驱力（即求知欲）、胜任内驱力（即成功的欲望）和互惠内驱力（即人与人之间和睦共处的需要）。

——**结构原则**。任何知识结构都可以用动作、图像和符号三种表象形式来呈现。动作表象是借助动作进行学习，无需语言的帮助；图像表象是借助图像进行学习，以感知材料为基础；符号表象是借助语言进行学习，经验一旦转化为语言，逻辑推导便能进行。

——**程序原则**。教学就是引导学习者通过一系列有条不紊地陈述一个问题或大量知识的结构，以提高他们对所学知识的掌握、转化和迁移的能力。

——**强化原则**。教学规定适合的强化时间和步调是学习成功的重要一环。知道结果应恰好在学生评估自己作业的那个时刻。为了提高学习效率，学习者必须获得反馈。

③发现学习。布鲁纳认为，发现是教育儿童的主要手段，学生掌握学科的基本结构的最好方法是发现学习。**发现学习**是指给学生提供有关的学习材料，让学生通过探索、操作和思考，自行发现知识、理解概念和原理的教学方法。

4. 奥苏伯尔的有意义接受学习理论

奥苏伯尔从两个维度对学习做了区分：从学生学习的方式上，将学习分为接受学习与发现学习；从学习内容与学习者认知结构的关系上，又将学习分为有意义学习和机械学习。

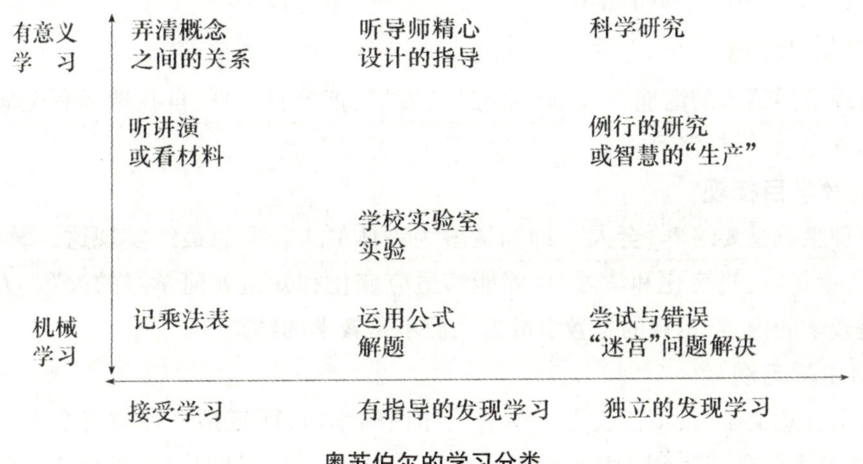

奥苏伯尔的学习分类

（1）有意义学习

①有意义学习的本质

奥苏伯尔认为，有意义学习的本质就是以符号为代表的新观念与学习者认知结构中原有的适当观念建立起非人为的和实质性的联系的过程，是原有观念对新观念加以同化的过程。

②有意义学习的条件

客观条件:是指受学习材料本身性质的影响。有意义学习的材料必须具有逻辑意义,在学习者的心理上是可以被理解的,是在其学习能力范围之内的。

主观条件:是指受学习者自身因素的影响。主要表现在:第一,学习者必须具有有意义学习的心向;第二,学习者认知结构中必须具有适当的知识,以便与新知识进行联系;第三,学习者必须积极主动地使这种具有潜在意义的新知识与认知结构中有关的旧知识发生相互作用。

(2)接受学习

接受学习是在教师指导下,学习者接受事物意义的学习。奥苏伯尔认为接受学习是概念同化的过程,也是课堂学习的主要形式。他强调接受学习的教学方法叫作“**讲解教学**”。

奥苏伯尔提出了贯彻讲授教学原则的具体应用技术:设计“先行组织者”。所谓“**先行组织者**”,是先于学习任务本身呈现的一种引导性材料,它要比学习任务本身有较高的抽象、概括和综合水平,并且能够清晰地与认知结构中原有观念和新任务关联起来。其目的是为新的学习任务提供观念上的固着点,增加新旧知识之间的可辨别性,以促进学习的迁移。

5. 加涅的信息加工理论

加涅认为学习过程可分为若干阶段,每一阶段需进行不同的信息加工。**学习事件**是学生内部加工的过程,它形成了学习的信息加工理论的基本结构。加涅还认为,学习是学生与环境之间相互作用的结果,他把学习过程具体划分为八个阶段:

02

(1)动机阶段——激发学习者的学习动机。

(2)了解(领会)阶段——注意和选择性知觉。

(3)获得阶段——所学的信息进入短时记忆,并编码和储存。

(4)保持阶段——已编码的信息进入长时记忆储存。

(5)回忆阶段——进行信息的检索。

(6)概括阶段——实现学习的迁移。

(7)操作阶段——反应发生阶段。学生通过作业表现其操作活动。

(8)反馈阶段——证实预期,获得强化。

(三)人本主义学习理论

人本主义学习理论强调人的潜能、个性与创造性的发展,把自我实现、自我选择和健康人格作为追求的目标。代表人物有罗杰斯、马斯洛等。

1. 知情统一的教学目标观

罗杰斯的教育理想就是要培养“**全人**”,即知情融为一体的人。要想最终实现这一教育理想,应该有一个现实的教学目标,就是“促进变化和学习,培养能够适应变化和知道如何学习的人”。人本主义重视的是教学的过程而不是教学的内容,重视的是教学的方法而不是教学的结果。

2. 有意义的自由学习观

罗杰斯认为所谓有意义学习,不仅仅是一种增长知识的学习,而且是一种与每个人各部分经验都融合在一起的学习,是一种个体的行为、态度、个性以及在未来选择行动方针时发生重大变化的学习。对于有意义学习,罗杰斯认为主要具有四个特征:

(1)全神贯注:整个人的认知和情感均投入到学习活动之中。

(2)自动自发:学习者由于内在的愿望主动去探索、发现和了解事件的意义。

(3)全面发展:学习者的行为、态度、人格等获得全面发展。

(4)自我评估:学习者自己评估自己的学习需求、学习目标是否完成等。

因此,学习能对学习者产生意义,并能纳入学习者的经验系统之中。

罗杰斯所倡导的学习原则核心就是让学生自由学习。他认为,只要教师信任学生,信任学生的学习潜能,并愿意让学生自由学习,就会在与学生的交往中形成适应自己风格的、促进学习的最佳方法。

3. 学生中心的教学观

教育的目标、学习的结果应该是使学生成为具有高度适应性和内在自由性的人。教师的任务是要为学生提供学习的手段和条件,促进个体自由地成长。

学生中心模式又称为非指导性教学模式。教师的角色是"催化剂""助产士"。罗杰斯认为教师的任务是教学生如何学习,提出以自由为基础的学习原则。在这个模式中,罗杰斯强调:(1)以人为本;(2)让学生自发地学习;(3)排除对学习者自身的威胁;(4)给学生安全感。人本主义理论提倡自我激励、自我调节的学习、情感教育、真实性评定、合作学习以及开放课堂和开放学校。

罗杰斯认为,促进学生学习的关键不在于教师的教学技巧,而在于特定的心理氛围。它包括:(1)真实或真诚;(2)尊重、关注和接纳;(3)移情性理解。

(四)建构主义学习理论

建构主义认为,学习是获取知识的过程,学习是在一定的情境下,借助他人的帮助而实现意义的构建过程。建构主义学习理论的代表人物有:皮亚杰、斯腾伯格、卡茨、维果斯基等。

02

1. 建构主义知识观

建构主义在一定程度上对知识的客观性和确定性提出质疑,强调知识的动态性。具体表现为:

(1)知识并不是对现实的准确表征,也不是最终答案,而只是一种解释、一种假设。

(2)知识并不能精确地概括世界的法则,而是要针对具体情景进行再创造。

(3)知识不可能以实体的形式存在于具体个体以外,尽管我们通过语言符号赋予知识一定的外在形式,但这并不意味着学习者会对这些命题有同样的理解。因为理解只能由学生基于自己的经验背景而建构起来,取决于特定情境下的学习历程。

2. 建构主义学生观

建构主义学生观否认了"白板说",强调学生经验世界的丰富性和差异性。主要表现为:

(1)建构主义强调学生经验世界的丰富性,强调学生的巨大潜能,指出学生并不是空着脑袋走进教室的。在日常生活和学习中,他们已经形成了丰富的经验。

(2)建构主义强调学生经验世界的差异性,每个人在自己的活动和交往中形成了自己的个性化的、独特性的经验,每个人有自己的兴趣和认知风格,所以,在具体问题面前,每个人都会基于自己的经验背景形成自己的理解,每个人的理解往往着眼于问题的不同侧面。因此,教学不能无视学生的这些经验另起炉灶,而是要把学生现有的知识经验作为新知识的生长点,引导学生从原有的知识经验中"生长"出新的知识经验。

3. 建构主义学习观

建构主义强调学习的主动建构性、社会互动性和情境性。

(1)学习的主动建构性

建构主义认为,学习不是知识由教师向学生的传递,而是学生建构自己的知识的过程。学习者不是被动的信息吸收者,相反,他们要主动地建构信息的意义,这种建构不可能由其他人代替。

(2)学习的社会互动性

学习是通过对某种社会文化的参与而内化相关的知识和技能、掌握有关的工具的过程,这一过程常常需要一个学习共同体的合作互动来完成。**学习共同体**是由学习者及其助学者(包括教师、专家、辅导者等)

共同构成的团体,彼此之间经常在学习过程中进行沟通交流,分享各种学习资源,共同完成一定的学习任务。

(3)学习的情境性

建构主义者提出了情境性的认知观点。知识存在于具体的、情境性的、可感知的活动之中,不是一套独立于情境的知识符号,只有通过实际应用活动才能真正被人理解。人的学习应该与情境化的社会实践活动联系在一起,通过对某种社会实践的参与而逐渐掌握有关的社会规则、工具、活动程序等,形成相应的知识。

4. 建构主义教学观

由于知识的动态性和相对性以及学习建构过程,教学不再是传递客观而确定的现成知识,而是激发出学生原有的相关知识经验,促进知识经验的"生长",促成学生的知识建构活动,以促成知识经验的重新组织、转化和改造。教学要为学生创设理想的学习情境,激发学生的推理、分析、鉴别等高级思维活动,同时给学生提供丰富的信息资源和处理信息的工具以及适当的帮助和支持,促进他们自身建构意义以及解决问题的活动。

精选真题

[2017 上半年]学生的学习是基于自己的经验,主动接受新的信息,并对其意义进行重构的过程。这一观点属于(　　)

A. 有意义接受学习理论　　B. 建构主义学习理论

C. 信息加工学习理论　　D. 联结主义学习理论

答案:B。本题考查考生的理解能力。建构主义的学习观强调学习的主动建构性,学习是学生建构知识的过程,学习者要主动地建构信息的意义。

02

三、学习策略

学习策略是指学习者为了提高学习的效果和效率,有目的、有意识地制定有关学习过程的复杂的方案。学习方法是学习策略的知识和技能基础,是学习策略的组成部分,二者不能等同。学习策略是由基本策略(如领会和记忆策略)和辅助性策略(如专心策略)组成。

根据**迈克尔**等人的分类,学习策略可分为三部分:认知策略、元认知策略和资源管理策略。

学习策略
- 认知策略
  - 复述策略(如及时复习、分散复习、过度学习、运用有意识记和无意识记、排除相互干扰、运用多种感官协同记忆、整体识记与部分识记相结合、复习形式多样化、画线)
  - 精加工策略(如记忆术,做笔记,提问,生成性学习,运用背景知识、联系客观实际)
  - 组织策略(如归类、纲要)
- 元认知策略
  - 计划策略(如设置目标、浏览材料、设置思考题、分析如何完成学习任务)
  - 监控策略(如阅读时对注意跟踪、对材料自我提问、考试时监控速度和时间)
  - 调节策略(如调整阅读速度、重新阅读、复习、使用应试策略等)
- 资源管理策略
  - 时间管理策略(如统筹安排学习时间、高效利用最佳时间、灵活利用零碎时间)
  - 环境管理策略(如调节自然条件、设计好学习的空间)
  - 努力管理策略(如激发内在的动机、树立正确的学习信念、选择有挑战性的任务、调节成败的标准、正确归因、自我奖励等)
  - 学业求助策略(如寻找教师帮助、伙伴帮助,使用伙伴/小组学习,获得个别指导等)

(一)认知策略

认知策略是学习者信息加工的方法和技术。其基本功能:一是对信息进行有效的加工与整理,二是对信息进行分门别类的系统储存。

1. 复述策略

复述策略是指在工作记忆中为了保持信息，运用内部语言在大脑中重现学习材料或刺激，以便将注意力维持在学习材料上的方法。复述策略是短时记忆的信息进入长时记忆的关键。常用的复述策略有：

(1)在复述的时间上，采用及时复习、分散复习；

(2)在复述的次数上，强调过度学习；

(3)在复述的方法上，包括运用有意识记和无意识记、排除相互干扰、运用多种感官协同记忆、整体识记与部分识记相结合、复习形式多样化、画线等。

同时，要注意保持积极的心向、态度和兴趣。如果我们对某事感兴趣，或者对它持积极态度，就会记得牢固；反之，则容易遗忘。

精选真题

[2018 上半年]为了记住学过的生字词，小蓉反复抄写了很多遍。小蓉在学习中运用的是(　　)

A. 监督策略　　B. 复述策略　　C. 计划策略　　D. 组织策略

答案：B。本题考查考生的理解能力。反复抄写是为了在大脑中不断重现学习内容，属于复述策略。

02

2. 精加工策略

精加工策略是指把新信息与头脑中的旧信息联系起来从而增加新信息意义的深层加工策略。精加工越深入细致，回忆就越容易。常用的精加工策略包括：

(1)记忆术。记忆术是通过把那些枯燥无味但又必须记住的信息"牵强附会"地赋予意义，使记忆过程变得生动有趣，从而提高学习记忆的效果。常用的记忆术主要有：

①形象联想法。通过人为联想，使无意义的、难记的材料和头脑中的鲜明奇特的形象相结合，从而提高记忆效果，如把"灭"字解释为"用板子往火上一盖，火就扑灭了"。

②谐音联想法。通过谐音线索，运用视觉表象，假借意义进行人为联想。例如，把圆周率"3.1415926535……"编成顺口溜"山巅一寺一壶酒，尔乐苦煞吾……"。

③首字连词法。通过提取首字作为记忆的支撑点，或者用一系列词描述某个过程的每个步骤，然后将这一系列词提取首字作为记忆的支撑点。例如，用"飞雪连天射白鹿，笑书神侠倚碧鸳"来记忆金庸的 14 部小说名。

④位置记忆法。通过与熟悉的地点顺序相联系来记忆一些名称或者客体顺序的方法。位置记忆法对记忆有顺序的系列项目特别有用。

⑤缩简和编歌诀。缩简就是将识记的每条内容简化成一个关键性的字，然后变成自己所熟悉的事物，加强记忆。编歌诀法就是利用编制歌谣口诀的方式来帮助记忆的方法。如二十四节气歌的记忆。

⑥关键词法。将新词或概念和与之相似的声音线索词，通过视觉表象联系起来。例如，英文的"gas"(煤气)一词，可以用汉语"该死"作关键词。

⑦视觉联想。通过心理想象来帮助人们对联系的记忆。

⑧特征记忆法。记住相关内容的特征来加强记忆。如哲学上"矛盾"的概念和性质很多，但核心解释即：对立统一。

(2)做笔记。做笔记策略是使用较多的精加工策略。对于复杂的知识，教师可以指导学生做笔记。为了方便学生做笔记，教师讲课时应注意：讲课速度适当；重复复杂的主题材料；把重要的材料写在黑板上；为学生记笔记提供结构上的帮助。

(3)提问。提问是一种有助于学生学习课文、讲演以及其他信息的策略。

(4)生成性学习。训练学生对所阅读的东西产生一个类比或表象,如图形、图像、表格和图解等,以加强其深层理解。使用这种方法需要积极的加工,并改变对这些信息的知觉。

(5)运用背景知识,联系客观实际。通过适时建立类比或利用先行组织者策略,在新材料学习之前,温习与新材料有关的已有的背景知识,以理解和记忆新知识。

精选真题

[2019 上半年]为方便学生理解记忆,教师将某个英语单词编成小故事,这是运用了(　　)

A. 复述策略　　B. 组织策略　　C. 精加工策略　　D. 元认知策略

答案:C。本题考查考生的理解能力。老师将英语单词编成小故事,有利于学生对新知识的理解,属于精加工策略。

3. 组织策略

组织策略是为了整合所学新知识之间,新旧知识之间的内在联系,形成良好的知识结构的策略。组织策略主要有两种:一种是归类策略,用于概念、语词、规则等知识的归类整理;一种是纲要策略,主要用于对学习材料结构的把握。

(1)归类策略。也即组块,组块的方法有很多,有相似归类、对比归类、从属归类、递进归类等。归类,也叫群集,是把材料分成小单元,再把这些单元归到适当的类别里。归类策略的应用能使人理清头绪,各知识点与概念之间不致混淆,方便知识的理解、记忆以及提取。

(2)纲要策略。纲要策略也称提纲挈领,是掌握学习材料纲目的方法。纲要可以是用语词或句子表达的主题纲要,如以写小标题的形式概括重点,也可以是用符号、图式等形象表达的符号纲要。

第一,主题纲要法。主题通常是学习材料的各级标题,有时也需要自己进行提炼。

第二,符号纲要法。符号纲要法是采用图解的方式体现知识的结构,即作关系图。符号纲要法主要有:系统结构图、流程图、网络关系图等。

(二)元认知策略

元认知是对认知的认知,具体地说,是个体对认知过程的自我意识和调节这些过程的能力。元认知包括元认知知识、元认知体验和元认知监控。

元认知策略是指学生对自己整个学习过程的有效监视及控制的策略。元认知策略大致可分为以下三种:

1. 计划策略

计划策略是指根据认知活动的特定目标,在认知活动开始之前计划完成任务所涉及的各种活动、预计结果、选择策略,设想解决问题的方法,并预估其有效性的策略等。元认知计划策略包括设置学习目标、浏览阅读材料、设置思考题以及分析如何完成学习任务等。

2. 监控策略

监控策略是指在认知过程中,根据认知目标及时检测认知过程,寻找两者之间的差异,并对学习过程及时进行调整,以期顺利实现有效学习的策略。它具体包括领会监控、策略监控和注意监控。

3. 调节策略

调节策略是指在学习过程中根据对认知活动监视的结果,找出认知偏差,及时调整策略或修正目标的策略。调节策略与监控策略有关。例如,当学习者意识到他不理解课文的某一部分时,就会退回去读困难

的段落;在阅读困难或不熟的材料时放慢速度;复习他们不懂的课程材料;测验时跳过某个难题先做简单的题目等。

(三)资源管理策略

资源管理策略是辅助学生管理可用环境和资源的策略,有助于学生适应环境并调节环境以适应自己的需要,对学生的动机有重要的作用。

1. 时间管理策略

(1)统筹安排学习时间。

(2)高效利用最佳时间。首先,要根据自己的生物钟安排学习活动。其次,要根据一周内学习效率的变化安排学习活动。再次,要根据一天内学习效率的变化安排学习活动。最后,要根据自己的工作曲线安排学习活动。每个人要根据自己的模式,安排学习内容,确保状态最佳时学习最重要的内容。

(3)灵活利用零碎时间。

2. 环境管理策略

(1)注意调节自然条件,如流通的空气、适宜的温度、明亮的光线以及和谐的色彩等。

(2)要设计好学习的空间,如空间范围、室内布置、用具摆放等。

良好的学习环境对于学生保持良好的心态具有重要作用。

3. 努力管理策略

为了使学生维持自己的意志努力,需要不断鼓励学生进行自我激励。这包括:(1)激发内在的动机;(2)树立正确的学习信念;(3)选择有挑战性的任务;(4)调节成败的标准;(5)正确归因;(6)自我奖励等。

4. 学业求助策略

学业求助策略指当学生在学习上遇到困难时,向他人请求帮助的行为。学业求助包括两个方面:

(1)学习工具的利用,如善于利用参考资料、工具书、图书馆、电脑等。

(2)社会性人力资源的利用,如善于利用老师的帮助以及同学间的合作与讨论来加深对学习内容的理解。

精选真题

[2018 下半年]芳芳在学习中遇到不懂的问题就会主动向老师请教。她采用的学习策略是(　　)

A. 精加工策略　　B. 认知策略　　C. 元认知策略　　D. 资源管理策略

答案:D。本题考查考生的理解能力。芳芳在学习中遇到不懂的问题向老师请教是运用了学业求助策略,这是资源管理策略的一种。

四、学习迁移

(一)学习迁移的概念

学习迁移也称训练迁移,是指一种学习对另一种学习的影响,或习得的经验对完成其他活动的影响。学习迁移作为一种普遍的学习现象,广泛存在于各种知识、技能、行为规范与态度的学习中。平时所说的“举一反三”“触类旁通”等就是典型的迁移形式。

(二)学习迁移的种类

1. 正迁移、负迁移和零迁移

根据迁移的性质和结果,迁移可分为正迁移、负迁移和零迁移。

正迁移又叫“助长性迁移”,是指一种学习对另一种学习的促进作用。例如,学习数学有利于学习物理;

懂得英语的人很容易掌握法语等。

负迁移又叫“抑制性迁移”,是指一种学习对另一种学习的阻碍作用。例如,在掌握了汉语的情况下,在初学英语语法时,总是出现用汉语语法去套英语语法的情况,从而影响英语语法的掌握。

零迁移是指两种学习不发生影响,它是迁移的一种特殊形式。

2. 顺向迁移和逆向迁移

根据迁移发生的方向,迁移可分为顺向迁移和逆向迁移。

顺向迁移是指先前学习对后继学习产生的影响。如“举一反三”“闻一知十”。

逆向迁移是指后继学习对先前学习产生的影响。例如,学习了微生物后对先前学习的动物、植物概念的理解会产生影响。

3. 水平迁移和垂直迁移

根据迁移内容的抽象和概括水平不同,迁移可分为水平迁移和垂直迁移。

水平迁移也叫横向迁移,是指先行学习内容与后继学习内容在难度、复杂程度和概括层次上属于同一水平的学习活动之间产生的影响。例如,化学中锂、钠、钾等金属元素之间的关系是并列的,对这些元素概念的学习的相互影响就是水平迁移。

垂直迁移也称纵向迁移,是指先行学习内容与后续学习内容是不同水平的学习活动之间产生的影响。垂直迁移表现在两个方面:一是自下而上的迁移,即下位的较低层次的经验影响上位的较高层次的经验的学习;二是自上而下的迁移,即上位的较高层次的经验影响下位的较低层次的经验的学习。

4. 一般迁移和具体迁移

根据迁移内容的不同,迁移可分为一般迁移和具体迁移。

一般迁移也称非特殊迁移、普遍迁移,是指一种学习中所习得的一般原理、原则和态度对另一种具体内容学习的影响,即原理、原则和态度的具体应用。例如,获得基本的运算技能、阅读技能后运用到各种具体的学科学习中。

具体迁移也称特殊迁移,是指学习迁移发生时,学习者原有的经验组成要素及其结构没有变化,只是将一种学习中习得的经验要素重新组合并移用到另一种学习之中。如学习了“日”“月”对学习“明”的影响;掌握了加减法对做四则运算题的影响等。

5. 同化性迁移、顺应性迁移和重组性迁移

根据迁移过程中所需的内在心理机制的不同,迁移可分为同化性迁移、顺应性迁移和重组性迁移。

同化性迁移是指不改变原有的认知结构,直接将原有的认知经验应用到本质特征相同的一类事物中去。原有认知结构在迁移过程中不发生实质性的改变,只是得到某种充实。如“举一反三”“闻一知十”“触类旁通”。

顺应性迁移指将原有认知经验应用于新情境中时,需调整原有的经验或对新旧经验加以概括,形成一种能包容新旧经验的更高一级的认知结构,以适应外界的变化。例如,学生头脑中有一些日常概念,当这些前科学的日常概念不能解释所遇到的事物时,就要建立一个概括性更高的科学概念来解释这一现象或事物,这个过程就是顺应性迁移。

重组性迁移指重新组合原有认知系统中某些构成要素或成分,调整各成分间的关系或建立新的联系,从而应用于新情境。在重组过程中,基本经验成分不变,但各成分间的结合关系发生了变化,即进行了调整或重新组合。

(三)影响学习迁移的因素

1. 学习材料的特点

学习材料作为学生学习的对象和知识的主要来源,对学习迁移有着重要影响。很多迁移理论都在其理

论假说中提及材料对迁移的重要作用,如桑代克的相同要素说。例如,英语和法语在字形、读音和语法结构上有相同或相似的地方,学习这两门外语,在听、说、读、写能力以及记忆、思维等心理过程方面有共同要求,所以学习时就容易产生正迁移。又如,平面几何、立体几何之间共同因素比较多,学习时也有正迁移。相反,学习对象没有或缺少共同因素,或虽有共同因素,但要求学习者做出不同的反应时,则可能在学习时产生负迁移。共同因素是学习迁移产生的客观必要条件,但不是唯一的条件。

2. 原有的认知结构

奥苏伯尔的认知结构迁移理论认为,原有认知结构的特征直接决定了迁移的可能性及迁移的程度。原有认知结构对迁移的影响表现在以下三个方面:

(1)学习者是否拥有相应的背景知识,这是迁移产生的基本前提条件;(2)原有的认知结构的概括水平对迁移起到至关重要的作用;(3)学习者是否具有相应的认知技能或策略以及对认知活动进行调节、控制的元认知策略对迁移的产生有重要影响。

3. 对学习情境的理解

大多数心理学理论都强调情境在迁移中具有重要作用。对于学习迁移,学校环境下的真实学习活动中的情境化内容,其中心问题就是以学习者为中心,创建实习场,在这个实习场中学生遇到的问题和进行的实践与今后在校外遇到的问题是一致的。此外,知识经验获得的情境与知识应用的情境在许多方面都密切相关,如情境中事物之间的关系、问题呈现的方式与空间位置、两种情境的类似情况等。

02

4. 学习的心理准备状态(心向)

心理准备状态是在过去学习或活动过程中形成的,又对未来的学习或活动会产生影响,这种影响有时候是积极的,有时候也有可能是消极的。学习定势在迁移研究中是较多讨论的一种心理准备状态。

所谓**定势**就是指由先前影响所形成的往往不被意识到的心理准备状态,它将支配人以同样的方式去对待同类后继活动。定势是在连续活动中发生的,前面的活动经验为后面的活动形成一种准备状态。它使人倾向于在认识方面或外显行为方面以一种特定的方式进行反应。定势实际上是关于活动方向选择方面的一种倾向性。这种倾向性本身是一种活动经验。它往往为分析问题、解决问题提供思路或线索,因此定势会影响学习迁移。定势的作用有两重性:一是积极的促进作用;二是消极的阻碍作用。

5. 学习策略的水平

不同时期学习策略发展的水平不可避免地会影响知识学习、问题解决和迁移。学习策略对迁移的影响主要表现在发展水平、学习策略的丰富程度以及依据情境的变化灵活运用等方面。

6. 智力与能力

个体智能的高低对学习迁移的质量有一定的影响,智能较高的人能较容易地发现学习情境之间的相同要素和关联,能更好地概括总结出一般原理原则,能较好地将习得的学习策略与方法运用于新的学习情境之中。

7. 教师的指导

教师有意识的指导能令学习者发生正迁移。教师要启发学生注意对学习材料进行必要的概括总结,还可以直接教给学生一般性的原则,有效地指导学生的实践。“授人以鱼,不如授人以渔。”教师还应该关注学习方法和策略的传授,让学生学会学习。

精选真题

[2018 **上半年**]简述学习迁移的影响因素。

参考答案:参见内文。

五、学习兴趣

(一)学习兴趣的概念

学习兴趣是学生对学习对象的一种力求认识和趋近的倾向。它是学习动机中最现实、最活跃、带有强烈的情绪色彩的因素。影响学习兴趣的因素主要包括:

(1)事物本身的特性。凡是相对强烈、对比明显、不断变化、带有强烈的新异性与刺激性的事物,都会引起人们的兴趣。

(2)人们已有的知识经验。对于一些不具有新异性的事物,由于其与人的知识经验之间产生了紧密的联系,并能满足人们获得新的知识经验的需求,也将会引起人们的兴趣。

(3)人们对事物产生的愉快情感体验。一个人在学习过程中获得别人的承认或内在的满足等积极情感体验,对于其学习的稳定性而言,也会起到很好的强化作用。

(二)学习兴趣的特点

(1)低年级学生对学习过程的形式感兴趣,而对学习内容和结果的兴趣相对较弱,教师应善于利用这一点安排教学过程。

02

(2)在整个小学时期,儿童的学习兴趣最初是不分化的,比较广泛。对不同学科的分化性兴趣是逐渐产生的,而且容易偏科,不稳定。

(3)在整个小学时期,儿童对有关具体事实和经验的知识较有兴趣,对有关抽象因果关系的知识的兴趣在初步发展。

(4)在整个小学时期,游戏因素在儿童的学习兴趣上的作用逐渐降低。

(5)在阅读兴趣方面,一般从课内阅读发展到课外阅读,从童话故事发展到文艺作品和通俗科学读物。

精选真题

[2014 上半年]简述小学生学习兴趣的特点。

参考答案:参见内文。

(三)学习兴趣的激发与培养

1. 建立积极的心理准备状态

当学生在学习过程中遇到不懂的地方,感到乏味时,教师要教会学生在内心鼓励自己:“这个地方我没有学懂,再努力一把试试,学会了一定很有趣的。”同时,教师还可以创造性地使用一些教学方法,增加学习内容的趣味性,这样,激发学生对所学知识积极的心理准备状态,学习内容就更容易为学生所掌握。

2. 充分利用本学科的特点优势,激发学生学习兴趣

学生对某学科的兴趣往往是由该学科的特殊趣味引起的。因此,教师除了不断地对学生进行学习目的性的教育外,更要注意充分发挥本学科的特点优势。

3. 创设问题情境,激发学生学习兴趣

所谓问题情境是指不能直接用已有的知识处理,但可以间接地用已有知识处理的情境。创设问题情境的原则是:问题要小而具体,问题要新且有趣,要有适当的难度,要富有启发性。

4. 兴趣在第一课堂及第二课堂中共同培养

学生在学得一定学科基础知识并建立了稳定兴趣之后,就会不再满足于课堂上所学的内容,而是很自然地把注意力转向课外。在课外活动中,要注意培养学生的独立活动能力,必要时给以指导,尤其是对小学生来说,困难得不到解决就会导致学习兴趣的降低。在第一课堂中,教师通过系统地讲授,引导学生入门,

培养关于本学科学习的兴趣；在第二课堂中，使学生能及时接触一些新知识、新技术，从而扩大学生的知识面，使学生在广泛的学习与实践中，发现自己感兴趣的内容，从而加深对所学知识的兴趣。

5. 改进教学方法，增强学生学习兴趣

首先，通过合适的教学方法化枯燥为有趣。各科知识既有生动有趣的内容，也有平淡无奇、稍显枯燥但却必不可少的内容与练习，这些不容易引发学生的学习兴趣。要在教学的全过程中都使学生感到有趣，教师就应注重自身教学方法的改进，使有趣的内容与枯燥的内容交叉出现，引起学生的学习兴趣。

其次，教师在教学的过程中，要使用合适的教学方法化难为易，逐步深化学生的学习兴趣，使学生的学习兴趣由有趣顺利地过渡到乐趣以及志趣阶段。

六、学习习惯

（一）学习习惯的概念

学习习惯是一种高度自觉的、自动的、主动化了的持久的学习行动方式，属于非智力因素的范畴。例如，阅读习惯、书写习惯、思考习惯、按时完成作业的习惯、适应教师的习惯等都是学习习惯。学习习惯包括动作性学习习惯和智慧性学习习惯。

（二）小学生学习习惯的主要特点

1. 学习习惯的广泛性

小学生的学习习惯，广泛表现在学生掌握知识的感知教材、理解教材、巩固教材以及应用教材等过程中。教学过程中属于学生方面的预习、听课、巩固运用三个基本环节，都需要良好的学习习惯来支配。贯穿在学习中各个环节的思维、记忆、注意、观察等心理品质都需要学习习惯的参与。

2. 学习习惯的实践性

实践性是学习习惯最基本、最重要的特点。小学生的实践活动，也就是指各种基本训练，简单来讲，就是听、说、读、写、计算、思维、操作以及一定的生产劳动和一定的社会活动等方面的训练。这种训练，不同于机械地重复，而是一种有目的、有步骤、有指导的活动。

3. 学习习惯的阶段性

小学低年级儿童的自觉性、主动性、独立性、控制性和坚持性较差。他们往往不善于控制和调节自己的行为。他们的行为主要是受外部力量的影响、支配和监督的；随着年龄的增长以及学习经验的增加，中年级学生学习的目的性开始形成，已经对学习的社会意义开始理解，自觉性、坚持性已经开始表现出来，自制力也有了显著的发展。高年级儿童的学习习惯受外部力量的影响、支配就会降低，而更多地受到自身内部的动机、需求等的影响，能够通过自己的行为习惯等来调节与控制自己的行为。

4. 学习习惯的模仿性

模仿性强，是小学生重要的心理特征之一。小学生学习习惯的形成，几乎都具有模仿的因素。小学生模仿的主要对象来自三方面：一是教师的行为习惯；二是同伴的行为习惯；三是从家庭、社会、电视、电影、课外阅读中获得的模式。对于学生来讲，教师的榜样示范对于学生学习习惯的养成影响比较大。

教师在教学中应为儿童提供良好的习惯范例，一方面要培养儿童独立思考、独立评价的能力，另一方面要避免由于盲目模仿而造成的不良后果。

（三）促进小学生良好学习习惯养成的策略

1. 发挥课堂主渠道作用，培养学生良好的学习习惯

课堂是教育的主阵地，学生的学习主要是在课堂上完成的，课堂是培养良好学习习惯的主渠道，教师一定要利用课堂教学中的每个环节对学生进行教育与培养。

2. 课堂中正确引导

在教学过程中,教师应切实转变观念,用科学的理念和方法引导学生,将目标转化成课堂行为,养成良好的学习习惯。

3. 注重激励与表扬,对学生进行正强化教育

教师始终要以欣赏、激励的目光对待学生,让孩子感到自豪,内心充满幸福感。

4. 开展丰富多彩的活动,在活动中培养学生良好的学习习惯

(1)引导学生自主活动,为学生搭建养成良好学习习惯的舞台。如组织学生开展朗诵、演讲、书法等多种形式的教育活动,使学生在活动中进行自我教育,相互学习,形成自主参与学习活动的好习惯。

(2)组织学生参加实践活动,促进良好学习习惯的形成。如组织学生到社区参加社会实践活动,增加实践经验,培养学生动手动脑的习惯,促进良好学习习惯形成。

5. 发挥家长的作用,形成家庭与学校共同培养学生学习习惯的合力

"家庭是习惯的学校,父母是习惯的老师",可见家庭教育对学生习惯培养的重要。教师要和家长搞好配合,引导家长和学校一起,共同关注学生的学习习惯。

6. 分层渐进,注重对学生进行个别辅导

小学生的实际情况不同,学习习惯培养的重点及方法也不同。教师在具体操作中,应在统一要求、全面规划的前提下,对个别学生进行辅导,从而使不同层次、不同类型的孩子循序渐进,养成良好的学习习惯。

7. 建立小学生良好学习习惯评价体系

良好的学习习惯的养成需要科学的评价标准。建立学生学习习惯评价标准不仅能激励学生坚持良好学习习惯,预防和克服不良的学习习惯,促使学生不断强化自身积极的方面,更能使学生抑制自身消极的习惯,懂得行为的对错,提高学生的是非观、善恶观。

第四节　小学德育与美育

考向分析

本节主要介绍小学德育、小学美育等相关知识。本节需要考生掌握的核心知识和能力包括:

知识点	关键点	考频	题型	要求
品德的心理结构	道德意志、道德行为的内涵	3	单选	理解
皮亚杰的道德发展阶段理论	儿童道德认知发展的总规律、权威阶段的特点	2	单选	识记、理解
科尔伯格的品德发展阶段理论	道德两难故事法	1	单选	识记
态度与品德形成的影响因素	学校教育的作用	1	单选	识记
小学德育目标	小学德育的重点	1	单选	识记
小学德育途径	小学德育的基本途径与实施途径的内容	2	单选、简答	识记
小学德育方法	小学常用德育方法的内容及基本要求	3	单选、简答	识记、理解

本节知识主要涉及单选和简答两种题型。在备考时,考生应注意:①品德的心理结构;②关于品德发展的理论;③小学德育的原则、途径与方法。预计在之后的考试中以上内容仍是考查重点,但更加突出对考生

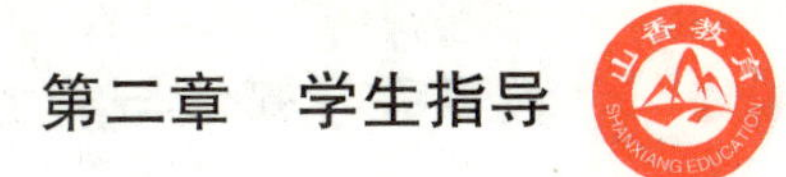

能力和素养的考查。

思维导图

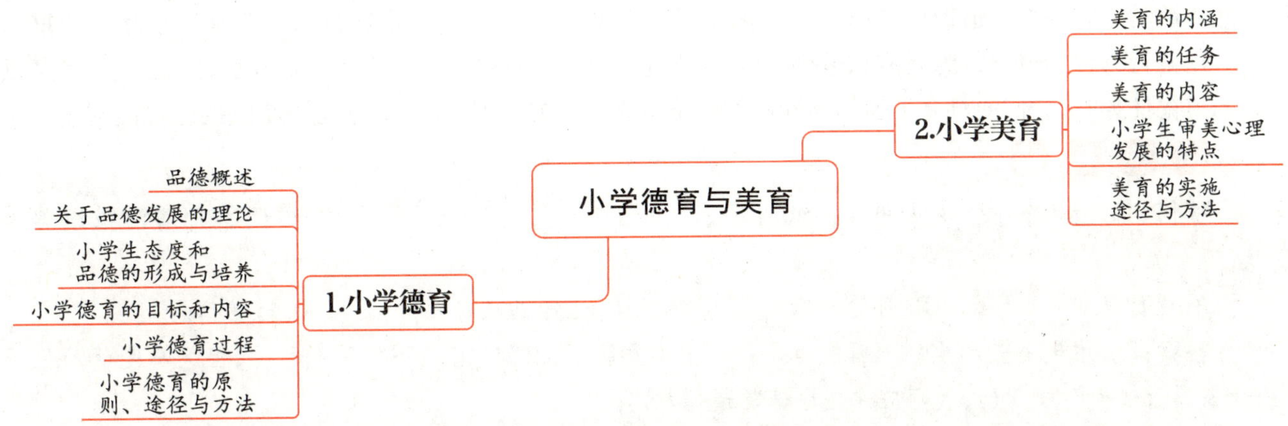

核心知识

一、小学德育

(一)品德概述

1. 品德的概念

品德是道德品质的简称,是个体依据一定的社会道德准则规范自己行动时所表现出来的稳定的心理倾向和特征。它是社会道德准则在个人思想与行动中的体现,是个性中具有道德评价意义的核心部分。

2. 品德的心理结构

品德的心理结构包括道德认知、道德情感、道德意志和道德行为。

(1)道德认知

道德认知是指对于道德行为规范及其意义的认识,是个体品德中的核心部分。道德认知是个体道德的基础,是道德情感、道德意志产生的依据。道德信念的形成有赖于道德认知。道德信念是推动个人产生道德行动的强大动力,可以使人的道德行动表现出坚定性,因此,道德信念是道德品质形成的关键因素。

(2)道德情感

道德情感是人的道德需要是否得到实现及其所引起的一种内心体验,也就是人在心理上所产生的对某种道德义务的爱憎、喜恶等情感体验。当道德认知(道德观念)和道德情感成为经常推动个人产生道德行为的内部动力时,它们就成为道德动机。道德动机是道德行为的直接动因。

道德情感从表现形式上看,主要包括三种:

①直觉的道德情感,即由于对某种具体的道德情境的直接感知而迅速发生的情感体验。

②想象的道德情感,即通过对某种道德形象的想象而发生的情感体验。

③伦理的道德情感,即以清楚地意识到道德概念、原理和原则为中介的情感体验。比如,爱国主义情感和集体主义情感就属于伦理的道德情感。

(3)道德意志

道德意志是个体自觉地调节道德行为,克服困难,以实现预定道德目标的心理过程。道德意志实际上是道德观念的能动作用,是个体通过自己理智的权衡作用去解决道德生活中内心矛盾与支配行为的力量,这种力量表现为能够排除内部障碍和外部困难,坚决执行道德动机所引起的行为决定。

(4)道德行为

道德行为是道德形成的最终环节,是指个体在一定的道德意识支配下表现出来的对他人和社会的有道德意义的活动。它是个体道德认知的外在表现,是实现道德动机的手段。道德行为是衡量道德品质的重要标志。道德行为包括道德行为技能和道德行为习惯,它们与一般的技能和习惯并无区别,只是在用来完成一定的道德任务时,它们便具有了道德的性质。持续不断的、稳定的道德行为才是一个人的道德品质。

精选真题

1.[2019 上半年]小龙明知乱扔纸屑是不文明的行为,但又总是管不住自己,教师应注重培养其(　　)

A.道德认识　　B.道德情感　　C.道德意志　　D.道德信念

答案:C。本题考查考生的理解能力。题干中小龙明知乱扔纸屑是不文明的行为,但又总是管不住自己,属于道德意志薄弱,教师应注重培养其道德意志。

2.[2016 上半年]小林有一次偷拿水果摊上的苹果被老师叫到了办公室,老师批评他:"为什么总是拿别人的东西?"小林低着头回答:"我也知道不对,就是有时忍不住。"这说明小林缺乏(　　)

A.道德认识教育　　B.道德情感教育　　C.道德意志教育　　D.道德行为教育

答案:C。本题考查考生的理解能力。小林明知偷东西是不对的行为,但还是忍不住偷拿水果,说明小林缺乏克服外界困难的意志,教师应加强对小林的道德意志教育。

02

(二)关于品德发展的理论

1.皮亚杰的道德发展阶段理论

瑞士著名心理学家**皮亚杰**采用"**对偶故事法**"对儿童道德判断的发展进行研究,发现并总结出了儿童道德认知发展的总规律,即儿童道德的发展经历从他律到自律的转化发展过程。他律水平和自律水平是儿童道德判断的两级水平,而 10 岁是儿童从他律道德向自律道德转化的分水岭。皮亚杰提出了道德发展阶段理论,将儿童的品德发展划分为四个阶段:

(1)**自我中心阶段**(2~5 岁):又称前道德阶段。这一阶段的儿童还不能把自己同外部环境区别开来,而把外部环境看作他自身的延伸。规则对他来说不具有约束力。

(2)**权威阶段**(6~8 岁):又称他律道德阶段。这一阶段的儿童服从外部规则,接受权威指定的规范,把人们规定的准则看作是固定的、不可变更的,而且只根据行为后果来判断对错。

(3)**可逆性阶段**(9~10 岁):又称自律道德阶段。这一阶段的儿童既不单纯服从权威,也不机械地遵守规则,要求平等。根据行为的动机来判断对错。

(4)**公正阶段**(11~12 岁):这一阶段的儿童开始倾向于主持公正、平等,体验的公正、平等应该符合每个人的特殊情况。公正的惩罚不能是千篇一律的,应根据每个人的具体情况进行。

精选真题

1.[2017 上半年]根据皮亚杰的道德发展阶段理论,小学低年级儿童常常认为听父母和老师的话就是好孩子。这是因为其道德发展处于(　　)

A.权威阶段　　B.公正阶段

C.可逆性阶段　　D.自我中心阶段

答案:A。本题考查考生的理解能力。小学低年级儿童把父母和老师的话当作行为准则,服从权威指定的规范,其道德发展处于权威阶段。

2.[2015 下半年]儿童的道德是一个从他律到自律的过程。提出这一理论的心理学家是( )

A.罗杰斯 B.皮亚杰

C.埃里克森 D.弗洛伊德

答案:B。本题考查考生的识记能力。考生记忆皮亚杰发现并总结的儿童道德认知发展的总规律即可。

2.科尔伯格品德发展阶段理论

科尔伯格提出了他的品德发展阶段理论,他采用“**道德两难故事法**”,把道德判断分为前习俗水平、习俗水平和后习俗水平三种水平,每一水平包含两个阶段,这六个阶段依照由低到高的层次发展。

(1)前习俗水平

前习俗水平大约出现在幼儿园及小学中低年级。该时期的**特征**是:个体着眼于人物行为的具体结果及其与自身的利害关系,认为道德的价值不决定于人及准则,而是决定于外在的要求。前习俗水平包括两个阶段:

①服从与惩罚的道德定向阶段。这一阶段儿童服从权威或规则只是为了避免惩罚,认为受赞扬的行为就是好的,受惩罚的行为就是坏的。他们还没有真正的道德概念。

②相对功利的道德定向阶段。这一阶段儿童的道德价值来自对自己要求的满足,他们不再把规则看成是绝对的、固定不变的,评定行为的好坏主要看是否符合自己的利益。

(2)习俗水平

习俗水平是在小学中年级出现的,一直到青年、成年。这一阶段的**特征**是:个体着眼于社会的希望和要求,能够从社会成员的角度去思考道德问题;开始意识到人的行为必须符合群体或社会的准则;能够了解、认识社会行为规范,并遵守、执行这些规范。这一水平包括以下两个阶段:

①好孩子的道德定向阶段。这一阶段儿童的价值是以人际关系的和谐为导向,顺从传统的要求,符合大众的意见,谋求大家的称赞。在进行道德评价时,总是考虑到社会对一个“好孩子”的期望和要求,并总是按照这种要求去展开思维。

②维护权威或秩序的道德定向阶段。这一阶段的道德价值是以服从权威为导向,包括服从社会规范,遵守公共秩序,尊重法律的权威,以法制观念判断是非、知法守法。

(3)后习俗水平

该时期的**特点**是:个体不只是自觉遵守某些行为规则,还认识到法律的人为性,并在考虑全人类的正义和个人尊严的基础上形成某些超越法律的普遍原则。这一水平包括以下两个阶段:

①社会契约的道德定向阶段。处于这一阶段的人认为法律和规范是大家商定的,是一种社会契约。他们看重法律的效力,认为法律可以帮助人维持公正。但同时认为契约和法律的规定并不是绝对的,可以应大多数人的要求而改变。在强调按契约和法律的规定享受权利的同时,认识到个人应尽义务和责任的重要性。

②普遍原则的道德定向阶段。这是进行道德判断的最高阶段,表现为能以公正、平等、尊严这些最高的原则为标准进行思考。在根据自己选择的原则进行某些活动时,认为只要动机是好的,行为就是正确的。在这个阶段,他们认为人类普遍的道义高于一切。

精选真题

[2018 下半年]通过"道德两难故事法"提出道德认知发展阶段理论的学者是(　　)

A. 马斯洛　　B. 皮亚杰

C. 科尔伯格　　D. 罗森塔尔

答案:C。本题考查考生的识记能力。考生记忆"道德两难故事法"的提出者即可。

(三)小学生态度和品德的形成与培养

1. 小学生品德发展的基本特征

小学阶段是品德发展的奠基阶段,是良好行为习惯养成的最佳时期。小学生品德的发展具有明显的**形象性**、**过渡性**和**协调性**。

(1)良好行为习惯(自觉纪律)的养成在小学生品德的发展中占据显著地位

小学阶段是良好行为习惯养成的关键期。

①小学生行为习惯处于从无到有、从依附到独立的阶段,可塑性极大。

②从行为习惯形成的过程来看,小学阶段最容易养成良好的行为习惯。根据心理学的有关研究,人的习惯形成经历了如下阶段:模仿阶段→依从阶段→遵从阶段→服从阶段→习惯阶段。

③儿童行为习惯的养成,对其品德的形成发展具有重要意义。

(2)小学生品德发展的形象性

小学生的品德发展,尽管原则性、抽象概括性有了一定程度的发展,但在很大程度上带有生活经验的特点,容易受到行为情境的制约,离不开直观的感性形象的支持,带有明显的形象性,处于由具体形象性到抽象逻辑性发展的过程中。

(3)小学生品德发展的过渡性

主要体现在:由简单、低级向复杂、高级过渡,由具体形象向抽象概括过渡,由生活适应性水平向伦理性水平过渡,由依附性向独立性过渡,由他律向自律过渡,由服从向习惯过渡。过渡性是小学生品德发展的基本特征之一,它表现在品德心理各要素的发展中。

小学阶段的品德过渡性特点,是品德发展过程中的质变的具体表现,在这个过程中,存在着一个转折期,即儿童品德发展的"关键年龄"。研究结果认为这个关键期大致在**小学三年级**下学期前后,但是由于教育工作上的差异,前后有一定的出入。

(4)小学生品德发展的协调性

小学生品德发展的协调性表现为密切相关的两个方面:①品德心理各种成分之间的协调。②主观愿望与外部要求、约束的协调。但这种协调是低水平的、依靠外部力量的协调,是一种存在依附性的协调一致。

2. 态度与品德形成的一般过程

态度与品德的形成经历依从、认同与内化三个阶段。

(1)依从

依从,即表面上接受规范,按照规范的要求来行动,实质上对规范缺乏认识,甚至有抵触情绪。依从阶段的行为具有**盲目性**、**被动性**、**不稳定性**,随着情境的变化而变化。它是规范内化的初级阶段,是态度与品德建立的开端。依从包括从众与服从。

(2)认同

认同,即在思想、情感、态度和行为上主动接受他人的影响,使自己的态度和行为与他人相接近。认同实质上就是对榜样的模仿,其出发点就是试图与榜样相接近,包括偶像认同或价值认同。与依从相比,认同

更深入一层，它不受外界压力的控制，行为具有一定的自觉性、主动性和稳定性等特点。

(3)内化

内化，即在思想观点上与社会规范及其价值一致，将自己所认同的思想和自己原有的观点、信念融为一体，构成一个完整的价值体系。在内化阶段，个体的行为具有高度的自觉性和主动性，并具有坚定性，表现为“富贵不能淫，贫贱不能移，威武不能屈”。此时，稳定的态度和品德就形成了。

3. 态度与品德形成的影响因素

(1)外部条件

①家庭教养方式。学生的态度与品德特征和家庭的教养方式有密切关系。若家庭教养方式是民主、信任、容忍，则有助于儿童优良的态度与品德的形成与发展。若家长对待子女过分严格或放任，则孩子更容易产生不良的、敌对的行为。

②社会风气。社会风气由社会舆论、大众媒介传播的信息、各种榜样的作用等构成。社会上的良好与不良的风气都有可能影响其道德信念与道德价值观的形成，这也使得德育工作难度加大。

③同伴群体。学生的态度与道德行为在很大程度上受到他们所归属的同伴群体的行为准则和风气的影响。

④学校教育。学校教育在学生品德发展中起着**主导作用**。这主要是通过校风和班风、教师教书育人的方式及自身的楷模作用、学校的德育课程和各科教学影响学生品德的发展。

精选真题

[2015 上半年]在小学生品德发展过程中，起主导作用的因素是(　　)

A. 学校　　B. 少年宫　　C. 同学　　D. 社会

答案：A。本题考查考生的识记能力。考生记忆学校教育在学生品德发展中起着主导作用即可。

(2)内部条件

①认知失调。当认知不平衡或不协调时，比如，新出现的事物与自己原有的经验不一致，或者自己的观点与他人的、社会的观点或风气不一致等，这时内心就会有不愉快或紧张的感受，个体就试图通过改变自己的观点或信念，以达到新的平衡。可以说，认知失调是态度改变的先决条件。

②态度定势。帮助学生形成对教师、对集体的积极的态度定势或心理准备是使学生接受道德教育的前提。

③道德认知。态度与品德的形成与改变取决于个体对头脑中已有的道德准则和规范的理解水平和掌握程度，取决于已有的道德判断水平。

此外，个体的智力水平、受教育程度、年龄等因素也对态度与品德的形成与改变有不同程度的影响。

4. 态度与品德的培养方式

(1)有效的说服

教师经常应用言语来说服学生改变态度，在说服的过程中，教师要向学生提供某些证据或信息，以支持或改变学生的态度。

对于理解能力有限的低年级学生，教师最好只提供正面论据，对于理解能力较强的高年级学生，教师可以考虑提供正反两方面的论据，使学生产生客观、公正的感觉，从而相信教师所言，改变态度。

当学生没有相反的观点时，教师应只呈现正面观点，不宜提出反面观点，以免转移学生的注意，误导学生怀疑正面观点。当学生原本就有反面观点时，教师应主动呈现两方面观点，以增强学生对错误观点的免疫力。

当说服的任务是解决当务之急的问题时,应只提出正面观点,以免延误时间。当说服的任务是培养学生长期稳定的态度时,应提出正反两方面的材料。

(2)树立良好的榜样

树立良好的榜样是加强道德行为的途径。榜样行为的示范既可以通过直接的行为表现来示范,也可以通过言语讲解来描述某种行为方式;既可以是身边的真人真事的现身说法的示范,也可以借助于各种传播媒介象征性地示范。

(3)利用群体约定

经集体成员共同讨论决定的规则、协定,对其成员有一定的约束力,能使成员承担执行的责任。一旦某成员出现越轨或违反规定的行为,则会受到其他成员的有形或无形的压力,迫使其改变态度。教师则可以利用集体讨论后作出集体约定的方法,来改变学生的态度。

(4)价值辨析

价值辨析是指引导个体利用理性思维和情绪体验来检查自己的行为模式,努力去发现自身的价值并指导自己的道德行为。在价值辨析的过程中,教师引导学生利用理性思维和情绪体验来检查自己的行为模式,鼓励他们努力去发现自身的价值,并根据自己的价值选择来行事。

(5)给予适当的奖励和惩罚

奖励和惩罚作为外部调控手段,不仅影响着认知、技能和策略的学习,而且对个体道德的形成也起到一定的作用。

5. 学生不良行为的矫正

(1)过错行为与不良品德行为的概念

学生的不良行为可分为过错行为与不良品德行为两种。

学生的过错行为是指那些不符合道德要求的问题行为,如调皮捣蛋、恶作剧、起哄、无理取闹、作业和考试作弊等。

学生的不良品德行为是指那些由错误道德意识支配的,经常违反道德准则,损害他人或集体利益的问题行为。

(2)学生不良行为产生的原因分析

客观方面,学生不良行为产生的原因来自家庭、学校和社会环境三个方面。

①家庭教育的影响,如家庭缺乏正常生活秩序和健全生活方式,父母教育不当、家风不正等。

②社会环境的影响,如社会风气不正,不健康的文化生活,社会上具有各种恶习的人对学生的影响。

③学校教育不当,如学校压力过大,对学生尊重和热爱不够,管理过严、过急。

主观方面,学生的不良行为主要受这些因素的影响:①缺乏正确的道德观念和道德信念;②消极的情绪体验;③道德意志薄弱;④不良行为习惯的支配;⑤性格上的缺陷等。

(3)学生不良行为矫正的基本过程

学生不良行为的矫正要经历醒悟阶段、转变阶段和自新阶段三个过程。矫正学生不良行为的心理学策略包括:①改善人际关系,消除疑惧心理和对立情绪;②保护自尊心,培养集体荣誉感;③讲究谈话艺术,提高道德认知;④锻炼与诱因做斗争的毅力,巩固新的行为习惯;⑤注重个别差异,运用教育机智。

(四)小学德育的目标和内容

1. 德育的概念

这里的德育是狭义的德育,专指学校德育,是指教育者按照一定社会或阶级的要求和受教育者品德形

成发展的规律与需要，有目的、有计划、有系统地对受教育者施加思想、政治和道德等方面的影响，并通过受教育者积极的认识、体验与践行，形成他们的品德和自我修养的教育活动。换句话说，德育就是教育者有目的地培养受教育者品德的活动。

2. 小学德育的目标

德育目标是教育目标在受教育者思想品德方面要达到的总体规格要求，亦即德育活动所要达到的预期目的或结果的质量标准。德育目标是德育工作的出发点，制约着德育工作的基本过程。小学德育目标具体包括以下几个方面：

(1)培养学生正确的政治方向，初步形成科学的世界观和共产主义道德意识

学校要通过各种形式教育儿童逐步理解坚持四项基本原则，坚持改革开放，建设富强、民主、文明的社会主义现代化国家的重要性，培养他们爱祖国、爱人民、爱劳动、爱科学、爱社会主义的情感。

(2)培养学生良好的道德认识和行为习惯

小学是学生行为习惯养成的关键期，小学生具有很强的可塑性。因此，小学德育的重点是培养学生良好的道德行为习惯。教师要抓住这个关键期，着力提高学生的道德认识，培养学生良好的学习习惯、卫生习惯、劳动习惯等。

(3)培养学生的道德思维和道德评价能力

培养学生的道德思维能力，就是要逐步发展儿童对道德的理解能力，使他们能够对所遭遇的道德现象进行初步的分析和思考，并在此基础上矫正自己的行为。培养学生的道德评价能力，就是要发展学生在理解的基础上用正确的道德准则与方法抵制各种非道德思想和行为污染侵蚀的能力，使他们能在纷繁复杂的社会中，逐步学会过一种道德的生活，做一个真正有道德的人。

(4)培养学生的自我教育能力

儿童思想品德的形成是通过教育和自我教育实现的。而培养自我教育能力，是引导儿童根据我国社会的道德要求，自觉地提高道德认识，进行行为训练的能力，也就是儿童自己教育自己的能力。

精选真题

[2016 下半年]根据学生的身心发展特点，小学阶段德育工作的重点是(　　)

A. 道德知识的传授　　B. 日常行为习惯的养成

C. 道德信念的培育　　D. 人生观价值观的确立

答案：B。本题考查考生的识记能力。考生记忆小学阶段德育工作的重点即可。

3. 小学德育的内容

(1)爱国主义教育

爱国主义教育是培养学生热爱祖国的感情，使学生形成保卫祖国、维护祖国统一和利益的坚强意志的教育。爱国主义教育是德育的永恒主题，在社会发展的不同历史时期具有不同的内容，建设有中国特色的社会主义是新时期爱国主义的崭新含义。

(2)理想教育

学校要对青少年进行正确的人生理想和社会理想教育，包括社会主义共同理想以及为共产主义理想而奋斗的教育等。

(3)集体主义教育

集体主义教育就是使学生形成集体观念，关心集体和善于在集体中生活的教育。学校要教育学生正确处理个人与集体、国家的关系，发扬对集体、国家的奉献精神，反对极端个人主义和自私自利的思想。

(4)劳动教育

劳动教育是学校德育的一个重要内容,它的主要内容包括:教育学生树立正确的劳动观念,认识劳动的意义与价值;培养学生热爱劳动和劳动人民的情感,养成良好的劳动习惯;学习是学生的主要劳动,要教育学生热爱学习,勤奋学习;教育学生爱护公共财物和劳动成果,反对浪费,提倡节俭。

(5)纪律和法制教育

纪律是在一定社会条件下形成的、集体成员必须遵守的规则、章程、制度等。学校应对学生加强自觉纪律教育,增强他们遵守纪律的自觉性,为他们今后适应社会需要奠定坚实的基础。法制教育的主要内容是:教会学生学习和遵守基本法律法规中与学生生活有关的规定,做到懂法、守法;树立法制观念,能够自觉利用法律维护自身的权益。

(6)辩证唯物主义世界观和人生观教育

辩证唯物主义世界观是指马克思主义世界观。科学人生观是指无产阶级人生观,它建立在科学世界观的基础之上,是革命的、向上的人生观。教师应引导学生逐步树立科学的世界观和人生观。

(五)小学德育过程

1. 德育过程的概念与构成

02

德育过程是教育者按照一定的社会要求和受教育者品德形成规律,对受教育者有目的地施加教育影响,并引导受教育者进行自我教育,从而促进其品德发展的过程。其实质是教育者将一定的社会思想道德规范转化为受教育者个体的思想品德的过程。

德育过程的要素通常由教育者、受教育者、德育内容和德育方法四个相互制约的要素构成。

(1)**教育者**是德育过程的组织者、领导者,是一定社会德育要求和思想道德的体现者,在德育过程中起主导作用。教育者包括直接的和间接的个体教育者和群体教育者。

(2)**受教育者**包括受教育者个体和群体,他们都是德育的对象。在德育过程中,受教育者既是德育的客体,又是德育的主体。

(3)**德育内容**是用以形成受教育者品德的社会思想政治准则和法纪道德规范,是受教育者学习、修养和内在化的客体,是教育者与受教育者双边活动的中介。

(4)**德育方法**是教育者施教传道和受教育者受教修养的相互作用的活动方式的总和。

2. 德育过程的基本规律

(1)德育过程是对学生知、情、意、行的培养与提高过程

①学生的思想品德由知、情、意、行四个心理因素构成。知即道德认识,是学生品德形成的基础;情即道德情感,是产生品德行为的内部动力;意即道德意志,是调节品德行为的精神力量;行即道德行为,是衡量一个人品德水平的重要标志。

②德育过程的一般顺序可以概括为知、情、意、行,以知为开端、以行为终结。由于社会生活的复杂性,德育影响的多样性等因素,在德育具体实施过程中,又具有多种开端,这可根据学生品德发展的具体情况,或从导之以行开始,或从动之以情开始,或从锻炼品德意志开始,最后达到使学生品德在知、情、意、行等方面的和谐发展的目的。

(2)德育过程是一个促进学生思想内部矛盾斗争的发展过程,是教育与自我教育相结合的过程

德育过程的基本矛盾,是教育者提出的德育要求(社会所要求的道德规范)与受教育者现有的品德水平之间的矛盾,其实质是社会矛盾在德育过程中的反映。

①学生思想品德的任何变化,都必须依赖学生个体的心理活动。任何外界的教育和影响,都必须通过学生思想状态的变化,经过学生思想内部的矛盾斗争,才能发生作用,促使学生品德的真正形成。

②在德育过程中，学生思想内部的矛盾斗争，实质上是对外界教育因素的分析、综合过程。学生不断做出反应，斗争的过程也就是学生品德不断发展的过程。教育者应当自觉利用矛盾运动的规律，促进学生思想矛盾向社会需要的方向转化。

③青少年学生的自我教育过程，实际上也是他们思想内部矛盾斗争的过程。教育者在重视对学生进行思想品德教育的同时，高度重视培养学生的自我教育能力，发挥学生在德育过程中的主观能动性。

(3)德育过程是组织学生的活动和交往，统一多方面教育影响的过程

①活动和交往是德育过程的基础。学生的思想品德是在活动和交往的过程中，接受外界教育影响，逐渐形成和发展，并通过活动和交往的过程表现出来的。

②学生在活动和交往中，必定受到多方面的影响。品德形成是学生能动地接受多方面教育影响的过程。学校德育应在多方面影响中发挥主导作用，将多方面教育影响统一到教育目的上来，形成学校与家庭、社会教育的合力，促使学生良好品德的形成和发展。

(4)德育过程是一个长期的、反复的、逐步提高的过程

①德育过程是一个长期的过程。人类社会不断发展进步，要使德育适应社会不断变化的要求，就需要在德育内容、手段、方法等方面不断地加以调整、补充。其次在德育过程中，知、情、意、行的培养提高绝非一朝一夕之功，需要通过长期的训练、积累才能实现。最后在意识形态领域里，不同的思想斗争长期存在，必然会反映到学生思想中来，这就决定了德育过程必然是一个长期的过程。

02

②德育过程是一个反复的过程。青少年学生正处于成长时期，世界观尚未形成，思想很不稳定。学生品德过程中的反复是不断深化的过程。这也就要求教师要正确认识和对待这种现象，耐心细致地教育学生，引导学生在反复中逐步前进。

③德育过程是一个不断前进的过程。长期、反复、渐进性特点要求教育者必须持之以恒、耐心细致地教育学生，要正确认识和对待学生思想行为的反复，善于反复抓，抓反复，引导学生在反复中不断前进。

(六)小学德育的原则、途径与方法

1. 小学德育的原则

德育原则是根据教育目的、德育目标和德育过程规律而提出的指导德育工作的基本要求。我国小学德育的主要原则有：

(1)导向性原则

导向性原则是指，进行德育时要有一定的理想性和方向性，以指导学生向正确的方向发展。贯彻这一原则的要求：①坚持正确的政治方向；②德育目标必须符合新时期的方针政策和总任务的要求；③要把德育的理想性和现实性结合起来。

(2)疏导原则

疏导原则是指，进行德育时要循循善诱、以理服人，从提高学生认识入手，调动学生的主动性，使他们积极向上。疏导原则也就是循循善诱原则。贯彻这一原则的要求：①讲明道理，疏通思想；②因势利导，循循善诱；③以表扬、激励为主，坚持正面教育。

(3)尊重信任学生与严格要求学生相结合的原则

尊重信任学生与严格要求学生相结合原则是指，在德育过程中，教育者既要尊重信任学生，又要对学生提出严格的要求，把严和爱有机地结合起来，使教育者的合理要求转化为学生的自觉行动。贯彻这一原则的要求：

①教育者要有强烈的事业心、责任感以及尊重热爱学生的态度；

②教育者应根据教育目的和德育目标，对学生严格要求，认真管理；

③教育者要从学生的年龄特征和品德发展状况出发，提出适度的要求，并坚定不渝地贯彻到底。

(4)教育影响的一致性与连贯性原则

教育影响的一致性与连贯性原则是指，在德育工作中，教育者应主动协调多方面教育力量，统一认识和步调，有计划、有系统、前后连贯地教育学生，发挥教育的整体功能，培养学生正确的思想品德。贯彻这一原则的要求：

①充分发挥教师集体的作用，统一学校内部的多种教育力量，使之成为一个分工合作的优化群体；

②争取家长和社会的配合，主动协调好与家庭、社会教育的关系，逐步形成以学校为中心的“三位一体”的德育网络；

③保持德育工作的经常性和制度化，处理好衔接工作，保证对学生影响的连续性、系统性，使学生的思想品德得以循序渐进地持续发展。

(5)因材施教原则(从学生实际出发)

因材施教原则是指，教育者在德育过程中，应根据学生的年龄特征、个性差异以及品德发展现状，采取不同的方法和措施，加强德育的针对性和实效性。贯彻这一原则的要求：

①以发展的眼光客观、全面、深入地了解学生，正确认识和评价当代青少年学生的思想特点。

②根据不同年龄阶段学生的特点，选择不同的内容和方法进行教育，防止一般化、成人化、模式化，努力做到“**一把钥匙开一把锁**”。

③注意学生的个别差异，因材施教。

精选真题

[2013 上半年]“一把钥匙开一把锁”反映的是(　　)

A. 尊重与严格要求相结合原则　　B. 教育影响的一致性原则

C. 正面教育原则　　D. 因材施教原则

答案:D。本题考查考生的理解能力。“一把钥匙开一把锁”要求教师要针对不同学生的特点，选择不同的教育方法，反映的是因材施教原则。

2. 小学德育的途径

德育途径是指学校教育者对学生实施德育时可供选择和利用的渠道。我国小学德育的途径是广泛多样的，具体如下：

(1)思想品德课与其他学科教学

思想品德课与其他学科教学是学校有目的、有计划、有系统地对学生进行德育的最经常、最基本的途径。

(2)课外、校外活动

课外、校外活动是对学生进行德育的重要途径。通过这个途径进行的德育符合小学生的特点和需要，能够充分调动他们的积极性。

(3)劳动

这是学校进行德育，尤其是劳动教育的重要途径。通过劳动，学生容易对劳动科学与技术产生兴趣与爱好，激发出巨大的热情与力量，经受思想与行为上的磨炼与考验，从而能够培养学生勤俭、朴实、顽强等优良品德。

(4)少先队活动

少年先锋队是中国共产党委托共青团领导的少年儿童的群众组织，是少年儿童学习共产主义的学校。通过自己的组织进行德育，有利于调动学生的积极性和创造性，培养主人翁意识以及自我教育和管理的能

力。团队通过开展活动、组织生活等来激发学生的上进心、荣誉感，促使他们严格要求自己，自觉提高思想认识，培养优良品德。

(5)班主任工作

班主任工作是学校对学生进行德育的一个重要而又特殊的途径。通过班主任的自觉能动作用，能够对其他途径起调节作用，从而对学生品德的发展产生巨大的影响。

(6)班会、校会、周会、晨会

班会、校会、周会和晨会是全班同学或全校师生参加的活动，能持久地、潜移默化地影响学生，逐步地、有针对性地解决学生的思想问题。

精选真题

1. [2018 **上半年**]小学德育的基本途径是(　　)

A. 课外活动和校外活动　　B. 少先队活动

C. 品德课和其他各科教学　　D. 班主任工作

答案：C。本题考查考生的识记能力。考生记忆小学德育的基本途径即可。

2. [2019 **上半年**]简述小学德育的实施途径。

参考答案：参见内文。

3. 小学德育的方法

德育方法是为达到德育目的，在德育过程中采用的教育者和受教育者相互作用的活动方式的总和。它包括教育者的教学方式和受教育者的学习方式。小学常用的德育方法有：

(1)说服教育法

说服教育法又叫说理教育法，是通过语言说理，使学生明晓道理，分清是非，提高品德认识的德育方法。说服教育法是德育工作的基本方法。

说服教育法的方式有语言文字说服和事实说服。语言文字说服，即通过语言文字进行说服，如讲解、报告、讨论、辩论、读书指导等；事实说服就是运用事实进行说服，如参观、访问和调查。

运用说服教育法要注意：①明确目的性和针对性；②富有知识性、趣味性；③注意时机；④以诚待人。

(2)榜样示范法

榜样示范法是用榜样人物的优秀品德来影响学生的思想、情感和行为的德育方法。例如，“其身正，不令而行；其身不正，虽令不从”。榜样包括伟人的典范、教育者的示范、学生中的好榜样等。

运用榜样示范法要注意：①选好学习的榜样；②激起学生对榜样的敬慕之情；③狠抓落实，引导学生用榜样来调节行为，提高修养。

(3)陶冶教育法

陶冶教育法是教师利用环境和自身的教育因素，对学生进行潜移默化的熏陶和感染，使其在耳濡目染中受到感化的德育方法。陶冶教育法的方式主要有环境陶冶、情感陶冶、人格陶冶、艺术陶冶、科学知识陶冶、各种活动和交往情境陶冶等。

运用陶冶教育法要注意：①创设良好的环境。这种环境包括美观、朴实、整洁的学习与生活环境，团结、紧张、严肃、活泼、尊师爱生、民主而有纪律的班风、校风。②与启发、说服相结合。③引导学生参与情境的创设。

(4)实际锻炼法

实际锻炼法是有目的地组织学生参加各种实践活动，使其在活动中锻炼思想，增长才干，培养优良的思想和行为习惯的德育方法。锻炼的方式主要是学习活动、社会活动、生产劳动和课外文体科技活动。

运用实际锻炼法要注意:①目的明确,计划周密,加强指导,坚持严格要求;②生动活泼,灵活多样,调动学生的主动性;③注意检查和持之以恒,随时总结。

(5)品德修养指导法

品德修养指导法是教师指导学生自觉主动地进行学习、自我品德反省,以实现思想转化及行为控制的德育方法。品德修养指导法主要包括学习、自我批评、座右铭、自我实践体验与锻炼等。

这种方法可以增强学生的主体意识,促进其自我意识及自我修养能力的提高,调动他们自觉主动地接受教育的积极性,增强他们抵制不良思想道德影响的免疫能力,推动学校德育工作的开展以及学校德育目标、内容的实现。

运用品德修养指导法时要注意:①培养学生自我修养的兴趣与自觉性;②指导学生掌握品德修养的标准;③引导学生积极参加社会实践。

(6)品德评价法

品德评价法是通过对学生品德进行肯定或否定的评价而予以激励或抑制,促使其品德健康形成和发展的德育方法。包括奖励、惩罚、评比和操行评定等。

运用品德评价法要注意:①公平、正确、合情合理;②发扬民主,获得群众支持;③注重宣传与教育;④奖励为主,抑中带扬。

精选真题

1. [2019 下半年]小学教师经常采用贴小红花、插小红旗等方式鼓励学生为班级做好事,这种德育方法是(　　)

A. 奖惩评价法　　B. 榜样示范法

C. 情感陶冶法　　D. 实际锻炼法

答案:A。本题考查考生的理解能力。"贴小红花、插小红旗"是对学生行为的奖励,故A项正确。

2. [2017 下半年]小芳常常因为不守纪律而受到批评,但她不以为然,还说只要学习好,守不守纪律无所谓。面对这种情况,班主任首先应采取的教育方法是(　　)

A. 说服教育　　B. 情感陶冶

C. 榜样示范　　D. 实际锻炼

答案:A。本题考查考生的理解能力。题干中小芳认为"只要学习好,守不守纪律无所谓",这种认识是不正确的。因此,作为小芳的老师,首先应该对她进行说服教育,使她提高认识,形成正确的观点。

3. [2019 下半年]简述实施榜样教育的基本要求。

参考答案:参见内文。

二、小学美育

(一)美育的内涵

美育,又称审美教育,是运用艺术美、自然美和社会生活美培养受教育者正确的审美观点和感受美、鉴赏美、创造美的能力的教育。美育是全面发展教育必要的组成部分。

王国维是第一个把美育概念引入中国并对美育的独特性质和独特地位做进一步阐述的思想家。

(二)美育的任务

美育的**主要任务**是培养学生健康的审美观,发展他们鉴赏美、创造美的能力,培养他们的高尚情操与文明素养的教育。小学美育的**主要任务**是:

(1)培养学生正确的审美观点,使他们具有感受美、理解美和鉴赏美的知识与技能。

(2)培养学生参加艺术活动的技能,发展他们体现美和创造美的能力。

(3)培养学生心灵美和行为美,使他们在生活中体现内在美和外在美的统一。

(三)美育的内容

学校美育内容包括三个方面:形式教育、理想教育和艺术教育。

1. 形式教育

从美学的意义上看,形式教育包括两个方面:形式美和美的形式。

形式美是指事物的自然属性及其组合规律的美,形式美可以作为独立的审美客体,具有相对独立性。形式美的教育是美育的基础,审美教育始于形式美。

美的形式作为审美对象外部美的表现形态和内部美的结构方式,既是意象创造的媒介,也是情感对象化的手段。美的形式的教育除了具有形式美教育的功能外,还是培养人们想象力的最佳途径。

2. 理想教育

理想作为一个可能性,与现实性相对应,是对未来目标的合理想象或希望。人的理想可以分为社会理想和个人理想。个人理想又可分为道德理想、人生理想、爱情理想和职业理想。理想教育主要包括社会理想教育、人生理想教育、道德理想教育和爱情理想教育。

3. 艺术教育

自然美、社会美、艺术美都具有美育的功能,自然事物、社会生活、艺术作品都可以作为美育的内容和手段,但艺术教育无疑是美育最重要的内容和手段。美育不同于艺术教育,艺术教育是美育的主体部分。

(四)小学生审美心理发展的特点

(1)小学生接纳审美形态的范围开始扩大。到了高年级,小学生已经能够接纳优美形态、丑感形态、悲剧形态、喜剧形态,但除了优美形态外,对其他审美形态的领悟(或理解)还非常肤浅。

(2)小学生有了相当稳定的审美偏爱。具体表现为偏爱优美的歌曲、音乐和舞蹈,喜欢看喜剧,喜欢看有色彩的图画,喜欢听有情节的故事,喜欢看故事书、电影或电视剧。

(3)小学高年级学生已经有了比较具体的美与丑的审美评价标准。他们能鉴别美与丑的事和美与丑的事物特征。

(4)小学生的审美感知能力还在持续地发展,审美感知的敏感性在提高。主要表现在鉴赏音乐、歌曲和美术作品方面,但他们对抽象的、浪漫的、荒诞的、幽默的和崇高的艺术品还缺乏敏感性或鉴赏能力。

(5)小学生有明显的接纳和理解艺术形态和艺术风格的困难,而且在审美评价活动中正处在主要采用非艺术审美标准时期,小学生还不能用艺术的眼光接纳和理解艺术品。

(五)美育的实施途径与方法

1. 美育的实施途径

(1)通过课堂教学和课外文化艺术活动进行美育。一方面,通过科学文化基础知识教学进行美育。另一方面,通过艺术学科教学和课外文艺活动进行美育。

(2)通过大自然进行美育。欣赏大自然的美既可以增强学生的审美感知能力和理解能力,又可以开阔视野,增长知识,陶冶情操,砥砺品行。

(3)在日常生活中进行美育。利用家庭环境进行美育;组织学生参加美化学校环境的活动;引导学生在日常生活中体现美。

(4)通过教师的示范作用对学生进行美育。

2. 美育的实施方法

(1)教师教导法。教师的教导包括“言教”和“身教”两个方面。

(2)欣赏法。小学生对事物的认识往往更多地注意它们的外部特征和鲜明的形象,欣赏是认识美的事物的重要方法。欣赏法可以充分调动学生的感官和思维的积极性,使学生通过直观的形式生动地感受到对象的美,增强他们对美好事物的感受和认识。

(3)活动法和实践法。这是指带领小学生参与各种社会实践活动,在活动中培养感受美、鉴赏美、创造美的能力。

第五节　小学生安全教育

考向分析

本节主要介绍小学生医疗保健、小学生卫生保健、小学生常见传染病预防、小学生安全教育等相关知识。本节需要考生掌握的核心知识和能力包括:

知识点	关键点	考频	题型	要求
小学生卫生保健	儿童缺乏不同种类维生素的表现	2	单选	识记
小学生常见传染病预防	控制病情传播的首要措施	1	单选	识记
小学生安全教育	干粉灭火器的使用方法	1	单选	识记
	发现煤气中毒应采取的措施	1	单选	识记
	踝关节扭伤的紧急处理	1	单选	识记
	手指夹伤的紧急处理	1	单选	识记
	被狗咬伤的紧急处理	1	单选	识记
	被蜜蜂蛰伤的紧急处理	1	单选	识记

本节知识在考查题型上以单项选择题为主。在备考时,考生应注意小学生突发意外事故时的紧急处理方式。预计在之后的考试中以上内容仍是考查重点,但更加突出对考生能力和素养的考查。

思维导图

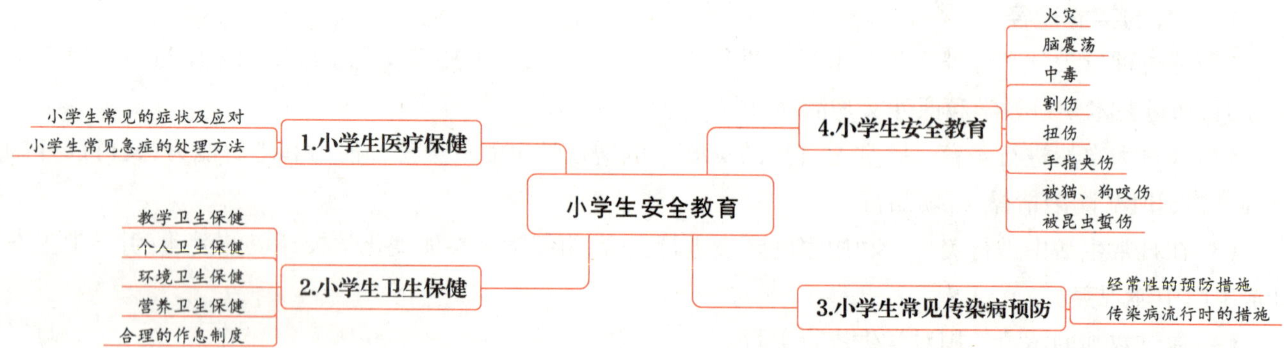

核心知识

一、小学生医疗保健

(一)小学生常见的症状及应对

1. 发热

发热是指体温的异常升高,正常的体温范围是在36 ℃～37 ℃,高于37.5 ℃就是发热。当出现发热现象时,可以在头上放一块冷湿毛巾或冰袋,进行冷敷降温。发热的原因有很多,要立即就医,查明原因。

2. 头痛

头痛是常见症状,但有时很难找到引起头痛的原因。当学生出现头痛时,可以测一下体温,看他是否发热;学生如果经常头痛,找一找有无引起他精神紧张的事情,如休息不好、压力过大等;当学生出现头痛且没有其他的症状时,应该让他在安静的环境中休息一下;如果头痛并伴有其他症状,应该嘱咐其立即就医。

3. 咳嗽

学生如果出现咳嗽症状,应嘱咐其多喝水,以减轻喉部的不适感;如果咳嗽有痰,可以在他咳嗽时轻拍其背部,帮助他把痰液咳出;如果咳嗽严重,应嘱咐学生尽早请医生诊治。

02

4. 呕吐

呕吐是一些疾病常见的症状。反复呕吐可导致水电解质代谢紊乱。呕吐的原因有很多,如消化道本身患感染性疾病,消化功能异常,神经系统疾病等都有呕吐现象。呕吐并不是很严重的疾病症状,患者吐了一阵后,会感觉舒服,但如果不停地呕吐,或间断性呕吐达6小时以上,就要引起注意,需要就医。

5. 腹痛

腹痛是指由于各种原因引起的腹腔内外脏器的病变,表现为腹部的疼痛;腹痛可分为急性与慢性两类。如果有学生发生腹痛,教师可以轻轻抚摸他的腹部,帮助其缓解疼痛;如果腹痛严重,有阵发性剧烈腹痛,或持续性腹痛,或腹痛伴有腹胀、呕吐等,应嘱咐其立即去医院诊治。

6. 腹泻

小学儿童易发生腹泻,他们的胃肠道发育不成熟,胃液中的胃酸少,消化酶的活性差,而相对需要的营养多,易使胃肠道的负担加重,从而引起腹泻。预防细菌及病毒性腹泻需注意保持食物及餐具的卫生,若食物及餐具被污染,或在消毒杀菌时不彻底,都会导致腹泻。长期使用大量抗生素导致菌群失调也会引起腹泻。同时,气候突然变化,腹部受凉使肠蠕动增强,天气过热使消化液分泌减少,这些因素均易诱发腹泻。因此,教师要提醒学生在日常生活中注意天气的变化,避免着凉,运动后不要大量饮用凉饮料。注意饮食卫生,不吃不洁、过期或剩下的食物,既不要暴饮暴食,也不要吃得过少。

(二)小学生常见急症的处理方法

1. 鼻出血

紧急处理的方法是:在场人员和患者都不要紧张,让患者坐下或躺下;嘱咐患者用自己的手指捏住鼻子,暂时用口呼吸,以便压住止血点;立即用清洁棉花、布片或软纸由鼻孔塞入,压迫出血点止血,如能浸渍肾上腺素或麻黄碱溶液而后塞入,则止血效果更好。

2. 眼睛被酸、碱烧伤

眼睛被酸、碱烧伤,急救的关键是立即用大量的生理盐水冲洗,如果没有生理盐水,可以用冷开水、自来水冲洗眼睛。冲洗后,马上送医院做进一步的治疗。

二、小学生卫生保健

在传统观念中,卫生保健只局限在身体生理方面。随着人体科学的发展,国内外的医疗卫生组织和部门对卫生保健赋予了新的含义。它不仅包括生理卫生还包括心理卫生。

(一)教学卫生保健

教学卫生主要是指学生的用脑卫生和用眼卫生。

小学生的大脑正处在发育成熟阶段,易兴奋,也易疲劳。如果违背大脑活动规律,让学生大脑长时间处于紧张状态,就会产生过度疲劳现象。所以,在教学中一定要预防和克服学生负担过重的现象。

学生的用眼卫生也应该引起注意。造成学生视力减退的原因很多,但主要原因之一是不注意用眼卫生。因此,学校要在可能的条件下提高教室的照明度,给不同年级的学生配备不同型号的课桌椅,同时要教育学生注意用眼卫生,不要长时间看书,不要在光线不足的地方看书,看书写字时眼睛和书本要有 30 cm 的距离,要经常做眼保健操。

(二)个人卫生保健

大多数小学生都住在家里,做好个人卫生的关键在家庭。学校除了同家长配合好外,也应向学生提出合理的卫生要求和必要的指导。例如,要按时饮食,饭前便后要洗手,不在马路上吃东西,不边吃边玩,不贪食,不喝生水,不吃腐烂水果,生吃瓜果要洗净或消毒等,尤其要注意克服吃零食等坏习惯。要教育学生保持身体的清洁。每天睡觉之前、起床以后要洗脸刷牙,要经常剪指甲,有条件的要经常洗澡。身体的清洁卫生可清除细菌的寄生条件,预防疾病。

(三)环境卫生保健

学校是学生主要的活动场所,要不断美化绿化校园,搞好学校建筑设备的清洁卫生,保证教室、阅览室、宿舍、厕所、饭厅、运动场以及劳动场所和其他设备的卫生清洁。学校要建立健全的环境卫生制度,一般应每天一次小扫除,每周一次大扫除。

(四)营养卫生保健

1. 小学生所需要的宏量营养素

食物中含有糖类、脂类、蛋白质、水、无机盐和维生素六类人体所需要的主要营养物质。生活中要做到合理膳食,均衡摄入六类营养物质。

糖类:糖类是人体进行生理活动的主要能源。

脂类:也称脂质,包括脂肪和类脂等。日常食用的动、植物油以脂肪为主要成分,还含有少量类脂等物质。类脂包括磷脂、固醇类等,对人体有重要的作用。

蛋白质:构成细胞的基本物质。各种蛋白质的基本组成单位都是氨基酸。组成人体蛋白质的氨基酸有 20 种。如果人体内蛋白质长期不足,就会形成蛋白质缺乏症。患者体重减轻,抵抗力降低,创伤修复缓慢,出现水肿和贫血等现象,婴儿发育迟缓。

水:人体细胞的主要成分之一。人体内的主要营养物质以及尿酸等废物,只有溶解在水中才能运输。

无机盐:人体内的无机盐以含钙无机盐和含磷无机盐的含量最为丰富,其中含钙无机盐的总量可达 700 ~ 1400 g。含钙无机盐绝大部分构成骨盐,存在于骨骼和牙齿中,其余主要分布于体液中。

维生素:维持人体正常生命活动所必需的一类小分子有机物,维生素既不是构成组织的主要原料,也不是供应能量的物质。缺乏某种维生素或维生素的吸收利用发生障碍,就会引起物质代谢失常,影响正常的生理功能,以致表现为维生素缺乏症。

2. 小学生所需要的微量维生素

(1)维生素

维生素分脂溶性(维生素 A、D、E、K)和水溶性(除维生素 A、D、E、K 外的其他维生素)两类。它们对维持人体正常生长发育和调节生理功能至关重要。

维生素	缺乏症	补充食物
维生素 A	夜盲症、眼干燥症	鱼肝油、胡萝卜、蔬菜水果等
维生素 B_1	皮肤炎症、脚气病	谷物、新鲜蔬果、牛乳等
维生素 B_2	口角炎、日光性皮炎	蛋黄、牛乳、酵母、动物肝脏
维生素 C	维生素 C 缺乏症(又称“坏血病”)	各类新鲜蔬果
维生素 D	佝偻病	蛋黄、牛乳、酵母等,适当的日光浴也可获得维生素 D
维生素 E	上皮细胞变性、孕育异常	坚果、新鲜蔬果
维生素 H(又称生物素)	脱发	动物肝脏、肾脏、酵母、牛乳等
维生素 M(又称叶酸)	白细胞减少、巨幼细胞贫血	新鲜蔬果、动物肝脏、酵母等

精选真题

1. [2019 上半年]儿童易患口角炎、角膜炎、皮炎等,可能是缺乏(　　)

A. 维生素 A　　B. 维生素 B_2　　C. 维生素 C　　D. 维生素 D

答案:B。本题考查考生的识记能力。考生记忆各维生素缺乏引起的相应的症状即可。

2. [2016 上半年]儿童出现眼睛干涩、夜盲症,可能是缺乏(　　)

A. 维生素 A　　B. 维生素 B　　C. 维生素 C　　D. 维生素 D

答案:A。本题考查考生的识记能力。考生记忆各维生素缺乏引起的相应的症状即可。

(2)矿物质

矿物质又称无机盐,是构成人体组织和维持正常生理活动的重要物质。

根据在人体内含量的多少分为常量元素和微量元素。人体内含量大于体重的 0.01% 的称为常量元素,包括钙、磷、钾、钠、镁等 7 种。含量小于体重的 0.01% 的称为微量元素,种类很多,目前人们认为人体必需的微量元素有锌、铜、铁、铬、锰、锡等 14 种。微量元素在体内含量虽少,却有很重要的生理功能。

(五)合理的作息制度

合理的作息制度是保证学生有规律地进行学习、劳动和休息,使他们健康成长的必要条件。学校生活作息制度主要反映在课程表和作息时间表上,包括各科学习时间的安排,课外活动(体育锻炼、社会活动、课外小组活动等)的时间规定,饮食、睡眠和休息时间的安排等。必须保证学生有足够的睡眠时间。睡眠是消除疲劳、保护健康的基本生理要求。小学生要有十小时左右的睡眠时间,要教育学生养成良好的睡眠习惯,如早睡早起,睡前洗脸洗脚,睡前不吃东西,不躺在床上看书、说话等。特别要注意保证学生早餐的供应量。

三、小学生常见传染病预防

生物性的病原体进入人体破坏了机体平衡,在人群中传播,引起流行,称为传染病。传染病的发生因素有三个:病原体、环境与人体。

在我国,危害学生健康的传染病主要有:流行性感冒、流行性脑膜炎、流行性腮腺炎、细菌性痢疾、病毒性肝炎、伤寒、急性出血性结膜炎、流行性乙型脑炎、狂犬病、肺结核等。学校对急性传染病主要是采取控制传染源、切断传播途径、保护易感人群的综合性预防措施。

(一)经常性的预防措施

1. 提高学生身体的抵抗力

学校要为提高学生的健康水平采取一系列的措施,如正确组织教学,制定合理的生活制度,加强体育锻炼,保证膳食的营养质量等都是改善学生健康状况、增强身体抵抗力的措施。此外,还应特别重视加强学生对传染病特异性的免疫能力,进行计划免疫和预防接种。

2. 切断传染病的传播途径

学校要控制和消灭传染病,预防传染病进入学校的措施有:大力开展爱护卫生运动,培养良好的卫生习惯,学校要养成学生个人卫生、饮食卫生、自觉锻炼、遵守生活制度等卫生习惯。

(二)传染病流行时的措施

(1)执行“五早”(早发现、早报告、早隔离、早诊断、早治疗),以控制传染病的蔓延。对病人和可疑的病人要隔离观察,及时治疗,如果隔离治疗不及时,对控制疾病传播危害极大。同时,发现急性传染病或疑似传染病的话,教师和校医有责任将情况向学校领导报告。

(2)做好消毒和检疫。常用的消毒方法有物理消毒法和化学消毒法两种。

(3)采用药物预防。教师可以采用中药来进行预防,中药对于某些传染病有显著效果,既方便又经济。

02

四、小学生安全教育 

(一)火灾

1. 火灾的处理方法

(1)对突然降临的火灾,应保持沉着、冷静的头脑。

(2)逃生者可用湿毛巾蒙住口鼻,贴近地面快速爬行。

(3)堵封火焰,避免火苗窜入室内。

(4)可寻找窗外落水管,或利用绳子下滑,住在2~3楼者也可向窗外抛出棉被、席梦思,然后双手拉着绳子滑落地面。

(5)向外扔出醒目的物品,如脸盆、钢精锅或不同颜色的布头等以求救。

> **命题点拨**
>
> 小学生安全教育在考试中主要以单选题形式考查。形式为给出某种学生突发事故,询问教师应采取的措施。

2. 注意事项

(1)一旦发生火灾,绝不能大声叫喊,否则火焰、烟雾极易吸入呼吸道造成损伤或窒息。

(2)逃出火区后,绝不要再回火区寻找贵重物品,否则极易被大火吞噬宝贵的生命。

(3)冲出火海后,若身上衣服仍在燃烧,应立即就地打滚或跳入附近的水潭、泥池或河水中。

3. 干粉灭火器的使用方法

(1)使用手提式干粉灭火器时,将灭火器提到起火地点,站在上风向或侧风向,把灭火器上下颠倒几次,拔出保险销或铅封,一手握紧喷嘴,对准火源根部,另一只手按下压把,干粉即可喷出。

(2)灭火时,要迅速摇摆喷嘴,使粉雾横扫整个火区,由近而远,向前推进将火扑灭,同时要注意不要遗留残火。

(3)油品着火,灭火时不要冲击液面,以防液体溅出而造成扑救困难。

精选真题

1.[2018 下半年]在发生火灾时,使用干粉灭火器进行灭火,正确的步骤是(　　)

①将灭火器提到距火源两米左右的上风处

②倒置灭火器,握紧压把

③除掉铅封,拔出保险销

④右手用力按下压把,左手拿着喇叭筒,对准火源根部喷射

A.①②③　　B.①②④

C.①③④　　D.②③④

答案:C。本题考查考生的识记能力。考生记忆干粉灭火器的使用方法即可。

2.[2014 下半年]在火情发生时,如果学生的衣服已经着火,教师首先应该采取的措施是(　　)

A.大声呼救　　B.让学生就地打滚

C.跑开取水　　D.用手拍打学生衣服上的火焰

答案:B。本题考查考生的识记与理解能力。在火情发生时,如果学生的衣服已经着火,教师首先应该帮助学生扑灭身上的火,可让学生就地打滚压灭火苗。A 项、C 项的做法延误时间,D 项的做法是错误的。

(二)脑震荡

儿童跌伤、撞伤头部,常可致脑震荡。脑震荡是指颅骨无损伤,只是外力波及颅内,使脑受到震荡,引起短暂的脑功能障碍。受伤后可有短时间的意识丧失,一般持续几分钟,最多不超过半小时。清醒后,对于受伤过程不能回忆,会有头晕、头痛、呕吐、嗜睡现象,多在数日内逐步恢复,神经系统检查无异常。轻微脑震荡建议 24 小时内冷敷,目的是减少渗出液、出血。24 小时后热敷,目的是促使淤血、血肿吸收。必要时应送医院检查有无颅骨损伤,单纯脑震荡经治疗后,不留后遗症。

(三)中毒

引起儿童中毒的原因有很多,常见的急性中毒包括食物中毒、化学药品中毒、煤气中毒等。如遇儿童发生中毒现象,应首先清除毒物。

(1)口服中毒者可根据病情采取催吐、洗胃、导泻或灌肠等方法迅速排出毒物。

(2)皮肤接触者,立即脱去已污染的衣物,用清水反复冲洗皮肤、毛发、指甲等部位。

(3)化学药品中毒者,可先用干布轻轻擦干药品,然后冲洗。

(4)吸入中毒者,应立即撤离现场,吸入新鲜空气,保持呼吸通畅。

(5)腐蚀性毒物中毒,可饮用蛋清、牛奶、豆浆,以起到保护胃黏膜、延缓毒物吸收的作用。对于各种严重症状,如休克、惊厥、呼吸衰竭等,应采取相应急救措施,争取抢救时间。

精选真题

[2015 下半年]如果发现有人煤气中毒,首先应采取的正确措施是(　　)

①立即打开门窗,给房间通风　　②给中毒者饮水,防止口渴

③给中毒者盖上衣服保暖　　④将中毒者移至空气流通的地方

A.①②　　B.①④　　C.②③　　D.③④

答案:B。本题考查考生的识记能力。考生记忆吸入中毒时,应采取的正确措施即可。

(四)割伤

1. 一般割伤的处理

用清水清洗伤口;擦上消毒药水,如双氧水,太刺激的消毒或消炎药会伤害伤口的组织,所以要小心使用;盖上消毒纱布,包扎固定。

2. 严重割伤的紧急处理

(1)压迫止血法。即直接用纱布、手帕或毛巾按住伤口,再用力把伤口包扎起来。此法能暂时使出血缓下来。

(2)止血点指压法。所谓止血点,就是在出血的伤口附近靠近心脏的动脉点,找到止血点用力按住,让由心脏流出的血液,不能顺畅地流向伤口,减少出血量。

(3)止血带止血法。严重流血时,用止血带绑在止血点上扎紧,每15分钟略松开一次,以避免组织坏死。最好在40分钟以内送医急救。

(五)扭伤

扭伤最常见于踝关节、手腕及下腰部(就是平常说的闪腰岔气)除疼痛外,肿及皮肤青紫、关节不能转动都是扭伤的常见表现。扭伤的急救措施有以下几种。

(1)手指扭伤。在运动中扭伤手指,应立即停止运动。首先是冷敷,最好用冰。若没有冰,可用水代替,将手指泡在水中或冷敷15分钟左右,然后用冷湿布包敷。再用胶布把手指固定在伸直位置。如果1周后肿痛继续,可能是发生了骨折,一定要去医院诊治。

02

(2)踝关节扭伤。立即停止行走、运动或劳动,取坐位或卧位。同时,可用枕头、被褥或衣物、背包等把足部垫高,以利静脉回流,从而减轻肿胀和疼痛。然后用冰袋或冷毛巾敷局部,使毛细血管收缩,以减少出血或组织液渗出,而减轻疼痛和肿胀。冷敷后,用绷带、折叠成条带的三角巾等布料做踝关节"8"字形加压包扎。把伤员送往医院进一步诊断治疗,必要时拨打"120"急救电话。

(3)腰部扭伤。首先需要静养,在局部作冷敷,尽量采取舒服体位,或者侧卧,或者仰平卧,双腿屈曲,膝下垫上毛毯之类的物品。止痛后,最好是卧硬板床送医院或找医生来家治疗。

精选真题

[2019下半年]小学生在课间玩耍时不小心扭伤了脚踝,教师首先应采取的措施是(　　)

A. 揉一揉受伤的脚踝　　B. 抬高受伤的脚踝

C. 在受伤处进行热敷　　D. 给学生吃止痛药

答案:B。本题考查考生的识记能力。考生记忆学生扭伤时,教师应采取的正确措施即可。

(六)手指夹伤

手指被夹伤会产生剧烈的疼痛,可能为指骨骨折,同时可伤及指甲,造成甲下积血、脱甲。手指夹伤的急救措施有以下几点:

(1)如果手指红肿疼痛,应立即用冷毛巾或冷水袋湿敷伤处,以减轻疼痛并可防止血肿增大。如果血肿越来越大,则可用绷带或布条稍稍加压包扎,时间切勿超过1小时,并随时注意手指末端的颜色。如果发现指端颜色变紫、发凉,应立即松开绷带或布条。

(2)如果出现流血症状,应立即止血。可先用酒精消毒,然后用干净的纱布手帕在出血部位加压包扎,也可以用两个指头捏住伤指指根的两侧止血。

(3)冷敷止血之后用厚纸板等物件支撑起手臂部,然后用绷带扎好,再将手臂用三角巾固定,以减轻肿胀和疼痛。

(4)伤后24小时用热毛巾或热水袋对患指进行热敷,每天2~3次,每次15~20分钟。注意水温不要过高,避免烫伤手指。

(5)如果指甲下积血和疼痛比较明显,可以用火烧过的大头针在指甲上刺一个小孔,让血液流出,减轻积血、疼痛。如果指甲脱落或怀疑有指骨骨折,可到医院检查和治疗。

精选真题

[2015上半年]小学生的手指不小心被教室的门夹伤,教师首先应采取的措施是给学生(　　)

A. 揉搓受伤手指　　B. 吃止痛消炎药

C. 冷敷受伤手指　　D. 热敷受伤手指

答案:C。本题考查考生的识记能力。考生记忆手指被夹伤的急救措施即可。

(七)被猫、狗咬伤

猫、狗等动物的口腔内有很多微生物,其中一些可能给人造成感染,甚至可能给人带来致命的疾病,例如狂犬病。所以,如果被动物咬破了皮肤,必须引起高度重视,对伤口进行必要的治疗。被猫、狗咬伤后的急救处理:

(1)立即用大量肥皂水清洗伤口。

(2)任由伤口流血,可以带走伤口上的细菌。

(3)将纱布放在双氧水里浸泡后再包扎伤口,可以降低感染风险。

(4)咨询医生是否需要注射破伤风疫苗和抗生素等。

(5)如果怀疑伤者可能感染了狂犬病病毒,应立即将其送医院治疗。

精选真题

[2017上半年]假如小学生被狗咬伤,教师首先应采取的处理方式是(　　)

A. 立即包扎伤口

B. 在伤口的近心端用绳子扎紧

C. 用肥皂水、高锰酸钾溶液或双氧水等冲洗伤口

D. 不作处理,直接送往医院

答案:C。本题考查考生的识记能力。考生记忆被猫、狗咬伤后应采取的处理方法即可。

(八)被昆虫蜇伤

被昆虫蜇伤是指人被蜜蜂、黄蜂、大黄蜂等蜇后,被具有很强刺激性的毒液感染。这通常会导致局部皮肤疼痛、红肿,不过基本上不会对人造成太大伤害。但是,如果同时被蜇很多次,就可能很危险了。如果伤者以前被某种昆虫蜇过,并对其过敏,那么再次被同样的昆虫蜇也会非常危险。被昆虫蜇伤后的急救措施:

(1)用指甲盖或一把钝刀小心地刮昆虫蜇咬后留在皮肤上的螯针。

(2)用肥皂水清洗受影响的皮肤,然后冰敷伤口。

(3)让伤者服用止痛药。

精选真题

[2018上半年]如果学生被蜜蜂蜇伤,教师应在第一时间向伤口涂抹(　　)

A. 肥皂水　　B. 蒸馏水　　C. 食用醋　　D. 稀盐酸

答案:A。本题考查考生的识记能力。考生记忆被昆虫蜇伤后的处理办法即可。

第六节　小学生心理健康教育

考向分析

本节主要介绍心理健康与心理健康教育、小学生常见的心理问题、小学生心理辅导等相关知识。本节需要考生掌握的核心知识和能力包括：

知识点	关键点	考频	题型	要求
小学生常见的心理问题	多动症的核心特征	1	单选	识记
心理辅导的方法	行为疗法的类型及其内涵	2	单选	识记
	移情的表现	2	单选	理解

本节知识在考查题型上以单项选择题为主。在备考时，考生应注意心理辅导的方法。预计在之后的考试中以上内容仍是考查重点，但更加突出对考生能力和素养的考查。

思维导图

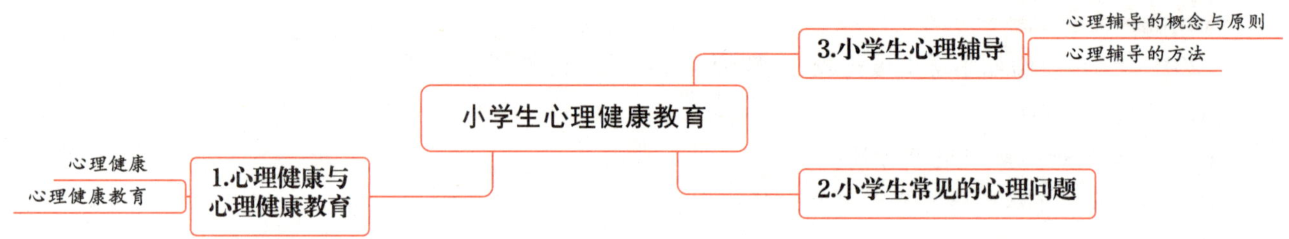

核心知识

一、心理健康与心理健康教育

（一）心理健康

1. 心理健康的概念

世界卫生组织认为，心理健康是一种良好的、持续的心理状态与过程，表现为个体具有生命的活力，积极的内心体验，良好的社会适应能力，能够有效地发挥个人的身心潜力以及作为社会一员的积极的社会功能。

心理健康是指个体心理活动在自身及环境条件许可范围内所达到的最佳功能状态。具体来说，心理健康至少应包括两层含义：一是无心理疾病；二是有积极发展的心理状态。

2. 心理健康的标准

(1) 自我意识正确。能正确评价、接纳自己。

(2)人际关系协调。乐于交往,能和多数人建立良好的人际关系,具有处理矛盾的能力。

(3)性别角色分化。能够获得相应的性别角色,行为方式和相应的性别角色规范一致。

(4)社会适应良好。能够面对、接受、适应现实,能够妥善处理生活、学习和工作中的各种挑战。

(5)情绪积极稳定。情绪乐观稳定,热爱生活,积极向上,对未来充满希望,有烦恼能自行解脱。

(6)人格结构完整。具有较高的能力、完善的性格、良好的气质、正确的动机、广泛的兴趣和坚定的信念等。

(二)心理健康教育

1. 心理健康教育的内涵

心理健康教育是指根据学生生理、心理发展特点,运用有关心理健康教育的方法和手段,培养学生良好的心理素质,促进学生身心全面和谐发展和素质全面提高的教育活动。

2. 心理健康教育的目标

心理健康教育的**总目标**是:提高全体学生的心理素质,充分开发他们的潜能,培养学生乐观、向上的心理品质,促进学生人格的健全发展。

心理健康教育的**具体目标**是:使学生不断正确地认识自我,增强调控自我、承受挫折、适应环境的能力;培养学生健全的人格和良好的个性心理品质;对少数有心理困扰或心理障碍的学生,给予科学有效的心理咨询和辅导,使他们尽快摆脱障碍,调节自我,提高心理健康水平,增强自我教育能力。

3. 学校开展心理健康教育的途径

(1)开设心理健康教育的有关课程和心理辅导的活动课。从目前国内各级各类学校开展心理辅导的情况来看,这种专门开设的心理健康课程一般有两种形式:①以讲授为主的有关课程。②开设心理辅导活动课。

(2)在学科教学中渗透心理健康教育的内容。学科教学是学校教育最主要、最基本的活动形式。学生获得知识、发展能力、形成品德、掌握方法主要是在学科教学过程中实现的。同样,在学科教学中渗透心理健康教育在时间和空间上的优势,使心理健康教育在学校里得以全方位地开展。

(3)结合班级、团队活动开展心理健康教育。心理辅导同学校、班级活动的宗旨是并行不悖的,从某种意义上说,学校心理健康教育与辅导还拓宽和加深了学校、班级的活动领域,提高了活动的科学性和有效性。

(4)个别心理辅导或咨询。个别辅导是辅导教师通过与学生一对一的沟通互动来实现的专业助人活动,对个别存在心理问题或心理障碍的学生提供针对性的辅导或矫治,以缓解学生的心理困惑或压力,并促使学生学会自我调节,从而使个人的心理得到健康发展。

(5)小组辅导。小组辅导也称团体辅导,指一组学生在辅导教师的指导下,围绕他们面临的共同问题,通过讨论、训练等一定的活动形式,使团体成员之间相互启发、诱导,达成共识与共同目标,进而改变团体成员的观念和行为。

二、小学生常见的心理问题

小学生常见的心理健康问题有多动症、焦虑症、厌学症、强迫症、恐怖症、抑郁症等。

多动症	概念	多动症,又称儿童多动综合征,是小学生中最为常见的一种以**注意力缺陷**和**活动过度**为主要特征的行为障碍综合征。高峰发病年龄为8~10岁,多为7岁前就有异常表现,男性儿童的患病率明显高于女性
	特征	(1)**活动过多**。这类儿童的多动与一般儿童的好动不同,他们的活动是杂乱无章的、缺乏组织性和目的性 (2)**注意力不集中**。注意力集中困难是该类儿童突出的、持久的临床特征 (3)**冲动行为**。多动症儿童的行动多先于思维,即他们经常未考虑就行动
	原因	(1)先天体质上的原因。例如,产前、产中和产后缺血、缺氧引起的轻微脑损伤和遗传因素的作用 (2)社会因素。不安的环境可能引起他们的精神高度紧张,如父母的经常性批评等
	治疗方法	(1)多动症可以在医生指导下采用药物治疗,这是当前最主要的治疗方法 (2)行为疗法。采用各种行为疗法(如强化奖励法、代币法等)的重点在于培养和发展其自制力、注意力 (3)自我指导训练的方法。即发展儿童的自我对话,加强内部言语对自身行为的引导和控制作用
焦虑症	概念	焦虑症是以与客观威胁不相适应的焦虑反应为特征的神经症。 学生中常见的焦虑反应是考试焦虑。考试焦虑是指人由于面临考试而产生的一种特殊的心理反应,是在一定的应试情境下,受个体认知评价能力、人格倾向与其他身心因素制约,以担忧为基本特征,以防御或逃避为行为方式,通过一定程度的情绪反应所表现出来的心理状态
	表现	(1)情绪方面:紧张不安,忧心忡忡 (2)注意和行为方面:注意力集中困难,极端敏感,对轻微刺激做过度反应,难以做出决定 (3)躯体症状方面:心跳加快,过度出汗等 考试焦虑的表现是随着考试临近,心情极度紧张;考试时注意力不集中,知觉范围变窄,思维刻板,出现慌乱,无法发挥正常水平
	原因	(1)学校的统考和应试教育体制使学生缺乏内在自尊 (2)家长对子女期望过高 (3)学生的个性过于争强好胜,缺乏对于失败的耐受力等
	治疗方法	(1)采用肌肉放松、系统脱敏等方法 (2)采用认知矫正程序,指导学生在考试中使用正向的自我对话。如:“我能应付这个考试。” (3)锻炼学生的性格,提高挫折应对能力 (4)往最好处做,不要计较最后结果 (5)考前要注意调节情绪

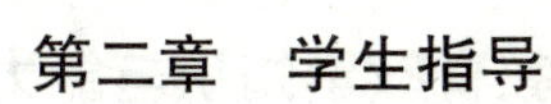

续表

<table>
<tr><td rowspan="4">抑郁症</td><td>概念</td><td>抑郁症是以持久的心境低落为特征的神经症。个体有过度的抑郁反应，通常伴随有严重的焦虑感</td></tr>
<tr><td>表现</td><td>(1)情绪消极、悲观、颓废、淡漠、失去满足感和对生活的乐趣
(2)消极的认知倾向，低自尊、无能感，对未来没有期望
(3)动机缺乏、被动、缺乏热情
(4)肢体疲劳、失眠、食欲不振</td></tr>
<tr><td>原因</td><td>(1)行为主义者认为抑郁症是由多次不愉快的经历、生活中缺乏强化鼓励造成的
(2)精神分析派认为抑郁来源于各种丧失和失落(失去爱、失去地位)
(3)认知派认为，抑郁源于个人自我贬低式的思维方式或者不适当的归因方式</td></tr>
<tr><td>治疗方法</td><td>(1)首先要给当事人以情感支持与鼓励
(2)采用合理情绪疗法，调整当事人消极的认知状态
(3)积极行动起来，从活动中体验成功与愉快
(4)服用抗抑郁药物</td></tr>
<tr><td rowspan="4">强迫症</td><td>概念</td><td>强迫性神经症，是一种神经官能症。7～8岁是儿童出现强迫症的高发期。
强迫症包括强迫观念和强迫行为。强迫观念是指当事人身不由己地思考他不想考虑的事情；强迫行为是指反复去做他不希望执行的动作，如不这样想、不这样做，就会感到极端焦虑</td></tr>
<tr><td>表现</td><td>(1)强迫性计数；(2)强迫性洗手；(3)强迫性自我检查；(4)刻板的仪式性动作或其他强迫行为</td></tr>
<tr><td>原因</td><td>(1)社会心理原因，包括学习过度紧张、家庭要求过于严格、学习困难、人际关系不良等
(2)个人原因。如胆小怕事、优柔寡断、偏执刻板</td></tr>
<tr><td>治疗方法</td><td>(1)药物治疗
(2)行为治疗。如暴露与阻止反应，主要用于控制当事人的刻板行为
(3)建立支持性环境
(4)森田疗法。强调放弃对强迫行为做无用控制的意图，而采取“忍受痛苦，顺其自然”的态度</td></tr>
<tr><td rowspan="2">恐怖症</td><td>概念</td><td>恐怖症是对特定的无实际危害的事物与场景的非理性的惧怕。恐怖症可分为单纯恐怖(对一件具体的东西、动作或情境的恐惧)、广场恐怖(害怕大片的水域、空荡荡的街道)和社交恐怖(即在社交场合下几乎不可控制地诱发即刻的焦虑发作，并对社交性场景持久地、明显地害怕和回避)</td></tr>
<tr><td>表现</td><td>学生的恐怖症主要表现为学校恐怖症和社交恐怖症。
学校恐怖症表现为儿童害怕上学，严重者还会害怕与学校有关的东西，如怕老师、怕去教室等，有些儿童还会出现上学前身体不舒服等保护行为，学校恐怖症会导致儿童不能正常学习，成绩落后。
社交恐怖症表现为害怕在社交场合讲话，担心自己因双手发抖、脸红、声音颤抖、口吃而暴露自己的焦虑，觉得自己说话不自然，因而不敢抬头，不敢正视对方的眼睛</td></tr>
</table>

02

续表

<table>
<tr><td rowspan="2">恐怖症</td><td>原因</td><td>(1)直接经验刺激
(2)观察学习
(3)对某些事物或情境的危险做出了不切实际的评估
学校恐怖症产生的原因与儿童过分恋家、还没有适应学校生活、害怕学业失败、教师严厉的管教和处理问题不当以及家长过高的期望有关</td></tr>
<tr><td>治疗方法</td><td>(1)系统脱敏法是治疗恐怖症最常用的方法
(2)改善人际关系,营造宽松、自由的氛围,适当减轻当事人的压力</td></tr>
<tr><td rowspan="4">厌学症</td><td>概念</td><td>又称学习抑郁症,是由人为因素造成的儿童情绪上的失调状态,如厌恶学习</td></tr>
<tr><td>表现</td><td>(1)对学习不感兴趣,讨厌学习,一提到学习就心烦意乱,焦躁不安
(2)他们对教师或家长有抵触情绪,学习成绩不好,有的还兼有品德问题
(3)儿童厌学情绪严重或受到一定的诱因影响时,往往会发生旷课、逃学或辍学现象</td></tr>
<tr><td>原因</td><td>(1)学校教育的失误。如填鸭式教育
(2)家庭教育的不当
(3)社会不良风气的影响。如一切向“钱”看,读书无用论</td></tr>
<tr><td>治疗方法</td><td>(1)教师通过灵活多样的课堂教学活动和丰富多彩的第二课堂活动来调动学生的学习积极性
(2)家长需要改变自己的教养态度,采用民主式教养方式,建立和谐的家庭气氛
(3)纠正一些不良的社会风气,尽量避免这些风气对儿童的不良影响
(4)作为学生自身来说,要调整好心态,要有自信心,以坚毅的性格、乐观的态度为人处世,坚信付出必有收获
(5)要彻底遏制“厌学”的根源,还必须从根本上改革目前的应试教育体制,必须将素质教育的推广落到实处,要让教育成为大众的、快乐的科学教育</td></tr>
</table>

精选真题

[2017 上半年]儿童“多动症”的核心特征是(　　)

A. 活动过多　　B. 冲动任性　　C. 注意障碍　　D. 学习困难

答案:C。本题考查考生的识记能力。考生记忆多动症的核心特征即可。

三、小学生心理辅导

(一)心理辅导的概念与原则

1. 心理辅导的概念

心理辅导是指教师直接或间接地对学生在适应与发展上的问题给予帮助和指导,以及对有关心理和行为障碍进行诊断矫正的过程。理解这一概念,要特别注意:

(1)学校心理辅导强调面向全体学生。

(2)辅导以正常学生为主要对象,以发展辅导为主要内容。

(3)心理辅导是一种专业活动,是专业知识和技能的运用。

2. 心理辅导的原则

(1)面向全体学生原则。心理辅导是面向全体学生、为全体学生服务的,是为了促进学生整体素质的提

高和个性的和谐发展。

(2)预防与发展相结合原则。心理辅导既有预防功能,又有发展功能。预防功能是初级功能,发展功能则是高级功能,而两者的有机结合才能更好达到心理辅导的目的。

(3)尊重与理解学生原则。尊重与理解学生是心理辅导最基本的条件,也就是要尊重学生的人格与尊严,尊重与理解学生的权利和选择。

(4)学生主体性原则。在心理辅导中要承认和尊重学生的主体地位,激发和调动学生自我心理发展的自觉性和积极性,原因之一是学生自己是心理发展的主体。

(5)个别化对待原则。学生有较大的差异性,因此,心理辅导要根据学生的心理特点,采取因材施教的方法,个别化地对待每个学生。

(6)整体性发展原则。心理辅导应以发展的眼光看待学生的心理状况,教育活动必须立足于促进学生的心理发展,而不仅仅限于心理健康的一般问题。

此外,心理辅导的原则还包括教育性原则、活动性原则、参与性原则、保密性原则和多样性原则。

(二)心理辅导的方法

1. 行为疗法

(1)强化法

强化法用来培养新的适应行为。根据学习原理,一个行为发生后,如果紧跟着一个强化刺激,这个行为就可能再一次发生。例如,一个不敢同老师说话,学习上有了疑问也没有勇气向老师求教的学生,一旦在一次主动请教后得到了老师的耐心解答和表扬,那么他的胆怯心理就会得到很大改善。

> **命题点拨**
>
> 心理辅导的方法在考试中主要以单选题形式考查。形式为给出某一具体事例,询问属于哪种心理辅导方法;或是给出学生的某种表现,询问属于哪种心理现象。

(2)代币奖励法

代币是一种象征性强化物,筹码、小红星、盖章的卡片、特制的塑料币等都可作为代币。当学生做出教师所期待的良好行为后,教师就发给他们数量相当的代币作为强化物,学生用代币可以兑换有实际价值的奖励物或活动。

(3)行为塑造法

行为塑造是指通过不断强化逐渐趋近目标的反应,来形成某种较复杂的行为。有时候教师所期望的行为在某学生身上很少出现或很少完整地出现,这时就可以依次强化那些渐趋目标的行为,直至合意行为的出现。

(4)示范法

观察、模仿教师呈现的范例或榜样,是学生学习社会行为的重要方式。模仿学习的机制是替代强化。由于范例的不同,示范法有以下几种情况:辅导教师的示范;他人提供的示范;电视、录像、有关读物提供的示范;角色的示范等。

(5)处罚法

处罚的作用是消除不良行为。处罚有两种:一是在不良行为出现后,呈现一个厌恶刺激(如否定评价、给予处分);二是在不良行为出现后,撤销一个愉快刺激。

(6)自我控制法

自我控制法是指让学生自己运用学习原理,进行自我分析、监督、强化和惩罚,以改善自身的行为。它强调学生的个人责任感,增加了改善行为的练习时间。

(7)放松训练

放松训练又被称为松弛训练,是一种通过机体的主动放松来增强行为者对体内的自我控制能力的有效方法。放松训练的基本原理是通过训练放松所产生的躯体反应,达到缓解不良情绪的目的,对应付过度焦虑、恐惧、稳定情绪等具有特殊功效。常用的放松方法有渐进性肌肉松弛法、冥想放松法、呼吸放松法、催眠放松等。

(8)系统脱敏疗法

系统脱敏是指当某些人对某事物、某环境产生敏感反应(害怕、焦虑、不安)时,我们可以在当事人身上发展起一种不相容的反应,使其对本来可引起敏感反应的事物,不再发生敏感反应。例如,一个学生过分害怕猫,我们可以让他先看猫的照片、谈论猫;再让他远远观看关在笼中的猫,让他靠近笼中的猫;最后让他摸猫、抱起猫,逐步消除对猫的惧怕反应。这就是"脱敏"。

(9)肯定性训练

肯定性训练也叫自信训练,目的是促进个人在人际关系中公开表达自己真实的情感和观点,维护自己权益也尊重别人权益,发展人的自我肯定行为。自我肯定行为主要表现在:①请求他人为自己做某事,以满足自己合理的需要;②拒绝他人无理要求而又不伤害对方;③真实地表达自己的意见和情感。肯定性训练是通过角色扮演增强当事人的自信心,再将学得的应对方式应用到实际生活情境中。

精选真题

1. [2016 下半年]在下列矫正学生行为的方法中,不属于行为疗法的是(　　)

A. 强化法　　B. 暂时隔离法

C. 系统脱敏法　　D. 合理情绪疗法

答案:D。本题考查考生的识记能力。考生记忆行为疗法的几种方法即可。

2. [2015 下半年]对小学生进行减压团体心理辅导时,采用的思想放松方法主要属于(　　)

A. 行为疗法　　B. 艺术疗法　　C. 认知疗法　　D. 精神分析疗法

答案:A。本题考查考生的识记能力。考生记忆放松训练是行为疗法中使用最广的技术之一即可。

3. [2014 上半年]针对小明上课不敢发言的情况,王老师在数学课上多次鼓励他发言并加以表扬,使小明逐渐克服了胆怯心理。王老师运用的方法是(　　)

A. 强化法　　B. 代币鼓励法　　C. 自我控制法　　D. 系统脱敏法

答案:A。本题考查考生的识记能力。考生记忆强化法用来培养新的适应行为即可。

2. 认知疗法

认知疗法比较有代表性的是理性—情绪疗法。

理性—情绪疗法(RET),又称**合理情绪疗法**,是20世纪50年代由**艾利斯**在美国创立的。理性情绪疗法作为一种教育的治疗模式,强调理性、认知的作用,在治疗途径上广泛采纳情绪和行动方面的方法,但它更突出地重视理性、认知的作用。在理性情绪疗法的治疗中,总是把认知矫正摆在最突出的位置,给予最优先的考虑。

艾利斯提出了解释人的行为的 **ABC 理论**。

A:个体遇到的主要事实、行为、事件,属于诱发性事件。

B:个体对 A 的信念、观点。

C:事件造成的情绪结果。

他认为,情绪(C)不是由某一诱发性事件本身(A)所引起,而是由个体对这一事件的解释和评价(B)引起的。人们持有的不合理信念总结起来有三个特征:绝对化的要求、过分概括化和糟糕至极。通过改变不合理信念调整自己的认知,是维护心理健康的重要途径。

3. 精神分析疗法

精神分析疗法的理论依据是弗洛伊德的精神分析学说。常用的方法有自由联想法、移情分析法、梦境分析法。

移情和反移情是弗洛伊德提出的两个重要概念。**移情**是来访者将自己过去对生活中某些重要人物的情感投射到咨询师身上的过程。移情分为正移情和负移情两种类型。反移情是咨询师把对生活中某个重要人物的情感、态度和属性转移到来访者身上的过程。

精选真题

1. [**2019 上半年**]在心理辅导中,小学生有时会把辅导老师当成自己的父母,以获得情感的满足。这种心理现象属于(　　)

A. 共情　　B. 移情　　C. 同情　　D. 激情

答案:B。本题考查考生的理解能力。学生将对父母的感情投射到辅导老师身上,这是移情的表现。

2. [**2017 下半年**]接受心理辅导后,小欣非常信任和依赖刘老师,内心里已把她当成妈妈,这属于(　　)

A. 移情　　B. 共情　　C. 同情　　D. 反移情

答案:A。本题考查考生的理解能力。小欣把对妈妈的感情投射到刘老师身上,这是移情的表现。

强化练习

建议用时	实际用时	设定分值	实际得分
50 分钟		54 分	

一、单项选择题(每小题 2 分,共 24 分)

1. 教师上课时发现小敏正在开小差,于是故意把讲课音量突然提高。这是为了引起小敏的(　　)

A. 有意注意　　B. 无意注意　　C. 有意后注意　　D. 无意后注意

2. 在学生取得好成绩后,老师和家长给予表扬和奖励。这符合桑代克学习定律中的(　　)

A. 准备律　　B. 练习律　　C. 效果律　　D. 动机律

3. 根据埃里克森的心理发展阶段理论,发展任务是培养勤奋感的阶段是(　　)

A. 学前期　　B. 青年期　　C. 学龄期　　D. 成年早期

4. 张明既想参加一些社团活动来锻炼自己的人际交往能力,又怕影响自己的学习成绩。这种动机冲突属

02

于( )

A. 双趋冲突　B. 双避冲突　C. 趋避冲突　D. 多重趋避冲突

5. 李红学习了英语语法后,加深了对以前学过的中文语法的理解。这种现象属于( )

A. 负向迁移　B. 垂直迁移　C. 顺向迁移　D. 逆向迁移

6. 在德育工作中,要统一学校、家庭和社会各方面的教育力量,建立“三结合”的教育网络。这主要遵循的德育原则是( )

A. 因材施教原则　B. 导向性原则

C. 疏导原则　D. 教育影响的一致性与连贯性原则

7. 考试结束后,王军同学能够分析考试成败的原因,总结经验教训,并做出下一阶段的学习计划和安排。王军同学运用的学习策略是( )

A. 精加工策略　B. 元认知策略　C. 组织策略　D. 复述策略

8. 在思维训练课中,教师让大家列举纽扣的用途,小丽只想到了纽扣可以钉在衣服上用来扣衣服的用途,却想不到纽扣可以用来制作装饰品、点缀衣服等其他用途。这种现象属于( )

A. 思维定势　B. 功能固着　C. 原型启发　D. 负迁移

02

9. 小琪做事常常犹豫不决、优柔寡断。教师应着重培养她意志品质中的( )

A. 自觉性　B. 果断性　C. 自制性　D. 坚韧性

10. 由于李哲在新学期进步明显,老师取消了对他的处分。这属于( )

A. 正强化　B. 奖励　C. 负强化　D. 惩罚

11. 教师诱导特别害怕考试的小玲缓慢地接触导致考试焦虑的环境,并通过心理放松的状态来对抗这种焦虑情绪,从而达到消除焦虑或恐惧的目的。该教师使用的是( )

A. 自我控制法　B. 合理情绪疗法　C. 系统脱敏疗法　D. 森田疗法

12. 下列观点不符合建构主义思潮的是( )

A. 教学活动必须建立在学生已有知识经验的基础上

B. 学习的过程是学生自我建构、自我生成的过程

C. 教学的最终目的是发展学生的情感和健全的人格

D. 强调学习的主动建构性、社会互动性和情境性

二、简答题(每小题 10 分,共 30 分)

1. 简述注意的品质。

2. 简述布鲁纳的认知—发现学习理论所倡导的教学观。

3. 简述建构主义学习观的主要观点。

参考答案及解析

一、单项选择题

1. **答案**:B。无意注意也称不随意注意,是没有预定目的、无需意志努力、不由自主地对一定事物所发生的注意。无意注意更多地被认为是由外部刺激物引起的一种消极被动的注意。针对小敏上课开小差的情况,教师故意提高音量,是为了引起小敏的无意注意。
2. **答案**:C。效果律是指刺激和反应之间的联结可因导致满意的结果而加强,也可因导致烦恼的结果而减弱。老师和家长给予表扬和奖励(满意的结果),可以提高学生学习的兴趣与热情,这符合桑代克学习规律中的效果律。
3. **答案**:C。学龄期的发展任务是培养勤奋感。
4. **答案**:C。趋避冲突指对同一目的兼具好恶的矛盾心理,张明对于参加社团活动这一目的,既有锻炼人际交往能力这样好的心理,又有害怕影响学习成绩这样不好的心理,这种动机冲突就是趋避冲突。
5. **答案**:D。逆向迁移是指后继学习对先前学习产生的影响。后学习的英语语法对先学习的中文语法产生的影响属于逆向迁移。
6. **答案**:D。教育影响的一致性与连贯性原则是指在德育工作中,教育者应主动协调多方面教育力量,统一认识和步调,有计划、有系统、前后连贯地教育学生,发挥教育的整体功能,培养学生正确的思想品德。建立学校、家庭和社会"三结合"的教育网络是贯彻该原则的要求之一。
7. **答案**:B。元认知策略是指学生对自己整个学习过程的有效监视及控制的策略。题干中王军同学在考试后能够自觉分析考试成败的原因,总结经验教训,并做出下一阶段的学习计划和安排,说明他能够对自己的学习过程进行监控和调整,这种学习策略属于元认知策略。
8. **答案**:B。功能固着是指人们看到某物品的惯常用途后,就很难看出它的其他新用途。功能固着也是思维活动刻板化现象,例如,硬币好像只有一种用途,人们很少想到它还能用于导电。
9. **答案**:B。意志的果断性是指一个人在面对复杂多变的情境时,能够分辨是非,迅速而合理地采取决定和执行决定的意志品质。与果断性相反的意志品质是优柔寡断和草率武断。小琪做事犹豫不决、优柔寡断,主要是因为其意志品质缺乏果断性,因此教师要着重培养她意志品质的果断性。
10. **答案**:C。负强化也称消极强化,是通过消除或中止厌恶、不愉快刺激来增强反应频率。李哲由于进步明显而令其摆脱厌恶的刺激(处分),属于负强化。
11. **答案**:C。系统脱敏是指当某些人对某事物、某环境产生敏感反应(害怕、焦虑、不安)时,我们可以在当事人身上发展起一种不相容的反应,使其对本来可引起敏感反应的事物,不再发生敏感反应。老师通过诱导小玲以放松的心态缓慢接触导致她害怕考试的环境,逐步达到消除考试焦虑或恐惧的目的,体现了对系统脱敏疗法的使用。
12. **答案**:C。C选项是人本主义的观点。

二、简答题(答案要点)

1. (1)注意的稳定性。注意的稳定性,是指注意保持在某一对象或某一活动上的时间长短特性。持续时间愈长,注意就愈稳定。

   (2)注意的广度。注意的广度也称注意的范围,是指在同一时间内,人们能够清楚地知觉出的对象的数目。“一目十行”指的就是注意的范围。

(3)注意的分配。注意的分配是指人在进行两种或多种活动时能把注意指向不同对象的现象。

(4)注意的转移。注意的转移是根据新的任务,主动地把注意从一个对象转移到另一个对象或由一种活动转移到另一种活动的现象。

2.(1)教学的目的在于理解学科的基本结构。布鲁纳认为,教学的最终目标是促进学生对学科结构的一般理解。所谓学科的基本结构,是指学科的基本概念、基本原理及其基本态度和方法。

(2)掌握学科的基本结构的教学原则,包括动机原则、结构原则、程序原则和强化原则。

(3)提倡发现学习。布鲁纳认为,发现是教育儿童的主要手段,学生掌握学科的基本结构的最好方法是发现学习。发现学习是指给学生提供有关的学习材料,让学生通过探索、操作和思考,自行发现知识、理解概念和原理的教学方法。

3.建构主义在学习观上强调学习的主动建构性、社会互动性和情境性三方面。

(1)学习的主动建构性。建构主义认为,学习不是知识由教师向学生的传递,而是学生建构自己的知识的过程。学习者不是被动的信息吸收者,相反,他们要主动地建构信息的意义,这种建构不可能由其他人代替。

(2)学习的社会互动性。学习是通过对某种社会文化的参与而内化相关的知识和技能、掌握有关的工具的过程,这一过程常常需要一个学习共同体的合作互动来完成。学习共同体是由学习者及其助学者(包括教师、专家、辅导者等)共同构成的团体,彼此之间经常在学习过程中进行沟通交流,分享各种学习资源,共同完成一定的学习任务。

(3)学习的情境性。建构主义者提出了情境性的认知观点。知识存在于具体的、情境性的、可感知的活动之中,不是一套独立于情境的知识符号,只有通过实际应用活动才能真正被人理解。人的学习应该与情境化的社会实践活动联系在一起,通过对某种社会实践的参与而逐渐掌握有关的社会规则、工具、活动程序等,形成相应的知识。

03 班级管理

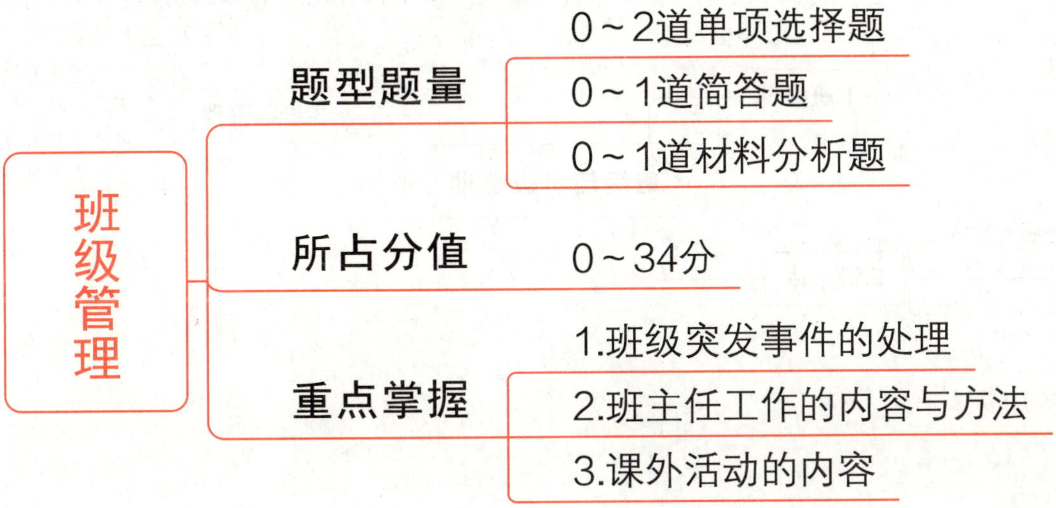

- 班级管理
  - 题型题量
    - 0～2道单项选择题
    - 0～1道简答题
    - 0～1道材料分析题
  - 所占分值
    - 0～34分
  - 重点掌握
    - 1.班级突发事件的处理
    - 2.班主任工作的内容与方法
    - 3.课外活动的内容

第一节 班级与班级管理

考向分析

本节主要介绍班级、班集体、班级管理等相关知识。本节需要考生掌握的核心知识和能力包括：

知识点	关键点	考频	题型	要求
班集体的形成与培养	形成良好班风的措施	2	简答、材料	识记、运用
班级管理的模式	班级民主管理的表现	1	单选	理解
班级突发事件的处理	班级突发事件的处理原则和方法	2	材料	识记、理解、运用

本节知识主要涉及单选、简答、材料三种题型。在备考时,考生应注意:①班集体的形成与培养;②班级管理的模式;③班级突发事件的处理。预计在之后的考试中以上内容仍是考查重点,但更加突出对考生能力和素养的考查。

思维导图

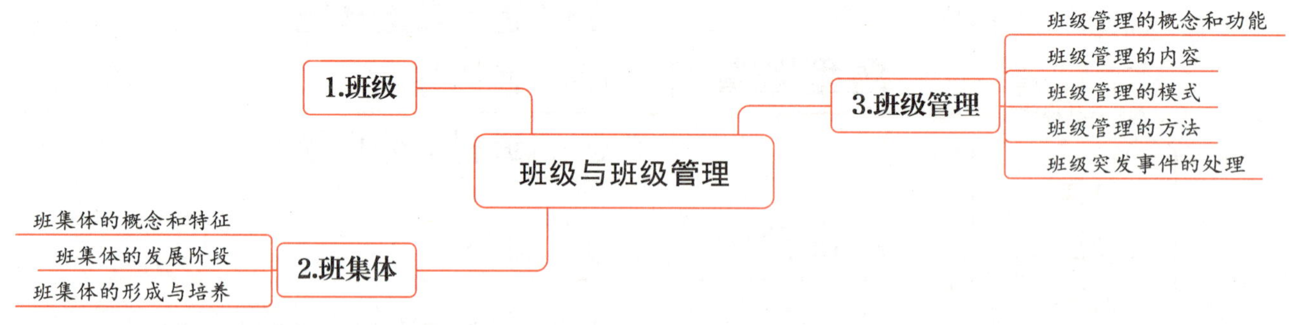

核心知识

一、班级

班级是学校为实现一定的教育目的,将年龄和知识程度相近的学生编班分级而形成的、有固定人数的基本教育单位。班级是学校行政体系中最基层的行政组织,是学校开展教学活动的基本单位。

16 世纪,文艺复兴时期的著名教育家埃拉斯莫斯最先提出"班级"一词。

二、班集体

(一)班集体的概念和特征

班集体是按照班级授课制的培养目标和教育规范组织起来的,以共同学习活动和直接性人际交往为特征的社会心理共同体。

班集体应具备以下四个基本特征：

(1)明确的共同目标。这是班集体形成的基础。

(2)一定的组织结构,有力的领导集体。

(3)共同生活的准则,健全的规章制度。

(4)具有正确的集体舆论以及团结、和谐、向上的人际关系。

(二)班集体的发展阶段

一个优秀班集体从初步形成到巩固成熟是一个连续的动态的过程,一般要经过以下阶段：

1. 组建阶段

这一阶段学生初进学校,同学们尽管形式上同属一个班级,但实际上还都是一个个孤立的个体。班集体由教师依靠行政手段组织和指挥。在这一阶段,班主任是班级的核心和动力。班主任必须对学生提出明确的集体目标和应遵守的制度和要求,并引导学生积极开展活动,促进集体的发展。因此这一时期是班主任工作最繁忙的时期,也是班主任工作能力经受考验的关键期。

2. 核心形成阶段

这一阶段同学之间开始相互了解,在班主任的引导培养下,班集体中涌现出了一批积极分子,班集体有了核心人物,开始协助班主任开展各项工作。因此这一时期是班主任培养班级骨干的重要时期。但是班级此时还离不开班主任的组织、指挥,正确的舆论和良好的班风尚未形成。

3. 自主活动阶段

这一阶段班集体已成为教育主体。不仅学生干部,多数学生也能互相严格要求。教育要求已转化为集体成员的自觉需要,也无需外在监督,已能自己管理和教育自己。同学之间团结友爱,形成强有力的舆论与良好的班风。学生勤奋学习,各项活动表现良好。

4. 成熟阶段

这一阶段是班集体趋向成熟的时期,集体的特征得到充分的体现,并为集体成员所内化,全班已成为一个组织制度健全的有机整体,整个班级洋溢着一种平等、和谐、上进、合作的心理氛围,学生积极参与班级活动,并使自己的个性特长得到发展。

(三)班集体的形成与培养 

1. 确定班集体的发展目标

目标是集体发展的方向和动力,一个班集体只有具有共同的目标,才能使班级成员在认识上和行动上保持统一,才能推动班集体的发展。为此,教师要精心设计班级发展的目标。在实现班集体的目标过程中,教师要充分发挥班级成员的积极性,使实现目标的过程成为教育与自我教育的过程。

2. 建立得力的班集体核心

一个得力的班集体核心非常重要,它是维护和推动班级工作的有力助手,是带动全班同学实现集体发展目标的核心。因此,建立一支核心队伍是培养班集体的一项重要工作。班集体中的积极分子有多种类型,可以是全面发展的,也可以是单项突出的,而且,积极分子的队伍不是一成不变的。

建立班集体核心队伍的要求:(1)教师要善于发现和培养积极分子;(2)教师应把对积极分子的使用与培养结合起来。

3. 建立班集体的正常秩序

班集体的正常秩序是维持和控制学生在校生活的基本条件,是教师开展工作的重要保证。班集体的正常秩序包括必要的规章制度、共同的生活准则以及一定的活动节律。

教师在班集体的组建阶段,就应着手正常秩序的建立工作,特别是当接到一个教育基础较差的班级时,首先就要做好这项工作。

在建立正常秩序的过程中,教师要依靠班干部的力量,由他们来带动全班同学;一旦初步形成了班级秩序,不要轻易去改变它;不断让学生体验到正常的秩序对他们的学习、生活所带来的便利与成效。

4. 组织形式多样的教育活动

班集体是在全班同学参加各种教育活动中逐步成长起来的,而各种教育活动又可使每个人都有机会为集体出力并显示自己的才能。设计并开展班级教育活动是教师的经常性工作之一。

班级教育活动,主要由日常性的教育活动与阶段性的教育活动两大部分组成,所涉及的内容有主题教育活动、文艺体育活动、社会公益活动等。

5. 培养正确的舆论和良好的班风

班集体舆论是班集体生活与成员意愿的反映。正确的班集体舆论是一种巨大的教育力量,对班集体每个成员都有约束、感染、同化、激励的作用,是形成、巩固班集体和教育集体成员的重要手段。教师要注意培养正确的集体舆论,善于引导学生对班集体的一些现象与行为进行评议,要努力把舆论中心引导至正确的方向。

良好的班风是一个班集体舆论持久作用而形成的风气,是班集体大多数成员精神状态的共同倾向与表现。良好的班风一旦形成,就会无形地支配着集体成员的行为,它是一种潜移默化的教育力量。

形成良好班风的措施:首先,发挥班主任的表率作用;其次,发挥舆论阵地的宣传作用;再次,发挥身边榜样的作用;最后,发挥任课教师和家长的作用。

精选真题

[2017 **下半年**]简述班主任培养良好班风的主要措施。

参考答案:参见内文。

03

三、班级管理

(一)班级管理的概念和功能

班级管理是班主任按照一定的原则和具体要求,对班级中的各种资源进行计划、组织、协调、控制,以实现各种共同目标而进行的管理活动。班级管理的根本目的是实现教育目标,使学生得到充分的、全面的发展。班级管理的功能如下:

(1)有助于实现教学目标,提高学习效率。(主要功能)

(2)有助于维持班级秩序,形成良好的班风。(基本功能)

(3)有助于锻炼学生能力,学会自治自理。(重要功能)

(二)班级管理的内容

1. 班级组织建设

班级组织建设主要包括班级组织机构的建立和班级组织规范体系的形成。班级组织机构可分为班委会、值周班长、各种类型的小组、班级学生会议等;班级组织规范体系主要包括班级组织制度、行为规范、集体舆论和班风等。

2. 班级制度管理

制度分为成文制度和非成文制度。成文制度是学校教育教学工作的基本规范要求,即实施常规管理的制度;非成文制度是指班级的传统、舆论、风气、习惯等,即不成文的约定俗成的非常规管理的制度。

3. 班级教学管理

教学质量管理是班级教学管理的核心。班级教学管理的内容包括:(1)明确教学管理的目标和任务;

(2)建立行之有效的班级教学秩序;(3)建立班级管理指挥系统;(4)指导学生学会学习。

4. 班级活动管理

班级活动是学校教育活动的重要组成部分,是班级教育的重要形式,也是发展学生素质的基本途径。班级的教育管理是通过各种活动实现的,组织开展相关活动是班级管理的重要内容。

(三)班级管理的模式

1. 班级常规管理

班级常规管理是指通过制定和执行规章制度去管理班级的经常性活动。班级常规管理是建立良好班集体的基本要素。遵守班级规章制度是对每个学生的基本要求,也是每个学生必须履行的基本义务和职责。

2. 班级平行管理

班级平行管理是指班主任通过对集体的管理去间接影响个人,又通过对个人的直接管理去影响集体,从而把对集体和个人的管理结合起来的管理方式。班级平行管理的理论源于马卡连柯的“平行影响”的教育思想。

3. 班级民主管理

班级民主管理是指班级成员在服从班集体的正确决定和承担责任的前提下参与班级全程管理的一种管理方法。班级民主管理的实质是在班级管理的全过程中,调动学生自我教育的力量,使人人都积极主动地参与班级事务。

精选真题

[2018 上半年]班主任李老师常常与学生协商处理班级各项事务,并鼓励学生积极参与对话、互动交流、敢于质疑。这种班级管理方式属于(　　)

A. 专制型　　B. 民主型　　C. 放任型　　D. 对抗型

答案:B。本题考查考生的理解能力。李老师常常与学生一起协商处理班级事务,学生能够与老师一起处理班级事务,这体现的是民主型的班级管理方式。

4. 班级目标管理

班级目标管理是指班主任与学生共同确定班级总体目标,然后转化为小组目标和个人目标,使其与班级总体目标融为一体,形成目标体系,以此推动班级管理活动,实现班级目标的管理方法。

在班级中实施目标管理,就是要围绕全体成员共同确立的班级奋斗目标,将学生的个体发展与班级进步紧密地联系在一起,并在目标的引导下,实施学生的自我管理。

(四)班级管理的方法

1. 了解和研究学生

具体参见本章第二节中“班主任工作的内容与方法”的相关内容。

2. 说理法

说理法是在班级管理中,通过摆事实、讲道理来帮助学生分析问题、认识问题,从而促进他们不断成长的方法。说理法的要求有:(1)利用威信,教育学生;(2)说理既要入题、入理,又要入情、入心;(3)因材说理。

3. 目标管理法

目标管理法是班级教育管理者和班级学生根据社会发展要求、学校任务和班级实际情况,共同规划班级或个体在一定时间内要达到的目标,并将目标分解成一定的层次,逐级落实,通过采取一定的措施,努力使目标实现的一种管理方法。

4. 情境感染法

情境感染法是班级教育管理者利用或创设各种教育情境,以境育情,使学生在情感上受到感染的方法。

5. 规范制约法

规范制约法是用规范、制度等约束学生行为,促使学生逐步形成良好行为习惯的方法。

在运用规范制约法时,要注意:(1)引导学生共同制定班规,从而使班规得到更好的认同;(2)注意加强指导和监督,防止规范软化现象;(3)适当运用奖惩手段,优化规范的运用效果;(4)教师要起榜样作用。

6. 舆论影响法

舆论影响法是班级教育管理者通过健康向上的集体舆论,形成积极、浓厚的班级学习、生活的环境氛围,从而对身处其中的每个学生产生潜移默化的影响的方法。健康的班级舆论是良好班集体形成的重要标志之一。

7. 心理疏导法

心理疏导法是班级教育管理者运用心理学知识、方法,对学生给予辅导、疏导或进行沟通,解开学生的心理症结,使学生保持心理平衡,促进其心理发展的方法。

心理疏导法的常用方式有心理换位法、宣泄疏导法和认知疏导法三种。

8. 行为训练法

行为训练法是指在学生的日常学习、生活、劳动等实践活动中,班级教育管理者运用心理学的行为改变技术对学生的错误行为进行矫正,使其知行统一,以形成良好行为习惯的方法。

9. 心理暗示法

心理暗示就是人们把一系列有关信息组成暗示序列,通过学习,下意识地吸收,从而激发内在潜力,加速和有效地实现人与外界信息的交流,促成个体的自我完善和自我发展。暗示作为一种心理影响力,具有间接性和含蓄性的特点。心理暗示法的具体类型有:(1)环境暗示;(2)班风暗示;(3)言语暗示;(4)形体语言暗示。

10. 自我管理法

在班级管理过程中,学生不仅是被管理的对象,也是管理的主体——管理者。自我管理法要收到良好的管理效果,需做到以下几点:

(1)提高学生对管理活动的认识;(2)引导学生自我教育和管理;(3)引导学生参与决策;(4)建立以学生自我管理为主的新机制。

(五)班级突发事件的处理 重点

在班级日常管理中,常常会遇到一些诸如打架斗殴、财物丢失、逃学辍学等始料不及的事件,我们将其称为班级突发事件。常见的班级突发事件有成员间的分歧、打架斗殴、顶撞老师、恶作剧、财物丢失等。

1. 班级突发事件的处理原则

(1)**教育性原则**。教师在处理突发事件时要以让学生受教育、促进每个学生的成长为目的。

(2)**客观性原则**。教师在处理问题时,要充分调查、了解事实的真相,公平公正地分析和处理问题,客观地对待每一个学生。

(3)**有效性原则**。班主任处理突发事件时一定要考虑所用方法和措施的效果。

(4)**可接受性原则**。教师对突发事件的处理要能使当事双方心悦诚服地接受处理意见或结果,要让学生从内心深处接受,认识到自己的错误,进而积极改正。

(5)**冷处理原则**。对于有些突发事件,教师不应急于表态、下结论,而应冷静地观察,待把问题的来龙去

脉弄清楚后再去处理。

2. 突发事件处理的办法

(1)沉着冷静面对。这是处理突发事件的基础。沉着冷静面对事实,尤其在发生师生冲突时,要求教师具有很高的教育修养和心理调控能力,要豁达大度,不怕低头承认自己平时工作中的漏洞。所以教师往往要有极大的忍耐力。

(2)机智果断应对。要尽可能地平息事端,为当事人平静感情、为思考进一步解决问题的办法而争取时间。还可采取“转移话题,暂避锋芒”“冷处理”等方法。

(3)公平民主处理。处理学生与学生之间的矛盾冲突时,教师应以事实为依据,依法秉公办事,要有民主意识,不偏袒班干部和优等生,也不以老眼光看人,贬低“差生”。

(4)善于总结引导。把处理一桩突发事件看成一次了解班级情况、教育引导学生的机会,要允许有“突发事件”的存在。善于从不良事件中找出学生的闪光点并帮助学生分析问题,寻找解决问题的办法,维护学生的自尊心。

精 选 真 题

[2017 **下半年**]**材料:**一天中午,六年级学生正在操场上打篮球。突然小海和小冰打在了一起,吴老师看到了这一幕,迅速走上前去,严厉地看着他们,一言不发。看到吴老师,他俩停止了打斗。吴老师说:“瞧你俩刚才的样子,好像恨不得把对方都吃了。打球时发生碰撞是很正常的,你们竟然大打出手,丢人不?我现在不追究谁对谁错,只想问一句,这件事是你们自己处理好呢,还是我处理?”他们互相看了看,说:“我们自己处理。”几分钟后,他俩言归于好,并向吴老师承认了错误。

问题:

(1)评析吴老师对学生冲突的处理方式。

(2)结合材料简述教师处理学生冲突的基本要求。

参考答案:(1)吴老师对班级突发事件的处理有效且富有教育机智,是值得我们学习的。具体分析如下:

①吴老师的做法尊重了学生的主体地位。材料中的吴老师在面对小海和小冰打架的事情上,并没有用批评惩罚的方式来教育学生,而是通过循循善诱的方式让小海和小冰逐渐认识到自己的错误。而且选择充分相信学生,将这件事的处理权交给学生,让他们自己去处理,这一做法既保全了学生的自尊心,又尊重了学生的主体地位,达到了良好的教育效果。

②吴老师的做法遵循了冷处理原则。材料中的吴老师在处理突发事件时,保持了冷静、公平、宽容的心态,不急于表态和下结论,而是选择冷静地观察,让他们自觉停止打架的行为。

③吴老师的处理方式体现了教育机智。材料中的吴老师在处理小海和小冰打架这件事的整个过程中,采用了合适的方法和技巧巧妙地解决了问题。

总之,吴老师能够积极、有效地处理班级突发事件,既做到了尊重学生,也达到了良好的教育效果,有助于促进学生成长与发展。

(2)教师在处理学生冲突时的基本要求如下:

①沉着冷静面对。这是处理突发事件的基础。材料中的吴老师看到小海和小冰打架,并没有批评他们,而是一言不发地看着他们,耐心地等他们冷静下来。

②机智果断应对。材料中的吴老师采用“冷处理”的方法,使他们冷静下来,为他们进一步思考解决矛盾的方法争取了时间。

③公平民主处理。处理学生与学生之间的矛盾冲突时，教师应以事实为依据，依法秉公办事，要有民主意识，不偏袒班干部和优等生，也不以老眼光看人，贬低“差生”。材料中的吴老师不追究谁对谁错，而是让他们自己解决，体现了吴老师具有民主意识。

④善于总结引导。材料中的吴老师认为“打球时发生碰撞是很正常的”，没有一味地批评，而是引导他们自己解决问题，保护了学生的自尊心。

第二节　班主任工作

考向分析

本节主要介绍班主任概述、班主任的基本素养、班主任工作的内容与方法等相关知识。本节需要考生掌握的核心知识和能力包括：

知识点	关键点	考频	题型	要求
班主任工作的内容与方法	班主任了解、研究学生的主要内容	1	简答	识记
	进行个别教育工作	1	简答	识记
	家校合作的途径	1	简答	识记
	家访的注意事项	1	材料	识记、运用
	操行评语的注意要求	1	简答	识记

03

本节知识主要涉及简答和材料两种题型。在备考时，考生应注意班主任工作的内容与方法，预计在之后的考试中以上内容仍是考查重点，但更加突出对考生能力和素养的考查。

思维导图

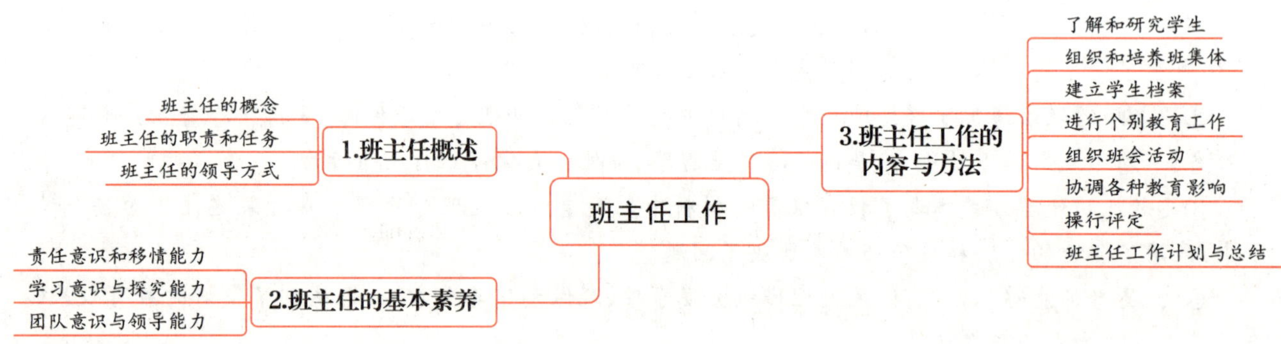

核心知识

一、班主任概述

(一)班主任的概念

班主任是按照学校教育目标的要求，带领班级全体成员，完成班级管理任务，实现班级目标的管理者、

组织者、协调者。

班主任在班级管理中的地位和作用：(1)班主任是班级建设的设计者；(2)班主任是班级组织的领导者；(3)班主任是协调班级人际关系的主导者(艺术家)。

教育部印发的《中小学班主任工作规定》指出："班主任是中小学日常思想道德教育和学生管理工作的主要实施者，是中小学生健康成长的引领者，班主任要努力成为中小学生的人生导师。"

(二)班主任的职责和任务

1. 班主任的职责

班主任的**基本职责**是组织和培养良好的班集体，全面负责全班每个学生的发展。

《中小学班主任工作规定》指出，班主任的职责和任务主要包括：

(1)全面了解班级内每一个学生，深入分析学生思想、心理、学习、生活状况。关心爱护全体学生，平等对待每一个学生，尊重学生人格。采取多种方式与学生沟通，有针对性地进行思想道德教育，促进学生德智体美全面发展。

(2)认真做好班级的日常管理工作，维护班级良好秩序，培养学生的规则意识、责任意识和集体荣誉感，营造民主和谐、团结互助、健康向上的集体氛围。指导班委会和团队工作。

(3)组织、指导开展班会、团队会(日)、文体娱乐、社会实践、春(秋)游等形式多样的班级活动，注重调动学生的积极性和主动性，并做好安全防护工作。

(4)组织做好学生的综合素质评价工作，指导学生认真记载成长记录，实事求是地评定学生操行，向学校提出奖惩建议。

(5)经常与任课教师和其他教职员工沟通，主动与学生家长、学生所在社区联系，努力形成教育合力。

2. 班主任的任务

班主任工作的**首要任务**是组织建立良好的班集体。因此，每个班主任在接手一个班级后，都要把组织建立良好的班集体作为自己工作的首要任务。

班主任工作的**中心任务**是促进班集体全体成员的全面发展。

(三)班主任的领导方式

班主任的领导方式一般可以分为三类：权威型、民主型和放任型。

采用权威型领导方式的班主任侧重于在领导和服从的关系上实施影响。

采用民主型领导方式的班主任则比较善于倾听学生的意见，不是以直接的方式管理班级，而是以间接的方式引导学生。

采用放任型领导方式的班主任主张对班级管理不做过多干预，以容忍的态度对待班级生活中的冲突，不主动组织班级活动。

上述三种领导方式是班主任常用的比较典型的领导管理方式，但在当前班级管理实践中，班主任在具体操作过程中有两种领导方式运用得比较多，即"教学中心"和"集体中心"的领导方式。

(1)"**教学中心**"是目前用得较多的领导方式，这种领导方式的缺点是忽视人的因素，班级工作只见教学不见学生，只看学生分数不看学生发展。

(2)"**集体中心**"的领导方式视集体为管理主体，主张信赖而不是怀疑集体，用集体领导的手段管理班级，将班级作为教育的对象。

二、班主任的基本素养

(一)责任意识和移情能力

责任意识是指小学班主任能清楚地知道自己所承担的职责，并能自觉、认真地去履行职责。班主任的责任意识体现在对小学生负责、对社会负责、对自己负责三个方面。

移情能力主要是指班主任能设身处地地站在小学生的角度,理解或欣赏他们的感受。小学班主任不仅要把儿童当作“人”而非“白板”,更要善于体会儿童独特的精神世界,把儿童当作“儿童”而非“成人的预备”;教育应尊重儿童的未成熟状态,不应为儿童的未来而牺牲儿童的现在。

(二)学习意识与探究能力

学习意识和探究能力是指小学班主任应充满好奇心、求知欲,把花在学习上的时间看作专业生涯中的重要组成部分,并能不断探究与创新。班主任的学习与探究应体现在对科学知识的学习与探究、对实践经验的学习与探究以及对小学生的学习与探究方面。

(三)团队意识与领导能力

团队意识与领导能力是指班主任要善于利用并整合影响班级发展和学生个体成长的诸多教育力量,善于组建团队并在团队中充分施展决断力、控制力、前瞻力、影响力和感召力。班主任要善于组建两个主要团队,即班级教育团队和班级活动团队。首先,班主任要与任课教师、与家长、与学生骨干组成各种灵活的教育团队,形成教育合力;同时,班主任还要指导学生组建各种班级活动团队。一方面要形成能够共同活动的、整体的班级集体,另一方面还应组建各种专项活动团队,为学生的多元智力的发挥和发展提供空间。

三、班主任工作的内容与方法 重点

小学班主任工作的内容非常多,主要有八个方面的工作:了解和研究学生、组织和培养班集体、建立学生档案、进行个别教育工作、组织班会活动、协调各种教育影响、操行评定、班主任工作计划与总结。

> **命题点拨**
> 班主任工作的内容与方法在考试中主要以简答题和材料分析题的形式考查。考生需牢记班主任这八个方面工作的具体内容,并能结合材料分析并加以运用。

(一)了解和研究学生

了解和研究学生是班主任工作的前提和基础,是做好班级工作的先决条件,也是班级教育过程中有效开展各项工作必不可少的基本环节。

03

1. 了解和研究学生的主要内容

(1)了解和研究班级群体,其主要内容如下:

①班级成员的基本构成,如生源状况、年龄层次、性别比例等。

②班级群体的学业状况,包括不同学业程度的具体情况和不同学科学业程度的具体情况。

③班级群体的发展状况,如班级组织、班级规范、人际关系、班级舆论、班风、班级传统等。

④班级日常行为表现,如学习习惯、课堂内外的纪律等。

对于一个新组建的班级,主要侧重于对第一项内容的把握。

(2)了解和研究班级个体,其主要内容如下:

①学生的基本情况,如性别、年龄、身体状况、兴趣爱好、个性倾向等。

②学生的社会关系,如家长职业、家庭经济状况、家庭结构、家庭关系、家庭所在的社区环境等。

③学生的学业和品德状况,如学习态度、学习习惯、学习性向、智能发展水平等。

④学生的品德形成与社会性发展状况,如行为习惯、人际关系、人际交往方式、思想道德面貌等。

2. 班主任了解学生的方法

班主任了解和研究学生的要求是全面、经常和及时。其具体方法如下:

(1)**观察法**,即在自然条件下,有目的、有计划地对学生的各种行为表现进行观察。这是班主任了解、研究学生的最基本方法。

(2)**谈话法**,指班主任通过与学生面对面谈话来深入了解学生情况的方法。具有灵活、方便、容易了解

事情细节、有利于感情沟通等特点。

(3)**调查法**,即通过对学生本人或知情者的调查访问,从侧面间接地了解学生,包括问卷、座谈等。通过这种方法可获得大量第一手材料,反映的问题比较深刻全面。

(4)**书面材料分析法**,即借助学生的成绩表、作业、日记等书面材料对学生进行了解的方法。这是了解学生基本情况的最简易的方法。

其中,观察法是基本方法;谈话法是一种积极、主动了解学生的方法;调查法是一种深入了解和研究学生的方法;书面材料分析法既可以看到学生的过去表现,又可以了解学生的当前情况。

精选真题

1. [2014 **下半年**]小学班级管理中,既是做好班主任工作的基础条件,又是决定班主任工作成效的主要因素的是(　　)

A. 班主任工作职责　B. 班主任自身素质　C. 班级学生的质量　D. 对班级学生的了解

答案:B。本题考查考生的理解能力。班主任的素质,是指班主任胜任本职工作所必须具备的品德、能力、个性心理等方面的基本条件。班主任的素质很大程度上关系到班主任工作的成效,因此对班主任的素质要求是很高的。

2. [2017 **上半年**]简述班主任了解、研究学生的主要内容。

参考答案:参见内文。

(二)组织和培养班集体

组织和培养班集体是班主任工作的中心环节。班主任应有计划、有组织地在短时间内有效地组建班集体。(关于班集体的形成与培养这一知识点,在本章第一节“班级与班级管理”中已做出详细阐述,此处不再放置该知识点的内容。)

(三)建立学生档案

班主任在全面了解学生的基础上,对掌握的材料进行分析处理,并将整理结果分类存放起来,即建立学生档案。建立学生档案一般分为四个环节:收集—整理—鉴定—保管。

学生成长档案有两种:集体档案和个体档案。集体档案是指班主任将全班学生在各个时期各方面的表现,班级的历史、现状、趋势分析等记录下来作为今后教育集体的依据和参照的档案。个体档案是指将学生德、智、体、美、劳诸方面的表现和发展动态收集起来作为个体教育依据的档案。学生档案中最常见的是学生成长个人档案。

(四)进行个别教育工作

班主任要做好个别教育工作,包括做好优等生的个别教育、中等生的个别教育和后进生的个别教育,并要与集体教育结合起来。

1. 优等生的个别教育

优等生,又叫“优秀生”或“先进生”,是指那些品学兼优,在德、智、体、美、劳诸方面都得到较全面发展的学生。

对于优等生的教育,班主任应注意:(1)严格要求,防止自满;(2)不断激励,提高抗挫折能力;(3)消除嫉妒,公平竞争;(4)发挥优势,带动全班。

2. 中等生的个别教育

中等生,又叫“一般学生”或“中间生”,是指那些在班级中各方面都表现平平的学生。其分为三类:第一类是思想基础较好、想干而又干不好的学生;第二类是甘居中游的学生;第三类是学习成绩不稳定的学生。

对于中等生的教育,班主任应注意:(1)重视对中等生的教育;(2)根据中等生的不同特点有的放矢地进行个别教育;(3)给中等生创造充分展示自己才能的机会,增强他们的自信心。

3. 后进生的个别教育

后进生是指那些在学业成绩和思想品德等方面均暂时落后的学生。后进生一般有如下心理特征:不适度的自尊心、学习动机不强、意志力薄弱、是非观念模糊。

后进生是一个相对的概念,因此在对后进生进行教育时,班主任应注意:(1)关心热爱与严格要求相结合;(2)培养和激发学习动机;(3)善于发掘后进生身上的"闪光点",增强其自信心和集体荣誉感;(4)针对后进生的个别差异,因材施教,对症下药;(5)对后进生的教育要持之以恒。

(五)组织班会活动

组织班会活动是班主任工作的重要内容。班会活动是班主任进行教育活动的重要方式,是培养优良班集体的重要方法,也是提高学生活动能力的基本途径。

(六)协调各种教育影响

1. 协调学校内部各种教育因素之间的关系

(1)协调与任课教师之间的关系。班主任必须与科任教师团结协作,班主任要经常与科任老师沟通本班学生的情况,班主任应经常听取科任老师的意见,班主任应邀请科任教师参加指导班级活动。

(2)协调与学校各级领导之间的关系。

(3)指导和协助共青团、少先队工作。

2. 协调学校教育与家庭教育之间的关系

班主任与家长合作是指班主任与家长之间双向互动、相互信任,以协调家长和学校的关系,使家庭教育与学校教育协调同步,形成教育合力,彼此协作配合,促进孩子的健康成长。

03 一般而言,家校协调的常用方式主要包括:家访、班级家长会、家长学校、家长沙龙、家长委员会。

(1)家访

为了使家访收到实效,要注意以下几点:

①明确家访目的,即每次家访不可例行公事,更不可盲目进行。

②分析家访对象、选择家访时机,并选择与家长沟通访谈的恰当方式。

③注重家访后期追踪,有针对性地调整后续的教育方式。

(2)班级家长会

这是一种传统的家校合作方式,其主要目的是使家长与班主任及学科教师直接面对面地集中沟通,交流意见或建议,增进互信理解与支持,共同为学生进一步发展协调配合。

(3)家长学校

家长学校是组织学生家长学习进修的教育机构。家长在专业教师的引领指导下,学习教育学、心理学方面的知识,以及教育子女的方法,由此,能更好地配合班主任教育孩子,做好班级管理工作。

(4)家长沙龙

家长沙龙是以家长为主体,以学生学习成长为中心,以教师及专家学者为咨询指导,旨在提高家长教育素养,提升教育理念,转变传统教育观念,实现以家庭教育为突破口,最终形成教育合力的一种形式。

(5)家长委员会

家长委员会由关心学校、关心教育事业、具有教育子女经验的家长代表组成,其主要职责是参与学校和班级的教育与管理,协助做好学生教育工作。

3. 协调学校教育与社会教育之间的关系

在现代社会的学校教育中,广泛的社会资源是实现其资源整合的重要保证。对于班主任而言,要与社

会协调，整合社会教育资源，应保持与社会的密切联系。具体可归结为以下两种形式：

（1）依托社区的教育委员会

社区教育委员会是在当地政府领导下，对学校实行教育行政领导与管理的组织机构。教师可以主动邀请他们以多种形式指导并参加班级的某些活动，减少学校与社会之间的屏障，拉近学生与社会的距离，促进学生的社会化发展。

（2）建立校外教育基地

各种校外教育基地主要是指少年宫、少年科技站、博物馆、各种业余学校等。这些基地在一定程度上弥补了学校教育的不足，在培养儿童和青少年不同兴趣爱好和特长方面发挥着重要的作用。

精选真题

1. [2018 **下半年**]简述家校合作的途径。

参考答案：参见内文。

2. [2014 **下半年**]简述家校联系的基本方式。

参考答案：参见内文。

（七）操行评定

操行评定是以教育目的为指导思想，以“学生守则”为基本依据，对学生一个学期内在学习、劳动、生活、品行等方面的小结与评价。

操行评定的原则：（1）体现素质教育思想；（2）公平客观；（3）促进学生发展。

操行评定的步骤：（1）学生自评；（2）小组评议；（3）班主任评价；（4）信息反馈。

操行评定的注意要求：（1）操行评语要实事求是，抓住主要问题，有针对性，能反映学生思想品德的全面表现和发展趋向；（2）要充分肯定学生进步，适当指出他们的主要缺点，指明努力方向，不可罗列现象，主次不分；（3）文字要简明、具体、贴切，使人能够接受，切忌空洞、抽象、一般化，严禁用词不当，避免伤害学生情感，造成家长误解。

精选真题

[2015 **上半年**]简述小学教师撰写操行评语的注意事项。

参考答案：参见内文。

（八）班主任工作计划与总结

班主任工作计划一般分为学期计划、月或周计划以及具体的活动计划。学期计划一般包括基本情况，班级工作的内容、要求和措施，本学期的主要活动与安排三个部分。

班主任工作总结是对整个班主任工作过程、状况和结局作出全面的、恰如其分的评估，进行质的评议和量的估计。班主任工作总结一般分为两类：全面总结和专题总结。

第三节　班队活动和课外活动

考向分析

本节主要介绍班队活动、班级活动及其组织、少先队活动及其组织、课外活动等相关知识。本节需要考生掌握的核心知识和能力包括：

知识点	关键点	考频	题型	要求
班队活动的类型	班队劳动的类型	1	单选	识记
班会活动	叙事型班会的表现	1	单选	理解
少先队基本知识	少先队队员的入队年龄	1	单选	识记
课外活动的组织形式	群众性活动的表现	1	单选	理解
课外活动的内容	文学艺术活动的表现	1	单选	理解
	主题活动的表现	2	单选	理解

本节知识内容较为琐碎,主要涉及单选一种题型。在备考时,考生应注意课外活动的相关内容,预计在之后的考试中以上内容仍是考查重点,但更加突出对考生能力和素养的考查。

思维导图

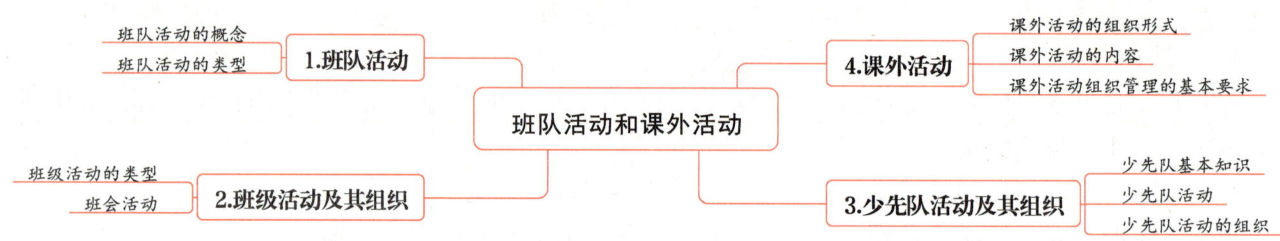

核心知识

03

一、班队活动

(一)班队活动的概念

班队活动是指为实现教育目的,在教育者引导下,由班级学生或少先队成员共同参与,在学科教学以外的时间组织开展的教育活动。

班队活动是进行思想品德教育的有效方式,是促进学生身心健康发展、形成良好个性的主要途径,是学生掌握知识、发展认识能力不可忽视的条件。

(二)班队活动的类型

1. 主题教育活动

主题教育活动是指在班主任或辅导员的指导下,根据学校教育的计划,针对学生的实际情况提出一个主题,围绕这一主题进行的教育活动。其主要形式有:主题班队会、主题报告会、主题伦理性讲话和主题座谈会。

2. 班队例会

班队例会是指以班或队为单位,通过会议形式,对学生进行常规教育。班队例会的类型一般有:班务会或队务会、民主生活会、月会、晨会等。

3. 班队文艺活动

班队文艺活动是指学校通过健康的文化艺术娱乐活动对学生进行熏陶和教育,以发展学生的美感和健康心理品质的教育形式。学校常用的班队文艺活动形式是联欢会。

4. 班队体育活动

班队体育活动是指在学校体育课以外开展的，以增强体质，提高体育技能，促进学生全面发展为主要目的的教育活动。班队体育活动包括球类、田径、体操、游泳、拔河、爬山、棋牌等项目。

5. 班队科技活动

班队科技活动是指以学习科学技术，促使学生发挥潜能为目的的教育活动。例如，科技班会、科技游戏、科技知识竞赛等。科学兴趣小组和科学知识讲座是班队经常开展的科技活动。

6. 班队劳动

从形式上看，班队劳动主要有生产性劳动、社会公益性劳动、自我服务性劳动。适合小学生的班队劳动主要有社会公益性劳动和自我服务性劳动。自我服务劳动，是指照料自己的生活，保持环境整洁的劳动。日常生活中自我服务劳动是儿童最早参加的劳动。学校的自我服务劳动包括：当值日，保持教室、校园的卫生；布置教室，绿化校园和为集体服务等等。

精选真题

[2017 下半年]小学生轮流值日负责班级卫生扫除，这属于（　　）

A. 志愿服务劳动　　B. 社会公益劳动

C. 勤工俭学劳动　　D. 自我服务劳动

答案：D。本题考查考生的识记能力。考生记忆自我服务劳动的内涵即可。

7. 班队游戏活动

依照不同的标准，可以将游戏活动分成不同的类型，教育者可以根据教育的需要进行选择。依据游戏的教育目的，可把游戏分为智力游戏和体育游戏。智力游戏主要是指以发展学生智力为主的游戏。体育游戏主要是指为发展学生体力而进行的游戏。

二、班级活动及其组织

班级活动是指由班级成员参加的集体活动。广义的班级活动包括学习活动、生活活动、班会活动、团队活动、综合实践活动等。狭义的班级活动指在班主任的组织和领导下，为实现班级教育目标而举行的各种主题教育活动，如主题班会等。

（一）班级活动的类型

根据班级活动的时间分布，可以将班级活动分为日常性和阶段性两大类。

1. 日常性班级活动

日常性班级活动是每天或每周都要进行的活动。班主任教育工作的重点应放在日常性班级活动的管理上。日常性班级活动主要包括：班会活动、班级晨会活动、值勤活动、班级自办报刊等舆论宣传活动。

2. 阶段性班级活动

阶段性班级活动的内容随全校性的活动进程而变化，有利于班集体与全校的工作保持一致，有利于增强学生的大局意识，有利于提高学生的团队精神，也有利于增强班集体的凝聚力。阶段性班级活动主要有两大类：工作型活动和竞赛型活动。

（二）班会活动

班会活动是以班级为单位，在班主任的指导下，一般由学生干部主持进行的全班性会务活动。它分为班级例会和主题班会两种形式。

1. 班级例会

班级例会是指在班主任的指导下，由班主任或班级干部主持、讨论、处理班级日常事务，进行班集体建

设的班会活动。它具有如下特点:

第一,常规性。班级例会又称“周会”,一周进行一次,通常安排在周一或周五。

第二,事务性。班级例会是班级进行常规教育的主要途径。

第三,民主性。班级例会是实现班级民主化管理的重要途径。

班级例会的管理要做到以下几点:第一,根据班级建设的需要安排班级例会的内容;第二,根据班级例会内容确定活动主持人和其他工作人员;第三,做好班会活动的相关工作;第四,民主、高效地组织活动。

2. 主题班会

主题班会是班主任依据教育目标,指导学生围绕一定主题,由学生自己主持、组织进行的班会活动。它是班级活动的主要形式。和班级例会相比,主题班会具有主题鲜明、形式多样的特点。

(1)主题班会的类型

①从活动类型看,主题班会可以分为以下几种类型:

体验型。这是最常见的一种类型,是在主题班会里面通过对一个主题比较深入的体验,来使学生达到对这个主题的深入理解。

讨论型。即在班会中组织师生对一个问题进行深入地讨论。

表演型。如心理剧和道德情景剧等。

叙事型。即通过一个事件、故事的讲述来调动大家对这个故事的体验,唤起大家的共鸣。

综合型。体验型、讨论型、表演型以及叙事型实质上都是一种理论上的划分,而真正的主题班会往往是一种综合型。

精选真题

03

[2016 下半年]白老师在班会上声情并茂地讲述了钱学森历尽艰辛回到祖国投身科学研究事业的故事,激发了学生强烈的爱国热情。这种班会活动类型属于(　　)

A. 叙事型　　B. 讨论型　　C. 表演型　　D. 体验型

答案:A。本题考查考生的理解能力。题干中白老师通过讲述钱学森的故事,激起了学生们的强烈爱国热情,这种通过事件或故事的讲述来调动学生情感体验的活动属于叙事型的班会活动。

②从活动主题来划分,主题班会可以分为以下几种类型:

日常主题。日常生活中的很多主题都可以作为主题班会的主题来使用。

政治主题。像我们以“八荣八耻”为主题所进行的主题班会,就属于政治主题。

阶段性主题。阶段性主题在中小学各个年级都可能用到。

节日主题。生活中很多节日都适合作为主题班会的主题,如植树节、学雷锋纪念日等。

(2)班主任确定主题班会的方法

第一,根据学生的学习生活、思想动态确定班会主题;第二,根据节令、纪念日确定班会主题;第三,根据突发事件、时事热点确定班会主题;第四,通过主题班会缓解同学们的误解。

(3)主题班会的要求

第一,教育性。教育性是主题班会的核心所在。班主任要通过主题班会培养学生的道德意识、学习意识、规范意识、责任意识、生存意识、俭朴意识、审美意识、公民意识、感恩意识、健康意识等。第二,针对性。班主任在举行主题班会前必须做好调查研究,把握学生所关注的、所需要的、所追求的以及他们正在面临的各种具体矛盾和问题,对症下药。第三,主体性。主体性是指在主题班会中充分挖掘学生的主体意识,发扬学生的主人翁精神和集体责任感。学生的主动性越强,班会的效果就越好,就越能达到学生自我教育的目

好，丰富和充实学生的精神生活，培养学生独立完成作业的能力。

精选真题

[2019 上半年]学校在课外活动中举办安全教育报告会，这一活动形式属于(　　)

A. 小组活动　　B. 学科活动　　C. 阅读活动　　D. 群众性活动

答案：D。本题考查考生的理解能力。安全教育报告会是面向全体学生的活动，属于群众性活动。

(二)课外活动的内容

课外活动的内容主要有社会实践活动、学科活动、科技活动、文学艺术活动、体育活动、社会公益活动、课外阅读活动、主题活动。其中，学科活动是课外活动的主体部分，学校应高度重视，分科组织落实。

命题点拨

课外活动的内容在考试中主要以单选题形式考查。形式为给出学校组织的某种课外活动，询问属于哪种课外活动的内容。

1. 社会实践活动

组织一些参观、考察、社会调查访问、宣传等社会实践活动，让学生走出校门，与社会接触，以帮助学生增长知识，提高能力。

2. 学科活动

学科活动是以学习和研讨某一学科的知识或培养某一方面的能力为主要目的的活动，可以分学科组成不同的小组，如数学活动小组、语文活动小组等；也可以依据某一专题成立小组，如以化学实验为专题的小组、以会话为专题的外语小组。

3. 科技活动

科技活动是以让学生学习和了解科技知识为目的的课外活动。如举办科技讲座，参观游览，成立无线电小组、航模小组等。

4. 文学艺术活动

这类活动主要是培养学生对文艺的爱好和发展学生文艺方面的才能。如组织文学作品的欣赏和评论、参观展览等，还可以成立美术、书法、摄影等文艺小组。

5. 体育活动

这类活动的主要目的是锻炼学生的身体，增强他们的体质，训练他们的运动技能，培养他们吃苦耐劳的精神和对体育运动的兴趣，并尽可能满足体育爱好者的需要，及早发现和培养体育专业人才。

6. 社会公益活动

这类活动的主要目的是培养学生的劳动观念和劳动习惯，使他们养成爱劳动、爱劳动人民、爱护劳动成果的优良品质，并掌握生产劳动的基本知识、技能，提高他们的劳动技术素质。

7. 课外阅读活动

课外阅读活动是指学生在课堂教学范围之外，根据自己的兴趣爱好或某一方面的需要进行的一种自觉的读书活动。

8. 主题活动

主题活动是就某一特定专题而开展的短期或长期的专门活动。这种活动往往有特定的具体目标，活动内容和形式也具有一定的稳定性。如主题班会、学雷锋小组等。

精选真题

1. [2019 下半年]从课外活动的内容看，学校举办的法治教育报告会属于(　　)

A. 学科活动　　B. 社会活动

C. 主题活动　　D. 文体活动

答案:C。本题考查考生的理解能力。法治教育报告会是以“法治教育”为主题的专门活动,属于主题活动。

2.[2017 上半年]在小学课外活动中,学校摄影小组举办的摄影作品大赛属于(　　)

A.游戏活动　　B.学科活动　　C.科技活动　　D.文学艺术活动

答案:D。本题考查考生的理解能力。摄影作品大赛是培养学生对摄影的爱好和发展学生摄影方面的才能,属于文学艺术活动。

(三)课外活动组织管理的基本要求

1.要有明确的目的性、计划性

课外活动是实现教育目的的重要途径。在具体开展活动时应有周密的计划,以保证活动有序进行,并取得良好的效果。

2.活动内容要丰富多彩,形式要多样化,富有吸引力

课外活动的内容和形式应强调科学性、知识性和趣味性,让知识教育、思想教育寓于生动活泼的形式之中,使活动本身对学生具有强烈的吸引力。

3.发挥学生集体和个人的主动性、独立性和创造性,并与教师的指导相结合

学生集体和个人是课外活动的主体,活动的开展主要依靠他们的积极性和主动性。同时,在活动中应重视发挥教师的指导作用,当学生遇到困难时,教师要给予鼓励和帮助,为学生创造和提供活动的条件。

4.要考虑学生的兴趣爱好和特长,符合学生的年龄特征

课外活动应生动活泼、富有趣味,以吸引学生自觉自愿地参加。这就要求学校组织的课外活动,要考虑到参加活动的学生的兴趣爱好和特长,符合他们的年龄特征。

5.课堂教学与课外活动互相配合、互相促进

课外活动与课堂教学有着密切的联系,二者都是实现教育目的的途径,因此,二者应当互相配合、互相促进。

6.因地、因校制宜

发达地区和边远地区、城市和农村、重点学校与一般学校,在经济文化背景、学校物质条件和师资水平等方面相差很大。因此,开展课外活动要因地制宜、因校制宜。

03

强化练习

建议用时	实际用时	设定分值	实际得分
50 分钟		58 分	

一、单项选择题(每小题 2 分,共 18 分)

1.班主任工作的前提和基础是(　　)

A.组织和培养班集体　　B.了解和研究学生

C.培养良好的班风　　D.做好后进生转化工作

2.(　　)是以教育目的为指导思想,以“学生守则”为基本依据,对学生一个学期内在学习、劳动、生活、品行等方面的小结与评价。

A.课堂评价　　B.操行评定　　C.学生管理　　D.班级管理

3. 为了培养学生养成遵守交通规则的好习惯,崔老师在班会课上组织同学们表演了一出情景剧。这种班会活动类型属于( )

A. 体验型　　B. 讨论型　　C. 表演型　　D. 叙事型

4. 班级平行管理的理论源于( )的"平行影响"教育思想。

A. 马卡连柯　　B. 乌申斯基　　C. 苏霍姆林斯基　　D. 加里宁

5. 刘老师通过观察记录班级学生的学习习惯、行为方式,用写班级学生成长故事的方式了解学生,这一方式属于( )

A. 评定学生操行　　B. 教育个别学生　　C. 了解和研究学生　　D. 组建班集体

6. 班主任工作最繁忙的时期,也是班主任工作能力经受考验的关键期是在( )

A. 班集体的组建阶段　　B. 班集体的形核阶段

C. 班集体的发展阶段　　D. 班集体的成熟阶段

7. 班主任通常会引导学生共同制定班级规范或制度,用以规范学生的行为。这种班级管理方式称为( )

A. 目标管理法　　B. 规范制约法　　C. 行为训练法　　D. 自我管理法

8. 王老师在班级中采用了一种新的管理模式,他为班级设置了一个总目标,然后根据总目标为各个小组制定分目标,各小组再根据自己的目标划分个人目标。王老师的班级管理模式是( )

A. 常规管理　　B. 目标管理　　C. 平行管理　　D. 民主管理

9. 某小学少先队围绕"学雷锋"主题开展了一系列少先队活动。这体现了少先队活动的( )原则。

A. 教育性　　B. 自主性　　C. 趣味性　　D. 实践性

二、简答题(每小题 10 分,共 20 分)

1. 简述班级管理的方法。

2. 简述班队活动的类型。

三、材料分析题(本大题共 20 分)

材料:上课前,徐老师刚走到教室门口,冷不防从教室里飞出一个足球,正好从徐老师头上擦过,同学们一下子惊呆了,心想:这下闯了大祸!可是事件的发展却出乎同学们的意料。徐老师并没有严厉斥责踢球的同学,而是从容地转过身,捡起足球,微笑着走上讲台,说:"好厉害的一脚,踢个正着,得分!不过要想练好射门功夫还是到操场上去练吧。如果以后还有人在教室里踢足球,我就会出示红牌,将他罚出教室!"听了徐老师的话,那位踢足球的同学羞愧地低下了头,其他同学会心地笑了。紧张的气氛一下得到了缓和,同学们带着轻松愉快的心情开始上课。

问题:

(1)结合材料,评析徐老师应对课堂突发事件的策略。(10 分)

(2)谈谈教师在处理突发事件时应遵循的原则。(10 分)

参考答案及解析

一、单项选择题

1. **答案:**B。了解和研究学生是班主任工作的前提和基础。

2. **答案:**B。操行评定是以教育目的为指导思想,以"学生守则"为基本依据,对学生一个学期内在学习、劳动、生活、品行等方面的小结与评价。题干描述的是操行评定的概念。

3. **答案:**C。从活动类型看,主题班会可以分为:体验型、讨论型、表演型、叙事型和综合型。心理剧和道德情景剧等都是表演型主题班会。

4. **答案**:A。班级平行管理的理论源于马卡连柯的“平行影响”教育思想。

5. **答案**:C。了解和研究学生是班主任工作的前提和基础。刘老师的行为属于班主任工作中的了解和研究学生。

6. **答案**:A。班集体的组建阶段是班主任工作最繁忙的时期,也是班主任工作能力经受考验的关键期。

7. **答案**:B。规范制约法是用规范、制度等约束学生行为,促使学生逐步形成良好行为习惯的方法。题干中制定班级规范或制度是为了规范学生的行为,这种班级管理方式是规范制约法。

8. **答案**:B。王老师将班级目标与个人目标融为一体,从而推动班级管理的模式是目标管理。

9. **答案**:A。教育性原则是少先队教育活动的第一原则,一切活动都是为了达到教育和自我教育的目的。题干中的某小学少先队围绕“学雷锋”主题开展的一系列少先队活动体现了少先队活动的教育性原则。

二、简答题(答案要点)

1. (1)了解和研究学生;(2)说理法;(3)目标管理法;(4)情境感染法;(5)规范制约法;(6)舆论影响法;(7)心理疏导法;(8)行为训练法;(9)心理暗示法;(10)自我管理法。

2. (1)主题教育活动;(2)班队例会;(3)班队文艺活动;(4)班队体育活动;(5)班队科技活动;(6)班队劳动;(7)班队游戏活动。

三、材料分析题(答案要点)

(1)材料中的课堂突发事件是由于外界影响造成的,徐老师对课堂突发事件采取了幽默和褒中掺贬的处理策略。徐老师没有对踢球的同学提出严厉批评,而是采取了幽默的方式,夸奖球踢得不错,并且提出了“表扬”式的批评:教室里不准踢球。徐老师用幽默式“表扬”批评了学生,充分尊重了学生的自尊心,并且几句话就化解了这场突发事件,没有影响教学氛围,也没有影响课堂教学时间,反而调动了课堂气氛,这是一种机智聪明的处理策略。

03

(2)教师在处理突发事件时应遵循以下原则:

①教育性原则。教师在处理突发事件时要以让学生受教育,促进每个学生的成长为目的。

②客观性原则。教师在处理问题时,要充分调查、了解事实的真相,公平公正地分析和处理问题,客观地对待每一个学生。

③有效性原则。班主任处理突发事件时一定要考虑所用方法和措施的效果。

④可接受性原则。教师对突发事件的处理要能使当事双方心悦诚服地接受处理意见或结果,要让学生从内心深处接受,认识到自己的错误,进而积极改正。

⑤冷处理原则。对于有些突发事件,教师不应急于表态、下结论,而应冷静地观察,待把问题的来龙去脉弄清楚再去处理。

04 学科知识与教学设计

学科知识与教学设计

题型题量	1道教学设计题
所占分值	40分
重点掌握	1.各学科基础知识 2.各学科教学设计

第一节　教学设计与教案

考向分析

本节主要介绍教学设计概述、教案概述等相关知识。本节知识在考试中一般不单独出题，通常以与教学设计结合的方式出题。

思维导图

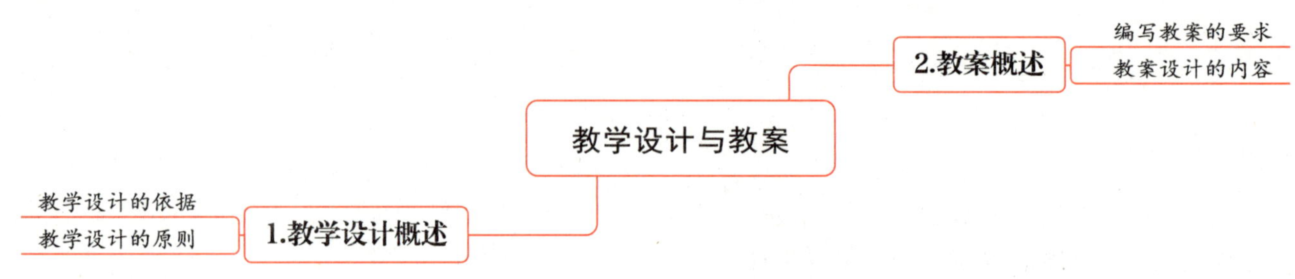

核心知识

一、教学设计概述

教学设计是指为了达到预期的教学目标，运用系统的观点和方法，遵循教学过程的基本规律，对教学活动进行系统规划的过程。

在教学设计的过程中，教师最主要的工作是对教学目标、教学对象、教学内容、教学策划、教学评价等进行计划和安排。教学设计的结果是形成一种教学实施方案，即“教案”。

（一）教学设计的依据

1. 现代教学理论

现代教学理论是指导现代教学实践的基本依据。通过教学理论的指导，教师不仅可以避免教学设计的盲目性，而且可以促使教学设计由感性经验层次上升到理性科学层次，从而最大限度地保证教学设计的合理性和有效性。

2. 系统科学的原理和方法

运用系统的方法分析课堂教学系统中各因素的地位和作用，使各因素得到最紧密、最佳的组合，从而优化课堂教学效果。

3. 教学的实际需要

教学设计的全部意义就在于满足教学活动的实际需要，并为满足这种需要提供最优的行动方案。

4. 学生的需要和特点

教学设计的基本特征之一是它既关心“教”，又关心“学”。教是为了学，学是教的依据和出发点，教师的教必须通过学生积极主动的学才能起到有效作用。

5. 教师的教学经验

教师在教学设计中，既不能完全依据经验行事，也不能排斥教学经验的作用。只有将科学的理论和方法与好的教学经验结合起来，才能使教学设计既有共性，又有个性，并最终达到科学性与艺术性的有机统一。

（二）教学设计的原则

1. 系统性原则

教学设计必须从教学系统的整体功能出发，综合考虑教师、学生、教材、手段、评价等各种因素在教学中的地位和作用，并协调各种因素，发挥它们的整体效应。

2. 目标性原则

教学设计应有明确的目标。教学设计应建立包括知识与技能、过程与方法、情感态度与价值观在内的立体化的教学目标群。

3. 程序性原则

教学设计是一项系统工程，诸子系统的排列组合具有程序性特点。根据教学设计的程序性特点，教学设计中应体现出其程序的规定性及联系性，确保教学设计的科学性。

4. 反馈性原则

教学成效考评只能以教学过程前后的变化以及对学生作业的科学测量为依据。测评教学效果的目标是获取反馈信息，以修正、完善原有的教学设计。

5. 具体性原则

任何教学设计都是独特的，都是在具体教学情境下产生的，又对之后的具体教学过程具有指导作用。

6. 可行性原则

教学设计要成为现实，必须具备两个可行性条件：一是符合主客观条件，主观条件应考虑学生的年龄特点、已有知识基础和师资水平；客观条件应考虑教学设备、地区差异等因素。二是具有操作性，教学设计应能指导具体的实践。

04

二、教案概述

教案作为教学设计的呈现形式，是教师以课时为单位制定的教学方案，是教师进行课堂教学的依据。教案的核心作用是对课堂教学的总的导向、规划和组织，是教学的规划蓝图。

教案的基本形式包括记叙式教案、表格式教案和卡片式教案。

（一）编写教案的要求

（1）要依据课程标准，充分考虑学生的需要，制定明确的教学目标，分层次有条理地陈述。

（2）要合理地组织教材，突出重点，解决难点，便于学生理解并掌握系统的知识。

（3）要恰当地选择和运用教学方法，调动学生学习的积极性。

（4）要为教学实施留有一定的余地，为应对教学中的突发事件做好准备。

（二）教案设计的内容

1. 课题

课题指某门课程中一个教学单元、一次课堂教学的章节名称或实践教学单元、任务的名称。例如，《桂林山水》《海底世界》。

2. 课型与课时

课型是指根据教学任务而划分出来的课堂教学的类型,包括讲授课、实验课、汇报课、观摩课等。课时主要是指完成授课内容所需要的课程时间。

3. 教学目标

教学目标是整个教学设计中最重要的部分,是完成教学任务或在课程结束时应达到的具体目标。

4. 教学重点和难点

教学重点和难点是整个教学的核心,是完成教学任务的关键所在。重点突出、难点明确,有利于学生掌握教学总体思路,便于学生配合教师完成教学任务。

5. 教学过程

教学过程是通过对课程标准、教材、主要参考资料的分析,先确定本教学单元或本课时教学知识信息,再按步骤实践的过程。

6. 作业布置

作业布置是课堂教学的延续,是实现教学目标不可缺少的环节。教师通过布置作业能够帮助学生巩固知识、培养技能、发展思维等。作业的难度要适中,真正做到有用有效。

7. 板书设计

板书设计是课堂教学的纲目,力求简明扼要、条理清楚、层次分明、醒目易记,关键性词语要重点标记。教师在设计板书时要与讲课的内容和进度相结合,做到目标明确、布局合理、时机合适。

第二节　教学设计的步骤

考向分析

本节主要介绍教学背景分析、教学目标设计、教学重难点设计、教学过程设计、作业布置、板书设计等相关知识。为考生编写教学设计提供思路,在真题中一般以不同学科的教学设计进行命题,考生需注意掌握。

思维导图

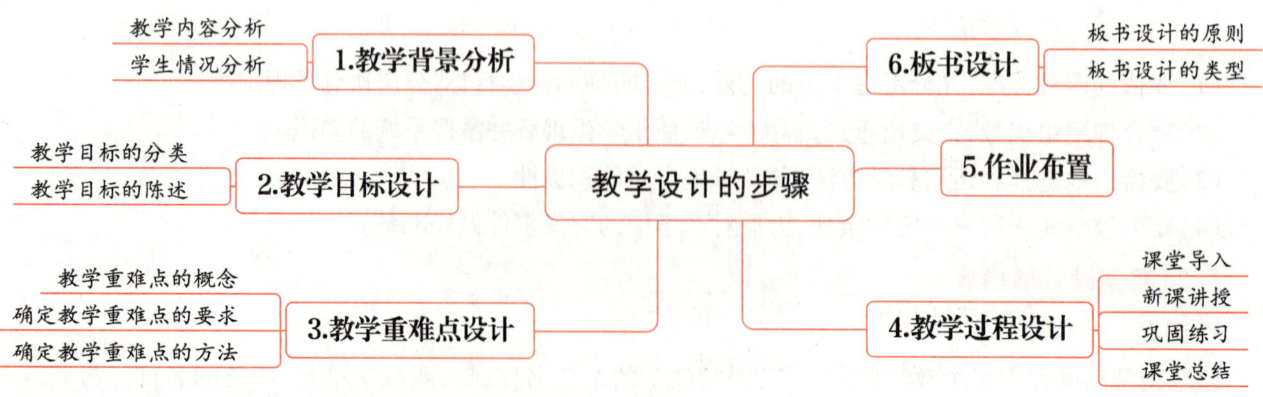

核心知识

一、教学背景分析

(一)教学内容分析

(1)研读课程标准,明确课程标准对本部分内容的要求及建议。

(2)分析教材。重点分析教材内容的知识类型,教材内容的相互关系,教学内容的知识脉络,确定可用的教学素材等。

(二)学生情况分析

学生情况分析的重点是明确学生已有的认知基础和所学知识之间的差距,分析学生的知识脉络,确定问题线索,确定学生解决问题需要的证据等,为选取教学策略、设计教学活动提供依据。

二、教学目标设计

教学目标是教师根据课程标准的要求和听课者的实际情况,针对课题或课时的教学内容而提出的,是指学生在课程结束时应达到的具体目标或教师应完成的教学任务。

教学目标设计的依据:(1)知识的类型;(2)知识的地位和作用;(3)教学大纲(课程标准);(4)学生的特征。

(一)教学目标的分类

教学目标可分为三个维度,即知识与技能、过程与方法、情感态度与价值观。

1. 知识与技能

知识与技能是指学生学习后应掌握的基本知识与基本技能。基本知识主要包括人类生存所不可或缺的核心知识和学科基本知识;基本技能主要包括获取、收集、处理、运用信息的能力,创新精神和实践能力,终身学习的愿望和能力。

知识与技能水平及常用行为动词

水平	行为动词
了解/模仿	了解、体会、知道、识别、感知、认识、初步体会、初步学会、举例、说明、描述、表达、表述、刻画等
理解/独立创造	推测、想象、理解、归纳、总结、比较、判定、会求、能运用、初步应用、初步讨论、区分、推断、完成等

【示例】学生能正确、流利、有感情地朗读课文;学会本课的生字,会用字词造句。

2. 过程与方法

过程与方法是指有关过程与方法的要求,强调在实践过程中的学习“过程”,重在“亲历”。过程与方法目标主要包括人类生存不可或缺的过程与方法。过程是指应答性学习环境和交往、体验。方法是指基本的学习方式和具体的学习方式。基本的学习方式包括自主学习、合作学习、探究学习;具体的学习方式包括发现式学习、小组式学习、交往式学习等。

过程与方法水平及常用行为动词

水平	行为动词
经历/模仿	观察、感知、操作、查阅、借助、模仿、参与、尝试等
探索/发现	设计、梳理、整理、交流、研究、探索、探求、寻求、合作、讨论等

【示例】学生朗读课文的第三、四自然段,注意句子与句子之间的联系,能分别找出这两段的中心句,并学会围绕中心句写作的方法。

3. 情感态度与价值观

情感态度与价值观是针对学生对事物的基本看法与倾向性的要求。情感态度不仅包括学习兴趣、学习责任,更包括乐观的生活态度、求实的科学态度、宽容的人生态度。价值观不仅强调个人价值,更强调个人价值和社会价值的统一;不仅强调科学价值,更强调科学价值和人文价值的统一;不仅强调人类价值,更强调人类价值和自然价值的统一。从而使学生内心确立起对真善美的价值追求以及人与自然和谐可持续发展的理念。

情感态度与价值观水平及常用行为动词

水平	行为动词
经历(感受)水平	经历、感受、参加、参与、尝试、寻找、讨论、交流、合作、分享、参观、访问、考察、接触、体验等
反应(认同)水平	遵守、拒绝、认可、认同、承认、接受、同意、反对、愿意、欣赏、称赞、喜欢、讨厌、感兴趣、关心、关注、重视、采用、支持、尊重、爱护、珍惜、蔑视、怀疑、摈弃、抵制、克服、帮助等
领悟(内化)水平	形成、养成、具有、热爱、树立、建立、坚持、保持、确立、追求

【示例】学生了解海底景色奇异、物产丰富的特点,激发热爱自然、探索自然奥秘的兴趣。

教师在教学设计中要体现教学目标的三个维度,使三个维度有机地融为一体,渗透到每一节课的教学中。

(二)教学目标的陈述

1. 行为性目标的陈述

行为性目标描述的是学生的行为,它强调用可观察、可测量的外显行为来确切地表述教学目标。下面以“ABCD”模式为例加以说明。该方法认为明确的行为目标主要包含四个要素:

“A”(Audience)指教学对象、学习者,是行为的主体。规范的行为目标的开头应是“学生应该……”,书写时可以省略,但目标必须是针对特定的学习者而提出的。

“B”(Behaviour)指行为。它是目标中最基本的成分。行为应该用明确的行为动词来描述。例如,对学习新教材的描述一般使用“学习……初步掌握……建立……概念”。

“C”(Condition)指条件,即评定学习结果的约束因素。例如,在……时间内,能独立完成……动作;在提供……资料的情况下,尝试进行……动作学习;等等。

“D”(Degree)指程度,是指评定行为的最低依据,或学生对目标所达到的最低水准,包括完成行为的时间限制,完成行为的准确性,完成行为的成功特征。

2. 表现性目标的陈述

在表现性目标中,教师重在明确规定学生应参与和经历的活动情境,描述学生在活动中应表现出来的行为和态度,但不规定学生将会在这种活动中具体习得什么,不同的学生在此活动中允许有不同的习得结果,一般来说,在涉及复杂的智力性活动中常用表现性目标表述。

表现性目标的陈述方法为:首先说明学生参与的是什么样的活动或情境;然后选用某一目标水平下恰当的行为动词,明确其相对应的教学内容,两者构成动宾短语来陈述。

常见的表现形式类似于“在……活动中,学生感受……”“在……过程中,学生体验……”“在……情境下,学生讨论……”等。

【示例】请分析一位老师为《少年闰土》撰写的教学目标：

(1)理解课文详略得当的写作方法。

(2)学习课文运用对比突出文章中心的写法。

(3)让学生学习抓住人物特点具体地描写人物性格的写法。

[评析]这位老师虽然设计了三个教学目标，但这三个教学目标在同一层面上，都是学习和掌握课文的写作方法，体现不出语文教学三维目标的有效整合，而且学生的主体地位不明确，前两个目标的主体是学生，第三个目标的主体是教师。

三、教学重难点设计

(一)教学重难点的概念

教学重点是指学生必须理解和掌握的内容。教学难点是指学生难以理解、掌握或者容易引起混淆、错误的内容。教学重点不一定是教学难点，教学难点也不一定是教学重点。

(二)确定教学重难点的要求

(1)吃透新课标。明确课程的完整知识体系框架和教学目标，并把课程标准、教材和教学参考书整合起来，才能科学确定静态的教学重点和难点。

(2)全面了解学生。了解学生原有知识和技能的状况，了解他们的兴趣、需要和思想状况，了解他们的学习方法和学习习惯。

(3)深入钻研教材。教材是教学的主要依据。教学的重点主要取决于教材内容。如果某个知识点在整个知识体系中处于最基本、最重要的地位，且是基础知识或学生进一步学习其他内容的关键，那该知识点就是教学的重点。

【示例】对于20以内的加减法来说，"进位加法"和"退位减法"会直接影响以后各阶段对进位加法和退位减法的理解与掌握，所以从教材结构的整体分析来看，20以内的"进位加法"和"退位减法"应设置为教学重点。

(三)确定教学重难点的方法

(1)地位作用分析法。教材知识体系中具有重要地位作用的知识、技能与方法是教学的重点。所以，可以通过分析学习内容在教材知识体系中的地位和作用来确定其是否为教学重点。

(2)课题分析法。很多情况下，学习内容的标题(课题)就明确了将要学习的主要内容，由此可以根据学习内容的标题(课题)来确定教学的重点。

(3)例题、习题分析法。重点内容的学习要求学生理解、掌握和灵活运用，因此，教材中一般都配备了一定数量的例题、习题供学生预习、练习、巩固并形成技能与能力。所以，分析教材中的例题、习题的安排和配置可以确定教学的重点。

(4)学情分析法。学情分析法又叫经验分析法，是指教师根据往届学生学习理解本节内容的困难程度或者根据知识本身的难易程度，再结合学生的理解水平来确定教学的重难点。

四、教学过程设计

教学过程是整个教案的核心和主体。教学过程包括课堂导入、新课讲授、巩固练习、课堂总结等。

(一)课堂导入

课堂导入是教师在新的教学内容和教学活动开始时，引导学生进入学习状态的行为方式。导入新课是课堂教学过程的第一个环节。教师在设计教案时，要尽量使导入新颖活泼，精当概括，吸引学生。创设有效

导入的具体要求如下:

(1)符合教学的系统性。导入、呈现、理解、巩固和总结的教学过程实际上是一个整体,构成了完整的教学,各个教学程序之间具有一定的联系,要把导入与整个教学过程综合起来考虑。(2)符合教学内容本身的科学性。(3)从学生的实际出发。(4)从课型的需要入手。(5)导语尽量简洁。(6)形式要多种多样。

(二)新课讲授

新课讲授是课堂教学的中心环节,是提高教学质量的关键。新课讲授必须以现代教学理论为指导,遵守教学规律,全面贯彻教学原则,科学而灵活地运用各种教学方法。

新课讲授是编写教案的主要环节。教师在设计教案时,要针对不同的教学内容,选择不同的教学方法;设想怎样提出问题,如何逐步启发、诱导学生理解新知;怎样教会学生掌握重点、难点;预估完成课程内容所需的时间以及根据课程内容做出具体安排。

在我国新课标的理念指导下,教师的角色、教学方式以及学生的学习方式都发生了转变。教师应该是学生学习的合作者、引导者、参与者。一方面,在教学过程中应该从"教育者中心"转向"学习者中心",鼓励学生参与教学;创设智力操作活动;教给学生思维的方法并加强训练。另一方面,从"教会学生知识"转向"教会学生学习",指导学生养成良好的学习习惯;指导学生了解学科特征,掌握学科研究方法。学生的学习方式从被动地接受知识转变为主动地探索新知,提倡自主、合作、探究的学习方式。

(三)巩固练习

巩固练习是指在新课讲授以后,教师选择或者编制一些与教学内容相吻合的、有代表性的题目供学生练习,使学生更深刻地理解所学知识,并通过练习学会应用知识解决实际问题。

必要的练习有利于加强学生对新知识的掌握。因此,练习的设计要精巧、有层次、有坡度、有密度。同时,还要考虑练习的方式,如让学生板演,并考虑将这一环节控制在多长时间。

(四)课堂总结

课堂总结要选择恰当的方式,使之能概括教学内容,突出重点,给学生留下深刻印象,并开阔学生视野,激发学生思维,培养学生的思维能力和创新能力。教师在设计时可考虑实际需要,简单明了,适时总结。

结课在课堂教学中具有举足轻重的作用:(1)有助于对教学内容进行归纳和总结并使之系统化;(2)有助于检查教与学的效果;(3)有助于激发并维持学生的学习动机;(4)有助于学生巩固所学知识;(5)具有教学过渡的作用。

结课的基本要求:(1)要有针对性;(2)要有全面性和深刻性;(3)要简洁明快;(4)要有趣味性。

五、作业布置

作业布置是说明布置书面或口头作业的内容和要求,这是为帮助学生掌握、运用所学知识而进行的辅助性工作。作业包括书面作业、探究讨论式作业、情境表演式作业等。

作业布置要遵循以下原则:

(1)目的性。作业布置应体现课堂教学要求达到的教学目标。学生通过作业能进一步巩固知识,使思维能力得到进一步发展。

(2)针对性。针对教材和学生实际,教师要精心选择作业题。作业偏难,学生无从下手,会导致积极性下降;作业偏易,降低了教学的要求,会影响学生对知识的掌握。

(3)趣味性。"兴趣是最好的老师"。兴趣能激发学生的学习动机,吸引自制力尚处在薄弱阶段的学生愉快地完成每次作业。

(4)层次性。学生的学习水平存在着一定的差异性,这就要求作业布置要体现层次性。

(5)多样性。作业的形式要新颖灵活、不拘一格。除了传统的手写作业外,应适当地运用口头练习(复述、讲故事等)、表演练习(小品、话剧等)、实际操作(课外实验、观察、测量、制作等)等多种作业形式。

(6)开放性。这一点最能体现新课标对作业的要求。传统的作业过于强调答案的唯一性和确定性,而新的课程环境要求大部分作业内容应突出开放性和探究性。

六、板书设计

板书是教师在黑板上配合讲授,运用文字、图画和表格等视觉符号传递教学信息的教学行为方式。它具有提示、强化、示范、解析、直观、总括的作用。

(一)板书设计的原则

板书设计应遵循以下原则:

(1)科学性、目的性原则。板书是教学内容的提要,应当具备很强的科学性,体现教学目标的要求。

(2)准确性、实用性原则。板书设计要紧扣教材,帮助学生理解问题,构建新的知识体系。

(3)启发性、直观性原则。言简意赅、图文并茂的板书能够帮助学生更好地理解、掌握知识。

(4)精要性、过程性原则。对于板书的设计,教师要了然于心,用意明确,字眼精练,重点、难点突出,学生一看就能产生感悟,达到举一反三的效果。

(二)板书设计的类型

1. 纲要式板书

纲要式板书又称提纲式板书,即依据教学内容和教师讲解的顺序,把所要讲的知识要点作为板书条目,依次书写在黑板上。纲要式板书以文字表达为主,把教材内容纲目化,形成层次分明的板书样式,这种形式的板书提纲挈领,条理分明,层次清楚,言简意赅,重点突出。

2. 线索式板书

把教材内容的前后顺序、从属关系按照历史知识结构和内在逻辑关系,用明确的线索串联起来,便于学生理解和把握教材的知识体系、知识结构和逻辑关系。

3. 图解式板书

把教材内容的逻辑关系用不同的线条和颜色画出不同的图形、图表从而形象直观地表现出来,便于学生把握教材各部分知识间的内在联系,加深学生对知识的理解,它具有很强的直观性。

4. 表格式板书

表格式板书是指利用表格结合文字组成的板书形式。它能把有关历史事件、人物活动按时间顺序或相关项目整合在一起,其特点是形式简明、内容扼要,既便于学生掌握知识,又能提高学生的综合能力。

【示例】《草船借箭》的板书。

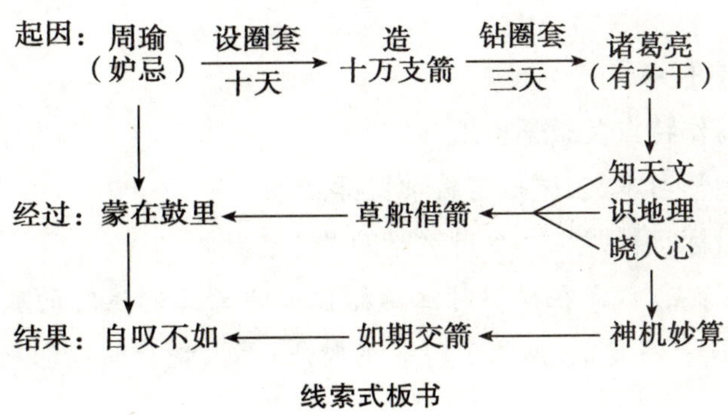

线索式板书

【示例】《黄河》的板书。

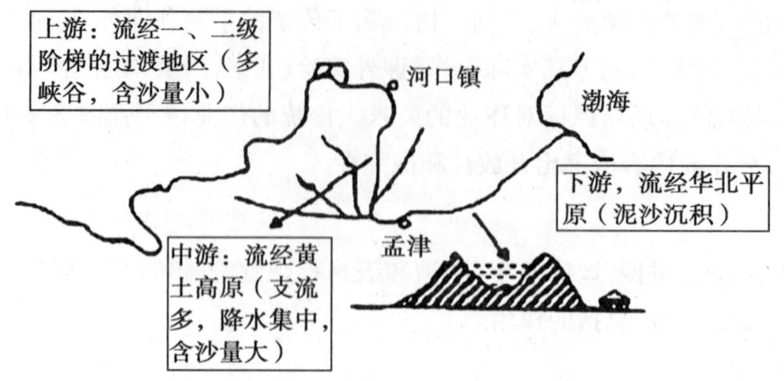

图解式板书

精 选 真 题

[2019 下半年]请认真阅读下文,并按要求作答。

火烧云

晚饭过后,火烧云上来了。霞光照得小孩子的脸红红的,大白狗变成红的了,红公鸡变成金的了,黑母鸡变成紫檀色的了。喂猪的老头儿在墙根站着,笑盈盈地看着他的两头小白猪变成小金猪了。他刚想说:"你们也变了……"旁边走来个乘凉的人对他说:"您老人家必要高寿,您老是金胡子了。"

天上的云从西边一直烧到东边,红彤彤的,好像是天空着了火。

这地方的火烧云变化极多,一会儿红彤彤的,一会儿金灿灿的,一会儿半紫半黄,一会儿半灰半百合色。葡萄灰、梨黄、茄子紫,这些颜色天空都有。还有些说也说不出来、见也没见过的颜色。

一会儿,天空出现一匹马,马头向南,马尾向西。马是跪着的,像是等人骑上它的背,它才站起来似的。过了两三秒钟,那匹马大起来了,腿伸开了,脖子也长了,尾巴可不见了。看的人正在寻找马尾巴,那匹马变模糊了。

忽然又来了一条大狗。那条狗十分凶猛,在向前跑,后边似乎还跟着好几条小狗。跑着跑着,小狗不知哪里去了,大狗也不见了。

04

接着又来了一头大狮子,跟庙门前的石头狮子一模一样,也那么大,也那样蹲着,很威武很镇静地蹲着。可是一转眼就变了,想要再看到那头大狮子,再也找不着了。

一时恍恍惚惚的,天空里又像这个,又像那个,其实什么也不像,什么也看不清了。必须低下头,揉一揉眼睛,沉静一会儿再看。可是天空偏偏不等待那些爱好它的孩子。一会儿工夫,火烧云下去了。

檀 盈 凶 庙 惚

根据上述材料完成下列任务:

(1)简析这篇课文的写作特点及教学价值。

(2)如指导三年级学生学习本文,试拟定教学目标。

(3)依据拟定的教学目标,设计第 3 ~6 自然段的教学。

参考答案:(1)①写作特点:本文在描写时注意抓住火烧云五彩缤纷的颜色和变化无穷的形状,来表现火烧云美丽奇幻的特点。写霞光,抓住了"红"的特点;写火烧云的颜色及颜色的变化,抓住了"多"

"快"的特点；写火烧云的形状及变化时，也抓住了"多""快"的特点。作者还运用了排比的修辞手法，对当时的景象展开丰富的想象，把对事物的静态的和动态的描写结合起来，写得形象生动，给人以深刻的印象和强烈的感染，表达了作者对大自然的喜爱和赞美之情。

②教学价值：《义务教育语文课程标准》(2011 年版)第二学段"阅读"目标指出："积累课文中的优美词语、精彩句段，以及在课外阅读和生活中获得的语言材料。"《火烧云》是一篇非常优美的写景之作，作者以多个不同构词形式的词语和排比的修辞手法勾画了一幅绚丽多姿的火烧云图景，描写了火烧云的全过程，渲染了红霞飞舞、瞬息万变、目不暇接的奇妙景观。该课文可以使三年级的学生感受文章的语言美，激发学生的想象，使学生在阅读中积累课文中的优美词语和精彩句段，达成第二学段的课程目标。

(2)教学目标：

①知识与能力目标：会认、会写课后要求的生字词；积累描写颜色的词语；背诵第 3～6 自然段。

②过程与方法目标：通过有感情地朗读课文，理解课文内容，在朗读中想象火烧云的奇异景象，体会火烧云的特点，体会作者赞美自然景象的心境。

③情感态度与价值观目标：感受火烧云的景色美，培养热爱大自然的思想感情；学习在仔细观察的基础上展开想象来描写景物的表达方法。

(3)教学设计：

①学习火烧云颜色变化的部分

A. 自由朗读第三段，说说火烧云有什么变化。(颜色变化)

a. 你从天空中找到了哪些颜色？你有什么感觉？(颜色真多呀)

b. 这么多的颜色，怎样把它印在脑海中呢？试着把这些颜色分分类，说说为什么这样分。(红彤彤、金灿灿；半紫半黄、半灰半百合色；葡萄灰、梨黄、茄子紫)"葡萄灰""梨黄""茄子紫"这三种颜色，能不能分别用"像……一样的……色"的句式描述一下？

c. 天空中是不是只有这些颜色？你是从哪句话中看出来的？那么我们试着说说这些说也说不出来、见也没见过的颜色。除了用"葡萄灰""梨黄""茄子紫"这种带比喻的形式来说，你还能用其他几种形式来说说天空中的颜色吗？

d. 天空中这么多的颜色交织在一起，多美呀！能不能用恰当的词语概括出火烧云颜色变化之多呢？

e. 再读读这段话，比一比谁能读出作者对火烧云的赞美之情。(学生齐读，指名读，教师适当引导、点拨)

f. 火烧云颜色除了多这个特点外，还有什么特点？(变化快)你是从哪里看出来的？(四个"一会儿")你能用这四个"一会儿"再仿写一个句子吗？试着写一写。

B. 过渡：火烧云色彩如此缤纷，那它的形状变化又是怎样的呢？

②学习火烧云形状变化的部分

A. 默读描写形状变化的部分，小组讨论，说一说形状变化有什么特点。(多、快)

B."一会儿，天空出现一匹马"，这马的样子是怎样的？它是怎样变化的？它又是怎样消失的？(教师引读)

C. 你觉得第四段什么地方写得好？为什么？(引导学生体会作者的想象、表达的形象、情景的有趣)

D. 指导朗读:谁能把这种有趣的情景用朗读表达出来?

E. 读读"大狗""大狮子"的部分,你觉得哪里描写得也很有趣?

(重点让学生体会"那条狗十分凶猛……大狗也不见了"的生动情景美和"跟庙门前的石头狮子一模一样……很威武很镇静地蹲着"的形态美)

F. 把自己觉得最有趣的情景有感情地读给同桌听听。

G. 你觉得天空中还会出现怎样的情景?请你学着作者的写法,按照"出现(样子)—变化—消失"的顺序把你的想象写下来,写完后小组之间互相交流。

H. 火烧云形状的变化是这样多,这样快,你能用一个词语来概括吗?

I. 火烧云的形状如此有趣,谁想用朗读带着同学们再去感受一番?(指名读)

第三节　小学语文学科知识与教学设计

考向分析

本节主要介绍义务教育语文课程目标、小学语文学科专业知识、小学语文学科教学设计等相关知识。本节需要考生掌握的核心知识和能力包括:

知识点	关键点	考频	题型	要求
小学语文学科专业知识	构字特点	1	教学设计	运用
	文本特点	6	教学设计	运用
小学语文学科教学设计	教学目标设计	11	教学设计	运用
	教学重难点设计	3	教学设计	运用
	教学过程设计	10	教学设计	运用
	板书设计	2	教学设计	运用

本节知识在考查题型上以教学设计题为主。在备考时,考生应注意语文学科专业知识、教学目标设计、教学重难点设计和教学过程设计,预计在之后的考试中以上内容仍是考查重点,但更加突出对考生能力和素养的考查。

思维导图

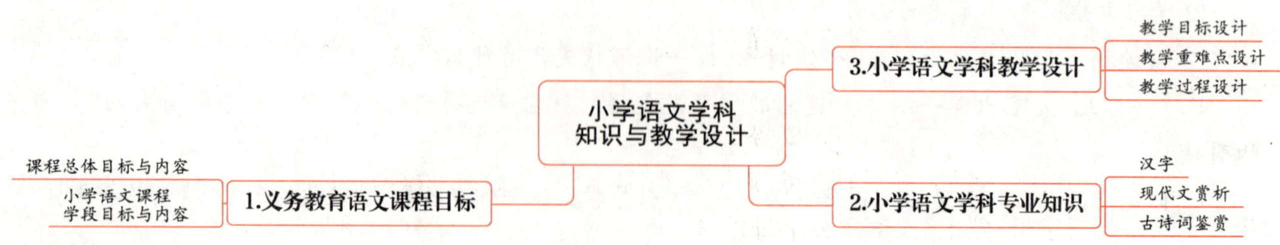

核心知识

一、义务教育语文课程目标

（一）课程总体目标与内容

课程目标从知识与能力、过程与方法、情感态度与价值观三个方面设计。三者相互渗透，融为一体。目标的设计着眼于语文素养的整体提高。

1. 在语文学习过程中，培养爱国主义、集体主义、社会主义思想道德和健康的审美情趣，发展个性，培养创新精神和合作精神，逐步形成积极的人生态度和正确的世界观、价值观。

2. 认识中华文化的丰厚博大，汲取民族文化智慧。关心当代文化生活，尊重多样文化，吸收人类优秀文化的营养，提高文化品位。

3. 培育热爱祖国语言文字的情感，增强学习语文的自信心，养成良好的语文学习习惯，初步掌握学习语文的基本方法。

4. 在发展语言能力的同时，发展思维能力，学习科学的思想方法，逐步养成实事求是、崇尚真知的科学态度。

5. 能主动进行探究性学习，激发想象力和创造潜能，在实践中学习和运用语文。

6. 学会汉语拼音。能说普通话。认识3500个左右常用汉字。能正确工整地书写汉字，并有一定的速度。

7. 具有独立阅读的能力，学会运用多种阅读方法。有较为丰富的积累和良好的语感，注重情感体验，发展感受和理解的能力。能阅读日常的书报杂志，能初步鉴赏文学作品，丰富自己的精神世界。能借助工具书阅读浅易文言文。背诵优秀诗文240篇（段）。九年课外阅读总量应在400万字以上。

8. 能具体明确、文从字顺地表达自己的见闻、体验和想法。能根据需要，运用常见的表达方式写作，发展书面语言运用能力。

9. 具有日常口语交际的基本能力，学会倾听、表达与交流，初步学会运用口头语言文明地进行人际沟通和社会交往。

10. 学会使用常用的语文工具书。初步具备搜集和处理信息的能力，积极尝试运用新技术和多种媒体学习语文。

（二）小学语文课程学段目标与内容

第一学段（1～2年级）

1. 识字与写字

（1）喜欢学习汉字，有主动识字、写字的愿望。

（2）认识常用汉字1600个左右，其中800个左右会写。

（3）掌握汉字的基本笔画和常用的偏旁部首，能按笔顺规则用硬笔写字，注意间架结构。初步感受汉字的形体美。

（4）努力养成良好的写字习惯，写字姿势正确，书写规范、端正、整洁。

（5）学会汉语拼音。能读准声母、韵母、声调和整体认读音节。能准确地拼读音节，正确书写声母、韵母和音节。认识大写字母，熟记《汉语拼音字母表》。

(6)学习独立识字。能借助汉语拼音认读汉字,学会用音序检字法和部首检字法查字典。

2. 阅读

(1)喜欢阅读,感受阅读的乐趣。养成爱护图书的习惯。

(2)学习用普通话正确、流利、有感情地朗读课文。学习默读。

(3)结合上下文和生活实际了解课文中词句的意思,在阅读中积累词语。借助读物中的图画阅读。

(4)阅读浅近的童话、寓言、故事,向往美好的情境,关心自然和生命,对感兴趣的人物和事件有自己的感受和想法,并乐于与人交流。

(5)诵读儿歌、儿童诗和浅近的古诗,展开想象,获得初步的情感体验,感受语言的优美。

(6)认识课文中出现的常用标点符号。在阅读中体会句号、问号、感叹号所表达的不同语气。

(7)积累自己喜欢的成语和格言警句。背诵优秀诗文50篇(段)。课外阅读总量不少于5万字。

3. 写话

(1)对写话有兴趣,留心周围事物,写自己想说的话,写想象中的事物。

(2)在写话中乐于运用阅读和生活中学到的词语。

(3)根据表达的需要,学习使用逗号、句号、问号、感叹号。

4. 口语交际

(1)学说普通话,逐步养成说普通话的习惯。

(2)能认真听别人讲话,努力了解讲话的主要内容。

(3)听故事、看音像作品,能复述大意和自己感兴趣的情节。

(4)能较完整地讲述小故事,能简要讲述自己感兴趣的见闻。

(5)与别人交谈,态度自然大方,有礼貌。

(6)有表达的自信心。积极参加讨论,敢于发表自己的意见。

5. 综合性学习

(1)对周围事物有好奇心,能就感兴趣的内容提出问题,结合课内外阅读共同讨论。

(2)结合语文学习,观察大自然,用口头或图文等方式表达自己的观察所得。

(3)热心参加校园、社区活动。结合活动,用口头或图文等方式表达自己的见闻和想法。

第二学段(3~4年级)

1. 识字与写字

(1)对学习汉字有浓厚的兴趣,养成主动识字的习惯。

(2)累计认识常用汉字2500个左右,其中1600个左右会写。

(3)有初步的独立识字能力。会运用音序检字法和部首检字法查字典、词典。

(4)能使用硬笔熟练地书写正楷字,做到规范、端正、整洁。用毛笔临摹正楷字帖。

(5)写字姿势正确,有良好的书写习惯。

2. 阅读

(1)用普通话正确、流利、有感情地朗读课文。

(2)初步学会默读,做到不出声,不指读。学习略读,粗知文章大意。

(3)能联系上下文,理解词句的意思,体会课文中关键词句表达情意的作用。能借助字典、词典和生活积累,理解生词的意义。

(4)能初步把握文章的主要内容,体会文章表达的思想感情。能对课文中不理解的地方提出疑问。

(5)能复述叙事性作品的大意,初步感受作品中生动的形象和优美的语言,关心作品中人物的命运和喜怒哀乐,与他人交流自己的阅读感受。

(6)诵读优秀诗文,注意在诵读过程中体验情感,展开想象,领悟诗文大意。

(7)在理解语句的过程中,体会句号与逗号的不同用法,了解冒号、引号的一般用法。

(8)积累课文中的优美词语、精彩句段,以及在课外阅读和生活中获得的语言材料。背诵优秀诗文50篇(段)。

(9)养成读书看报的习惯,收藏图书资料,乐于与同学交流。课外阅读总量不少于40万字。

3. 习作

(1)乐于书面表达,增强习作的自信心。愿意与他人分享习作的快乐。

(2)观察周围世界,能不拘形式地写下自己的见闻、感受和想象,注意把自己觉得新奇有趣或印象最深、最受感动的内容写清楚。

(3)能用简短的书信、便条进行交流。

(4)尝试在习作中运用自己平时积累的语言材料,特别是有新鲜感的词句。

(5)学习修改习作中有明显错误的词句。根据表达的需要,正确使用冒号、引号等标点符号。

(6)课内习作每学年16次左右。

4. 口语交际

(1)能用普通话交谈。学会认真倾听,能就不理解的地方向人请教,就不同的意见与人商讨。

(2)听人说话能把握主要内容,并能简要转述。

(3)能清楚明白地讲述见闻,说出自己的感受和想法。讲述故事力求具体生动。

5. 综合性学习

(1)能提出学习和生活中的问题,有目的地搜集资料,共同讨论。

(2)结合语文学习,观察大自然,观察社会,用书面或口头方式表达自己的观察所得。

(3)能在教师指导下组织有趣味的语文活动,在活动中学习语文,学会合作。

(4)在家庭生活、学校生活中,尝试运用语文知识和能力解决简单问题。

第三学段(5~6年级)

1. 识字与写字

(1)有较强的独立识字能力。累计认识常用汉字3000个左右,其中2500个会写。

(2)硬笔书写楷书,行款整齐,力求美观,有一定速度。

(3)能用毛笔书写楷书,在书写中体会汉字的优美。

(4)写字姿势正确,有良好的书写习惯。

2. 阅读

(1)能用普通话正确、流利、有感情地朗读课文。

(2)默读有一定速度,默读一般读物每分钟不少于300字。学习浏览,扩大知识面,根据需要搜集信息。

(3)能联系上下文和自己的积累,推想课文中有关词句的意思,辨别词语的感情色彩,体会其表达效果。

(4)在阅读中了解文章的表达顺序,体会作者的思想感情,初步领悟文章的基本表达方法。在交流和讨论中,敢于提出看法,做出自己的判断。

(5)阅读叙事性作品,了解事件梗概,能简单描述自己印象最深的场景、人物、细节,说出自己的喜爱、憎恶、崇敬、向往、同情等感受。阅读诗歌,大体把握诗意,想象诗歌描述的情境,体会作品的情感。受到优秀作品的感染和激励,向往和追求美好的理想。阅读说明性文章,能抓住要点,了解文章的基本说明方法。阅读简单的非连续性文本,能从图文等组合材料中找出有价值的信息。

(6)在理解课文的过程中,体会顿号与逗号、分号与句号的不同用法。

(7)诵读优秀诗文,注意通过语调、韵律、节奏等体味作品的内容和情感。背诵优秀诗文60篇(段)。

(8)扩展阅读面。课外阅读总量不少于100万字。

3. 习作

(1)懂得写作是为了自我表达和与人交流。

(2)养成留心观察周围事物的习惯,有意识地丰富自己的见闻,珍视个人的独特感受,积累习作素材。

(3)能写简单的记实作文和想象作文,内容具体,感情真实。能根据内容表达的需要,分段表述。学写读书笔记,学写常见应用文。

(4)修改自己的习作,并主动与他人交换修改,做到语句通顺,行款正确,书写规范、整洁。根据表达需要,正确使用常用的标点符号。

(5)习作要有一定速度。课内习作每学年16次左右。

4. 口语交际

(1)与人交流能尊重和理解对方。

(2)乐于参与讨论,敢于发表自己的意见。

(3)听人说话认真、耐心,能抓住要点,并能简要转述。

(4)表达有条理,语气、语调适当。

(5)能根据对象和场合,稍作准备,作简单的发言。

(6)注意语言美,抵制不文明的语言。

5. 综合性学习

(1)为解决与学习和生活相关的问题,利用图书馆、网络等信息渠道获取资料,尝试写简单的研究报告。

(2)策划简单的校园活动和社会活动,对所策划的主题进行讨论和分析,学写活动计划和活动总结。

(3)对自己身边的、大家共同关注的问题,或电视、电影中的故事和形象,组织讨论、专题演讲,学习辨别是非、善恶、美丑。

(4)初步了解查找资料、运用资料的基本方法。

二、小学语文学科专业知识

(一)汉字

1. 汉字造字法

一般来说,汉字的造字方法有象形、指事、会意、形声四种。我国古代对汉字造字法有“六书”的提法,除了上述四种外,还包括转注和假借,但严格来说,这两种应属于用字的方法。

(1)象形

象形造字法指用线条来描绘实物形状的造字法。比如“日”就写成太阳的样子,“月”就写成月亮的样子,“木”就写成树的样子,“火”就写成火苗的样子,复杂的如“象”字和“虎”字等,也属于象形字。

(2)指事

不管象形字的笔画怎么简化,都必须描画出事物之形。但客观事物纷繁复杂,具体的事物画得出来,抽象的事物却画不出来。于是,人们就想出另一种造字的方法,就是“指事”。指事字可分为两类,一类是纯符号性的字,另一类是在独体象形字的基础上添加或减少指事符号的字。比如“上”和“下”,就在一条长线的上下分别画一条短线来表示。

(3)会意

指事字已由单纯象形过渡到突出表意,这就给人们新的启发,把两个或两个以上象形字或指事字拼合在一起,并且把它们的原意结合成一个新的意义,这种造字法就是"会意"。比如"采"字,下边是个"木"字,表示树,上边画个"爪",表示正在抓取东西的手,"采"的意思就一目了然了。

(4)形声

用前面三种方法造出来的字总体来说都是表意的。但是语言毕竟是用声音来反映各种事物的,这些用表意的方法很难造出来。这也促使人们想出一种新的办法,即用一个字的一半符号表示意义,另一半符号表示声音,这种造字法就是"形声"。如"桃、梅、松、柳"等各种树,其中的形符都是"木",表示跟树有关,但是由于声符不同,各自就表示不同的树。

2. 汉字的偏旁和部首

"偏旁部首"常常连在一起说,于是有些人就认为"偏旁"和"部首"是一回事,这是一种误解。偏旁和部首,虽然有某些联系,但却是两个不同的概念。

(1)偏旁

偏旁是由笔画组成的较大的构字单位,是汉字的基本结构单位。偏旁原指组成汉字的两边,左为"偏"右为"旁",现在习惯把汉字的上下左右统称为偏旁。

汉字按结构可分为独体字和合体字两大类。独体字是囫囵一个字,拆不开,大都是象形字和指事字,如"人""水""中"等。合体字是由两个或更多的独体字合成的一个字,会意字与形声字一般都是合体字。如"尘"由"小"和"土"合成。

合体字的间架结构有七种类型:①左右结构:朋、伟、钢。②左中右结构:街、衢、斑。③上下结构:思、架、垫。④上中下结构:鼻、赢、冀。⑤半包围结构:句、这、凶、风、建、属、府、房。⑥全包围结构:圆、国、回。⑦品字形结构:晶、森、鑫。

(2)部首

部首是具有字形归类作用的偏旁,是字书中各部的首字,即每一部的共同偏旁。如凡从"木"的字为一部,以其为首,如树、杜、桦等属木部,木就是部首。可见,部首也是偏旁,但偏旁不一定是部首。因为作为部首的偏旁基本上都具有表示义类的作用,所以偏旁的数目远比部首多。

04

精选真题

[2016 下半年]教学设计:分析"饥""贫"二字的构字特点。

参考答案:"饥"字的构字特点:左右结构,部首是"饣",属于形声字,意为饿,跟"饱"相对。"贫"字的构字特点:上下结构,部首是"贝",总笔画是8,一般指穷、收入少、生活困难,与"富"相对,是一个会意兼形声字。

(二)现代文赏析

1. 常用修辞手法

修辞手法	内涵
比喻	"打比方",即抓住两种不同性质事物的相似点,用一事物来喻另一事物。比喻的结构一般由本体(被比喻的事物)、喻体(作比方的事物)和比喻词(比喻关系的标志)构成。 比喻有:明喻,暗喻,借喻,博喻

续表

修辞手法	内涵
比拟	又分为拟物和拟人两种。把人当物写或把甲物当乙物写称之为拟物,把物当人写称之为拟人
夸张	为追求某种表达效果,对原有事物进行合乎情理的着意扩大或缩小。要求使用时不能失去生活的基础和根据,不能浮夸。 夸张有:扩大夸张,缩小夸张,超前夸张
排比	由三个或三个以上结构相同或相似、内容相关、语气一致的短语或句子组合而成。 排比有:成分排比,句子排比
对偶	“对对子”,也称“对仗”。它必须是一对字数相等、平仄相对、结构相同、意义相关的短语或句子
借代	不直接说出要说的人或事物,而是借用与它有密切关系的人或事物来替代,如以部分代整体,用具体代抽象,用特征代本体,用专名代通称等
反复	根据表达需要,使同一个词语或句子一再出现的修辞手法。 反复可以是连续的,也可以间隔出现
反语	通常所说的“说反话”——它实际要表达的意思和字面意思是相反的
反问	用疑问的形式来表达确定的意思,因此不需要回答
设问	为了突出所说的内容,把它用问话的形式表示出来。 设问是自问自答的

此外,教材中出现较多的修辞手法还有:引用、双关、顶真(或称“顶针”“联珠”)、呼告、叠字、警策、通感、婉曲、讳饰等。

2. 表现手法及其作用

表现手法	作用
象征	引申事理,使抽象事物具体化,激发联想,感染力强
衬托	突出所要表现的事物特点,强化思想感情;使主要形象更加鲜明,使文章曲折含蓄
抑扬(先抑后扬,先扬后抑)	引发好奇,使文章曲折有波澜;感情铺垫,突出喜欢赞美或批评讽刺的情感
托物言志	在对事物的描绘过程中寄托作者的个人情感和理念
借景抒情	通过景物的描写,来衬托作者或喜或悲的情感
虚实结合	突出事物的本质特征,将人物性格刻画得更鲜明,凸显事物、景物的特点
动静结合	以静衬动或以动衬静,起烘托作用
以小见大	由平凡细微的事情反映重大的主题,突出表现中心,更具震撼力
渲染烘托	使主要形象更加鲜明
联想想象	丰富文章内容;使形象更为生动形象;增添文章的艺术表现力
反语(反讽)	辛辣讽刺,幽默有趣,使文章富有战斗性

3. 抒情方式/手法

(1)直接抒情:直抒胸臆,淋漓尽致。

(2)间接抒情:包括借景抒情、借事抒情、托物言志等。

4. 表达方式

(1)叙述:顺叙、倒叙、插叙、补叙等。

(2)描写:人物描写、环境描写、景物描写等。

(3)抒情:直接抒情、间接抒情。

(4)说明:下定义、分类别、作诠释、摹状貌、举例子、列数字、打比方、作比较等。

(5)议论:议论文的论据分为事实论据和道理论据。论证方法有:举例论证、事实论证、道理论证、引用论证、对比论证、比喻论证。

5. 描写

(1)人物描写

手法	内涵
正面描写	①肖像描写(以形传神) ②动作描写(生动形象地表现人物性格特点) ③语言描写(言为心声) ④心理描写(揭示人物内心世界) ⑤神态描写(刻画人物性格,展示人物内心) ⑥细节描写(抓住生活中的一个小细节,尤其是动作、表情,来刻画人物形象,准确传神、形象鲜明)
侧面描写	不直接写人、物本身,而是通过他人对主体的感受与评价从侧面来突出主体的特征

(2)环境描写(自然景物描写、社会环境描写)

作用	方法	角度
①照应前后文、标题 ②渲染气氛,烘托人物情感 ③衬托(正衬、反衬)主体 ④表现、突出主题 ⑤展示人物活动背景或社会背景 ⑥为下文的议论、描写、抒情作铺垫 ⑦预示或推动情节的发展	①动静结合 ②点面结合 ③虚实结合 ④正侧面描写相结合 ⑤高低远近声色结合 ⑥视觉嗅觉听觉多角度写景 ⑦对比	①视觉 ②听觉 ③味觉 ④触觉

(3)场景描写:摄取一个有意义的生活场景或自然景观,采用各种修辞手法,把看到、听到、想到的写下来,给读者以身临其境的感觉。

(4)白描:用最简练、最节省的文字勾勒出人物的精神面貌或描绘一幅画面;用字简练,不加渲染和烘托,简洁传神。

6. 语言的特色与风格

(1)平实自然:语言朴素,不事夸张,但于平淡之中蕴涵深意,亲切自然。

(2)华美绚丽:较多使用整句句式,修饰性辞藻丰富,文采飞扬,具有感染力。

(3)较多使用生动活泼的口头用语:生动活泼、亲切自然。

(4)生动形象(较多运用修辞手法):语言富有感染力,化深奥为浅显,化抽象为具体。

(5)幽默讽刺:一针见血,入木三分,语言富有感染力,强化讽刺效果。

(6)委婉含蓄:容易引起读者的感情共鸣。

(7)准确简练(意思表达明确,用语简单):短促有力,语言富于感染力。

(8)典雅优美(较多引用古典诗文):语言具有古典的美感,丰富文章文化内涵。

7. 取材(选材)构思的特点

(1)详略得当:最能体现主题的内容细致描述,与主题联系不是十分紧密的粗略描述。

(2)以小见大:从生活中的细小事物或场景入手,表现重大的主题。

(3)点面结合:既有整个横切面,又有具体详细的事例个案(点)。

(4)典型、新颖:创造典型人物,描写典型场景;推陈出新。

(5)旁征博引:材料丰富,论据翔实。

(6)虚实结合(以虚写实):眼前之景与事为实,联想与想象的景与事为虚,尤其是回忆、梦境等,作者常通过以虚写实的方式来形成一种虚实的对比与映衬。

8. 文章的结构

(1)文章的结构形式

①总分式:包括分—总、总—分—总、总—分式。

②递进式:逐层深入形成递进。

③并列式:分几方面介绍,形成平列。

④对照式:文中两部分内容或进行对比,或用一部分内容烘托另一部分内容。

(2)文章线索

散文构思的线索一般有:①以人(人物的活动)为线索;②以物(贯穿全文的重要物品)为线索;③以事(事件的前因后果)为线索;④以理(所要阐述的道理)为线索;⑤以情感(情感的变化)为线索;⑥以空间位置的变化为线索。

线索的作用:贯穿或组织全文。

(3)文章的顺序

文体	类别
记叙文的顺序	①顺叙,指记叙的时候按照事情发生、发展和结局的时间顺序来写 ②倒叙,指先交代事件的结局或某个突出的精彩片段,然后回过头来再按照事情发生、发展的顺序叙述。作用是设置悬念,激发读者兴趣,取得先声夺人的表达效果 ③插叙,指在叙述的过程中,暂时中断叙述的线索,插入与中心事件有关的内容,然后继续进行原来的叙述。其作用是给中心事件作必要的铺垫,使情节更加完整,内容更加丰富 ④补叙:对上文内容加以补充解释,对下文做某些交代 ⑤平叙:指叙述两件或多件同时发生的事,使头绪清楚,照应得体
说明文的顺序	①时间顺序 ②空间顺序 ③逻辑顺序(现象—本质、原因—结果、整体—部分、概括—具体、特点—用途、主—次、总—分)

(4)文章的结构层次

类别	分析方法
以写事为主的文章	①按事情发生、发展的先后时间分析 ②按事情发生、发展的地点转换分析 ③按事情发展的阶段分析

续表

类别	分析方法
以写人为主的文章	①按人物成长的阶段分析 ②按人物所在的不同地点分析 ③按表现人物不同性格特征的不同条件分析 ④按人物感情的变化分析
以写景状物为主的文章	①按人物观察景物的观察点的变化,即空间变化分析 ②按不同时间的不同景致的变化,即时间变化分析

(三)古诗词鉴赏

1. 形象类

诗歌作品中的形象指的是诗歌作品创造出来的生动具体的、寄寓作者生活理想和思想感情的艺术形象,它包括人物形象、事物形象和景物形象三种。

类别	内容	分析思路
人物形象	抒情主人公的形象,即诗人自己	知人论世,结合背景了解人物当时的情境; 分析人物的行为、语言、心理,把握人物特征; 抓住表露人物情感或思想的词句; 借助意象和典故,展开联想和想象,感知形象
	作品刻画的人物形象	
事物形象	具有象征意义的形象,以物喻人	捕捉所写物象描写特征的词语,分析物象的外在特征(形、色、声、态等)、环境特点和内在品性; 挖掘物象内在的品格、精神,抓住物与志的"契合点"; 联系诗人自身经历和所处社会环境,揣摩诗人所托之情,所言之志
	具有特定含义的形象	
景物形象	景物描写:季节、时令、地域等	结合诗句内容或表达技巧具体分析形象特点。揭示形象表现的意义(情感、理想、追求、品性等); 写景技巧:各种修辞手法;正面描写;侧面描写; 景情关系:正衬;反衬;借景抒情
	场面描写:农事、战争、狩猎、离别等	
	色彩描写	

2. 意境类

(1)分析思路

鉴赏古诗的意境要注意作者选取了哪些景物(意象),有什么特征,渲染了何种气氛或传达了何种情感,情景之间的关系如何等。

(2)答题步骤

①描绘诗中展现的图景画面(或指出描写的具体景象、意象)。既要忠实于原诗,又要用自己的联想和想象加以再创造。

②概括景物营造的氛围(意境)特点。

③分析作者的思想感情。切忌空洞,要答具体。比如只答"表达了作者感伤的情怀"是不行的,应答出为什么而"感伤"。

3. 意象类

(1)分析思路

分析诗歌意象要根据诗歌描绘的具体物象和画面识别其性质,并在读懂诗歌的基础上概括出诗歌意象的象征意义和社会意义。

意象作用:营造气氛;设置背景或环境;塑造意境;奠定情感基调;借景抒情;衬托(人物性格、品质;以景衬境、以景衬情);诗歌线索。

(2)答题步骤

①找出诗中描绘的意象;

②分析意象的基本含义(表层含义+深层含义)或内涵;

③指出描绘意象的作用或效果。

4. 技巧类

(1)分析思路

这类提问注重的是诗歌整体的艺术表现特色,主要应从诗歌的整体构思、诗歌整体的艺术技巧方面来解答。

①表达方式:记叙、描写、抒情、议论、说明。

②表现手法:

修辞手法:比喻、比拟(拟人、拟物)、夸张、借代、对偶、设问、反问、双关、顶真、谐音、互文、反语、通感、排比、反复等。

抒情手法:直抒胸臆、间接抒情、托物言志、借古抒怀(借古讽今)等。

描写方法:动静结合、虚实结合、正侧结合、点面结合、远近结合、抑扬结合、褒贬结合、明暗结合、声色结合、细节描写、比兴、白描、工笔、象征、对比、衬托、烘托、渲染、用典、铺陈、联想、以小见大、侧面描写等。

③结构技巧:层层深入、曲笔入题、卒章显志、以景结情、以小见大、过渡、铺垫、伏笔、悬念等。

(2)答题步骤

①明手法:准确指出用了何种手法。

②释理由:结合诗句阐释为什么用这种手法。

③析作用:指出此手法怎样有效传达出诗人的感情,传达出什么感情。

5. 语言风格类

(1)分析思路

这种题型不是揣摩个别字词运用的技巧,而是要品味整首诗(词)表现出来的语言风格。

答题词:清新自然、明快清新、平淡自然、朴实无华、明快直露、明白晓畅、流畅自然、多用口语、通俗易懂、华美绚丽、辞藻华丽、深沉隽永、委婉含蓄、含蓄深沉、雄浑豪放、笔调婉约、缠绵哀怨、温婉悲凉、庄谐俱见、幽默讽刺、简练生动、简练传神、准确精练、生动形象、准确传神等。

(2)答题步骤

①明特色:用一两个词准确点明语言特色。

②列例证:用诗中有关语句具体分析这种特色。

③析作用:指出表现了作者怎样的感情。

6. 思想感情类

(1)分析思路

把握诗歌思想感情的方法:①看注解(作者、背景、词解);②抓意象、意境;③抓诗眼、关键词;④懂典故;⑤懂手法。

思想感情主要包括忧国伤时、建功报国、思乡怀人、感时伤世、生活杂感、送别等。

(2)答题步骤

①分析诗歌描写了什么内容。

②分析诗歌表达了什么情感。(如果涉及艺术手法,需要指出手法的运用)

答题格式:本诗通过×××的描写(叙述、回忆),抒发(表现)了诗人×××的感情。

三、小学语文学科教学设计

(一)教学目标设计

[作答模板]

知识与能力目标:学生会读×××字,能规范地书写×××词,能有感情地/流利地朗读课文(并背诵喜欢的部分)。

过程与方法目标:学生通过小组讨论/以读促悟过程,形成/培养×××能力。

情感态度与价值观目标:学生能意识到×××乐趣/重要性,树立×××价值观,激发对×××学科的喜爱之情。

(二)教学重难点设计

[作答模板]

教学重点:学生会读会写重点词语,体会作者所表达的感情。

教学难点:如何锻炼学生流利地朗读课文的能力,激发×××的兴趣。

[设计理由作答模板]

×年级学生/×学段学生思维活跃,求知欲强,喜欢动手、动脑,有很强的好奇心和探索欲望。因此在教学中我抓住这些特点让他们通过动眼观察、动手操作、动脑分析归纳等来理解所学知识。

(三)教学过程设计

1. 课堂导入

(1)**多媒体导入**:为学生们呈现景色的图片、视频。

[作答模板]

同学们,在正式上课之前,老师首先请大家欣赏几幅美丽的图片/一段视频,(展示图片或视频后询问)大家觉得美不美?大家知道这是哪里吗?我带领大家一起来认识美丽的×××。

(2)**设疑导入**:设置疑问引发学生思考。

[作答模板]

同学们!老师今天将介绍一位神秘的“嘉宾”给大家,她来自神奇的大自然,那么她是谁呢?神秘在什么地方呢?现在就让我带领大家一起去揭开她神秘的面纱……

[设计理由作答模板]根据小学生的心理发展特点,创设一个活泼有趣的情境,贴近生活,引发学生的学习兴趣,为学习新课程打下基础。

2. 新课讲授

(1)初读课文,扫清障碍

学生自主阅读全文,找出本文中的生字词,借助字典查出文中生字词的读音,并由教师范读、范写文中“×××”等生字词。

(2)细读课文,了解文章布局

学生自主划分段落,归纳出每一部分所要表达的主要思想。

(3)精读课文,把握写作特点

①分组讨论每段的中心思想,并请每组的学生代表回答,老师进行点评。

②找出课文中所用表现手法,并说说这种表现手法好在哪里。

(4)再读课文,感悟体会

请全班同学齐声朗读全文,跟着作者的脚步再次回顾×××的特点。

3. 巩固练习

根据课文内容为学生设置问题或请学生完成本节课课后练习。

4. 归纳小结

教师首先请一位同学总结本节课的主要内容,然后教师进行补充、归纳,结束本课。

第四节　小学数学学科知识与教学设计

考向分析

本节主要介绍义务教育数学课程目标、小学数学学科专业知识、小学数学学科教学设计等相关知识。本节需要考生掌握的核心知识和能力包括:

知识点	关键点	考频	题型	要求
义务教育数学课程目标	《义务教育数学课程标准》(2011 年版)	3	教学设计	识记
小学数学学科专业知识	小学常见数学思想	3	教学设计	识记
	小学常见数学概念	4	教学设计	识记
小学数学学科教学设计	教学目标设计	11	教学设计	运用
	教学重难点设计	3	教学设计	运用
	教学过程设计	10	教学设计	运用

本节知识在考查题型上以教学设计题为主。在备考时,考生应注意《义务教育数学课程标准》(2011 年版)、小学数学学科专业知识、教学目标设计、教学重难点设计和教学过程设计,预计在之后的考试中以上内容仍是考查重点,但更加突出对考生能力和素养的考查。

思维导图

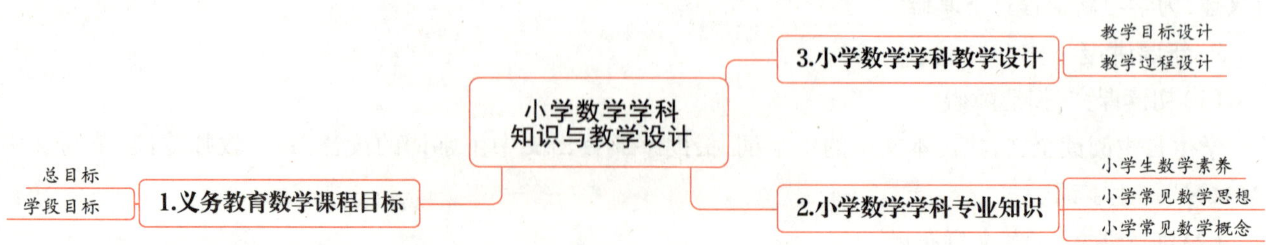

04

核心知识

一、义务教育数学课程目标

(一)总目标

通过义务教育阶段的数学学习,学生能:

(1)获得适应社会生活和进一步发展所必需的数学的基础知识、基本技能、基本思想、基本活动经验。

(2)体会数学知识之间、数学与其他学科之间、数学与生活之间的联系,运用数学的思维方式进行思考,增强发现和提出问题的能力、分析和解决问题的能力。

(3)了解数学的价值,提高学习数学的兴趣,增强学好数学的信心,养成良好的学习习惯,具有初步的创新意识和科学态度。

总目标从以下四个方面具体阐述:

知识技能	·经历数与代数的抽象、运算与建模等过程,掌握数与代数的基础知识和基本技能 ·经历图形的抽象、分类、性质探讨、运动、位置确定等过程,掌握图形与几何的基础知识和基本技能 ·经历在实际问题中收集和处理数据、利用数据分析问题、获取信息的过程,掌握统计与概率的基础知识和基本技能 ·参与综合实践活动,积累综合运用数学知识、技能和方法等解决简单问题的数学活动经验
数学思考	·建立数感、符号意识和空间观念,初步形成几何直观和运算能力,发展形象思维与抽象思维 ·体会统计方法的意义,发展数据分析观念,感受随机现象 ·在参与观察、实验、猜想、证明、综合实践等数学活动中,发展合情推理和演绎推理能力,清晰地表达自己的想法 ·学会独立思考,体会数学的基本思想和思维方式
问题解决	·初步学会从数学的角度发现问题和提出问题,综合运用数学知识解决简单的实际问题,增强应用意识,提高实践能力 ·获得分析问题和解决问题的一些基本方法,体验解决问题方法的多样性,发展创新意识 ·学会与他人合作交流 ·初步形成评价与反思的意识
情感态度	·积极参与数学活动,对数学有好奇心和求知欲 ·在数学学习过程中,体验获得成功的乐趣,锻炼克服困难的意志,建立自信心 ·体会数学的特点,了解数学的价值 ·养成认真勤奋、独立思考、合作交流、反思质疑等学习习惯 ·形成坚持真理、修正错误、严谨求实的科学态度

总目标的这四个方面,不是相互独立和割裂的,而是一个密切联系、相互交融的有机整体。在课程设计和教学活动组织中,应同时兼顾这四个方面的目标。这些目标的整体实现,是学生受到良好数学教育的标志,它对学生的全面、持续、和谐发展有着重要的意义。数学思考、问题解决、情感态度的发展离不开知识技能的学习,知识技能的学习必须有利于其他三个目标的实现。

(二)学段目标

第一学段(1 ~3 年级)

知识技能

1. 经历从日常生活中抽象出数的过程,理解万以内数的意义,初步认识分数和小数;理解常见的量;体会四则运算的意义,掌握必要的运算技能,能准确进行运算;在具体情境中,能选择适当的单位进行简单的估算。

2. 经历从实际物体中抽象出简单几何体和平面图形的过程,了解一些简单几何体和常见的平面图形;感受平移、旋转、轴对称现象;认识物体的相对位置;掌握初步的测量、识图和画图的技能。

3. 经历简单的数据收集、整理、分析的过程,了解简单的数据处理方法。

数学思考

1. 在运用数及适当的度量单位描述现实生活中的简单现象,以及对运算结果进行估计的过程中,发展数感;在从物体中抽象出几何图形、想象图形的运动和位置的过程中,发展空间观念。

2. 能对调查过程中获得的简单数据进行归类,体验数据中蕴含着信息。

3. 在观察、操作等活动中,能提出一些简单的猜想。

4. 会独立思考问题,表达自己的想法。

问题解决

1. 能在教师的指导下,从日常生活中发现和提出简单的数学问题,并尝试解决。

2. 了解分析问题和解决问题的一些基本方法,知道同一个问题可以有不同的解决方法。

3. 体验与他人合作交流解决问题的过程。

4. 尝试回顾解决问题的过程。

情感态度

1. 对身边与数学有关的事物有好奇心,能参与数学活动。

2. 在他人帮助下,感受数学活动中的成功,能尝试克服困难。

3. 了解数学可以描述生活中的一些现象,感受数学与生活有密切联系。

4. 能倾听别人的意见,尝试对别人的想法提出建议,知道应该尊重客观事实。

第二学段(4 ~6 年级)

知识技能

1. 体验从具体情境中抽象出数的过程,认识万以上的数;理解分数、小数、百分数的意义,了解负数的意义;掌握必要的运算技能;理解估算的意义;能用方程表示简单的数量关系,能解简单的方程。

2. 探索一些图形的形状、大小和位置关系,了解一些几何体和平面图形的基本特征;体验简单图形的运动过程,能在方格纸上画出简单图形运动后的图形,了解确定物体位置的一些基本方法;掌握测量、识图和画图的基本方法。

3. 经历数据的收集、整理和分析的过程,掌握一些简单的数据处理技能;体验随机事件和事件发生的等可能性。

4. 能借助计算器解决简单的应用问题。

数学思考

1. 初步形成数感和空间观念,感受符号和几何直观的作用。

2. 进一步认识到数据中蕴含着信息,发展数据分析观念;通过实例感受简单的随机现象。

3. 在观察、实验、猜想、验证等活动中,发展合情推理能力,能进行有条理的思考,能比较清楚地表达自

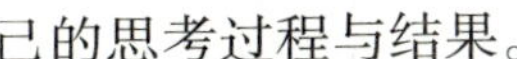

己的思考过程与结果。

4. 会独立思考，体会一些数学的基本思想。

问题解决

1. 尝试从日常生活中发现并提出简单的数学问题，并运用一些知识加以解决。

2. 能探索分析和解决简单问题的有效方法，了解解决问题方法的多样性。

3. 经历与他人合作交流解决问题的过程，尝试解释自己的思考过程。

4. 能回顾解决问题的过程，初步判断结果的合理性。

情感态度

1. 愿意了解社会生活中与数学相关的信息，主动参与数学学习活动。

2. 在他人的鼓励和引导下，体验克服困难、解决问题的过程，相信自己能够学好数学。

3. 在运用数学知识和方法解决问题的过程中，认识数学的价值。

4. 初步养成乐于思考、勇于质疑、言必有据等良好品质。

二、小学数学学科专业知识

（一）小学生数学素养

1. 数感：主要是指关于数与数量、数量关系、运算结果估计等方面的感悟。建立数感有助于学生理解现实生活中数的意义，理解或表述具体情境中的数量关系。

小学生数感的培养策略：在生活情境中培养小学生的数感；在动手操作中培养小学生的数感；在估算教学中培养小学生的数感；在表达交流中培养小学生的数感；在问题解决中培养小学生的数感。

2. 符号意识：主要是指能够理解并且运用符号表示数、数量关系和变化规律；知道使用符号可以进行运算和推理，得到的结论具有一般性。建立符号意识有助于学生理解符号的使用是数学表达和进行数学思考的重要形式。

小学生符号意识的培养策略：培养小学生有意识地用丰富的符号语言来表征数学学习对象；教学中加强对数学符号的解释，让学生理解符号的本质特征；让学生感受符号的优越性，喜欢使用数学符号；在问题解决中增加学生的数学符号意识。

3. 空间观念：主要是指根据物体特征抽象出几何图形，根据几何图形想象出所描述的实际物体；想象出物体的方位和相互之间的位置关系；描述图形的运动和变化；依据语言的描述画出图形等。

小学生空间观念的形成策略：引导学生有目的有意识地观察；多给学生提供动手操作的机会；重视学生语言描述的教学；充分发挥学生的想象力。

4. 几何直观：主要是指利用图形描述和分析问题。借助几何直观可以把复杂的数学问题变得简明、形象，有助于探索解决问题的思路，预测结果。几何直观可以帮助学生直观地理解数学，在整个数学学习过程中都发挥着重要作用。

小学生几何直观的形成策略：重视直观感知，发展几何直观能力；重视画图教学，让学生养成画图的习惯；重视思维训练，提升识图能力；重视数形结合，深化几何直观能力。

5. 数据分析观念包括：了解在现实生活中有许多问题应当先做调查研究，收集数据，通过分析做出判断，体会数据中蕴含着的信息；了解对于同样的数据可以有多种分析的方法，需要根据问题的背景选择合适的方法；通过数据分析体验随机性，一方面对于同样的事情每次收集到的数据可能不同，另一方面只要有足够的数据就可能从中发现规律。数据分析是统计的核心。

小学生数据分析观念的养成策略:引导学生积极参与数据收集和分析的活动;鼓励学生掌握多种数据收集、整理、描述和分析的方法;帮助学生体会数据的随机性;鼓励学生开展实践活动,积累数据分析应用的例子。

6. 运算能力:主要是指能够根据法则和运算律正确地进行运算的能力。培养运算能力有助于学生理解运算的算理,寻求合理简洁的运算途径解决问题。

小学生运算能力的发展策略:重视数学基础知识、基本技能的教学;学生需重视对各类定理、公式、法则的记忆;重视口算能力的提高;适当的运算练习是提高运算能力的必要途径。

7. 推理能力。推理是数学的基本思维方式,也是人们学习和生活中经常使用的思维方式。推理一般包括合情推理和演绎推理,合情推理是从已有的事实出发,凭借经验和直觉,通过归纳和类比等推断某些结果;演绎推理是从已有的事实(包括定义、公理、定理等)和确定的规则(包括运算的定义、法则、顺序等)出发,按照逻辑推理的法则证明和计算。在解决问题的过程中,两种推理功能不同,相辅相成:合情推理用于探索思路,发现结论;演绎推理用于证明结论。

小学生推理能力的提升策略:从教学内容的各个领域发展推理能力;加强对学生推理方法的指导;培养学生对数学推理过程进行反思的习惯;重视数学语言的表达交流。

8. 模型思想的建立是学生体会和理解数学与外部世界联系的基本途径。建立和求解模型的过程包括:从现实生活或具体情境中抽象出数学问题,用数学符号建立方程、不等式、函数等表示数学问题中的数量关系和变化规律,求出结果并讨论结果的意义。这些内容的学习有助于学生初步形成模型思想,提高学习数学的兴趣和应用意识。

小学生模型思想的渗透策略:在打牢基础知识的根基上渗透模型思想;让学生从现实生活中感受数学模型思想;让学生对数学模型产生浓厚的兴趣;重视引导学生主动参与、探究发现。

9. 应用意识有两个方面的含义,一方面有意识利用数学的概念、原理和方法解释现实世界中的现象,解决现实世界中的问题;另一方面,认识到现实生活中蕴含着大量与数量和图形有关的问题,这些问题可以抽象成数学问题,用数学的方法予以解决。在整个数学教育的过程中都应该培养学生的应用意识,综合实践活动是培养应用意识很好的载体。

小学生应用意识的培养策略:小学数学教师要加强自身的数学应用意识培养;开阔学生的视野,了解数学的应用价值;支持和鼓励学生主动从数学的角度寻求解决实际问题的策略;鼓励学生把数学知识反运用于生活,解决实际问题。

10. 创新意识的培养是现代数学教育的基本任务,应体现在数学教与学的过程之中。学生自己发现和提出问题是创新的基础;独立思考、学会思考是创新的核心;归纳概括得到猜想和规律,并加以验证,是创新的重要方法。

小学生创新意识的培养策略:积极营造自由轻松的课堂教学氛围;鼓励学生质疑置辩;强化思维训练,激发创新意识。

(二)小学常见数学思想

1. 对应思想:是指在两类事物(集合)之间建立某种联系的思维方法。它是函数和方程思想的支柱。

在小学数学中,“对应”的现象随处可见,在数与形、形与形、量与量、量与率等的变化规律中,都存在着

大量的对应关系。小学数学教学中主要利用虚线、实线、箭头等将元素与元素、实物与实物、数与算式、量与量联系起来，渗透对应思想。培养学生的对应思想的途径有：(1)在观察比较中渗透对应思想；(2)在数形结合中渗透对应思想；(3)在应用中渗透对应思想；(4)在反思中渗透对应思想。

2. 数学模型思想：就是针对要解决的问题，构造相应的数学模型，通过对数学模型的研究来解决实际问题的一种数学思想方法。数学模型是指针对或参照某种客观事物的主要特征、主要关系，采用形式化的数学语言，抽象概括或近似描述现实世界事物的特征、数量关系和空间形式的一种数学结构。数学模型的主要表现形式是数学语言、数学符号表达式和图象，因此，它与符号化思想有很多相通之处，同样具有普遍的意义。

3. 分类思想：指的是根据所考虑的一些对象的某种共同性和差异性将它们分类来进行研究的一种指导思想。分类时，人们根据一定的法则(标准)，把所考虑的对象全体组成的集合划分成若干个子集(类)，使得具有某一共性的对象属于同一个子集，而不具有这种共性的对象属于别的子集。

分类有如下作用：可使有关的知识系统化、完整化；对概念的外延能得到较深刻的认识；有利于对各子类分别采用不同的方式方法做进一步深入的探讨和处理。学生分类思想的培养包括：渗透分类思想，培养分类的意识；渗透学习分类方法，增强思维的缜密性；引导分类讨论，提高合理解题的能力。

4. 化归思想：化归，从字面意思上讲，可以理解为“转化”和“归结”两种含义。即不是直接寻找问题的答案，而是设法将面临的新问题转化为熟悉的容易解决的问题，以便运用已知的理论、方法和技术使问题得到解决。化归思想就是在研究和解决有关数学问题时，采用某种手段将问题通过变换使之转化，进而达到解决问题的一种方法。一般总是将复杂问题通过变换转化为简单问题，将未解决的问题通过变换转化为已解决的问题。

5. 类比思想：世界上的不同事物之间总存在着相同或相似的属性；同一事物的不同属性之间一定存在着内在的联系，因而，两个事物在某些方面相同或相似，它们在其他方面也可能相同或相似。根据未知事物与熟悉事物之间的某些相似属性，推测它们另一些属性也可能相似，然后通过理论论证或实践(实验)检验来判别这一推测的真假，这种认识未知事物的思想方法叫作类比思想方法。

6. 极限思想：就是用联系的、变动的观点，把所考察的对象看作是某对象在无限变化过程中的变化结果的思想。由于极限思想始于对过程的无限变化的考察，而且这种考察总是从某一特定的、有限的、暂时的过程开始的，因此，它体现了“从有限中找到无限，从暂时中找到永久，并且使之确定起来”的一种辩证思想，这是理解极限思想的基本点之一。另一个基本点是，极限不仅包括极限过程，这是一个不断扩展的无限过程，即“潜无限”，它又是完成了的无限过程，即“实无限”。因此，它是一个“潜无限”与“实无限”的对立统一体。

7. 统计思想：从广义上说，一切与统计有关的事物或行为，无论是统计活动还是统计学，都涉及统计思想。因此，统计思想可以理解为人们对待统计的意识形态与思维方式的总和。具体来说，统计思想就是关于“为何统计、统计什么、如何统计”的认识、理解或观念，就是人们把关于统计的意识与具体事物相结合的一种思维方式或思考方式，是由统计的目的性思想、内容性思想和方法性思想所组成的有机整体，也就是人们关于统计的世界观和方法论。

8. 数形结合思想：数形结合的基本思想是把数和形结合起来，用统一的观点去研究解决某一数学问题。它可以使抽象思维和形象思维的协同作用得到更好的发挥，是贯穿数学学习的一种重要思想方法。作为一种数学思想方法，数形结合的应用大致又可分为两种情形：或借助于数的精确性来阐明形的某些属性，或借助于形的几何直观性来阐明数与数之间的某种关系，即数形结合包括两个方面：第一种情形是“以数解形”，而第二种情形是“以形助数”。

精选真题

1.[2018 下半年]教学设计:什么是分类思想?如何培养学生的分类思想?

参考答案:参见内文。

2.[2016 下半年]教学设计:什么是对应思想?如何培养学生的对应思想?

参考答案:参见内文。

3.[2015 下半年]教学设计:什么是模型思想?

参考答案:参见内文。

(三)小学常见数学概念

(1)整数:正整数、0、负整数统称为整数。

(2)小数:小数分为整数部分、小数点、小数部分。小数点左边的是整数部分,小数点右边的是小数部分。

(3)分数:把单位“1”平均分成若干份,表示这样的一份或几份的数叫作分数。

(4)百分数:表示一个数是另一个数的百分之几的数,也叫百分率或百分比。百分数反映的是两个数的倍数关系。

(5)因数和倍数:如果整数 a 能被整数 $b(b\neq0)$ 整除,a 就叫作 b 的倍数,b 就叫作 a 的因数(约数)。

(6)精算与估算

精算,主要是指依靠数学运算符号,遵循一定的运算规则,按照一定的演算步骤,得到“准确”的结果或“比较精确的近似值”。

估算,就是利用一些估算策略,通过观察、比较、判断、推理等计算过程,获得一种概略化的结果,简单来说,估算就是“大致推算”。

估算与精算的区别:在求近似数时,精算有“精确度”的要求,而估算没有“精确度”的要求。估算的策略不同,得到的近似结果也不同。

04

(7)比和比例:两个数相除,又叫作这两个数的比。表示两个比相等的式子叫作比例。

(8)方程:表示两个数量(或算式)相等的式子叫作等式。简单地说,用等号连接的式子就叫等式。含有未知数的等式叫作方程。

(9)直线是平面内一条平直的向两端无限延伸的线。直线没有端点。

(10)射线是由线段的一端无限延伸所形成的直的线,也可以说是直线上的一点和它一旁的部分所组成的图形。射线有且只有一个端点。

(11)角是由具有共同端点的两条射线组成的。角一般可以分为钝角、锐角、直角、平角和周角。

(12)相交线和平行线:如果两条直线只有一个公共点,就说这两条直线相交,该公共点叫作这两条直线的交点。在同一平面内不相交的两条直线叫作平行线。

(13)三角形:由不在同一条直线上的三条线段首尾顺次相接所组成的图形叫作三角形。三角形的内角和是180°。三角形按角分类,分为锐角三角形、钝角三角形和直角三角形;三角形按边分可以分为不等边三角形和等腰三角形,等腰三角形里又包含等边三角形。

(14)四边形:由不在同一直线上的四条线段首尾顺次相接围成的封闭平面图形或立体图形叫四边形。两组对边分别平行的四边形是平行四边形。有一个角是直角的平行四边形是矩形。四条边相等且四个内

角为直角的四边形是正方形。有一组邻边相等的平行四边形叫作菱形。只有一组对边平行的四边形叫作梯形。

(15)圆:在一个平面内,一动点以一定点为中心,以一定长度为距离旋转一周所形成的封闭曲线叫作圆。

(16)扇形:圆上 A,B 两点之间的部分叫作弧,读作“弧 AB”。一条弧和经过这条弧两端的两条半径所围成的图形叫作扇形。

(17)长方体和正方体:由六个长方形围成的立体图形叫作长方体。长、宽、高相等的长方体叫正方体。

(18)圆柱:以矩形的一边所在直线为旋转轴,其余三边旋转形成的旋转体叫作圆柱。

(19)圆锥:以直角三角形的一条直角边所在直线为旋转轴,其余两边旋转形成的旋转体叫作圆锥。

(20)平移:在平面内,将一个图形沿某个方向移动一定的距离,这样的图形运动称为平移。

(21)旋转:在平面内,将一个图形绕一个定点沿某个方向转动一定角度,这样的图形运动叫作旋转。

(22)轴对称:对于两个图形,如果沿一条直线对折后,它们能够完全重合,那么这两个图形成轴对称,这条直线就是对称轴。

(23)中心对称:在平面内一个图形绕某个点旋转 180°后,如果它能与另一个图形重合,那么这两个图形关于这个点成中心对称,这个点叫作对称中心。

(24)统计表:把生产和各项工作中所遇到的互相关联的数量加以分类、整理,按照一定的顺序排列起来,制成表格,这种表格称为统计表。一般统计表包括总标题、纵标目、横标目、数字资料栏等,制表时还应注明数量单位和制表日期。

(25)统计图:统计资料或统计表中互相关联的数量可以用图形表示出来,这种表示数量之间关系的图形就是统计图。统计图通常可以分为条形统计图、折线统计图和扇形统计图三种。

①条形统计图

条形统计图是用一个单位长度表示一定的数量,根据数量的多少画成长短不同的直条,然后把这些直条按照一定的顺序排列起来。从条形统计图中很容易看出各种数量的多少。

②折线统计图

折线统计图是用一个单位长度表示一定的数量,根据数量的多少找出各点,然后把各点用线段顺次连接起来。折线统计图不但可以表示出数量的多少,而且能够清楚地表示出数量增减变化的情况。绘制折线统计图与绘制条形统计图的步骤基本相同,只是折线统计图不画直条,而是按照数据大小描出各点,再用线段顺次连结起来。

③扇形统计图

扇形统计图是用整个圆表示总数,用圆内各个扇形的大小表示各部分数量占总数的百分数。扇形统计图可以很清楚地表示出各部分数量同总数之间的关系。

(26)确定现象:生活中有些事件的发生是确定的,一般用“一定发生”或“不可能发生”来描述。

(27)不确定现象:生活中有些事件的发生是不确定的,一般用“可能发生”来描述。

(28)随机事件:在一定条件下,可能发生也可能不发生的事件叫作随机事件或不确定事件。

(29)必然事件:在每一次试验中都一定会发生的事件称为必然事件。

(30)不可能事件:在每一次试验中都一定不发生的事件称为不可能事件。

精选真题

1. [2019 下半年]教学设计:请对三角形进行分类。

参考答案:参见内文。

2. [2017 上半年]教学设计:请列出在数学“统计与概率”学习时涉及的三种统计图,分析三种统计图之间的联系和区别。

参考答案:参见内文。

3. [2016 上半年]教学设计:估算与精算的区别?

参考答案:参见内文。

三、小学数学学科教学设计

(一)教学目标设计

1. 知识与技能目标

[作答模板]

(1)学生能够理解×××的算理。(低年段)

(2)学生能够知道×××竖式中各部分的名称,并理解×××竖式中每个数的含义。(低年段)

(3)学生会按照×××的特征对×××进行分类。(中年段)

(4)学生能够理解并掌握简单的求×××的方法及其意义的应用。(中年段)

(5)学生能够理解×××的意义,掌握×××的用法。(高年段)

2. 过程与方法目标

[作答模板]

通过小组合作交流讨论,理解×××在生活中的应用,能够解决一些简单的数学问题。(低年段)

通过观察、分类、测量等活动,经历认识×××的过程,提高动手操作能力,发展初步的空间观念(空间想象能力)。(中年段)

通过交流、讨论、辨析等活动,培养独立思考、抽象概括的能力。(高年段)

通过对比和分析,理解×××与×××的区别和联系。(高年段)

3. 情感态度与价值观目标

[作答模板]

通过对××的探索,学生的数学兴趣(学习数学的兴趣/积极性)得以提高(增加),能够进一步体会数学来源于生活并服务于生活(数学与生活的密切联系/数学的美/图形的美),培养事物间是普遍联系的辩证唯物主义观念。

(二)教学过程设计

1. 课堂导入

(1)多媒体导入:为学生呈现图片、视频

[作答模板]同学们,在正式上课之前,老师先请大家欣赏几幅图片/一段视频,(展示图片或视频后询问)大家通过观察能发现这些图形都有哪些共同特征吗?嗯,都是×××的。今天我带领大家一起来认识×××形。

(2)问题导入:提问引发学生思考

[作答模板]同学们!×年级×班的男女生进行踢毽子比赛,男生四人,女生五人,成绩分别为×××,×××,我们能帮助他们判断男生队和女生队哪个队的成绩更好吗?(看同学们都在摇头)没关系,这就是

我们这节课要讲授的新知识——×××。

(3)复习导入:复习旧知为新知学习做铺垫

[作答模板](出示卡纸,由估算长方形的面积来学习平行四边形面积的计算)同学们,这是一个×××,它的×××大约是多少?谁能利用我们之前学过的方法估算一下?你是怎么估的,请上来验证一下。

(学生展示思路)×××,那么×××的面积就是长乘宽。

2. 新课讲授

(1)知识铺垫/以旧引新

①老师展示素材,学生根据实际情况,提炼出数学问题。

②老师通过提问等方法引导学生利用已有的知识猜想新问题的解决方法。

(2)选择方法,验证猜想

①学生分组合作、交流讨论,利用手中的学具探索、验证猜想。

②老师在巡视的过程中给予适当的指导。

(3)深入辨析,推导公式/理论

①老师带领全班同学深入辨析,沟通不同验证法的联系,引发学生总结其共同特点。

②教师适当引导,深化学生对公式或算理算法等内容的理解。

3. 巩固练习

要求学生板演、在练习本上完成教师展示的变式题目,利用本节课的知识解决实际问题,培养分析问题的能力,并规范学生的计算步骤,帮助学生养成细心认真的习惯。

4. 归纳小结

老师带领全班同学分享本节课的收获,包括知识点及数学思想。

第五节　小学英语学科知识与教学设计

考向分析

本节主要介绍义务教育英语课程目标、小学英语学科专业知识、小学英语学科教学设计等相关知识。本节需要考生掌握的核心知识和能力包括:

知识点	关键点	考频	题型	要求
小学英语学科专业知识	小学英语教师应具备的基本教学技能	8	教学设计	识记
小学英语学科教学设计	教学目标设计	10	教学设计	运用
	教学重难点设计	2	教学设计	运用
	教学过程设计	10	教学设计	运用

本节知识在考查题型上以教学设计题为主。在备考时,考生应注意小学英语学科专业知识、教学目标设计和教学过程设计,预计在之后的考试中以上内容仍是考查重点,但更加突出对考生能力和素养的考查。

思维导图

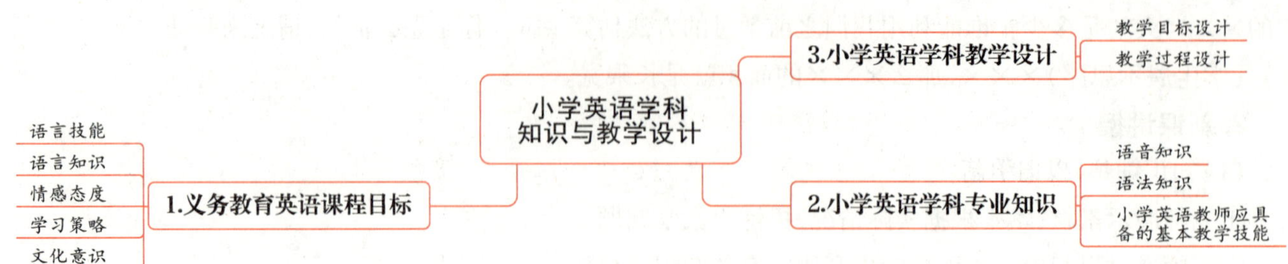

核心知识

一、义务教育英语课程目标

义务教育阶段英语课程的总目标是：通过英语学习使学生形成初步的综合语言运用能力，促进心智发展，提高综合人文素养。综合语言运用能力的形成建立在语言技能、语言知识、情感态度、学习策略和文化意识等方面整体发展的基础之上。语言技能和语言知识是综合语言运用能力的基础；文化意识有利于正确地理解语言和得体地使用语言；有效的学习策略有利于提高学习效率和发展自主学习能力；积极的情感态度有利于促进主动学习和持续发展。这五个方面相辅相成，共同促进学生综合语言运用能力的形成与发展。

以语言技能、语言知识、情感态度、学习策略和文化意识等五个方面共同构成的英语课程总目标，既体现了英语学习的工具性，也体现了其人文性；既有利于学生发展语言运用能力，又有利于学生发展思维能力，从而全面提高学生的综合人文素养。课程目标结构如图所示。

1. 语言技能

语言技能是语言运用能力的重要组成部分，主要包括听、说、读、写等方面的技能以及这些技能的综合运用。听和读是理解的技能，说和写是表达的技能。它们在语言学习和交际中相辅相成、相互促进。

2. 语言知识

学生在义务教育阶段应该学习和掌握的英语语言基础知识包括语音、词汇、语法以及用于表达常见话题和功能的语言形式等。语言知识是语言运用能力的重要组成部分，是发展语言技能的重要基础。

3. 情感态度

情感态度指兴趣、动机、自信、意志和合作精神等影响学生学习过程和学习效果的相关因素以及在学习过程中逐渐形成的祖国意识和国际视野。保持积极的学习态度是英语学习成功的关键。教师应在教学中不断激发并强化学生的学习兴趣，并引导他们逐渐将兴趣转化为稳定的学习动机，以使他们树立自信心，锻炼克服困难的意志，认识自己学习的优势与不足，乐于与他人合作，养成和谐和健康向上的品格。通过英语课程，使学生增强祖国意识，拓展国际视野。

4. 学习策略

学习策略指学生为了有效地学习和使用英语而采取的各种行动和步骤以及指导这些行动和步骤的信

念。英语学习策略包括认知策略、调控策略、交际策略和资源策略等。认知策略是指学生为了完成具体学习任务而采取的步骤和方法;调控策略是指学生对学习加以计划、实施、反思、评价和调整的行动和步骤;交际策略是学生为了争取更多的交际机会、维持交际以及提高交际效果而采取的行动;资源策略是学生合理并有效利用多种媒体进行学习和运用英语的方式和方法。

5. 文化意识

语言有丰富的文化内涵。在外语教学中,文化是指所学语言国家的历史地理、风土人情、传统习俗、生活方式、行为规范、文学艺术、价值观念等。在学习英语的过程中,接触和了解外国文化有益于对英语的理解和使用,有益于加深对中华民族优秀传统文化的认识与热爱,有益于接受属于全人类先进文化的熏陶,有益于培养国际意识。在教学中,教师应根据学生的年龄特点和认知能力,逐步扩展文化知识的内容和范围。在起始阶段应使学生对中外文化的异同有粗略的了解,教学中涉及的外国文化知识应与学生的学习和生活密切相关,并能激发学生学习英语的兴趣。在英语学习的较高阶段,要通过扩大学生接触外国文化的范围,帮助学生拓展视野,使他们提高对中外文化异同的敏感性和鉴别能力,进而提高跨文化交际能力。

二、小学英语学科专业知识

(一)语音知识

1. 音素(Phoneme)

音素是构成音节的最小单位或最小的语音片段。

(1)元音(Vowels)

元音音素(Vowel Phonemes)是发音时声带振动,气流通过口腔时不受任何发音器官阻碍的音素。

(2)辅音(Consonants)

辅音音素(Consonant Phonemes)是发音时气流通过口腔,受到发音器官阻碍而发出的音素。辅音的分类有三种依据,分别是发音方式、发音部位、带声性。

注意:当两个音处于同一发音部位、并使用同一发音方法时,这些成对的辅音可以用带声性(Voicing)分为清辅音(Voiceless Consonants)和浊辅音(Voiced Consonants)。

2. 音节(Syllable)

音节是最小的发音单位,元音是构成音节的主体。一个元音可以构成一个音节,一个元音和一个或几个辅音音素也可以构成一个音节。

音节划分口诀:一靠后,二分手,多个中间偏左右;组合字母算一个,常见组合要遵守;词尾看 e 加音节,发音不发分两种;双字相连不连手,听音验证最后头;解释意外不发愁。

3. 重音(Stress)

(1)单词的重音(Word Stress)

单词的重音口诀:双名复名重在前,双动重音在后面;单节后缀成双节,重音仍然在前面;双节加上前后缀,重读词根就算对;若问多节谁重读,大都落在倒三项;词尾-tion(-sion 或-ic),重音倒二你准会。

(2)语句重音(Sentence Stress)

在句子中,一般情况下实词重读,虚词和部分实词弱读。重读的词主要有名词、实义动词、形容词、副词、代词(指示代词、反身代词、不定代词、疑问代词)、数词、叹词等。弱读的词主要有冠词、代词(人称代词、物主代词、关系代词)、连词、介词、助动词和情态动词等。例如:Her'skirt is'blue and'white.

4. 语调(Intonation)

英语单词本身没有固定的音高,也没有音高的变化,只有当它们组合成句,在一定的句意下才有相对的音高和音高的变化。在语流中,音调高低和升降的规律就是语调。英语的基本语调有五种:升调、降调、降升调、升降调和平调。其中最主要的是降调、升调和降升调,分别以"↘""↗"和"V"做出标记。

语调的作用表现在以下三个方面:

(1)句法作用:一般来说,陈述句、特殊疑问句、祈使句和感叹句读降调;一般疑问句读升调;反义疑问句往往读降升调;选择疑问句、并列句和复合句常读升降调。例如:Do you study ↗ English or ↘ French?

(2)表意作用:同一个句子可以通过不同的语调手段来表示不同的强调或突出部分。例如在对话中,Sorry? 用升调常表示"Could you say that again, please?",用降调时一般含有拒绝的含义。

(3)表示感情态度的作用:表示有礼貌的请求、劝告、问候或者语气显得友好和关切,用升调;表示不耐烦的语气、态度或者表示强烈的感情,用降调。例如:Have a rest. ↗(表示友好)

(二)语法知识

1. 词法

(1)名词

①名词的复数。名词分为专有名词和普通名词。普通名词又可分为可数名词(个体名词和集体名词)和不可数名词(物质名词和抽象名词)。大多数可数名词复数变化遵循一般规则。还有一些可数名词,其复数形式的变化不规则,如 man—men, foot—feet, child—children, ox—oxen, criterion—criteria, phenomenon—phenomena 等。

②名词的所有格。有生命的名词一般在名词后加"'s"或"'",无生命的名词一般用"of"表示。

双重所有格的形式:of 词组 + 所有格,如 a picture of his uncle's = one of his uncle's pictures。

③名词作定语。名词充当前置修饰语时,通常用单数形式。另外,单位名称、报纸、广播、电视等的标题中经常出现复数作定语,如 Boys Club。

(2)形容词/副词的原级、比较级和最高级

形容词和副词的比较等级分为原级(Positive Degree),比较级(Comparative Degree)和最高级(Superlative Degree)。同级比较往往用"as + 形容词/副词的原形 + as"结构表达。"比较级 + than"引导不同级的比较,比较级结构前面可以用 even、still、yet、all the(more)等修饰语加强语气,表示"更加"的意思。最高级的句型结构为"(the) + 形容词/副词最高级 + 单数名词 + in/of 短语",表示"……中最……的";"one of the + 形容词/副词最高级 + 复数名词 + in/of 短语"表示"……中最……之一"。

(3)非谓语动词

非谓语动词在句子中不能作谓语,可充当谓语以外的其他各种句子成分。非谓语动词的三种形式为动词不定式、动名词、分词(包括现在分词和过去分词)。

(4)其他常见词类

其他常见词类包括代词、冠词、介词、连词等。它们的词汇量很小,但用法很广泛,在英语中起着重要的作用。

(5)主要构词法

合成法(Compounding)指由两个或两个以上的词素构成的词,或是指由两个单独的词连接起来构成一个新的形式的构词方法,如 head + ache→headache(头痛), through + out→throughout(自始至终)。

派生法(Derivation)指通过在词干上加上词缀而得到一个新词的方法,主要包括前缀化(Prefixation)、后缀化(Suffixation)或者两者同时发生,如 danger + ous→dangerous(危险的);il + logical + ly→illogically(不合

逻辑地)。

转化法(Conversion)主要是指词类的转化,通常把同一个单词的一种词性用作另一种词性而词形不变,如 face(*n.* 脸)→face(*v.* 面对),dry(*adj.* 干燥的)→dry(*v.* 弄干)。

2. 句法

(1)时态和语态

英语中表示不同时间发生的动作或存在的状态,需用不同的动词形式表示,这种不同的动词形式称为时态。动词的时态共有16种,其中主要考查12种,即一般现在时、一般过去时、一般将来时、现在进行时、过去进行时、将来进行时、现在完成时、过去完成时、将来完成时,以及现在完成进行时、过去完成进行时、将来完成进行时。

动词的语态是动词的一种特殊形式,用以表明主语是某一动作的发出者还是动作的承受者,主要分为主动语态和被动语态。被动语态中的主语往往是主动语态中的宾语,所以不及物动词不能用于被动语态。

被动语态的一般现在时态由“am/is/are + 过去分词”构成。例如:The programmer is operated by the villagers.

(2)句子的成分

英语句子成分分为主语、谓语、宾语、表语、定语、补语、状语、同位语和独立成分,其中补语分为宾语补足语和主语补足语。

(3)句子的种类

英语句子按其作用可分为陈述句、疑问句、祈使句和感叹句四种。疑问句又可分为一般疑问句、特殊疑问句、反义疑问句和选择疑问句。

英语句子按其结构可分为简单句、并列句和复合句三种。

(4)特殊句型

①强调。强调句型:It is + 被强调部分 + that (who, which) + 句子其他成分。被强调部分为人,用 who, that;被强调部分是宾语又是人时用 whom, that;被强调部分为物时,用 which, that。例如:It was him whom I saw the day before yesterday.

②倒装。英语的基本句型是“主语 + 谓语”。将主语与谓语的位置调换,称为倒装句。倒装结构分为完全倒装和部分倒装。完全倒装指将句子中的谓语动词全部置于主语之前。常见结构有:a. here、there、up、down、in、out、off、away 等副词开头的句子表强调。b. 表示地点的介词短语作状语位于句首。c. 强调表语,置于句首,或为保持句子平衡。

注意:若主语为代词,主谓用正常语序。例如:Here he comes.

部分倒装指将谓语的一部分,如助动词或情态动词置于主语之前。如果句中的谓语没有助动词或情态动词,则须添加助动词 do, does 或 did,并将其置于主语之前。

③省略。省略句的种类主要有主语/谓语的省略、状语从句的省略、不定式的省略。

(三)小学英语教师应具备的基本教学技能

1. 英语歌曲教唱技能

教唱英语歌曲是小学英语教师应具备的一项重要的职业技能。

(1)英语歌曲的特点

用词简单,易于理解。儿歌所适用的对象决定了其语言必须简单明了,易于儿童接受和理解。

句式多样,结构灵活。英语儿歌每个诗节的长度从两行到八行不等,有时甚至出现更长的诗节,因此可以呈现在不同的场合,产生不同的效果,从而吸引儿童。

韵律响亮,朗朗上口。儿歌的英语名称为 nursery rhyme,由此可得出押韵(rhyme)是其必要条件之一。英语儿歌的韵律格式多样。

语言活泼,生动形象。英语儿歌中可以见到运用各种修辞的实例,其中,比喻、借代、拟人等比比皆是。

(2)英语歌曲的教学作用

①丰富教学形式,创设轻松的学习环境。

②渲染学习氛围,激发学生的学习兴趣。

③强化巩固知识,提高学生的语言技能。

④展现语言文化,拓展学生的文化视野。

(3)教唱英语歌曲的要求

①选择的歌曲符合教学需要和学生水平。

②能完整、熟练演唱所教歌曲,理解并能解释歌曲的教学目的、歌曲风格和歌词大意。

③分析和解决歌曲教学中的重点和难读、难唱点。

④会逐句教唱、全曲带唱和齐唱。

⑤注意观察,及时调整教学步骤和进度。

⑥学会用手打拍子和指挥。

⑦学会根据教学需要进行歌曲改词。

⑧尽量利用录音机、录像机、投影仪或多媒体辅助教唱。

⑨教唱时音量适当,姿态自然,表情丰富。

精选真题

1. [2017 **上半年**]教学设计:简述英语歌曲在教学中的作用。

参考答案:参见内文。

2. [2016 **下半年**]教学设计:简述英语儿歌的特点。

参考答案:参见内文。

04

2. 英语游戏的组织技能

组织英语游戏是指在课堂或课外活动中结合教学需要组织学生开展的英语游戏活动。

(1)英语游戏的教学作用

①符合小学生的心理特点,寓教于乐,可以激发和培养学生学习英语的兴趣。

②有利于调动学生学习的积极性与主动性,激发学生的思维和创造力,提高学生的语言运用能力。

③有利于活跃课堂气氛,让学生在轻松愉快的环境中学习外语,提高课堂教学效果。

④将枯燥的语言教学转变为学生乐于接受的游戏形式,化难为易,减轻学生的负担,符合素质教育的要求。

⑤有利于增长学生的知识,发展学生的智力,培养学生的合作与竞争意识。

精选真题

[2015 **下半年**]教学设计:简述英语游戏教学的作用。

参考答案:参见内文。

(2)组织英语游戏的要求

①游戏开始前用简洁的话语让学生明确游戏的内容和规则。

②游戏过程中要注意监控,随时调整布局和进度。

③整个游戏过程中用英语交际,但在交代游戏规则时如有必要,可用母语复述。

④强调全员参与,防止少数人代替全班(组)。

⑤结合教学实际和当时当地的条件,创造和组织新的教学游戏。

三、小学英语学科教学设计

(一)教学目标设计

[作答模板]

Knowledge aims:

1. Students can read the new words...correctly.

2. Students will be able to get the meaning of the new words and write them down.

3. Students will master the new words and sentences:...

4. Students can learn the pronunciation of the...

5. Students will understand the general/main idea of the passage. (高年段)

6. Students will get the principle of V-ing. (高年段)

Ability aims:

1. Students can use the new words to make sentences.

2. Students will be able to talk about...by using the sentence pattern.

3. Students can pronounce new words through the spelling regulation.

4. Students will improve their reading skills by skimming and scanning the passage. (高年段)

5. Students can communicate with others in given situation.

Emotional aims:

1. Students will be interested in learning English. (万能语言,如果实在找不到合适的情感态度与价值观目标,写上这句准没错)

2. Students will feel the beauty of the nature and love it.

3. After learning the scientists' careers, students will know more about their hard working and learn from them.

4. Students will take care of their parents/pets/animals.

(二)教学过程设计

[作答模板]

1. Create a proper situation, leading in the new lesson.

(1) Method 1 Teaching aids (pictures or video)

eg: OK guys, before we start the lesson, please look at the PowerPoint. Here, do you know this person? Yeah, she is ×××. Do you like her? Me too. So today, let's learn more about her...

(2) Method 2 Asking questions

eg: Boys and girls, today, I will introduce a special guest to you. "She" comes from the nature. Guess who "she" is, and why it's special. Let's see together...

(3) Method 3 Discussion/Free talk

eg: Boys and girls, where have you been this summer vacation? Wow, so many beautiful places! Please introduce what you saw and your feelings to your partner. You will have 3 minutes to talk about it...

2. Presentation

(1) Listen for the first time

①Students scan their textbooks while listening, and try to find out the main idea.

②Teacher guides them to understand the main topic of the dialogue.

(2) Listen for the second time

①Teacher introduces the background or situation of the dialogue, and points out the new words in the dialogue and explains them briefly.

②Students listen to the passage again and understand the whole passage.

③Students answer some detailed questions. They are asked to refer to the dialogue if necessary.

3. Practice/Consolidation

(1) Students are asked to show the dialogue with their partners.

(2) Teacher will help to correct their pronunciation.

4. Summary

Students are guided to summarize the sentences learned in this class.

5. Homework

Students will finish...after class.

第六节　小学音乐学科知识与教学设计

考向分析

本节主要介绍义务教育音乐课程目标、小学音乐学科专业知识、小学音乐学科教学设计等相关知识。本节需要考生掌握的核心知识和能力包括:

知识点	关键点	考频	题型	要求
小学音乐学科专业知识	歌曲特点分析	10	教学设计	运用
小学音乐学科教学设计	教学目标设计	10	教学设计	运用
	教学过程设计	10	教学设计	运用

本节知识在考查题型上以教学设计题为主。在备考时,考生应注意小学音乐学科专业知识、教学目标设计和教学过程设计,预计在之后的考试中以上内容仍是考查重点,但更加突出对考生能力和素养的考查。

思维导图

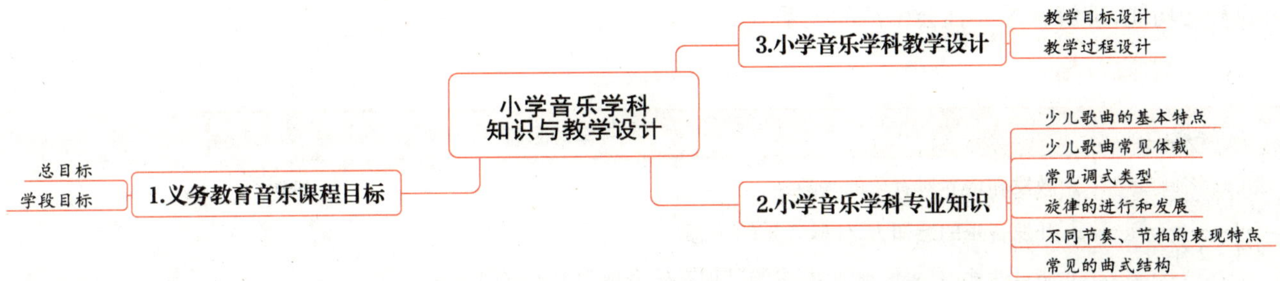

核心知识

一、义务教育音乐课程目标

（一）总目标

1. 情感态度与价值观

（1）丰富情感体验，培养对生活的积极乐观态度。

（2）培养音乐兴趣，树立终身学习的愿望。

（3）提高音乐审美能力，陶冶高尚情操。

（4）培养爱国主义情感，增强集体主义精神。

（5）尊重艺术，理解世界文化的多样性。

2. 过程与方法

（1）**体验**。完整而充分地聆听音乐作品，在音乐体验与感受中，享受音乐审美过程的愉悦，体验与理解音乐的感性特征与精神内涵。

（2）**模仿**。通过亲身参与演唱、演奏、编创等艺术实践活动，并适当地运用观察、比较和练习等方法进行模仿，积累感性经验，为音乐表现和创造能力的进一步发展奠定基础。

（3）**探究**。培养学生对音乐的好奇心和探究愿望，重视自主学习的探究过程，使学生能够积极参与以即兴式自由发挥为主要特点的探究与创造活动。

（4）**合作**。在音乐艺术的集体表演形式和实践过程中，能够与他人充分交流、密切合作，不断增强集体意识和协调能力。

（5）**综合**。通过以音乐为主线的艺术实践，渗透和运用其他艺术表现形式和相关学科的知识，更好地理解音乐的意义及其在人类艺术活动中的特殊表现形式和独特的价值。

3. 知识与技能

（1）音乐基础知识。学习并掌握音乐基本要素（如力度、速度、音色、节奏、节拍、旋律、调式、和声等）、常见结构、体裁形式、风格流派和演唱、演奏、识谱、编创等基础知识。

（2）音乐基本技能。学习演唱、演奏、创作的初步技能，能够自信、自然、有表情地演唱歌曲和演奏课堂乐器，了解音乐创作的基本方法。在音乐听觉感知基础上识读乐谱，在音乐实践活动中运用乐谱。

(3)音乐历史与相关文化知识。了解中外音乐发展的简要历史和有代表性的音乐家,初步识别不同时代、不同民族的音乐。认识音乐与姊妹艺术的联系,感知不同艺术门类的主要表现手段和艺术形式特征。了解音乐与艺术之外其他学科的联系,扩展音乐文化视野。根据自己的生活经验和已学过的知识,认识音乐的社会功能,理解音乐与社会生活的关系。

(二)学段目标

学段	学段目标
1~2年级	♪激发和培养对音乐的兴趣 ♪开发音乐的感知力,体验音乐的美感 ♪能自然地、有表情地演唱,参与其他音乐表现和即兴编创活动 ♪培养乐观的态度和友爱精神
3~6年级	♪保持对音乐的兴趣 ♪培养音乐感受与欣赏的能力,初步养成良好的音乐欣赏习惯 ♪能自信地、有表情地演唱,乐于参与演奏及其他音乐表现、创造活动 ♪培养艺术想象力和创造力 ♪培养乐观的态度和友爱精神,增强集体意识,培养合作能力

二、小学音乐学科专业知识

(一)少儿歌曲的基本特点

1.曲调的特点

(1)音域窄、顿逗多

小学生仍是稚嫩的童声,男女声音色接近,因而音域需受到较严格的限制,一般在c^1~d^2以内,最佳音域为e^1~b^1。

(2)节奏(或节奏型)口语化

小学生歌曲的语言节奏要活泼、自然,读起来朗朗上口。

(3)常采用重复或模进的手法来展开旋律

在主题音调发展上仍以重复、模进为主。节奏比幼儿歌曲略加丰富,简单的切分、弱起、三连音等常被巧妙地运用,歌曲结构比较短小。小学阶段的学生要求能演唱较简单的二部合唱。

2.歌词的特点

(1)主题突出、寓教于乐

(2)形象鲜明、语言生动

(3)节奏清晰、声韵和谐

(4)通俗易懂、富有童趣

(二)少儿歌曲常见体裁

体裁	特点	作品举例
进行曲	节奏鲜明、结构方整、速度适中,有强烈的行进感,积极向上	《中国少年先锋队队歌》
歌舞曲	具有鲜明的舞蹈节奏特点,旋律欢快、活泼,结构规整,强弱对比明显	《娃哈哈》《金孔雀轻轻跳》

续表

体裁	特点	作品举例
抒情歌曲	旋律优美、流畅,节奏宽广舒展,情感细腻深切	《小白船》
劳动歌曲	伴随劳动生产所唱的歌曲,曲调质朴,节奏性强,短句多,衬词多,有浓厚的劳动气息	《洗手绢》
叙事歌曲	歌词情节浓厚,旋律语言化	《歌唱二小放牛郎》
表演歌曲	旋律既富于歌唱性,又富于律动性	《拔萝卜》
歌谣体歌曲	歌曲短小,口语化,曲调与歌词的节奏、语气一致,轻松流畅	《小鸭子》
诙谐歌曲	歌词夸张、风趣,曲调口语化和歌唱性相结合	《粗心的小画家》

(三)常用调式类型

1. 大小调式

(1)自然大小调

自然大调式:由七个音构成的调式,其稳定音合在一起构成大三和弦。根本特征表现为主音上方的大三度。

自然小调式:由七个音构成的调式,其稳定音合在一起构成小三和弦。根本特征表现为主音上方的小三度。

(2)和声大小调

和声大调式:将自然大调的第Ⅵ级音降低半音,就构成和声大调式。

和声小调式:将自然小调的第Ⅶ级音升高半音,就构成和声小调式。

(3)旋律大小调

旋律大调式:将自然大调的音阶下行降低Ⅵ、Ⅶ级,就构成旋律大调式。

旋律小调式:将自然小调的音阶上行升高Ⅵ、Ⅶ级,就构成旋律小调式。

2. 民族调式

中国民族调式中的音分为正音和偏音。

正音:宫(do)、商(re)、角(mi)、徵(sol)、羽(la)

偏音:清角(角音上方小二度的 fa)、变徵(徵音下方小二度的$^{\#}$fa)、变宫(宫音下方小二度的 si)、闰(宫音下方大二度的^{b}si)

五声民族调式:以宫、商、角、徵、羽五个音所构成的调式。

七声民族调式:在五声调式的基础上,分别加进三组不同的偏音。分为清乐、雅乐、燕乐三种音阶形式。

音阶	清乐音阶	雅乐音阶	燕乐音阶
偏音	清角(fa)+变宫(si)	变徵($^{\#}$fa)+变宫(si)	清角(fa)+闰(^{b}si)

(四)旋律的进行和发展

1. 旋律的进行方式

一般来说,不同的旋律进行方式表现不同的音乐情绪。少儿音乐中常见的旋律进行方式如下:

(1)级进

级进是随着音阶顺序上行或下行。级进是旋律自然流畅进行的一种基本方式。上行时力度自然渐强,音乐情绪逐渐高昂、开朗;下行时力度逐渐减弱,音乐情绪柔和、宁静、低沉。

(2)跳进

旋律的跳进分为小跳与大跳两种。三度进行为“小跳”,三度以上的进行为“大跳”。小跳构成的曲调活泼、动荡,大跳往往给人一种开阔刚健的印象。

上行大跳一般表现激昂、热情、悲愤的情绪;下行大跳一般表现低沉的情绪。

(3)同音反复

连续的同音反复削弱了曲调的起伏,突出了节奏和语言的作用。如《娃哈哈》。

歌曲旋律的各种进行,必须符合歌曲的内容和情绪。一首歌曲的旋律线常常是由多种方式综合而成的。

2. 旋律线的基本形态

旋律线类型	旋律构成	旋律情绪特点
直线型	在同音横线上行进,未作上下波动	雄壮有力、气势恢弘
直上型	由乐音连续向上行进构成	表现情感的逐渐明朗、高涨、激昂、振奋
直下型	由乐音连续向下行进构成	表现情感的和缓、平复、安宁、低沉
正弧线型	由低音至高音再返回	表现抒情、舒展、歌唱性的旋律
倒弧线型	由高音至低音再返回	
上下锯齿型	起伏不大,如同锯齿状	表现较为细腻柔和的情绪
波浪型	乐音依次不甚规则地上下起伏进行	表现出绮丽婉转、激荡多姿的特点,常和情感的起伏跌宕、激越炽烈相结合

3. 旋律发展手法

(1)重复

①严格重复

严格重复亦称完全重复,就是将音乐主题或任何已经出现过的旋律(可长可短)紧接着照原样重复。这是一种简单有效的手法,可以起到节省素材、深化主题、统一风格的作用。如《打起手鼓唱起歌》。

②变化重复

变化重复亦称局部重复,就是只重复前面旋律的一部分,而将另一部分(可以是句首、句腹、句尾)进行变化。这是旋律发展中应用较多的手法,它使旋律既保持了统一,又获得了变化发展。

同头换尾:重复句首而变化句尾,是最为常见的变化重复。运用这种手法时,往往是将第一句的落音停顿在不稳定音级,第二句的落音停顿在较稳定的音级,使两乐句之间形成上下对应的问答关系。如《故乡的亲人》《南泥湾》等。

换头合尾:重复句尾而变化句首的变化重复手法。如《雨花石》。

(2)模进

模进即模仿进行,它是将主题模式或某一乐汇、乐节、乐句的形态,在不同的高度上模仿出现,可视为重复手法应用到不同的高度上,故亦称移位重复。

①严格模进

严格模进亦称完全模进,就是严格按照前面的旋律形态在不同高度上模仿出现,其节奏及各音程之间的级数、度数与所模进的旋律相同。如《哆来咪》。

②自由模进

自由模进就是在模进时并不严格按照前面旋律的节奏和音程关系进行，而做更自然一些的变化处理，这是较严格模进运用得更多的一种类型。如《大海啊，故乡》。

③反向模进

反向模进亦称倒影模仿，就是模仿部分与原素材的旋律线大致走向相反。常见为前部分低起渐升而后部分高起渐落，或反之。如《草原上升起不落的太阳》。

④上行模进与下行模进

上行模进在构成音乐高潮时有积极的准备、铺垫和推进功能。因为向上模进，音区渐高，力度加强，情绪随之高涨，所以在乐段或全曲接近高潮时常用这一手法。反之，下行模进往往是将高潮的乐思降下，情绪逐步回落。

(3)变奏

变奏是指在保留原型曲调整体性乐思、音调原貌的基础上，对曲调进行的旋法或节奏、节拍等加以变化的手法。

①装饰变奏(加花变奏)：根据旋律的调式风格，加入和弦外音、分解和弦音及装饰音形成的旋律变奏。

②节奏变奏：选用切分、附点、三连音等节奏将旋律作节奏变化形成节奏变奏。

③自由变奏：可将装饰变奏、节奏变奏综合运用，也可突破原有旋律，根据和声内涵另外创作旋律。

(4)展开

①贯穿

贯穿就是将歌曲音乐主题中的特性音调或节奏型，在音乐发展的全过程中多次出现并作各种变化发展。它使旋律在一条线索下向前展开，乐意逐步深化，从而获得统一、严密、完整的效果。

以特性音调贯穿：往往只抓住三五个音作为主导音型，以多种变化发展的形式反复出现，这种写作手法在较长大的作品中常有。如《在那桃花盛开的地方》《阳关三叠》等。

以节奏型贯穿：将音乐主题的节奏作为基本节奏，不断予以重复(可以略有变化)，使之形成具有特点的节奏型。在一些情绪对比不大的歌曲中常用此法。如《花非花》等。

②鱼咬尾

鱼咬尾是指前一句旋律的结束音和下一句旋律的第一个音相同的结构，也叫衔尾式、接龙式，是中国传统音乐的一种结构形式，也是音乐的一种创作手法。如《小螺号》。

③音程的紧缩与扩展

音程的紧缩与扩展是指一个主导音型在重复出现时，以某个音为支点，音程逐步缩减或逐步扩大，造成紧张、热烈或增加气势的效果。

④分裂与综合

分裂就是将原来的音乐材料分解开来，舍弃一部分进行发展。这种手法常造成紧张、热烈的趋势。分裂越细，越具有急促的效果。此法在器乐作品中较常见，民间音乐称之为“螺蛳结顶”。如聂耳的《金蛇狂舞》。

综合则相反，是将原来的音乐材料集中起来，或增添一部分进行发展。这种手法常造成平稳的趋势。如《黄河船夫曲》。

(5)对比

对比是为了使音乐主题或前面的旋律得到延伸、拓展，并获得新的动力，在节奏、旋律、音区、节拍、调式、调性、速度、力度、音色上，运用新的材料，使前后的音乐呈现对比效果的一种旋律发展手法。对比法主要有：节奏对比、节拍对比、音区对比、音色对比、速度对比、力度对比、调式调性对比等。

（五）不同节奏、节拍的表现特点

1. 不同节奏的表现特点

音乐的节奏是从生活节奏、语言节奏中提炼出来的。歌曲中各种长短、强弱的节奏按一定的节拍组合起来，具有一定的表情意义。常见的节奏类型如下：

（1）短促的节奏

这种节奏紧凑、活跃，易于表现欢快活泼或紧张的情绪。如《小螺号》。

（2）缓慢、悠长的节奏

这种节奏舒展、悠扬，易于表现宽广、深沉的情绪。如《让我们荡起双桨》。

（3）切分节奏

切分节奏打破了正常的节拍重音，造成了一种不稳定的感觉，对词意的表达和旋律的发展有一种向前推进的力量。

（4）短时值的附点节奏

这种节奏给旋律带来弹性和活力。如《我们是共产主义接班人》。

2. 不同节拍的表现特点

（1）二拍子

强、弱拍的均衡交替，具有明快有力的特点，常用以表现轻快活泼、雄壮有力的情绪，进行曲及舞蹈性歌曲多采用二拍子。

（2）三拍子

强、弱、弱拍的交替，给人以动荡、摇曳和不均衡的美感，易表现轻松、活泼和柔和之情，抒情风格及圆舞曲常采用三拍子。

（3）四拍子

强、弱、次强、弱拍的交替，延缓、拉长了强拍出现的周期，使四拍子感觉比二拍子温和，一般表现深情、宽广的意境。抒情风格的歌曲、颂歌，叙事风格的歌曲常采用四拍子。

（4）六拍子

由两个三拍子组成，快时比三拍子活泼，慢时比三拍子抒情。

（5）变换拍子

根据歌曲情绪的变化，运用变换拍子的方法，使旋律的节拍重音发生变化，造成情绪、色彩上的对比，增强了歌曲的艺术感染力。

（六）常见的曲式结构

1. 曲式基本结构

乐汇：是乐曲结构中最小的单位，它由几个音在几个节拍上组成，并具有鲜明的性格特征。

乐节：是由乐汇扩展而来，一个乐节通常包含两个以上的乐汇。

乐句：是将乐节加以扩展，一个乐句通常包含两个以上的乐节，并有一个停顿或呼吸的音乐片段。

乐段：由乐句发展而来，要有一个具有相对稳定感的结束音，通常结束在主音或属音上。

2. 常见的曲式结构

(1)一段体(单一部曲式)

一首乐曲仅由一个乐段构成则称为一段体。

①两句体乐段

a. 平行式的上、下句结构。两个乐句用重复或变化重复的手法,形成对答呼应的关系。

b. 对比式的上、下句结构。歌曲上、下句为呼应关系,情绪上也一致,但又互不相同,第二句有新的因素,有一点变化。

②四句体乐段

a. 起、承、转、合的结构

起句——呈现音乐主题,这个主题常被作为歌曲旋律发展的基础。

承句——用重复或变化重复等手法,进一步巩固前面所陈述的乐思。

转句——将前两句的内容加以发展,构成一定的对比。

合句——与开始的乐意相呼应,总结全曲。

b. 重复性的四句结构

常见的是第三乐句重复或变化重复第一乐句,第四乐句也可能重复或变化重复第二乐句。

(2)二段体(单二部曲式)

二段体又称为单二部曲式,由两个对比乐段构成。第一乐段称为 A 段,音调一般比较平稳,形象单一,为 B 段进一步展开乐思留有余地。第二段称为 B 段,B 段与 A 段在气质与风格方面保持着统一,但它与 A 段在某些音乐要素上形成对比。全曲的高潮部分常在 B 段。二段体分为两种类型:带再现的二段体和不带再现的二段体。

(3)三段体(单三部曲式)

三段体也叫单三部曲式,它由三个乐段组成。A 乐段为呈示段,B 乐段与 A 乐段形成明显的对比,最后一个乐段为再现段 A^1 段或与前两个乐段继续形成对比的 C 段。根据最后乐段的再现与否,三段体分为带再现的三段体和不带再现的三段体两种结构类型。

山香指导 音乐教学设计题每年必考“简要分析歌曲的特点”,歌曲特点分析要点如下:

①总述歌曲的整体风格;

②标明调式调性;

③分析节奏节拍特点;

④分析全曲结构;

⑤按乐句或乐段分析旋律特点;

⑥了解歌曲的创作背景并总述歌曲的积极意义。

三、小学音乐学科教学设计

(一)教学目标设计

[作答模板]

情感态度与价值观目标:

通过聆听×××(歌曲/乐曲),了解×××(我国/西方)优秀音乐文化,从而培养对×××(民族/世界)音乐的兴趣与爱好,进而增进民族文化意识和民族自豪感(或拓宽音乐视野)。

过程与方法目标:

通过对作品的×××(聆听/学唱),感受、体验作品音乐×××(情绪/风格)特征的表达。(低年级段)

通过聆听、演唱、探究等活动,能够感受作品的音乐情绪,理解、想象乐曲的表现内容,从而提高音乐鉴赏能力。(中年级段)

知识与技能目标:

(1)在聆听的过程中,能够感受×××(某一乐器)多变的音乐色彩。

(2)在聆听的过程中,能够感受作品整体音乐情感的起伏与变化。

(3)在学唱的过程中,能够将×××(如十六分音符、切分、附点等节奏型)处理得准确到位,且不拖拍子/抢拍子。

(4)在学唱的过程中,能够唱出×××(力度记号/速度记号/表情术语),恰到好处地处理歌曲的细节。

(5)通过多次聆听与练习,能够背诵第一段歌词。

(6)在学唱的过程中,能够用优美的声音,自信地演唱×××(歌曲名)。

(二)教学过程设计

1. 导入新课

直观导入:为学生们呈现视频、音频、图片。

模板:同学们,又来到了我们快乐的音乐课堂。今天老师想带大家去一个地方,请你们闭上自己的小眼睛,听!(一段音频,如海浪、海风的声音等,之后询问)大家刚才都听到了什么?感受到了什么?今天老师就带领大家一起去×××。

问题导入:提问引发学生思考。

模板:同学们!一说到我们国家的少数民族,大家都能想到什么?(教师可以做动作提示,如扭肩等,待回答出与歌、舞相关的内容,之后询问)他们的音乐又有什么特点呢?现在就让我们一起来学习、了解一下少数民族的音乐文化……

故事导入:为学生讲与本节课相关的小故事。

[设计理由]

根据小学生的心理发展特点,创设一个活泼有趣的情境,贴近生活,引发学生的学习兴趣,为学习新课打下基础。

2. 新课讲授

(1)初听作品,感受旋律

教师引导学生,从作品旋律走向等方面,感受作品的音乐情绪。

(2)复听作品,体会内容

在教师的引导下,请学生结合歌词/简谱聆听作品,感受、思考作品所要表达的内容。

(3)再听作品,学唱歌曲

教师示范,学生哼唱,一起处理谱中的重难点,分组练习、展示,教师点评。

3. 巩固提升/拓展

要求学生根据本节课所唱作品的旋律编配新的节奏型,或要求学生表演作品中的故事情节。

4. 小结作业

老师带领全班同学回顾本节课重难点，并歌唱作品。最后布置相关作业。

第七节　小学体育与健康学科知识与教学设计

考向分析

本节主要介绍义务教育体育与健康课程目标、小学体育与健康学科专业知识、小学体育与健康学科教学设计等相关知识。本节需要考生掌握的核心知识和能力包括：

知识点	关键点	考频	题型	要求
小学体育与健康学科教学设计	教学重难点设计	10	教学设计	运用
	教学目标设计	10	教学设计	运用
	教学过程设计	9	教学设计	运用

本节知识在考查题型上以教学设计题为主。在备考时，考生应注意小学体育与健康学科专业知识、教学重难点设计、教学目标设计和教学过程设计，预计在之后的考试中以上内容仍是考查重点，但更加突出对考生能力和素养的考查。

思维导图

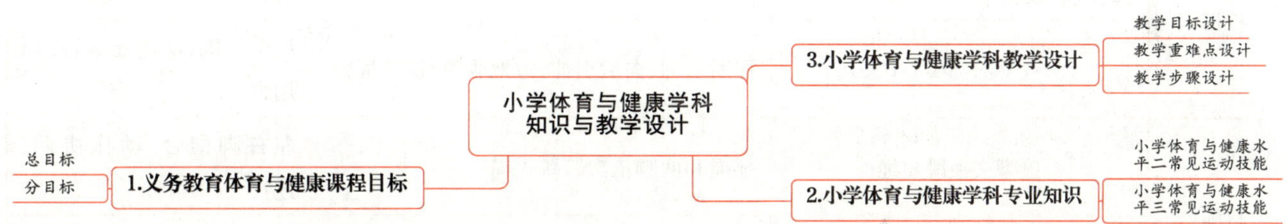

核心知识

一、义务教育体育与健康课程目标

（一）总目标

通过本课程的学习，学生将掌握体育与健康的基础知识、基本技能与方法，增强体能；学会学习和锻炼，发展体育与健康实践和创新能力；体验运动的乐趣和成功，养成体育锻炼的习惯；发展良好的心理品质、合作与交往能力；提高自觉维护健康的意识，形成健康的生活方式和积极进取、乐观开朗的人生态度。

（二）分目标

（1）运动参与。运动参与的目标：①参与体育学习和锻炼；②体验运动乐趣与成功。

(2)运动技能。运动技能的目标:①学习体育运动知识;②掌握运动技能和方法;③增强安全意识和防范能力。

(3)身体健康。身体健康的目标:①掌握基本保健知识和方法;②塑造良好体形和身体姿态;③全面发展体能与健身能力;④提高适应自然环境的能力。

(4)心理健康与社会适应。心理健康与社会适应的目标:①培养坚强的意志品质;②学会调控情绪的方法;③形成合作意识与能力;④具有良好的体育道德。

二、小学体育与健康学科专业知识

1. 小学体育与健康水平二常见运动技能

项目	体育活动	教学重点	教学难点
跑	50 米快速跑	起跑反应快,后蹬充分,前摆积极,上下肢协调配合	蹬摆协调,跑得自然
	300～400 米耐久跑	动作轻松、协调,呼吸节奏、方法和体力分配	呼吸节奏与跑的节奏配合
	30～40 米迎面接力跑	右手立棒式传接棒方法	传接棒的时机和配合
	20～25 米往返接力跑	右错肩、立式传接棒,合理的折返方法	传接棒的时机和配合
	20～30 米通过 2～3 个障碍物的跑	方法正确,姿势合理,安全、快速通过	灵敏、快速通过障碍物
跳	**立定跳远**	弹性屈伸与快速有力起跳相结合	上下肢动作协调配合
	急行跳远	助跑与踏跳的结合	准确、有力地踏跳
	侧向助跑跳高	助跑和起跳技术	助跑与起跳相结合
投掷	原地投掷沙包(或垒球)、上步投掷沙包(或垒球)	蹬地、转体、肩上屈肘,快速挥臂	最后用力,动作连贯,协调用力
	双手前掷实心球	屈肘后仰、向后引伸,蹬地收腹、快速挥臂	出手时机,动作连贯,协调用力
跳绳	单脚交换跳短绳	摇绳和两脚依次跨跳过绳	左右脚配合,动作协调、连贯
	"8"字跳长绳	入绳及出绳时间的把握	动作迅速、协调,两同学间衔接连贯
体操	**前滚翻**	两脚蹬伸,滚动圆滑	两脚蹬直,收腿团身时机
	后滚翻	后倒快、团身紧,滚动圆滑	翻掌贴肩,快速推手
	跪跳起	摆臂制动要提腰,压垫提膝收腿快	摆臂制动与压脚背的配合
	肩肘倒立	伸髋立腰,两手撑腰背,脚面绷直	伸髋立腰与两手撑腰背的配合
	支撑跳跃:跳上成跪撑—向前跳下(跳箱高 30～50 厘米)	单起双跳支撑上箱,弹性屈伸下压展体	摆臂、提腰,小腿下压与提膝收腿的配合
	低单杠:跳上成正撑—前翻下	上杠后直臂支撑、挺胸展腹,绷脚面	前翻时,收腹、贴杠前翻下

续表

项目	体育活动	教学重点	教学难点
小篮球	原地运球	手指与球的接触部位，按拍时随球与迎球动作	手腕、手指按拍篮球的动作协调
	行进间运球	手指控制球时的部位与运球方向，按拍球的力量与身体协调配合	跑动与运球的协调配合
	原地双手胸前传接球	传球的伸、翻、拨，接球时的伸、迎、引	传球的翻腕、拨指和接球的前伸、后引，动作连贯、协调用力
	原地双手胸前投篮	投篮时两手均匀用力，两臂充分伸展	上、下肢协调用力
小足球	脚内侧踢球和脚背正面踢球	脚内侧踢球：摆动腿，膝部外展，用脚内侧推送或敲击球； 脚背正面踢球：摆动腿，大腿带动小腿，用脚背正面击球	脚内侧踢球：摆动腿外展，踢球时髋关节前送； 脚背正面踢球：小腿加速，踢球后身体随球移动
	脚内侧接地滚球和脚底接地滚球	脚内侧接地滚球：脚内侧接球的部位； 脚底接地滚球：脚底接球的部位	脚内侧接地滚球：迎球缓冲； 脚底接地滚球：接球的时机
	脚内侧运球和脚背正面运球	脚内侧运球：支撑脚与球的位置，运球时脚内侧触球的部位； 脚背正面运球：脚背正面推拨球的动作	行进间控球的协调性
乒乓球	正手发球和反手发球 （以右手为例）	正手发球：右臂内旋使拍面稍前倾，手臂向身体右后方引拍，向左前方挥拍； 反手发球：右臂外旋使拍面稍前倾，手臂从身体左后方向右前方挥拍	正手发球：抛球与挥拍击球的时机； 反手发球：抛球与挥拍击球的时机，击球动作连贯性
	正手推挡球（以右手为例）	引拍手臂略内旋，前臂和手腕前迎推压来球	挥拍击球的时机与判断来球
	正手攻球（以右手为例）	上臂向后引拍，挥臂击球的动作	判断来球落点与击球时机

精选真题

1.［2018 下半年］教学设计：简要说明“立定跳远”的教学重点、难点。

参考答案：参见内文。

2.［2017 上半年］教学设计：简要说明“脚内侧运球”的教学重点、难点。

参考答案：参见内文。

3.［2016 下半年］教学设计：简要说明“行进间运球”的教学重点、难点。

参考答案：参见内文。

4.［2016 上半年］教学设计：说明“前滚翻”的教学重点、难点。

参考答案：参见内文。

2. 小学体育与健康水平三常见运动技能

项目	体育活动	教学重点	教学难点
跑	50 米快速跑	起跑有力,加速明显;途中跑时重心平稳,直线性好,蹬摆有力,较自然放松	跑的各环节衔接紧密;途中跑动作协调、自然、有力
	400 米耐久跑	跑时动作协调,呼吸自然有节奏,步幅均匀	动作协调,节奏稳定,合理分配体力
	4×50 米接力跑	传接棒的方法和传接棒的配合	在接力区内,快速跑动中完成传接棒技术动作
	30~40 米通过 3~4 个障碍物跑	采用合理姿势,安全、快速地通过各种障碍物	根据障碍物的情况合理控制身体重心,过障碍时动作灵敏、快速、协调、连贯
跳	**跨越式跳高**	助跑的速度和节奏,助跑与起跳技术	助跑与起跳衔接技术,摆动腿内旋下压,过杆动作协调
	蹲踞式跳远	助跑快而有节奏,起跳有力	助跑与起跳衔接技术
投掷	双手从头后向前掷实心球	持球后引,呈反弓,蹬地、收腹、挥臂用力顺序,球的出手角度	动作连贯、协调,快速挥臂、甩腕
	助跑投掷垒球	持球后引,交叉上步、蹬地、转体、肩上屈肘,挥臂等动作连贯	助跑与最后用力做到连贯协调
跳绳	**向前、向后摇绳编花跳**	两臂交叉和还原的时机	两臂交叉后的抖腕摇绳;上下肢配合协调,节奏均匀
	双摇跳	跳跃有高度,摇绳快速、有节奏	摇绳与跳跃动作的协调配合
	穿梭跳长绳	两人跑入时机合理,路线正确	摇绳人与跳绳人的配合,摇绳节奏稳定
	双绳跳:短绳套长绳,单摇跳	长、短绳摇动的节奏一致	摇绳人与跳绳人默契配合
体操	脚蹬墙手倒立	顶肩、提臀、两脚依次向上移	直臂顶肩,收腹、立腰
	侧手翻	蹬地、摆腿,两手依次撑地,两腿依次落地	直臂、顶肩,经分腿倒立过程
	支撑跳跃:跳上成蹲撑,起立,挺身跳下(横放器械,80~90 厘米高)	双脚踏跳,支撑提臀收腹成蹲撑,挺身展体,落地屈膝缓冲	支撑提臀收腹落箱轻,挺身展体落地稳
	山羊分腿腾越	助跑与踏跳紧密结合;提臀、分腿、顶肩	助跑踏跳连贯、迅速有力;推手及时,抬上体

04

续表

项目	体育活动	教学重点	教学难点
体操	低单杠:单挂膝悬垂摆动（以左腿挂膝为例）	摆动腿弧形摆动	摆腿与拉、压臂的配合
	低单杠:一足蹬地翻身上	蹬地摆腿,引体贴杠	蹬地、摆腿、拉杠、倒肩、腹贴杠动作要协调连贯
	低单杠:穿臂前后翻	前后翻时收腹、提臀,控制节奏	动作连贯、协调
小篮球	侧身跑	脚尖朝向跑动方向,上体转向有球方向	跑动同时观察场上情况
	变速跑	加速时步幅小,步频快;减速时,步幅稍大,重心稍低	加速时上体前倾,减速时上体逐渐抬起
	变向跑	改变方向的第一步向斜前方迈出要迅速、果断,身体转动要快	脚尖内扣,腰带动髋扭转,快速移动重心并迅速跑出第一步
	行进间双手胸前传、接球	传球时,结合接球人的位置、速度和时机,准确地将球传出,做到人到球到;接球时,能迎球跨步接球	传、接球动作与脚步动作协调配合,接球时跨步迎球
	体前变向换手运球	拍按球的位置准确,跨步、转体、前倾、探肩等动作协调连贯	手脚配合协调,节奏清晰
	单手肩上投篮(以右手为例)	右臂向前上方伸直,手腕前屈,食、中指用力拨球,通过指端将球投出	上、下肢协调用力
小足球	**脚背内侧传球**	斜线助跑,支撑脚的位置以及支撑脚脚尖指向出球方向	踢球腿的摆动和脚击球的部位
	脚背正面接球	身体正对来球,脚背正面触球	判断来球路线与速度,膝、踝关节放松以增强缓冲效果
	脚背正面射门	助跑路线,脚触球的位置	支撑脚的位置,摆动腿的速度
	脚背外侧传球	支撑脚脚尖指向出球方向,脚触球的部位	支撑脚的位置,踢球腿的摆动路线
软式排球	**正面下手双手垫球**	夹臂、提肩、压腕,垫球的部位准确	判断准确,上下肢协调用力
	正面下手发球(以右手为例)	抛球稳定,击球部位准确	抛、引、蹬、摆、击的用力顺序,身体协调用力

04

续表

项目	体育活动	教学重点	教学难点
乒乓球	正手快攻(以右手为例)	持拍手以前臂快速内收发力,配合手腕内转沿球体弧线挥动	在球的上升期击球的中上部
	反手攻球	挥拍发力、动作快速	在球的上升期击球的中上部
	正手削球	手腕控制好拍形,触球中下部,有摩擦球的动作	回球快、弧线低且稳定
	反手削球	来球下降前期,击球中下部,有摩擦球的动作	控制回球弧线的高度

精选真题

1. [2019 下半年]教学设计:简要说明“正面下手双手垫球”的教学重点、难点。

参考答案:参见内文。

2. [2019 上半年]教学设计:简要说明“跨越式跳高”的教学重点、难点。

参考答案:参见内文。

3. [2018 上半年]教学设计:简要说明“行进间体前变向换手运球”的教学重点、难点。

参考答案:参见内文。

4. [2017 下半年]教学设计:简要说明“向前摇绳编花跳”的教学重点、难点。

参考答案:参见内文。

5. [2015 下半年]教学设计:简要说明“脚背内侧传球”的教学重点、难点。

参考答案:参见内文。

三、小学体育与健康学科教学设计

(一)教学目标设计

1. 知识与技能目标

通过教师的引导,了解到××的重要性及动作要领,提高运动兴趣;通过学练,了解××的动作结构,理解××的重要性,掌握××的动作要领。

2. 过程与方法目标

通过小组合作讨论、练习等方法,××的学生初步掌握××的技术动作,提高××的能力,发展力量、速度、协调等身体素质,通过模仿、游戏练习的方法发展××力量。

3. 情感态度与价值观目标

通过小组合作等形式的探究、配合练习,意识到自己身体素质上的不足,对××运动兴趣进一步升华,形成积极向上、团结合作的团队精神,养成团结协作、机智果敢、勇于拼搏的意志品质,养成终身体育的意识和习惯。

(二)教学重难点设计

1. 教学重点

掌握××运动项目的动作要领并理解其重要性。

2. 教学难点

教学难点的设计一般会涉及具体运动项目的具体动作技术和技术要领,因此考生要深入了解并熟悉运动项目的具体动作技术和要领。

(三)教学步骤设计

(1)利用挂图图示法教学让学生先试图模仿。

(2)教师讲解、示范×××的练习方法,讲解易犯错误。

(3)组织学生练习。

(4)教师巡回指导,用语言激励学生,纠正易犯错误。

(5)组织学生展示。展示后发现难点,部分学生×××能力较差,安排专门练习后再分层练习。

(6)分层次指导学生。(重点指导学习较为困难的学生)

第八节　小学美术学科知识与教学设计

考向分析

本节主要介绍义务教育美术课程目标、小学美术学科专业知识、小学美术学科教学设计等相关知识。本节需要考生掌握的核心知识和能力包括:

知识点	关键点	考频	题型	要求
小学美术学科专业知识	中国画	2	教学设计	识记
	版画	1	教学设计	识记
	肖像画	1	教学设计	识记
	剪纸	2	教学设计	识记
小学美术学科教学设计	教学目标设计	10	教学设计	运用
	教学过程设计	10	教学设计	运用

本节知识在考查题型上以教学设计题为主。在备考时,考生应注意小学美术学科专业知识、教学目标设计和教学过程设计,预计在之后的考试中以上内容仍是考查重点,但更加突出对考生能力和素养的考查。

思维导图

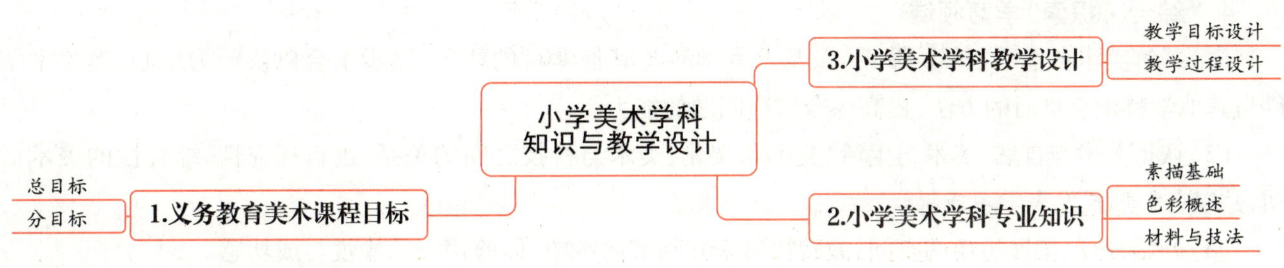

04

核心知识

一、义务教育美术课程目标

(一)总目标

美术课程总目标按“知识与技能”“过程与方法”“情感、态度和价值观”三个维度设定。

学生以个人或集体合作的方式参与美术活动，激发创意，了解美术语言及其表达方式和方法；运用各种工具、媒材进行创作，表达情感与思想，改善环境与生活；学习美术欣赏和评述的方法，提高审美能力，了解美术对文化生活和社会发展的独特作用。学生在美术学习过程中，丰富视觉、触觉和审美经验，获得对美术学习的持久兴趣，形成基本的美术素养。

(二)分目标

美术课程分目标从“造型・表现”“设计・应用”“欣赏・评述”和“综合・探索”四个学习领域设定。

1.“造型・表现”学习领域

(1)观察、认识与理解线条、形状、色彩、空间、明暗、肌理等基本造型元素，运用对称、均衡、重复、节奏、对比、变化、统一等形式原理进行造型活动，增进想象力和创新意识。

(2)通过对各种美术媒材、技巧和制作过程的探索及实验，发展艺术感知能力和造型表现能力。

(3)体验造型活动的乐趣，敢于创新与表现，产生对美术学习的持久兴趣。

2.“设计・应用”学习领域

(1)了解设计与工艺的知识、意义、特征与价值以及“物以致用”的设计思想，知道设计与工艺的基本程序，学会设计创意与工艺制作的基本方法，逐步发展关注身边事物、善于发现问题和解决问题的能力。

(2)感受各种材料的特性，根据意图选择媒材，合理使用工具和制作方法，进行初步的设计和制作活动，体验设计、制作的过程，发展创新意识和创造能力。

(3)养成勤于观察、敏于发现、严于计划、善于借鉴、精于制作的行为习惯和耐心细致、团结合作的工作态度，增强以设计和工艺改善环境与生活的愿望。

3.“欣赏・评述”学习领域

(1)感受自然美，了解美术作品的题材、主题、形式、风格与流派，知道重要的美术家和美术作品，以及美术与生活、历史、文化的关系，初步形成审美判断能力。

(2)学会从多角度欣赏与认识美术作品，逐步提高视觉感受、理解与评述能力，初步掌握美术欣赏的基本方法，能够在文化情境中认识美术。

(3)提高对自然美、美术作品和美术现象的兴趣，形成健康的审美情趣，崇尚文明，珍视优秀的民族、民间美术与文化遗产，增强民族自豪感，养成尊重世界多元文化的态度。

4.“综合・探索”学习领域

(1)了解美术各学习领域的联系，以及美术学科与其他学科的联系，逐步学会以议题为中心，将美术学科与其他学科融会贯通的方法，提高综合解决问题的能力。

(2)认识美术与自然、美术与生活、美术与文化、美术与科技之间的关系，进行探究性、综合性的美术活动，并以各种形式发表学习成果。

(3)开阔视野，拓展想象的空间，激发探索未知领域的欲望，体验探究的愉悦与成功感。

二、小学美术学科专业知识

(一)素描基础

1. 素描概述

以线条或者明暗色面来描绘物象的单色画，统称为素描。单色水彩、单色油画、中国传统的白描和水墨画广义上也可以称之为素描。通常情况下素描指的是铅笔画和炭笔画。

2. 素描的分类

(1)从目的和功能上可分为创作素描和习作素描两大类。

(2)从表现内容上可分为静物、动物、风景、人像及人体素描等。

(3)从作画的时间概念上可分为长期素描、短期素描。

(4)从绘画传统的角度上可分为中国写意传统的素描(一般称之为白描)和西方写实传统的素描两种。

(5)从使用工具上可分为铅笔、炭笔、钢笔、毛笔、水墨、粉笔或多种工具穿插使用的素描等。

(6)根据表现方法的不同，分为用线表现的素描、明暗光影表现的素描和线面结合的素描。

3. 素描遵循的基本原则与作画步骤

(1)基本原则

素描在训练中要遵循"整体—局部—整体"的观察与表现原则。

(2)作画步骤

①经营构图，确定轮廓

构图时要注意选择恰当的角度安排画面，注意画面形式美的表达和画面的空间感。

②深入刻画，塑造形象

深入刻画是在大的形体轮廓的基础上，运用明暗调子表现物象的形体结构、起伏转折及立体空间效果。在具体描绘局部的细节时，要注意服从整体，保持整体效果。

③调整统一，完美画面

在深入刻画阶段，要在整体的角度上，感受画面的总体效果，看看形体结构是否准确；比例关系是否匀称；明暗对比是否分明；立体空间是否强烈；整体与局部的关系是否统一；主次、重点是否突出；细节部分与主体部分是否冲突或过于抢眼；要在保证大的色调氛围的情况下有主有次、详略得当。

(二)色彩概述

1. 色彩三要素

(1)色相：指色彩的相貌，是区别色彩种类的名称。如：红、橙、黄、绿、蓝、紫、黑、白等。

(2)明度：也叫亮度，是指色彩的明暗程度。其中存在两种情况：一是色彩本身的明暗程度；二是一种颜色加入另外一种颜色使其明度产生的变化。

(3)纯度：一种颜色的饱和程度，即色彩的鲜艳或者浑浊程度。一般来说，一种颜色中含其他颜色越少，纯度越高，色相越容易辨认；含其他颜色越多，纯度越低，色相越不容易辨认。

2. 其他概念

(1)对比色：色环中相距120度到180度之间的两种颜色。

(2)类似色：色环中90度角内相邻的颜色，互为类似色。

(3)色调：即画面色彩的总体倾向，表达一定的情感或营造某种特定的氛围。

(三)材料与技法

1. 中国画

(1)概述

中国画简称国画，是我国的传统绘画，有着悠久的发展历史。中国传统绘画的门类很多，形式风格多样，还包括书法、篆刻、壁画、民间绘画等。

从绘画题材分有人物、山水和花鸟画,这三者也称中国画的三大画科。

从绘画技法分有工笔、写意等。工笔大致分为白描、工笔淡彩、工笔粉彩、工笔重彩和没骨等。写意可分为大写意、小写意和兼工带写等不同的表现形式。

从绘画的用色分有浅绛山水、青绿山水。青绿山水又分为小青绿、大青绿、金碧山水三种形式。

中国画最早成熟的画种是人物画。在魏晋南北朝时期山水画逐渐有脱离依附人物故事绘画的倾向,花鸟画的发展要晚于山水画,而山水画的真正出现当在隋、唐之时。

(2)艺术特点

①以线为主的中国笔墨;②重“写意”;③遵循“以形写神,形神兼备”的艺术原则;④运用比、喻、兴、借等手法;⑤诗词入画,提倡诗情画意。

(3)中国画技法

①笔墨

A. 用笔

毛笔运笔一般分为直立式和侧立式,运笔时笔杆直立为中锋用笔,笔杆倾斜为侧锋用笔。中锋用笔线条圆厚饱满,侧锋用笔线条轻薄灵动。

对于中国画用笔,常用的技法有勾、皴、点、染。

B. 用墨

调墨作画,由于加水量不同,有“墨分五色”之说,即焦、浓、重、淡、清五个色阶,用以表现物象质地和相互关系。随着中国画的不断发展,用墨的技巧也日趋成熟,产生了“泼墨法”“积墨法”“破墨法”等多种表现手法。

②色法

中国画主张黑白分明,“以墨为主”“以色为辅”,把墨作为整个画面的基调,色彩的处理建立在墨骨的基础上。色彩的处理方法有色墨重叠法、色墨对比法和色墨调和法三种。

③水法

调墨、调色都离不开水。实践证明,用墨、用色的成败,与用水是否得当关系甚大,初学者不可忽视。著名画家黄宾虹说:“水是用的,不是洗的。”意思就是说水是画墨、色技法的具体体现,用水得当,画面生动。一定要多次实践,才能从中得出经验。

精选真题

[2018上半年]教学设计:中国画有哪几大画科?中国画的表现形式有哪些?墨分五色,是哪五色?

参考答案:参见内文。

2. 版画

版画是一种特殊的画种,不是直接画出来的,而是画家画好画稿以后,运用刀、笔、钢针或其他工具,在木板、石板、纸板、金属板、麻胶板、塑料板等不同物质材料的版面上,雕刻或蚀刻后印刷出来的美术作品。

(1)版画的艺术特点

①间接性。版画的制作,需要先制版,然后再印刷,具有间接性的特点。

②复数性。版画可以通过印刷产生多幅同样的作品,也可以通过改变版面上的颜色,以取得多幅不同色彩效果的艺术作品。

③印痕美。由于版画的特殊制作过程,使它形成了自己独特的艺术趣味。造型的概括性、简明性,画面产生的强烈、鲜明、单纯、明确的艺术效果,构成了作品印痕的肌理美。

(2)版画的分类

①依据制版时采用的物性版材,版画可以分为木版画、铜版画、石版画、丝网版画以及其他版种(如石膏版画、纸版画、电脑版画等)。

②依据印刷方式,可分为凸印版画、凹印版画、平印版画、漏印版画。

③依据使用色彩的多少，可分为单色版画和套色版画。

④依据印数多少，可分为独幅版画和多幅版画。

精 选 真 题

[2017 上半年]教学设计：什么是版画？版画按颜色分类大致有哪几种？

参考答案：参见内文。

3. 肖像画

肖像画专指描绘人物形象的画，可分为头像、半身像、全身像、群像等。中国肖像画的传统称谓有“传神”或“写真”，是以现实生活中或历史上客观存在的人物为描绘对象，通过以形写神、迁想妙得等创作方法，着重刻画人物本身特定的外形特征和内在神韵，获得形神兼备的效果。肖像画着重表现人物的气质和心理活动。艺术家为自己所绘的肖像作品称为自画像。

精 选 真 题

[2016 下半年]教学设计：什么是肖像画？肖像画着重表现什么？什么是自画像？

参考答案：参见内文。

4. 民间美术

(1)木版年画

中国木版年画的著名产区有山东杨家埠、天津杨柳青、四川绵竹、江苏桃花坞、河北武强、河南朱仙镇、陕西凤翔等，所产年画各具地方特色。

①雅丽的杨柳青年画

杨柳青位于天津之西，交通便利，商肆众多。杨柳青年画题材广泛，包括神码、生活风俗、历史故事、戏曲小说、娃娃美人、风景花卉等。在画法风格上，明显受到北京版画和院体画影响，精细生动，设色鲜雅，题词讲究。追求绘画效果，彩色套印与彩绘结合，具有细腻辉煌的效果。代表作品有《喜叫哥哥》《盗仙草》《庄稼忙》《连年有余》等。

②写实的桃花坞年画

桃花坞是苏州北城工艺美术行业的集中地。桃花坞年画内容以故事性画面为多，并乐于表现日益繁华的城市面貌与市民生活。注意透视明暗、空间纵横的表现与墨色的变化，作风朴中带雅、明净强烈。代表作品有《百子图》等。

③质朴的杨家埠年画

杨家埠在山东潍坊市。杨家埠年画内容以神码为主，体裁形式多样。线条简劲洗练，色彩对比强烈，风格质朴生动，具有很强的民间风貌。代表作品有《门神》《男十忙》《女十忙》等。

(2)铁画

铁画是用铁铸成线条，再焊接而成的一种美术作品。汤鹏创作的铁画，是我国工艺美术宝库中的一颗明珠。

铁画既有国画黑白相间的风韵美，也有西画层次分明的立体美。铁画的种类很多，有人物木石、山川风景、花鸟草虫等。至今人民大会堂还悬有巨幅铁画《迎客松》。

(3)剪纸

剪纸是流传于民间的、以薄纸为材料，以剪刻为主要造型手段的一种艺术形式。剪纸是民间美术中最普遍、与人们的生活最密切、内容也最丰富的门类。

剪纸的用途有四类：张贴、摆衬、刺绣底样、印染。剪纸分为单色剪纸和彩色剪纸。彩色剪纸又分为两种：一种是在白纸上进行染色，即点染剪纸；一种是通过套、衬、分、拼等手段，将两种或多种色纸剪叠在同一画面上，如套色剪纸、衬色剪纸、分色剪纸、拼色剪纸等。

剪纸的艺术特色：题材广泛，制作简便，构图富于变化，造型洗练，色彩明快，形式优美，具有强烈的装饰感。一幅优秀的剪纸作品需要具备以下特点:刀味与纸感、玲珑剔透、强调装饰、变形夸张。

剪纸的装饰纹样是许多民间艺人在长期的剪纸实践中总结出来的,用于表现特定事物、美化事物的装饰纹样。常用的剪纸装饰纹样有锯齿纹、月牙纹、鱼鳞纹、漩涡纹、云纹、柳叶纹等。

民间剪纸中的许多图案采用谐音和寓意的方式来表达吉祥美好的象征意义。例如,莲花和鱼组合,象征“连年有余”;五只蝙蝠捧着蟠桃,象征“五福捧寿”;石榴、葡萄或鱼寓意“多子”;牡丹寓意“富贵”等。

精选真题

[2018 下半年]教学设计:什么是剪纸的装饰纹样?请列出 6 种剪纸的装饰纹样。

参考答案:参见内文。

三、小学美术学科教学设计

(一)教学目标设计

[作答模板]

1. 知识与技能目标

(1)认识×××造型,并且能灵活表现形态各异的×××作品。

(2)学习色彩的视觉规律,了解对比色产生的视觉效果。

(3)学习×××的结构,了解能够利用什么材质、造型、色彩制作×××。

(4)了解×××的特征,能够使用流畅、简洁的线条画一张生动、形象的画。

(5)了解不同色彩,认识×××的形状,掌握线条的疏密变化。

2. 过程与方法目标

(1)通过思考与实践,掌握×××的基本表现方法/大胆表现独具个性的×××作品。

(2)通过欣赏艺术作品,培养审美能力/观察分析能力/动手操作能力。

3. 情感态度与价值观目标

通过美术活动的学习,培养热爱大自然的情感/激发学习美术的兴趣/养成热爱生活、细心观察的生活习惯/体会生活和艺术的联系。

(二)教学过程设计

1. 课堂导入

直观导入:为学生呈现景色的图片、视频。

[作答模板]同学们,在正式上课之前,老师先请大家欣赏几幅美丽的图片(一段视频),(展示图片或视频后询问)这幅作品给你什么样的感受?你想创作一幅这样的作品吗?今天我们一起来学习×××。

情境导入:学校要组织一次美术比赛。

[作答模板]同学们要画出一幅好看的作品去参加比赛,今天就跟老师一起学习新课×××,画一幅漂亮的作品去参加比赛吧。

2. 新授环节

(1)欣赏作品。①请同学们欣赏画面谈感受。②引导学生从造型、结构、色彩等方面对作品进行赏析。

提问:这幅作品给你什么感受?/这幅作品从×××观察,你有什么发现?

点评:这位同学观察得真仔细,有双善于发现的眼睛。

(2)小组讨论。①请同学们分成×××一组,围绕×××问题进行讨论。②教师和学生一起总结×××。

教师:老师将学生分成 4 个小组,讨论 5 分钟,讨论结束后由小组代表发言。大家积极讨论,为自己的团队贡献自己的一份力量。

过渡语:看到同学们讨论得热火朝天,想必收获颇丰,那咱们一起来交流一下吧。

提问:这位手举得最高的同学来回答这个问题。

点评：声音真洪亮，一看就是个自信的学生。

提问：靠窗扎马尾的女生来回答。

点评：这位同学回答得真全面，一看专业基础就很扎实。

(3)教师示范

教师边示范边讲解绘画/创作步骤。

教师：下面老师将边示范边讲解，请同学们仔细听仔细看，注意×××(本课学习到的美术知识)。

3. 课堂练习

教师：看到同学们都已经跃跃欲试了，那咱们就自己动手创作一幅作品吧。在创作的过程中，老师会巡回指导，有问题及时问老师，我将和大家一起解决。(教师提出要求)

4. 展示评价

教师：老师看到大家都把画笔放下了，咱们分成4个小组，首先在组内介绍自己的作品，然后相互评价，最后推选出小组优秀作品，大家一起进行赏析。

5. 小结拓展

围绕着本课内容，请学生课后借助互联网等查阅资料或布置其他开放型作业。

强化练习

建议用时	实际用时	设定分值	实际得分
200 分钟		240 分	

教学设计题(每小题40分，共240分)

1. 请认真阅读下列材料，并按要求作答。

1 山中访友

走出门，就与微风撞了个满怀，风中含着露水和栀(zhī)子花的气息。早晨，好清爽！

不坐车，不邀游伴，也不带什么礼物，就带着满怀的好心情，踏一条幽径，独自去访问我的朋友。

那座古桥，是我要拜访的第一个老朋友。啊，老桥，你如一位德高望重的老人，在这涧水上站了几百年了

吧？你把多少人马渡过对岸，滚滚河水流向远方，你弓着腰，俯身凝望着那水中的人影、鱼影、月影。岁月悠悠，波光明灭，泡沫聚散，唯有你依然如旧。

本文作者李汉荣，选作课文时有改动。

2

走进这片树林，鸟儿呼唤我的名字，露珠与我交换眼神。每一棵树都是我的知己，它们迎面送来无边的青翠，每一棵树都在望着我。我靠在一棵树上，静静地，仿佛自己也是一棵树。我脚下长出的根须，深深扎进泥土和岩层；头发长成树冠，胳膊变成树枝，血液变成树的汁液，在年轮里旋转、流淌。

这山中的一切，哪个不是我的朋友？我热切地跟他们打招呼：你好，清凉的山泉！你捧出一面明镜，是要我重新梳妆吗？你好，汩(gǔ)汩的溪流！你吟诵着一首首小诗，是邀我与你唱和吗？你好，飞流的瀑布！你天生的金嗓子，雄浑的男高音多么有气势。你好，陡峭的悬崖！深深的峡谷衬托着你挺拔的身躯，你高高的额头上仿佛刻满了智慧。你好，悠悠的白云！你洁白的身影，让天空充满宁静，变得更加湛蓝。喂，淘气的云雀，叽叽喳喳地在谈些什么呢？我猜你们津津乐道的，是飞行中看到的好风景。

捡起一朵落花，捧在手中，我嗅(xiù)到了大自然的芬芳清香；拾一片落叶，细数精致的纹理，我看到了它蕴含的生命的奥秘，在它们走向泥土的途中，我加入了这短暂而别有深意的仪式；捧起一块石头，轻轻敲击，我听见远古火山爆发的声浪，听见时间隆隆的回声。

忽然，雷阵雨来了，像有一千个侠客在天上吼叫，又像有一千个醉酒的诗人在云头吟咏。满世界都是雨，头顶的岩石像为我撑起的巨伞。我站立之处成了看雨的好地方，谁能说这不是天地给我的恩泽？

雨停了。幽谷里传出几声犬(quǎn)吠，云岭上掠过一群归鸟。我该回家了。我轻轻地挥手，告别山里的朋友，带回了满怀的好心情、好记忆，还带回一路月色。

邀	俯	瀑	峭	躯	津	蕴	侠

请根据上述材料完成下列任务。

(1)试对本文进行文本分析。(10分)

(2)如指导高年级小学生学习本课,试拟定教学目标。(10分)

(3)设计三组课堂提问并简要说明理由。(20分)

2. 请认真阅读下列材料，并按要求作答。

1. 比例的意义和基本性质

比例的意义

国旗长 5 m，宽 $\frac{10}{3}$ m。

国旗长 2.4 m，宽 1.6 m。

国旗长 60 cm，宽 40 cm。

上图中操场上和教室里的两面国旗长和宽的比值有什么关系？

操场上的国旗：$2.4:1.6=\frac{3}{2}$

你能发现什么？

教室里的国旗：$60:40=\frac{3}{2}$

所以，$2.4:1.6=60:40$。也可以写成 $\frac{2.4}{1.6}=\frac{60}{40}$ 。

像这样表示两个比相等的式子叫做**比例**。

在上图的三面国旗的尺寸中，还有哪些比可以组成比例？

做一做

1. 下面哪组中的两个比可以组成比例？把组成的比例写出来。

（1）$6:10$ 和 $9:15$　（2）$20:5$ 和 $1:4$

（3）$\frac{1}{2}:\frac{1}{3}$ 和 $6:4$　（4）$0.6:0.2$ 和 $\frac{3}{4}:\frac{1}{4}$

2. 用图中的 4 个数据可以组成多少个比例？

3 cm　1.5 cm　2 cm　4 cm

请根据上述材料完成下列任务：

（1）阐述什么是比，什么是比例，比和比例的基本性质分别是什么。（10 分）

（2）如指导六年级学生学习这一内容，试拟定教学目标。（10 分）

（3）依据拟定的教学目标，设计课堂教学的主要环节并简要说明设计理由。（20 分）

3. 请认真阅读下列材料，并按要求作答。

A Let's talk

Look at the kites!

Wow, so beautiful!

How many kites do you see?

1, 2 ... I see 12!

No! The black one is a bird!

Oh!

Find and count

How many birds do you see?

I see ...

58

请根据上述材料完成下列任务:

(1)根据教学内容,试确定本课教学重、难点。(10分)

(2)如指导小学生学习,试拟定教学目标。(10分)

(3)依据拟定的教学目标,设计课堂教学的主要环节并说明理由。(20分)

4. 请认真阅读下列材料,并按要求作答。

其多列

1=F $\frac{2}{4}$

稍快　　　　　　　　　　　　　　　　　　　　云南哈尼族民歌

| 5 3　3 | 5 3　3 | 6̣ 6̣　1 3 | 2 1　2 |

①其多列　其多列，　上山 坡去　拣竹 叶，
②其多列　其多列，　大路 旁的　小树 叶，
③其多列　其多列，　彩色 书包　背身 上，

| 3 5　3 2 | 1 2　6̣ | 1 6̣　6̣ | 1 6̣　6̣ ‖

带上 长刀　破竹 筒，　其多 列　其多 列。
随风 吹动　随风 扬，　其多 列　其多 列。
高高 兴兴　上学 去，　其多 列　其多 列。

请根据上述材料完成下列任务:

(1)简要分析歌曲的特点。(10 分)

(2)若指导小学低年级学生学唱本歌曲,试拟定教学目标。(10 分)

(3)依据拟定的教学目标,设计导入环节并说明理由。(20 分)

5. 请认真阅读下列材料,并按要求作答。

原地双手胸前传接球

动作要点:翻腕、拨指传出球;两臂前伸迎接球,顺势接球后引。

请根据上述材料完成下列任务:

(1)简要说明"原地双手胸前传接球"的教学重点、难点。(10 分)

(2)如果指导水平二的学生练习,试拟定教学目标。(10 分)

(3)依据拟定的教学目标,设计技术教学环节的步骤并说明设计理由。(20 分)

6. 请认真阅读下列材料，并按要求作答。

10 民间面塑

《仕女像》栩栩如生的神态，《狮子头》面花精美的造型与色彩，都体现了我国面塑艺术独特的魅力。这两件生动的艺术品都出自民间艺人之手。

狮子头（陕西） 现代

仕女像（北京） 现代 彭小平

孙悟空和猪八戒（河南） 现代

《孙悟空和猪八戒》这件作品色彩斑斓绚丽，艺人以我国民间特有的审美情趣，大胆地运用了红、黄、白、黑、绿等鲜艳的颜色。作品巧妙地采用了夸张和变形，手法简练，人物形象塑造得生动可爱，天真自然，不失为一件民间面塑的佳作。

民间面塑艺人制作面人

23

04

面塑老虎的制作方法：

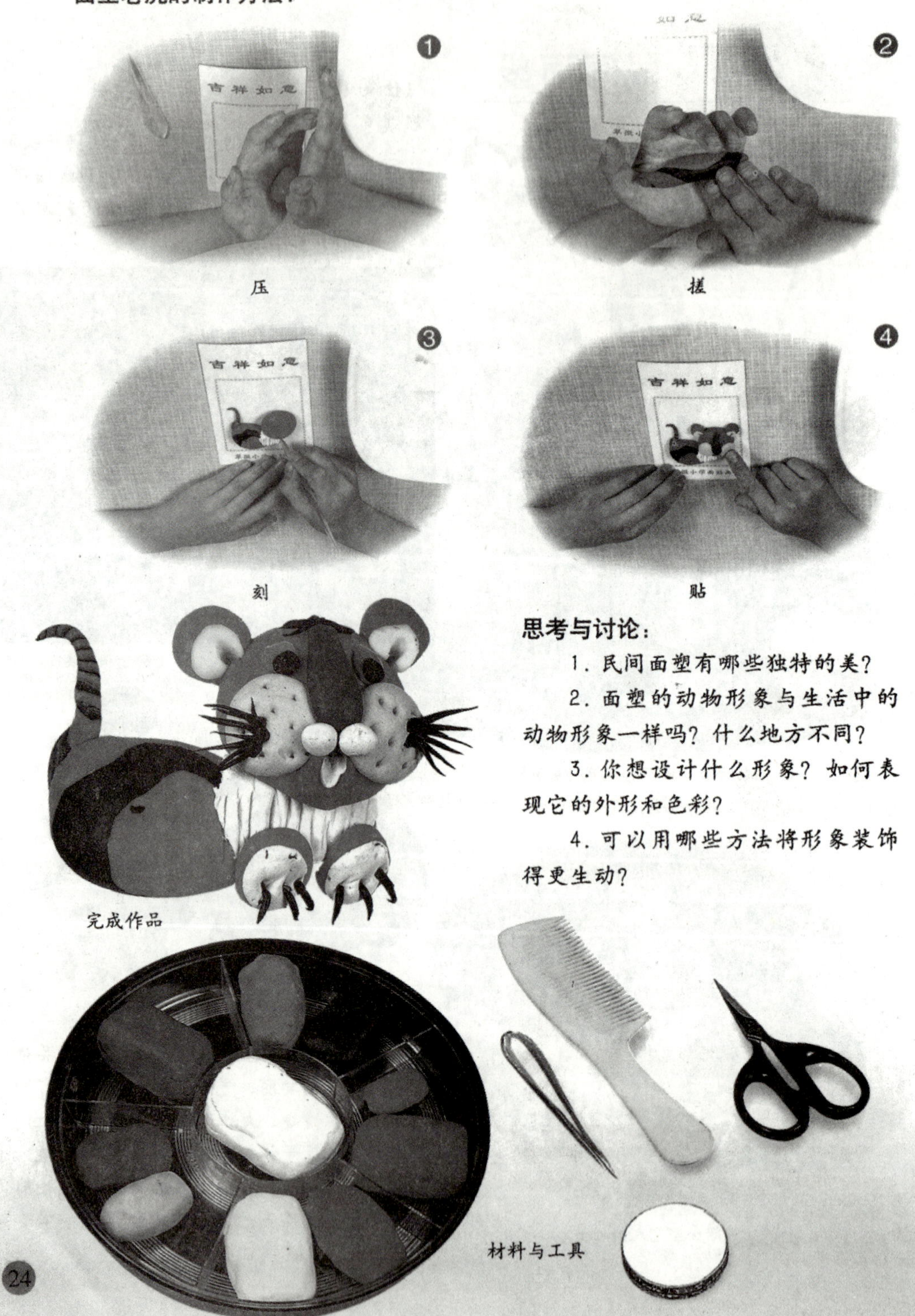

思考与讨论：

1. 民间面塑有哪些独特的美？
2. 面塑的动物形象与生活中的动物形象一样吗？什么地方不同？
3. 你想设计什么形象？如何表现它的外形和色彩？
4. 可以用哪些方法将形象装饰得更生动？

完成作品

材料与工具

24

捕食的蛇

猴子献寿

学生作品

牛

艺术实践：

了解面塑的基本制作方法，试着做一件具有民间气息的动物面塑或泥塑作品。

喜娃娃

天牛和葫芦

评一评：

我知道了民间面塑艺术的特点。□

看谁创作的作品形象生动并富有民间气息？

我爱秋天

25

请根据上述材料完成下列任务：

(1)举例说明民间面塑的艺术特点。(10 分)

(2)如指导中年级小学生学习本课，试拟定教学目标。(10 分)

(3)依据拟定的教学目标，设计新授的教学活动并说明理由。(20 分)

参考答案及解析

教学设计题(答案要点)

1.(1)文本分析

这是一篇构思新奇、富有想象力、充满好奇心的散文。作者“带着满怀的好心情”,走进山林,探访山中的“朋友”,与“朋友”互诉心声,营造了一个如诗如画的世界,表达了对大自然的热爱之情。

在叙述方式上,本文独具匠心。作者根据表达的需要,恰当地变换叙述人称,对山中的“朋友”,作者有时用第三人称叙述,有时为了使感情强烈又以第二人称称呼,从而使情感表达得更加充分。

在修辞手法上,作者采用比喻、拟人、排比等修辞手法,既使文笔生动活泼,又很好地表达了对山中“朋友”的那份深厚感情。

(2)教学目标

知识与技能目标:会写文中所给生字,正确读写“清爽”“吟诵”“唱和”“瀑布”“陡峭”“挺拔”“身躯”“精致”“蕴含”“奥秘”“侠客”“德高望重”“津津乐道”“别有深意”等词语。

过程与方法目标:有感情地朗读课文,学习作者运用比喻、拟人、排比等修辞手法表达感情的方法。

情感态度与价值观目标:感受作者描写的境界,培养热爱自然、亲近自然的美好情感。

(3)课堂提问

①作者要拜访的是什么样的朋友?作者为什么要以“山中访友”为题?

[设计意图]学生通过交流讨论,抓住课文的关键语句,弄清作者要拜访的友人是谁,并以老朋友的语气有感情地朗读课文,能够感受作者对山中老友的深厚感情,最后结合自己的感受,合作讨论,理解作者为什么要以“山中访友”为题。

②从哪些语句可以体会到作者与“老友”之间有着深厚的感情?说说你的理解。

[设计意图]学生通过有感情地朗读相关的句子,抓住关键的词语与句子并注意结合自己的生活实际进行理解,最后在课堂上与大家交流。教师要根据学生发言的具体情况,在适当的时候进行引导与质疑,以加深学生的理解。锻炼学生对文章的理解与感悟,培养学生的审美情趣。

③学习了这篇文章,我们不但欣赏了山中的美景,更深深地体会到了作者与朋友之间亲密的感情。你知道作者是用了什么样的方法把景与情写得如此动人吗?

[设计意图]学生通过小组交流讨论深入理解文章写作手法,学习应用比喻、排比、拟人等修辞手法,并能够通过朗读,感受不同的写作手法起到的作用。

2.(1)比表示两个数相除。比例是表示两个比相等的式子。

比的基本性质:比的前项或后项同时乘或除以相同的数(0除外),比值不变。

比例的基本性质:在比例里,两个外项的积等于两个内项的积。

(2)教学目标

知识与技能目标:在具体情境中理解比例的意义;能应用比例的意义判断两个比能否组成比例。

过程与方法目标:经历知识的形成过程、发现过程和运用过程,体验从实践中学习的方法;感受数学知识与日常生活的内在联系,增强分析问题和解决问题的能力。

情感态度与价值观目标:结合生活实际感受比例,激发学习数学的兴趣,培养探究精神,建立学好数学的信心。

(3)教学环节

①复习旧知,情境导入

活动一:教师带领学生复习“比”的相关旧知,课件同步展示(什么是比),之后教师请学生观察多媒体课件

中的两幅图片(大小不一样的班级照)。

教师提问:两幅照片有什么不一样?

预设学生回答:另一张照片里面所有人、所有东西都缩小了;照片的长和宽也缩小了;缩小的幅度是一样的。

引入新课:为什么会有如此变化呢?这就需要我们一起在新课“比例”中寻找答案了。

[设计意图]复习旧知,帮助学生巩固对旧知的记忆;用班级照片引入新课,激发学生的兴趣;结合情境,层层设问,培养学生的观察能力以及分析问题的能力。

②自主探究,获得新知

活动二:教师请学生观察多媒体课件中的三幅图片(即教材图片),先让学生思考并交流操场上(第二幅图片中)和教室里的两面国旗的长和宽的比值关系。

预设学生回答:操场上的国旗的长和宽的比为2.4:1.6,比值是3/2;教室里国旗的长和宽的比为60:40,比值是3/2;操场上和教室里的国旗的长和宽的比值是相等的。

教师补充:我们可以用等号将其联系起来,记作2.4:1.6=60:40或2.4/1.6=60/40。

教师提问:继续观察三幅图片,还有哪些比可以组成比例?

预设学生回答:第一幅图片中的国旗长和宽的比为5:10/3,比值是3/2,所以2.4:1.6=5:10/3也是比例。5:10/3=60:40也是比例。

[设计意图]“提问式”教学,引导学生自主探究,培养学生独立自主的学习习惯,提升学生分析、解决问题的能力;将“比”与“比例”结合起来设问,既考查了学生对旧知的掌握程度,又使学生轻松地获取新知,加深学生对新知的理解。

③巩固练习,布置作业

活动三:教师预留时间让学生自主练习材料中“做一做”的第一题,教师巡视进行指导,之后请学生展示答案。

预设学生回答:(1)中6:10=3/5,9:15=3/5,比值相等,所以可以组成比例;(2)中20:5=4:1,比值为4,1:4的比值为1/4,不可以组成比例;(3)中1/2:1/3=3/2,6:4=3/2,比值相等,所以可以组成比例;(4)中0.6:0.2=3,3/4:1/4=3,比值相等,所以可以组成比例。

教师点评并总结新课内容,布置作业。

[设计意图]随堂练习,帮助学生学会运用新知解决问题,可以对出现的问题做及时的指导;课后作业帮助学生巩固所学知识。

3.(1)教学重点:理解对话发生的语境、表演对话并能运用句型询问或说明物品的个数。

教学难点:能够运用“How many…do you see/do you have?”及“I see/have…”句型在情景中进行询问和调查,并能根据物品单、复数的不同,准确运用。

(2)教学目标

知识与技能目标:能够正确拼读1~20这20个单词,能用正确的语音语调朗读对话,理解文本内容;能在真实的语境中运用How many…do you see/do you have?”及“I see/have…”句型进行回答。

过程与方法目标:通过做游戏、动画播放、角色扮演、对话练习等方式培养初步的语言表达能力及解决问题的能力,通过语音渗透达到正确认读、识记单词的目标,通过观察单词规律学习试读新词的方法。

情感态度与价值观目标:调动学生的主动性,使其大胆发言,积极参与语言的实际交际,培养学生学习英语的兴趣及用英语思考的习惯;通过对话的学习,培养学生乐于观察及善于合作的意识和习惯。

(3)教学过程

一、热身/复习(Warm-up/Revision)

1. Listen and do.

Show me 1 and 2.

Show me 3 and 4.

Show me 5 and 6.

Show me 7 and 8.

Show me 9 and 10.

2. Guess(复习数字 1－20)

教师举起右手做出各种表示数字的手势,让学生看好后,教师立即把手放到身后,让学生说出来。(速度由慢到快)也可小组竞赛,看哪组正确率高,在黑板上记分。

3. 游戏:How many fingers?

(1)教师伸出 4 个手指问学生:How many fingers? 学生回答:Four. 教师继续问:How many fingers do you see? 引导学生回答:I see four fingers.

(2)教师再伸出 6 个手指,问学生:How many fingers do you see? 学生回答:I see six fingers.

(3)让学生两人一组做上述游戏。

[设计意图]游戏是学生喜闻乐见的,能让他们在短时间内集中精力,进入课堂,同时游戏的内容又为本节课新课的学习奠定了基础。

二、呈现新课(Presentation)

1. 教师分别出示画有苹果、香蕉、橘子、桃和梨的图片给学生:I have many fruits here. Do you want to know how many they are? OK, Let's count.

2. 数完后,教师问学生:How many apples/bananas/oranges/peaches/pears do you see?

让学生回答出:I see eleven apples./I see twelve bananas./I see thirteen oranges./I see fourteen peaches./I see fifteen pears.(教师要注意及时纠正复数的错误读音)

3. 教师把图片贴到黑板上,指着图片教学生正确读出数字 11－15。

4. 教师再出示其他有关动物、玩具、文具的实物或图片,让学生进行"How many … do you see? I see…"的问答练习。

5. 教师拿出一个风筝问学生:What do you see? 让学生回答:I see a kite. 教师接着问:Is it beautiful? 让学生回答:Yes, it's beautiful.

6. 通过图像展示 Let's talk 部分的内容。

7. 让学生对课文内容进行回答:How many kites does Amy see? How many kites does Wu Yifan see? What is the black one?

8. 播放动画,让学生跟读课文。

9. 学生进行角色扮演,表演课文。

[设计意图]通过种种实物展示,让学生在日常生活的情境中学习数字,并把所学到的东西灵活自如地运用到生活中,这是学英语的最终目的。三年级的学生正是语言发展的关键时期,通过角色扮演,既活跃了课堂氛围,又提高了学生的积极性,寓学习于游戏中。

三、趣味操练(Practice)

1. 两人一组用实物或图片进行对话:How many…do you see? I see…

2. 小组任选图片中的一幅进行问答练习。

[设计意图]强化本节课的学习重难点,在不断的练习中,增强学生的记忆。

四、扩展性活动(Add activities)

让学生观察教室里的东西,并让学生运用本课所学的语言进行对话练习,如:How many windows do you

see? How many chairs do you see?

[设计意图]在对话练习中，让学生巩固本节课所学的知识，既达到了运用的目的，又锻炼了口语表达能力。

4.(1)歌曲的特点

《其多列》是云南哈尼族民歌，四二拍，五声羽调式。歌曲轻巧、欢快、活泼、灵动，旋律以五声级进为主，简单好听，易于演唱。歌曲通过“上山坡去拣竹叶”“带上长刀破竹筒”等场景的描述，表现了哈尼族儿童在劳动和生活中勤劳勇敢、乐观积极的性格特点。

(2)教学目标

情感态度与价值观目标：通过歌曲的演唱，感受音乐的特点，体验哈尼族儿童的生活乐趣。

过程与方法目标：在音乐实践活动中通过玩、唱、演、创的方式，学习和表现歌曲。

知识与技能目标：用活泼而轻快的声音演唱歌曲，感受四二拍的强弱规律。

(3)导入环节

①设置问题，激发兴趣

师：同学们好！今天老师要考一考大家，看谁平时掌握的知识多。请同学们听好：你知道我国有多少个民族吗？你都知道哪些民族呢？

②师生互动，探求新知

师：你们听，哈尼族小朋友邀请我们去做客呢。(播放《其多列》的录音)

[设计意图]采取提问的方式很容易引起学生的表现欲，自然而然地引出少数民族——哈尼族。小学生对一切事物充满好奇，很容易对哈尼族及其歌曲《其多列》产生兴趣，并主动参与到课堂中来。

5.(1)教学重点、难点

教学重点：传球的翻腕、拨指和接球的前伸、后引。

教学难点：手对球的控制，要求动作连贯、协调用力。

(2)教学目标

知识与技能目标：了解原地双手胸前传接球的动作结构，掌握原地双手胸前传接球的动作要领，并能连贯展示该动作。

过程与方法目标：通过学练和游戏，发展速度、协调和力量等身体素质，提高对球的感知能力。

情感态度与价值观目标：提高对篮球学习的兴趣，能在比赛中遵守规则，并养成团结协作、机智果敢、克服困难的意志品质。

(3)技术教学环节的步骤

①教师示范后提问：刚刚老师传球的时候，同学们有没有观察到老师是用哪个手指拨球的呢？

根据学生的回答，教师加以总结：食指、中指将球拨出。教师表扬学生，帮助学生建立初步的动作表象。

②结合挂图讲解动作要点，将其归纳为翻腕、拨指传出球；两臂前伸迎接球，顺势接球后引。

③练习

练习一：原地徒手模仿练习，体会用力顺序。教师巡视指导。

练习二：贯穿教学情境，组织学生两人一组，面对面进行一定距离(4～5米)的传球(“拨开草丛”)、接球(“抱西瓜”)练习。

待学生认真练习后，教师用语言引导学生去帮助“西瓜大爷”收获第一波“西瓜”。

组织形式是“三角传接球游戏”，学生三人一组，站成相应队形，依次传接球，在规定时间内传球次数多的小组获胜(收获第一波)。

第一次学生小组间收获西瓜的情况一定是有所差别的，为了鼓励运动能力差的学生，组织第二次收获西瓜的游戏。

组织形式是迎面传接球比赛,将学生分为若干个小组,以传接球快、不掉球的小组获胜(收获第二波)。

④检验:请掌握情况好的学生展示,鼓励学生互相评价。

⑤教学比赛:“大丰收”游戏。

方法:若干学生围成一个圈,每组分别派2~3个学生在中间,抢断外围传来的球。

[设计意图]①教学中给学生以自主学习的空间和机会,充分发挥学生个性特长,通过启发、诱导,培养学生的手对球的控制能力,引导学生快速进入原地双手胸前传接球的情境和氛围之中,使每个学生充分享受体育的乐趣,为学生养成终身锻炼的习惯打下基础。

②传接球的练习不仅能发展学生的上肢力量,提高学生身体的灵敏性和协调性,而且能培养学生的集体主义精神。针对学生的身心特点,通过学生原地双手胸前传接球的练习,达到激发学生对体育锻炼的兴趣的目的,从而真正达到让学生快乐学习的目的。

6.(1)民间面塑具有色彩绚丽、神态生动、塑造手法简练夸张的特点。例如《孙悟空和猪八戒》,艺人以我国民间特有的审美情趣为基础,大胆地运用红、黄、白、黑、绿等鲜艳的色彩,创作了色彩斑斓绚丽的面塑作品。作品巧妙采用了夸张和变形的手法,将人物形象塑造得生动可爱、天真自然。

(2)教学目标

知识与技能目标:了解民间面塑的艺术特点与面塑的基本制作方法,能够制作一件具有民间气息的面塑作品。

过程与方法目标:通过压、搓、刻、贴等方法,创作一件自己喜欢的面塑作品。

情感态度与价值观目标:珍视优秀的民族、民间美术与文化遗产,增强民族自豪感。

(3)新授教学活动

活动一:认识面塑

教师播放多媒体课件,学生欣赏图片,感受民间面塑的美感。

教师:同学们从图片上看到了什么?学生自由回答。

教师总结:色彩绚丽、形态夸张的面塑。

学生分组讨论自己想做的民间面塑并动手捏面塑。

教师巡视观察。

[设计意图]运用直观导入的方法,吸引学生的注意力,提高学生学习的积极性;通过讨论和动手实践,提高学生的自主性和参与度。

活动二:示范讲解

教师观察学生自己动手捏的面塑,并提问:同学们觉得捏面塑难吗?

教师根据学生的回答,引导学生:请同学们跟着老师一起学习捏面塑。

教师示范制作面塑老虎,边示范边讲解面塑的制作步骤:第一步,压。第二步,搓。第三步,刻。第四步,贴。

[设计意图]通过提问,引起学生的注意并自然过渡到示范讲解环节,有利于学生克服畏难心理,了解面塑的创作过程,培养学生的审美情操和民族自豪感。

05 教学实施

教学实施

- 题型题量
  - 4~7道单项选择题
  - 0~1道材料分析题
- 所占分值
  - 10～30分
- 重点掌握
  - 1.教学过程的基本规律
  - 2.教学原则与方法
  - 3.教学组织形式
  - 4.教学的基本环节、导入类型
  - 5.知识学习的类型与过程

第一节　教学概述

考向分析

本节主要介绍教学的内涵、教学的基本任务、教学过程概述等相关知识。本节需要考生掌握的核心知识和能力包括：

知识点	关键点	考频	题型	要求
教学与教育、智育、上课的关系	教育与教学的关系	1	单选	识记
教学过程的预设与生成	生成性的表现	1	单选	理解
教学过程的基本规律	双边性规律的内涵	2	单选、材料	理解、运用

本节知识主要涉及单选和材料两种题型。在备考时，考生应注意教学过程的基本规律，预计在之后的考试中以上内容仍是考查重点，但更加突出对考生能力和素养的考查。

思维导图

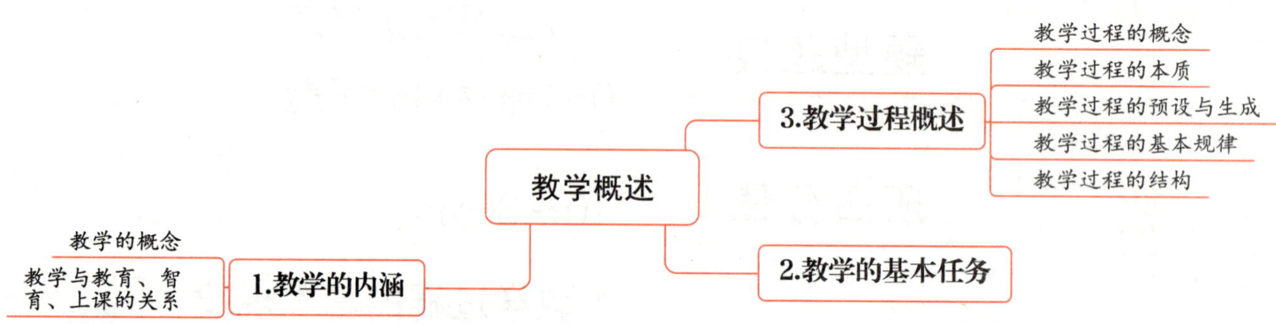

核心知识

05

一、教学的内涵

（一）教学的概念

教学是在一定教育目的规范下，由**教师的“教”**和**学生的“学”**共同组成的传递和掌握社会经验的双边活动。在我国，教学以培养全面发展的人为根本目的，是学校实现教育目的的根本途径，是教师教和学生学两方面活动的统一。缺少教的“学”和缺少学的“教”都不能称之为教学。

1. 教学的特点

（1）教学以培养全面发展的人为根本目的。

（2）教学由教师的教与学生的学两方面活动组成。

(3)教学具有多种形态,是共性与多样性的统一。

2. 教学的意义

(1)教学是传授系统知识、促进学生发展的最有效的形式。

(2)教学是对学生进行全面发展的素质教育、把学生培养成为合格人才的基本途径。

(3)教学是学校的中心工作,学校工作必须坚持以教学为主。

(二)教学与教育、智育、上课的关系

1. 教学与教育

教学与教育是部分与整体的关系。教育包括教学,教学是学校进行全面发展教育的基本途径。除教学外,学校还通过课外活动、生产劳动、社会活动等途径向学生进行教育。

2. 教学与智育

教学与智育两者既有联系又有区别。

智育作为教育的重要组成部分,其任务是向学生传授科学文化知识和基本技能,促进学生智力的发展。智育主要是通过教学进行的,不能把两者等同。

教学是智育的主要途径,但不是唯一途径。一方面,教学也是德育、美育、体育、劳动技术教育的途径;另一方面,智育也需要通过课外活动等才能全面实现。把教学等同于智育将阻碍教学作用的全面发挥。

3. 教学与上课

教学与上课是整体与部分的关系。教学包括备课、上课、课外作业的布置与批改、课外辅导、学生成绩的检查与评定等环节。上课是教学工作的中心环节,教学的任务主要是通过上课完成的。在我国,班级上课是教学的基本组织形式。

精选真题

[2015 上半年]在教育理论中,教育与教学的关系是(　　)

A. 结果与过程的关系　　B. 整体与部分的关系

C. 目标与手段的关系　　D. 内容与方法的关系

答案:B。本题考查考生的识记能力。考生记忆教学与教育的关系即可。

二、教学的基本任务

小学教学的基本任务包括以下几个方面:

(1)引导学生掌握科学文化基础知识和基本技能。这也是教学的首要任务,其他任务的实现都是在完成这一任务的过程中和基础上进行的。

(2)发展学生智能,特别是培养学生的创新精神和实践能力。在小学阶段,教学对小学生的智力发展起着主导作用。

(3)发展学生体力、提高学生的健康水平。教学要特别注意教学卫生,要求学生在坐、立、阅读、书写和其他学习活动中保持正确的姿势,保护学生的视力,防止学生课业负担过重,使学生有规律、有节奏地学习与生活,保持旺盛的精神,发展健康的体魄。

(4)培养学生高尚的审美情趣,养成良好的品德,形成科学的世界观。

(5)关注学生个性的发展。促进学生个性的全面健康和谐发展。

上述五项基本任务是相互联系、相互促进的,其中,使学生掌握基础知识、形成基本技能是基础,发展智能是核心,发展体能是保证,思想品德是方向,个性的全面和谐发展是理想目标。

三、教学过程概述

(一)教学过程的概念

教学过程是教师根据一定社会的要求和学生身心发展的特点,通过有目的、有计划地指导学生掌握系统的科学文化知识和基本技能,发展学生的智力和体力,培养学生的良好品德和健康个性,使其形成科学世界观的过程。

一般认为,教师、学生、教学内容和教学手段是构成教学过程的基本要素。其中,教师是构成教学过程的主导因素,学生是教学过程的基本因素,教学内容与教学手段是教和学双边活动的中介。

(二)教学过程的本质

教学活动是教师教、学生学的统一活动。教学活动就其本质而言,是一种特殊的认识活动。

1. 教学过程主要是一种认识过程

学生的认识活动是教学中最主要的活动,教学过程是一种认识过程,它遵循的是感性认识和理性认识相统一、认识和实践相统一的普遍性规律。

2. 教学过程是一种特殊的认识过程

教学过程作为一种特殊的认识过程,其特殊性表现在:

(1)认识对象的间接性与概括性。即学习的内容是已知的、他人的,也是经过提炼的认识成果。

(2)认识方式的简捷性与高效性。通过间接知识认识世界,可以减少探索的实践,避免探索的弯路,尽快地掌握人类的文化精华,因而是高效的。

(3)教师的引导性、指导性与传授性(有领导的认识)。学生具有不成熟性,学生的认识始终是在教师的传授、指导下进行以达到认识目的的。

(4)认识的交往性与实践性。教学活动是发生在师生之间及学生之间的一种特殊的交往活动,这种交往活动同时具有实践的性质。

(5)认识的教育性与发展性。即教学中学生认识的形成既是目的,也是发展的手段,认识中追求并实现着学生的知、情、意、行等方面的发展与完全人格的养成。

3. 教学过程以认识活动为基础,是促进学生身心发展的过程

教学过程不等于发展过程,它是实现发展的途径和手段。教学的目的在于使学生理解与掌握知识、形成技能技巧、培养学生的能力。但学生的情感、意志等因素也同时参与学生的认识过程,并与学生的认识过程交织在一起。因此,学生在掌握知识的教学过程中,也在实现着其身心的全面发展。

(三)教学过程的预设与生成

1. 教学过程的预设

教学过程的预设是指课前进行有目的、有计划的设想与安排。教学方案是教师对教学过程的“预设”,教学方案的形成依赖于教师对教材的理解、钻研和再创造。理解和钻研教材,应以课程标准为依据,把握好教材的编写意图和教学内容的教育价值,并在此基础上实现对教材进行再创造。预设性体现了教学过程的科学性。

2. 教学过程的生成

教学过程的生成是指在师生和生生之间的合作、对话、碰撞中,现时生成的超出教师预设方案的新问题、新情况。实施教学方案是把“预设”转化为实际的教学活动。在这个过程中,师生双方的互动往往会“生成”一些新的教学资源,这就需要教师能够及时把握,因势利导,适时调整预案,使教学活动收到更好的效果。生成性教学具有复杂性、动态性、情景性、偶发性和隐藏性等特征,体现了教学过程的艺术性。

预设性具有明显的科学主义的取向,生成性具有明显的人文主义的取向,二者是共存、互补的关系。预设是生成的起点,在实践中,生成往往基于预设,以预设为基础,是对预设的丰富、拓展或重建。

精选真题

[2017 下半年]通过复习导入新课时,杨老师发现学生对相关知识掌握不牢固,于是针对性地进行了补充讲解。这一教学过程具有(　　)

A. 预设性　　B. 生成性　　C. 启发性　　D. 随意性

答案:B。本题考查考生的理解能力。题干中通过复习导入新课时,杨老师发现学生对相关知识掌握不牢固,于是针对性地进行了补充,这一教学过程具有生成性。

(四)教学过程的基本规律(基本特点)

1. 间接经验与直接经验相结合(间接性规律)

人们认识客观事物主要有两条途径:一是获取直接经验,即通过亲自探索、实践所获得的经验;二是获取间接经验,即他人的认识成果,主要是指人类在长期认识过程中积累并整理而成的书本知识。

教学活动是学生认识客观世界的过程,要以间接经验为主、直接经验为辅,将二者有机结合起来。

(1)以间接经验为主是教学活动的主要特点

学习间接经验是学生认识客观世界的基本途径。原因如下:

①借助间接经验认识世界,是认识上的捷径。这也是教学过程中认识方式的简捷性与高效性的体现。

②学习间接经验也是由学生特殊的认识任务决定的。这是教学过程中认识对象的间接性与概括性,教师的引导性、指导性与传授性的体现。

(2)学生学习间接经验要以直接经验为基础

书本知识,一般表现为概念、定理、原理等,这对学生来说是间接经验。学生要把这些知识转化为自己的知识,必须以个人以往积累的或现时获得的感性经验为基础,教师要根据教学需要充分利用和丰富学生的直接经验。

(3)贯彻直接经验与间接经验相统一的规律,要防止两种倾向

①过分强调书本知识的传授和学习,忽视引导学生通过实践活动、亲身参与、独立探索去积累经验、获取知识。

②只强调学生通过自己探索去发现、积累知识,忽视书本知识的学习和教师的系统讲授。

遵循直接经验与间接经验相结合的规律,要求教师在教学中坚持理论联系实际:第一,加强基本理论知识的教学;第二,增强教学的实践性,培养学生运用知识的能力;第三,培养学生理论联系实际的学风。

2. 教师主导作用与学生主体作用相统一(双边性规律)

在教学中,教师的教依赖于学生的学,学生的学离不开教师的教,教与学是辩证统一的。

(1)充分发挥教师的主导作用

在教学过程中,充分发挥教师的主导作用,这是有成效的教学的普遍规律。教师是教学活动的领导者、组织者,是学生学习的指导者和学习质量的检查者,他能够引导学生沿着社会所期望的方向发展,使学生成为社会所需要的人才。

教师主导作用主要体现在三个方面:

①教师决定着学生学习的方向、内容、进程、结果和质量,并起着引导、规范、评价和纠正的作用。

②教师对学生学习方式以及学习的态度发挥作用。

③教师影响学生的个性以及人生观、世界观的形成。

教师主导作用的发挥是有条件的：

一方面，教师主导作用的实现有赖于教师自身的条件，即具备应有的知识和能力素质、品德及人格；另一方面，教师主导作用的发挥还必须具备各种客观条件，如教师在教育过程中的地位是否得到应有的肯定、教师工作的条件是否得到基本的保证。

教师主导作用是针对能否引导学生积极学习与上进而言的。学生的主体性调动得怎样，学习的效果怎样，是衡量教师主导作用发挥得好坏的主要标志。

(2)充分发挥学生主体参与教学的能动性

教学中，学生是学习的主人，具有主观能动性，学生学习的主观能动性主要体现在两个方面：

①学生对外部信息具有选择的能动性、自觉性，学生对信息的选择与否直接受学生本人的学习动机、兴趣、需要以及所接受的外部要求所左右。

②学生对外部信息进行内部加工时体现出独立性、创造性，因为学生对信息进行内部加工的过程受到个体原有的知识经验、思维方式、情感意志、价值观念等制约。这些都直接影响学习的效果，因此，在教学中必须发挥学生的主体作用。

(3)教师的主导作用和学生主体作用之间的辩证统一关系

①教师和学生的作用是不可分割的。发挥教师的主导作用并不意味着制约学生的主动性。相反，发挥教师的主导作用，就是要更好地发挥学生的主动精神。同样，发挥学生的主动性又离不开教师的主导作用。

②教师的主导作用和学生的主体作用是相互促进的。教师的主导作用要依赖于学生主体作用的发挥。学生学习的主动性、积极性越高，说明教师的主导作用发挥得越好。反过来，学生主体作用要依赖于教师的主导作用来实现。只有教师、学生两方面互相配合，才能收到最佳的教学效果。

(4)贯彻教师主导作用与学生主体作用相统一的规律，要防止两种倾向

在教学过程中，不能只重视教师的作用，忽略学生学习的主动性和创造性，又不能只强调学生的作用，使学生陷入盲目探索状态，学不到系统的知识，要把二者有机地结合起来。

历史上，以赫尔巴特为代表主张的“教师中心”倾向和以杜威为代表主张的“学生中心”倾向或者忽视学生主体作用或者忽视教师主导作用，都是片面的、不正确的、行不通的。

精选真题

[2017 下半年]教师应引导学生而不是代替学生做出选择，这是尊重和发挥(　　)

A. 学生的主体性　　B. 学生的差异性　　C. 学生的创造性　　D. 学生的发展性

答案：A。本题考查考生的理解能力。题干中的教师引导学生做出选择体现了教师为主导、学生为主体的教育理念，凸显了学生的主体作用。

05

3. 掌握知识和发展智力相统一(发展性规律)

(1)知识和智力是两个不同的概念(区别)

知识是人们对客观世界的认识，智力是人们认识客观事物的基本能力。知识的多少与才能的高低并不等同，知识和运用知识的能力也并不相同。智力并不完全是随着知识的掌握而自然发展起来的。

(2)传授知识与发展智力二者是相互统一和相互促进的(联系)

掌握知识和发展智力相互依存、相互促进，二者统一在教学活动中。现代教学观认为，教学过程既是向学生传授知识的过程，又是发展学生智力和能力的过程。

①传授知识与发展智力这两个教学任务统一在同一个教学活动之中，统一在同一个认识主体的认识活动之中。

②知识是发展智力的基础。

③发展智力又是掌握知识的重要条件。

(3)要使知识的掌握真正促进智力的发展是有条件的

①从传授知识的内容上看，传授给学生的知识应是规律性的知识。

②从传授知识的量来看，一定时间范围内所授知识的量要适当，不能过多。

③采用启发式教学。

④培养学生良好的个性，重视学生的个别差异，注重因材施教。

(4)贯彻掌握知识和发展智力相统一的规律，要防止两种倾向

在整个教学过程中，我们既不能像形式教育论者那样，只强调训练学生的思维形式，忽视知识的传授，也不能像实质教育论者那样，只向学生传授对实际生活有用的知识，忽视对学生认识能力的训练。在教学中，只有把二者有机地结合起来，才能提高教学质量。

4. 传授知识与思想品德教育相统一(教育性规律)

在教学过程中，学生掌握科学文化知识和提高思想品德修养是相辅相成的，具体体现在以下三点：

(1)知识是思想品德形成的基础

学生思想品德修养的提高有赖于其对科学文化知识的掌握。

①科学的世界观和先进的思想都要有一定的科学文化知识作为基础。

②知识学习本身是艰苦的劳动，这个学习过程可以培养学生优秀的道德品质。

正如赫尔巴特说的“我不承认有任何无教育的教学”，教学永远具有教育性。在教学过程中，学生的知、情、意同时介入，相互作用。

(2)思想品德修养的提高为学生积极地学习知识提供动力

学习活动是一项十分艰苦的脑力劳动，在学习过程中必然会遇到各种各样的困难，这就需要学习者必须有明确的学习目的、强烈的学习欲望和较高的思想觉悟。

在教学中，教师要不断培养、提高学生的思想品德水平，引导他们将个人的学习与社会发展、祖国前途联系起来，充分调动他们学习的主动性、积极性，这是学生获取知识的重要保证。

(3)贯彻传授知识与思想品德教育相统一的规律时，必须注意的问题

①脱离知识进行思想品德教育，这会使思想品德教育成为无源之水、无本之木，不仅不利于学生品德修养水平的提高，而且还影响系统知识的教学。

②只强调传授知识，忽视思想品德教育。不能认为学生学习了知识以后，思想品德水平自然会随之提高。因为教学的教育性必须要经过教师给学生施加积极影响，必须通过启发、激励，使学生对所学知识产生积极的态度时，教学的教育性才能得以实现。

在教学过程中要注意把二者有机结合起来。

(五)教学过程的结构

教学过程的结构指教学过程的基本阶段。教学过程大致分为以下五个阶段：

1. 激发学习动机

学习动机是推动学生学习的一种内部动力，它往往与学习兴趣、求知欲和责任感联系在一起。教师要使学生明确学习目的，激发学生学习的责任感和积极性。

2. 领会知识

领会知识是教学过程的中心环节。领会知识包括使学生感知和理解教材。感知教材主要是使学生获得关于所学内容的一个整体的表象,是所有教学活动的必经阶段。理解的目的在于形成概念、原理,真正认识事物的本质和规律。

3. 巩固知识

巩固所学的知识是教学过程的一个必要环节。巩固知识的意义在于避免或减少对先前所学知识的遗忘,并为顺利学习新知识、新材料奠定基础。

4. 运用知识

在教学中,运用知识、形成技能技巧主要是通过教学实践来实现的,如完成各种书面或口头作业、实验等。此外,运用知识不只局限于技能和技巧的掌握,还包括"知识迁移"的能力和创造能力的发挥等。

5. 检查知识

检查知识是指教师通过作业、提问、测验等方式对学生的学习效果进行考查的过程。检查知识的目的在于使教师及时获得关于教学效果的反馈信息,以调整教学进程与要求,并帮助学生了解自己掌握知识技能的情况,以便及时改进。

第二节 教学原则与方法

考向分析

本节主要介绍教学原则、教学方法、两种队立的教学方法指导思想、教学方法的选择与运用等相关知识。本节需要考生掌握的核心知识和能力包括:

知识点	关键点	考频	题型	要求
教学原则	科学性和思想性相统一的原则的内涵	1	单选	理解
	直观性原则的内涵	2	单选	理解
	启发性原则的内涵	2	单选	理解
	循序渐进原则的内涵	1	单选	理解
	因材施教原则的内涵	4	单选	理解
	各原则的内涵及表现	3	材料	运用
教学方法	讲授法的内涵	1	单选	理解
	演示法的内涵	1	单选	理解
	练习法的内涵	2	单选	理解
	实验法的内涵	2	单选	理解
	实习作业法的内涵	1	单选	理解

本节知识主要涉及单选和材料两种题型。在备考时,考生应注意①教学原则;②教学方法。预计在之后的考试中以上内容仍是考查重点,但更加突出对考生能力和素养的考查。

思维导图

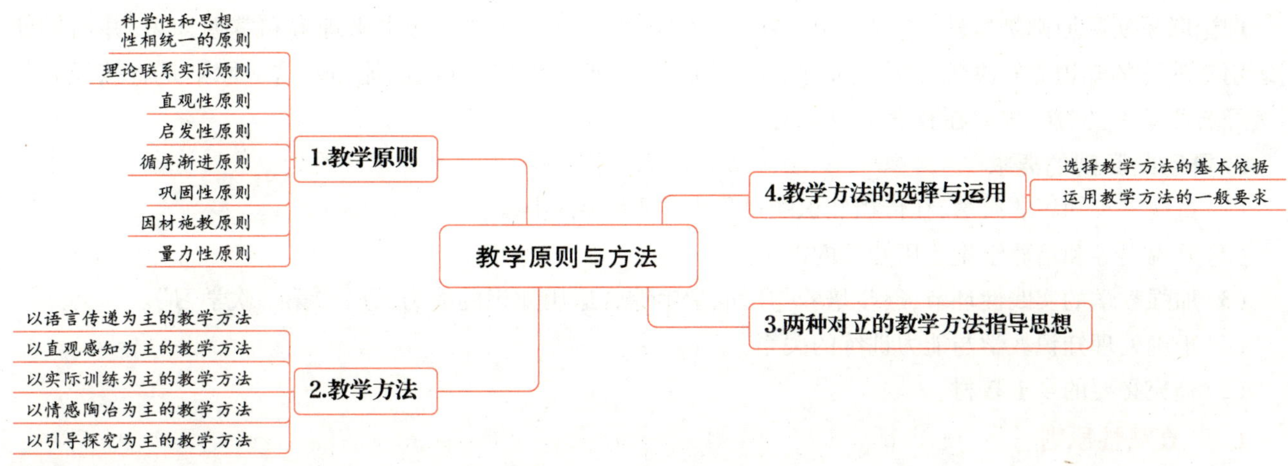

核心知识

一、教学原则　重点

教学原则是根据一定的教学目的和教学过程规律而制定的指导教学工作的基本准则和要求。它是有效进行教学必须遵循的基本要求和原理。教学原则贯穿于各项教学活动之中,对它的正确和灵活运用,是提高教学质量的重要保证。现阶段,我国小学常见的教学原则包括:

(一)科学性和思想性(教育性)相统一的原则

1. 基本含义

科学性和思想性(教育性)相统一原则是指教学要以马克思主义为指导,授予学生科学知识,并结合知识教学对学生进行社会主义品德和正确人生观、科学世界观教育。这一原则的实质是要求在教学活动中把教书和育人有机地结合起来。教学的教育性与科学性是相辅相成、相互促进的。

> **命题点拨**
> 教学原则在考试中主要以单选题和材料分析题的形式考查。考生要理解每种原则的内涵并能结合材料分析运用。

2. 贯彻此原则的要求

(1)教师要保证教学的科学性。

(2)教师要结合教学内容的特点进行思想品德教育。

(3)教师要通过教学活动的各个环节对学生进行思想品德教育。

(4)教师要不断提高自己的业务能力和思想水平。

精选真题

[2015 上半年]曹老师在教《圆的周长》时,讲述了我国古代数学家祖冲之在计算圆周率上的卓越贡献,同学们感到很自豪。曹老师遵循的教学原则是(　　)

A. 启发性原则　　　　B. 巩固性原则

C. 因材施教原则　　　　D. 科学性与思想性相统一原则

答案:D。本题考查考生的理解能力。题干中的曹老师通过介绍祖冲之的卓越贡献,使同学们感到自豪,显示了曹老师在讲授知识的同时,注重思想教育,这遵循了科学性与思想性相统一的教学原则。

(二)理论联系实际原则

1. 基本含义

理论联系实际原则是指教师在教学中,应使学生从理论与实际的结合中来理解和掌握知识,并引导他们运用新获得的知识去解决各种实际问题,培养他们分析问题和解决问题的能力。这一原则是直接经验与间接经验相统一的教学规律在教学中的体现。

2. 贯彻此原则的要求

(1)重视书本知识的教学,在传授知识的过程中注重联系实际。

(2)重视引导和培养学生运用知识的能力。

(3)加强教学的实践性环节,逐步培养与形成学生综合运用知识的能力,进行“第三次学习”。

(4)正确处理知识教学与能力训练的关系。

(5)补充必要的乡土教材。

(三)直观性原则

1. 基本含义

直观性原则是指在教学活动中,教师应尽量利用学生的多种感官和已有的经验,通过各种形式的感知,使学生获得生动的表象,从而比较全面、深刻地掌握知识。这一原则是根据人类的认识规律、直接经验和间接经验相统一的教学规律提出来的,也是由学生的年龄特征所决定的。

对教学中的直观性原则,古今中外的教育家都进行了非常精辟的阐述。

中国古代教育家荀子说过,“不闻不若闻之,闻之不若见之”“闻之而不见,虽博必谬”,提出了在学习中不仅要“闻之”更要“见之”,才能“博而不谬”。

中世纪捷克杰出的教育家夸美纽斯率先提出了教学中的直观性原则,他在著作《大教学论》中指出,应该尽可能地把事物本身或代替它的图像放在面前,让学生去看看、摸摸、听听、闻闻等。

乌申斯基也指出了直观性原则的重要性。

2. 直观手段的种类

直观手段一般分为三大类:实物直观、模像直观和言语直观。

类型	含义	评价
实物直观	在感知实际事物的基础上提供感性材料的直观教学方式。例如做实验、观察标本、实地参观访问等	优点:(1)有利于提高学生对教材内容的正确理解;(2)有助于激发学生的学习兴趣、调动学生学习的积极性 局限性:(1)不易突出事物的本质要素;(2)受时空限制,无法提供某些重要的感性材料
模像直观	观察与教材相关的模型与图像(如图片、电影等),形成感知表象的直观方式	优点:(1)可以人为地排除无关因素,突出本质要素;(2)通过大小、动静、虚实、色彩的变化和对比来扩大直观范围。 局限性:模像与实际事物之间有一定距离
言语直观	在生动形象的言语作用下唤起学生头脑中的表象,以提供感性材料的直观方式	言语直观不受时空和设备的限制,在教学中大量使用

3. 贯彻此原则的要求

(1)正确选择直观教具和教学手段。

(2)将直观教具的演示与语言讲解结合起来。

(3)重视运用言语直观。

精 选 真 题

1.[2020 下半年]教学《圆的认识》一课时，教师展示圆形图片、硬币，让学生看一看、摸一摸，然后总结圆的特点。这一教学过程主要遵循的是(　　)

A. 直观性原则　　B. 启发性原则

C. 循序渐进原则　　D. 因材施教原则

答案:A。本题考查考生的理解能力。教师展示圆形图片、硬币，让学生看一看、摸一摸，有助于学生获得关于圆的生动表象，进而全面深刻地掌握知识，这体现的是直观性原则。

2.[2017 上半年]张老师在课堂上出示了一个钟表模型，通过对三个指针的操作，帮助小学生很快理解了“时、分、秒”的概念。这体现的教学原则是(　　)

A. 巩固性原则　　B. 直观性原则

C. 循序渐进原则　　D. 因材施教原则

答案:B。本题考查考生的理解能力。张老师通过对钟表模型的操作，帮助学生理解相关的概念，这体现的是直观性原则。

(四)启发性原则

1. 基本含义

启发性原则是指在教学活动中，教师要调动学生的主动性和积极性，引导他们通过独立思考、积极探索，生动活泼地学习，自觉地掌握科学知识，提高分析问题和解决问题的能力。

启发性原则是在吸取中外教育遗产的基础上提出的，是教师主导作用与学生主体作用相统一的规律在教学中的反映，同时又是由我国教育目的所决定的。

苏格拉底的“产婆术”、孔子提出的“不愤不启，不悱不发”的教学要求以及《学记》中“道而弗牵，强而弗抑，开而弗达”的教学思想，都是这一教学原则的体现。第斯多惠也曾说：“一个坏的教师奉送真理，一个好的教师则教人发现真理。”

2. 贯彻此原则的要求

(1)加强学习的目的性教育，调动学生学习的主动性(这是贯彻启发性原则的**首要问题**)。

(2)设置问题情境，启发学生独立思考，培养学生良好的思维方法和思维能力。

(3)让学生动手，培养学生独立解决问题的能力，鼓励学生将知识创造性地运用于实际。

(4)发扬教学民主，它包括：建立民主平等的师生关系和生生关系，创造民主和谐的教学气氛，鼓励学生发表不同见解，允许学生向教师提出质疑，等等。

精 选 真 题

1.[2019 上半年]《学记》中“君子之教，喻也”所蕴含的教学原则是(　　)

A. 直观性原则　　B. 因材施教原则　　C. 启发性原则　　D. 循序渐进原则

答案:C。本题考查考生的理解能力。“君子之教，喻也”的意思是有经验有修养的教师，总是善于运用启发诱导的方法。这体现了对启发性教学原则的运用。

2.[2018 上半年]苏格拉底的“产婆术”主要体现的教学原则是(　　)

A. 直观性原则　　B. 启发性原则　　C. 科学性原则　　D. 思想性原则

答案:B。本题考查考生的理解能力。苏格拉底的“产婆术”引导学生自己进行思索，自己得出结论，体现的是启发性教学原则，注重发挥学生的主动性。

(五)循序渐进原则

1. 基本含义

循序渐进原则又称为系统性原则，是指教师要严格按照学科知识的内在逻辑结构和学生的认知发展规律进行教学，使学生掌握系统的科学文化知识，能力得到充分的发展。《学记》中提到的“学不躐等”“不陵节而施”和朱熹“循序而渐进，熟读而精思”的教育思想体现了这一原则。

2. 贯彻此原则的要求

(1)教师的教学要有系统性。

(2)抓主要矛盾，解决好重点与难点。

(3)教师要引导学生将知识体系化、系统化。

(4)按照学生的认识顺序，由浅入深、由易到难、由简到繁地进行教学。

精选真题

[2016 上半年]荀子在《劝学篇》中指出：“不积跬步，无以至千里；不积小流，无以成江海。”这句话所蕴含的教学原则是(　　)

A. 循序渐进原则　　B. 因材施教原则

C. 启发诱导原则　　D. 直观性原则

答案：A。本题考查考生的理解能力。“不积跬步，无以至千里；不积小流，无以成江海。”的意思是：没有一小步一小步的积累，就不能到达千里之外；没有小河流的汇聚，就形成不了大江大海。这句话告诉我们学习是一个不断积累的过程，它体现的是教学的循序渐进原则。

(六)巩固性原则

1. 基本含义

巩固性原则是指教师在教学中要引导学生在理解的基础上牢固地掌握基本知识和基本技能，而且在需要的时候，能够准确无误地呈现出来，以利于知识技能的利用。孔子的“学而时习之”“温故而知新”、夸美纽斯的“教与学的巩固性原则”以及乌申斯基的“复习是学习之母”，皆体现了巩固性原则的思想。

2. 贯彻此原则的要求

(1)要在教学的全过程中加强知识的巩固。

(2)组织好学生的复习工作，教会学生记忆的方法。

(3)通过扩充、改组和运用知识的过程来巩固知识。

(七)因材施教原则

05

1. 基本含义

因材施教原则是指教师在教学中，要从课程计划、学科课程标准的统一要求出发，面向全体学生，同时要根据学生的个别差异，有的放矢地进行有差别的教学，使每个学生都能扬长避短，获得最佳的发展。因材施教的教学原则既为学生身心发展的客观规律所决定，也受我国的教育目的制约。

2. 贯彻此原则的要求

(1)要坚持课程计划和学科课程标准的统一要求。

(2)教师要了解学生，从实际出发进行教学。

(3)教师要善于发现每个学生的兴趣、爱好，并创造条件，尽可能使每个学生的不同特长都得以发挥。

精选真题

1. [2019 下半年]布置作业时，李老师针对不同水平的学生设置了不同数量和难度的作业，这一做法所遵循的教学原则是（ ）

A. 直观性原则 B. 启发性原则

C. 循序渐进原则 D. 因材施教原则

答案：D。本题考查考生的理解能力。针对不同水平的学生设置不同的作业，说明李老师注意到了学生的差异，遵循了因材施教原则。

2. [2017 下半年]数学课上，马老师有意让学习成绩较差的小军回答一个简单的问题，并鼓励了他。这主要体现的教学原则是（ ）

A. 启发性原则 B. 直观性原则

C. 循序渐进原则 D. 因材施教原则

答案：D。本题考查考生的理解能力。题干中的马老师，在课堂上有意让学习成绩较差的小军回答一个简单的问题，是根据成绩较差同学的情况进行有差别的教学，遵循了因材施教原则。

（八）量力性原则

1. 基本含义

量力性原则，也称可接受性原则，是指教学的内容、方法、分量和进度要适合学生的身心发展，使他们能够接受，但又要有一定的难度，需要他们经过努力才能掌握，以促进学生的身心发展。这一原则是为了防止发生教学难度低于或高于学生实际程度而提出的。

2. 贯彻此原则的基本要求

（1）了解学生的发展水平，从实际出发进行教学；（2）考虑学生认识发展的时代特点。

二、教学方法 重点

教学方法是指教师和学生为了完成教学任务、实现教学目标而采取的共同活动方式，是教师引导学生掌握知识技能、获得身心发展而共同活动的方法。它包括教师教的方法和学生学的方法。

根据教学活动中学生的不同认识方式，可将我国中小学常用的教学方法分为五大类：

（一）以语言传递为主的教学方法

这一类教学方法运用极为广泛，主要包括讲授法、谈话法、讨论法、读书指导法四种。

> **命题点拨**
>
> 教学方法在考试中主要以单选题形式考查。形式为给出某个教学实例，询问采用了哪种教学方法。

1. 讲授法

讲授法是教师运用口头语言系统连贯地向学生传授知识、技能，发展学生智力的教学方法。讲授法可分为讲读、讲述、讲解和讲演四种。

讲授法的特点：能在短时间内系统传授知识，但不利于学生主动性的发挥。

运用讲授法的基本要求：

（1）讲授内容要有科学性、系统性和思想性，要认真组织。

（2）讲授要讲究策略和方式，要系统完整，层次分明，重点突出，符合知识的系统性要求，教师讲授要有启发性，讲的内容要清楚，但不要“一览无余”，要给学生留下思维的空间。

（3）教师要努力提高语言表达水平，讲究语言艺术。

(4)要组织学生听讲。

(5)要与其他教学方法配合使用。

2. 谈话法

谈话法也叫问答法,它是教师按一定的教学要求向学生提出问题,要求学生回答,并通过问答的形式来引导学生获取新知识或巩固旧知识的方法。谈话法可分为复习谈话和启发谈话两种。

谈话法的特点:能照顾每个学生的特点,有利于发展学生的语言表达能力,并通过谈话直接了解学生的学习程度,及时检验自己的教学效果。

运用谈话法的基本要求:

(1)要做好计划,教师要对谈话的中心、提问的内容做充分准备,并拟定谈话提纲。

(2)要善问,提出的问题要明确、具体、难易适宜、符合学生已有的知识程度、经验,还要有启发性、形式要多样化。

(3)要善于启发诱导,谈话时,教师要面向全体学生,给学生留有思考的余地,因势利导,让学生一步步地去获得新知。

(4)谈话结束后,应结合学生回答的情况进行归纳和小结,给出问题的正确答案,指出谈话过程中的优缺点。

3. 讨论法

讨论法是全班或小组成员在教师的指导下,围绕某一中心问题发表自己的看法和见解,从而进行相互学习的一种方法。运用讨论法需要学生具备一定的基础知识、一定的理解能力和独立思考能力,因此,讨论法在高年级运用得比较多。

讨论法的特点:通过对所学内容的讨论,学生之间可以集思广益,互相启发,加深理解,提高认识;同时还可以激发学生的学习热情,培养对问题的钻研精神并训练学生的语言表达能力。

运用讨论法的基本要求:

(1)讨论前做好充分准备。抓好问题是讨论的前提,问题要有吸引力,能激起学生的兴趣,有讨论、钻研的价值。

(2)讨论中要对学生进行启发诱导。启发学生独立思考,勇于发表自己的看法,围绕中心议题发言。

(3)在讨论结束时要做好小结。

精选真题

[2014 下半年]李老师在教《落花生》一课时,让学生谈谈做人该做"落花生"那样的人,还是做"苹果""石榴"那样的人,大家各抒己见。李老师运用的教学方法是(　　)

A. 讲授法　　B. 讨论法　　C. 谈话法　　D. 发现法

答案:B。本题考查考生的理解能力。李老师让同学们围绕问题,各抒己见,从而促进理解的教学方法是讨论法。

4. 读书指导法

读书指导法是指教师指导学生通过阅读教科书和其他参考书,以获得知识、巩固知识、培养学生自学能力的一种方法。指导学生读书,包括指导学生阅读教科书和阅读课外书籍两个方面。

读书指导法的特点:教师通过读书指导法,教给学生读书的方法,组织学生交流心得,让他们学会自己按照方法来读懂课文,感受语言。

运用读书指导法的基本要求:

(1)教师要提出明确的目的、要求和思考题。

(2)教会学生使用工具书。

(3)帮助学生逐步学会阅读的方法。

(4)用多种方式指导学生阅读。

(二)以直观感知为主的教学方法

这类教学方法具有形象性、具体性、直接性和真实性的特点,主要有演示法和参观法两种。

1. 演示法

演示法是指教师通过展示实物、直观教具,进行示范性的实验或采取现代化视听手段等,指导学生获得知识或巩固知识的方法。演示法体现了直观性、理论联系实际的教学原则。

演示法的特点:加强了教学的直观性,演示法不仅是帮助学生感知、理解基本知识的手段,也是学生获得知识、信息的重要来源。

运用演示法的基本要求:

(1)做好演示前的准备。演示前要根据教学需要,做好教具准备。用以演示的对象要有能够突出显示所学材料的主要特征。

(2)要使学生明确演示的目的、要求与过程,主动、积极、自觉地投入观察与思考。

(3)通过演示,使所有学生都能清楚、准确地感知演示对象,并引导他们在感知过程中进行综合分析。

精选真题

[2019 下半年]教学《雪地里的小画家》一课时,张老师展示了大量动物脚印的图片,帮助学生更好地理解课文内容。他所采用的教学方法是(　　)

A. 实验法　　B. 练习法　　C. 演示法　　D. 参观法

答案:C。本题考查考生的理解能力。张老师通过展示大量的图片,加强了教学的直观性,这是演示法的运用。

2. 参观法

参观法又称现场教学,是教师根据教学目的和要求,组织学生进行实地考察、研究,使学生获取新知识或巩固、验证旧知识的教学方法。参观法分为准备性参观、并行性参观和总结性参观三类。

参观法的特点:

(1)能够使教学和实际生活联系起来,激发学生对知识的渴望和兴趣,扩大学生的视野。

(2)能够使学生接触社会,并从中受到教育和启发,同时也可以培养学生观察事物的能力和习惯。

运用参观法的基本要求:

(1)参观前,教师要根据教学目的和要求,做好准备工作。

(2)参观时,教师要引导学生收集资料,做好必要的记录,也可以请有关人员进行讲解或指导。

(3)参观结束后,教师要组织学生及时进行小结。

(三)以实际训练为主的教学方法

这类教学方法是指以形成技能技巧,培养行为习惯和发展学生能力为主的教学方法。它主要有练习法、实验法、实习作业法、实践活动法四种。

1. 练习法

练习法是学生在教师指导下运用知识去反复完成一定的操作,或解决某类作业与习题,以加深理解和形成技能技巧的方法。练习法是中小学各科教学普遍采用的教学方法。

练习法的种类有说话的练习,解答问题的练习,绘画、制图的练习,作文和创作的练习,运动与文娱技能、技巧的练习。

练习法的特点:可以有效地发展学生的各种技能、技巧,对培养学生的意志品质也有重要作用。

运用练习法的基本要求:

(1)教师要使学生明确练习目的和要求。

(2)练习的题目要注意学生基础知识的积累、巩固以及基本技能的提高。

(3)教师要教给学生正确的练习方法,并对学生的练习进行及时的检查和反馈。

(4)在练习过程中要注意培养学生自我检查的能力和习惯。

(5)练习方式要多样化。

精选真题

1.[2019 上半年]学完《雷锋叔叔,你在哪里》一课后,为了更好地达成"通过朗读感悟,懂得奉献爱心"的教学目标,老师布置学生有感情地反复朗读课文。这种教学方法属于(　　)

A.练习法　　B.实验法　　C.读书指导法　　D.实习作业法

答案:A。本题考查考生的理解能力。题干中的教师让学生有感情地反复朗读课文是对练习法的运用。

2.[2015 下半年]教学目标与任务是选择教学方法的重要依据。下列有利于实现技能、技巧性教学目标的教学方法是(　　)

A.陶冶法　　B.讨论法　　C.练习法　　D.讲授法

答案:C。本题考查考生的理解与识记能力。练习法可以有效地发展学生的各种技能、技巧,有利于实现技能、技巧性的教学目标。

2.实验法

实验法是指教师引导学生使用一定的仪器和设备,进行独立操作,以引起某些事物和现象产生变化,从而使学生获得直接经验,培养学生技能和技巧的教学方法。实验法常用于物理、化学、生物等自然学科的教学。

实验法的特点:不仅有利于学生掌握知识,而且有利于培养学生的动手能力和科学、严谨的学习态度。

运用实验法的基本要求:

(1)明确目的,精选内容,制订详细的实验计划,提出具体的操作步骤和实验要求。

(2)做好实验的组织和指导。重视语言指导,重视教师示范的作用。教师可以在实验前示范,也可以在学生实验后总结性示范。

(3)做好实验小结。要求学生独立操作,要求所有学生都亲自操作;及时检查结果,要求学生按照规定写出实验报告。

精选真题

1.[2018 上半年]为了验证二氧化碳不支持燃烧,老师让学生分组合作,把点燃的火柴放进装有二氧化碳气体的瓶中,并观察瓶中的变化。这种教学方法属于(　　)

A.实验法　　B.练习法　　C.演示法　　D.探究法

答案:A。本题考查考生的理解能力。为了使学生理解二氧化碳不支持燃烧这一知识,老师让学生分组进行实验,运用实验法使学生获得知识。

2.[2016 上半年]小学科学课上,教师指导学生通过显微镜观察植物的内部结构,获得有关植物的知识。这种教学方法属于(　　)

A.参观法　　B.实验法　　C.演示法　　D.实习法

答案:B。本题考查考生的理解能力。学生通过显微镜观察植物的内部结构,属于实验法。

3. 实习作业法

实习作业法是指教师根据学科课程标准要求，指导学生运用所学知识在课上或课外进行实际操作，将知识运用于实践的教学方法。

实习作业法的特点：有利于理论与实践的结合，对培养学生运用书本知识从事实际工作的能力有重要的意义。

运用实习作业法的基本要求：

(1)实习作业法要在教师的指导下有目的、有计划、有组织地进行。

(2)实习中，教师要加强指导。

(3)实习结束后，教师要指导学生写出实习报告或体会，并进行评阅和评定。

精 选 真 题

[2015 上半年]根据教学任务的要求，在校内或校外组织学生进行实际操作，将理论知识运用于实践，以解决实际问题的教学方法是(　　)

A. 实验法　　B. 演示法　　C. 读书指导法　　D. 实习作业法

答案：D。本题考查考生的理解能力。组织学生进行实际操作，将知识运用于实践的教学方法是实习作业法。

4. 实践活动法

实践活动法是指让学生参加社会实践活动，培养学生解决实际问题的能力和多方面实践能力的教学方法。在实践活动法中，学生是中心，教师是学生的参谋或顾问，教师必须保证学生的主动参与，决不能越俎代庖。

(四)以情感陶冶(体验)为主的教学方法

这类教学方法，是指教师根据一定的教学要求，有计划地使学生处于一种类似真实的活动情境之中，利用其中的教育因素综合地对学生施加影响的教学方法。该方法一般作为辅助性的教学方法来使用，主要包括欣赏教学法和情境教学法。

1. 欣赏教学法

欣赏教学法是指在教学过程中指导学生体验客观事物的真善美的一种教学方法。欣赏教学法一般包括对自然的欣赏、人生的欣赏和艺术的欣赏等。

2. 情境教学法

情境教学法是指在教学过程中，教师有目的地引入或创设具有一定情绪色彩的生动具体的场景，以引起学生一定的情感体验，从而帮助学生理解教材，并使学生的心理机能得到发展的教学方法。

情境教学法的核心在于激发学生的情感。教师创设的情境一般包括生活展现的情境、图画再现的情境、实物演示的情境、音乐渲染的情境、言语描述的情境等。

(五)以引导探究为主的教学方法

这类教学方法，是指教师组织和引导学生通过独立的探究和研究活动而获得知识的方法，主要是发现法。

发现法又称探索法、研究法，是指学生在教师指导下，对所提出的课题和所提供的材料进行分析、综合、抽象和概括，自行发现并掌握相应的原理和结论的一种教学方法。

发现法的特点：关注学习过程甚于关注学习结果，要求学生主动参与到知识形成的过程中去。

运用发现法的基本要求：

(1)依据教材特点和学生实际，确定探究发现的课题和过程。

(2)严密组织教学,积极引导学生的发现活动。

(3)努力创设一个有利于学生进行探索发现的良好情境。

三、两种对立的教学方法指导思想

依据指导思想的不同,各种教学方法可以归并为两类:注入式和启发式。

注入式是一种“**填鸭式**”的教学方法,是指教师从主观出发,把学生看成单纯接受知识的容器,向学生灌输知识,无视学生在学习上的主观能动性。

启发式是指教师从学生实际出发,采取各种有效的形式去调动学生学习的积极性,指导他们自己去学习的方法。

四、教学方法的选择与运用

(一)选择教学方法的基本依据

(1)教学目的和任务的要求;(2)课程性质和特点;(3)每节课的重点、难点;(4)学生年龄特征;(5)教学时间、设备、条件;(6)教师业务水平、实际经验及个性特点。

此外,教学方法的选择与运用还受教学手段、教学环境等因素的制约,这就要求我们要全面、具体、综合地考虑各种相关因素,进行权衡取舍。

(二)运用教学方法的一般要求

(1)运用教学方法必须坚持以启发式为指导思想。

(2)运用教学方法必须做到最佳选择和优化组合。

(3)运用教学方法必须做到原则性与灵活性相结合。对于教学方法的运用,既要掌握“教必有法”的原则性,又要领会“教无定法”的灵活性,力求做到二者的完美结合。“教必有法”,即教学一定要讲究方法。任何一种教学,都必须掌握和运用一定的教学方法。“教无定法”,即教学没有一成不变的方法。在实际教学活动中,教师不能总是用一个固定不变的教学方法,不能将教学方法公式化或模式化,而是要善于灵活地运用。教师只有具体问题具体分析,具体情况具体对待,根据实际需要灵活地运用教学方法,才能适应复杂多变的教学活动。教学方法的灵活性和原则性,还表现在教学方法的运用上,要达到科学性和艺术性的结合。

第三节 教学组织形式

考向分析

本节主要介绍教学组织形式的概念、常见的教学组织形式、新型教学组织形式等相关知识。本节需要考生掌握的核心知识和能力包括:

知识点	关键点	考频	题型	要求
教学组织形式的概念	古代学校的主要教学形式	1	单选	识记
常见的教学组织形式	班级授课制的不足	1	单选	识记
	复式教学、现场教学、分组教学、特朗普制的内容	4	单选	识记、理解
新型教学组织形式	翻转课堂、开放课堂的内容	2	单选	识记

本节知识主要涉及单选一种题型。在备考时，考生应注意①常见的教学组织形式；②新型教学组织形式。预计在之后的考试中以上内容仍是考查重点，但更加突出对考生能力和素养的考查。

思维导图

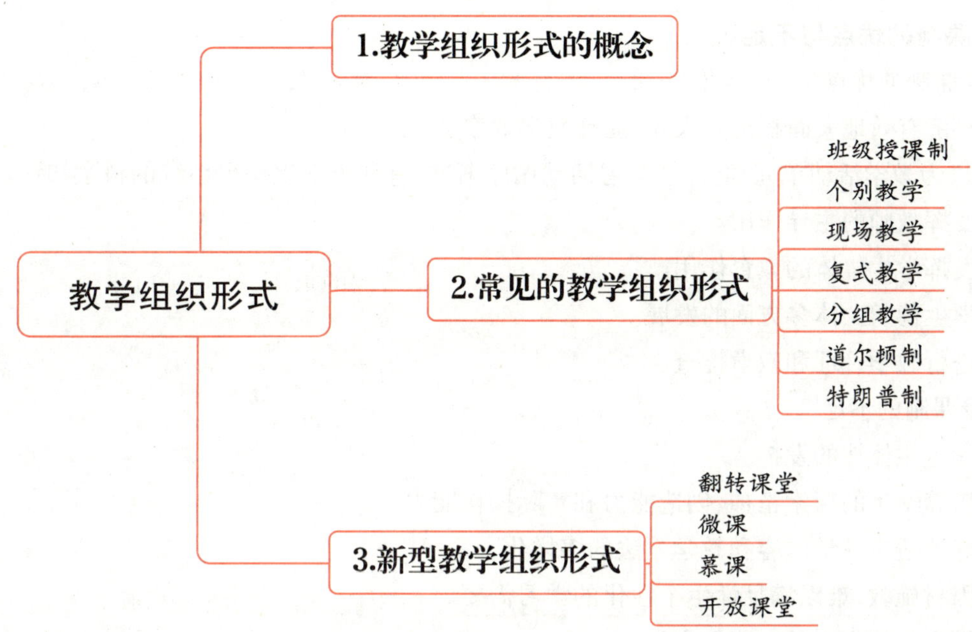

核心知识

一、教学组织形式的概念

教学组织形式是指教学活动中教师与学生为实现教学目标所采用的社会结合方式。在教学史上先后出现的影响较大的教学组织形式有个别教学制、班级授课制、分组教学和道尔顿制等。其中，个别教学制是古代学校的主要教学形式。

精选真题

[2015 **上半年**]在古代，中国、埃及和希腊的学校主要采用的教学组织形式是(　　)

A. 个别教学　　B. 复式教学　　C. 分组教学　　D. 班级教学

答案：A。本题考查考生的识记能力。考生记忆古代学校的主要教学形式即可。

二、常见的教学组织形式 

(一)班级授课制

课堂教学的主要形式是班级授课制。它是把学生按年龄和文化程度分成固定人数的班级，教师根据课程计划和规定的时间表进行教学的一种组织形式。

1632 年，捷克教育家夸美纽斯出版的《大教学论》最早从理论上对班级授课制做了阐述，为班级授课制的产生奠定了**理论基础**。在我国，最早采用班级授课制的是清政府于 1862 年设于北京的京师同文馆。

> **命题点拨**
>
> 常见的教学组织形式在考试中主要以单选题形式考查。形式为给出某种教学组织形式，要求考生判断并选择。

05

1. 班级授课制的基本特点

(1)以班为单位集体授课,学生人数固定。

(2)按课教学。“课”是教学活动的基本单元,一般分为单一课和综合课。

(3)按时授课。把每一“课”规定在固定的单位时间内进行,这个单位时间称为“课时”,课与课之间有一定的间歇和休息。

2. 班级授课制的优点与不足

(1)班级授课制的优点

①有利于经济有效地大面积培养人才,提高教学效率。

②它以“课”为教学活动单元,能保证学习活动循序渐进,有利于学生获得系统的科学知识。

③有利于发挥教师的主导作用。

④有利于发挥学生集体的教育作用。

⑤有利于学生德、智、体多方面的发展。

⑥有利于进行教学管理和教学检查。

(2)班级授课制的不足

①不利于学生主体性的发挥。

②不利于培养学生的探索精神、创造能力和实际操作能力。

③不能很好地适应教学内容和教学方法的多样化。

④不利于因材施教,难以满足学生个性化的学习需要。

⑤不利于学生之间真正的交流和启发。

⑥以“课”为基本的教学活动单位,某些情况下会割裂内容的整体性。

精选真题

[2017 下半年]班级授课制是现代学校普遍采用的教学组织形式,但也存在一定的局限性,主要表现为不利于(　　)

A. 系统的知识传授　　B. 因材施教

C. 发挥教师主导作用　　D. 教学管理

答案:B。本题考查考生的识记能力。考生记忆班级授课制的不足即可。

(二)个别教学

个别教学是教师针对不同学生的情况进行个别辅导的教学组织形式。它是班级授课制的一种辅助形式。

个别教学的要求:

(1)发挥每个学生的潜力和积极因素,培养学生各自的优势,克服各自的缺点。

(2)既要针对个体,又要使个体不脱离于群体。

(3)要制定详细的个案分析,综合运用各种教育组织形式,灵活运用各种教学方法,做好各项工作。

(三)现场教学

现场教学是指教师把学生带到事物发生、发展的现场进行教学活动的形式。它可以以班级为单位,也可以以小组或个人为单位,通常需要有关现场人员的参加。

现场教学的要求:(1)目的明确;(2)准备充分;(3)现场指导;(4)及时总结。

精选真题

[2019 下半年]为了让学生认识常见的交通标志，遵守交通规则，教师组织学生到学校附近的路口进行观察，这种教学组织形式属于( )

A. 复式教学　B. 现场教学　C. 个别教学　D. 课堂教学

答案:B。本题考查考生的理解能力。教师组织学生到附近路口观察是现场教学的体现。

(四)复式教学

复式教学是把两个或两个以上不同年级的学生编在一个教室里，由一位教师分别用不同的教材，在一节课里对不同年级的学生进行教学的一种特殊组织形式。它适用于学生少、教师少、校舍和教学设备较差的农村以及偏远地区。

组织复式教学的要求:

(1)合理编班，要根据学生人数、教室大小、师资质量等情况全面考虑，灵活掌握。

(2)编制复式班课表。

(3)培养小助手。

(4)建立良好的课堂常规。

精选真题

[2020 下半年]在某些偏远地区的小学，将不同年级的学生编在一个班里，教师在同一节课里以直接授课和完成作业等交替进行的方式对不同年级的学生施教。这种教学组织形式属于( )

A. 个别教学　B. 课堂教学　C. 混合教学　D. 复式教学

答案:D。本题考查考生的识记能力。考生记忆复式教学的内涵即可。

(五)分组教学

分组教学是指在按年龄编班或取消按年龄编班的基础上，根据学生能力、成绩分组进行编班的教学组织形式。

1. 分组教学的类型

分组教学有外部分组和内部分组、能力分组和作业分组等。

外部分组，即取消按年龄编班，按学生的能力或某些测验成绩编班。

内部分组，即在按年龄编班的班级内，再根据学生的成绩将他们分成若干个不同的小组。

能力分组，是根据学生的能力发展水平来进行分组教学的，各组课程相同，学习年限则不同。

作业分组，是根据学生的特点和意愿来分组教学的，各组学习年限相同，课程则不同。

2. 分组教学的优点和局限

(1)分组教学的优点

①分组教学比班级上课更适应学生个人的水平和特点，便于因材施教，有利于人才的培养。

②便于学生的交流合作。

③有助于学生组织能力、管理能力、表达能力以及问题解决能力的培养。

④有利于学生在与小组成员的竞争与合作中，强化自己的学习动机。

(2)分组教学的局限

①分组教学较难科学鉴别学生的能力和水平。

②在对待分组教学上，学生家长和教师的意愿常常与学校的要求相矛盾。

05

③分组后有可能产生一定的副作用,使快班学生产生骄傲情绪,慢班、普通班学生的学习积极性降低。

3. 分组教学的要求

(1)充分了解学生;(2)制订个体教学计划;(3)保证教学井然有序;(4)深入钻研教材教法。

精选真题

[2017 上半年]能让学生充分交流互动并有利于发挥其主体作用的教学组织形式是(　　)

A. 道尔顿制　　B. 个别教学　　C. 分组教学　　D. 文纳特卡制

答案:C。本题考查考生的识记能力。考生记忆分组教学的优点即可。

(六)道尔顿制

道尔顿制是由美国教育家柏克赫斯特创建的一种新的教学组织形式。道尔顿制的两个重要原则是自由与合作。

1. 道尔顿制的特点

(1)废除教师面向全体学生的课堂讲授,废除课程表和年级制,代之以教师辅导学生按"公约"个别自学。学生以公约的形式明确自己应完成的各项学习任务,自己按兴趣自由支配学习时间。

(2)将教室改为各科作业室或实验室,按学科的性质陈列参考用书和实验仪器,供学生自学使用。

(3)设置成绩记录表,由教师和学生分别记录学习进度。

2. 道尔顿制的优缺点

优点:有利于调动学生学习的主动性,培养他们的学习能力和创造才能。

缺点:不利于系统知识的掌握,对教学设施和条件要求较高。

(七)特朗普制

特朗普制是由美国教育家劳伊德·特朗普在 20 世纪 50 年代创立的一种教学组织形式。它把大班上课、小组讨论、个人自学结合在一起,以灵活的时间单位代替固定统一的上课时间。首先是大班集体教学,由优秀教师采用现代化教学手段给几个平行班统一上课;之后是小组课,研究讨论大班课上的教学材料,由 15 ~ 20 人组成一个小组;最后由学生个人独立自学、研习、作业。教学时间分配为:大班上课占 40%,小组讨论占 20%,个人自学占 40%。

这种教学组织形式兼容了班级授课、分组教学与个别教学的优点。教师尤其是优秀教师的作用得到了充分体现,既培养了学生的思维能力、自学能力,又有助于学生合作学习态度的培养。

精选真题

[2018 上半年]为了弥补班级授课制的不足,把大班上课、小组讨论、个人自学结合在一起的教学组织形式是(　　)

A. 特朗普制　　B. 文纳特卡制

C. 道尔顿制　　D. 贝尔—兰卡斯特制

答案:A。本题考查考生的识记能力。考生记住特朗普制的内涵即可。

05

三、新型教学组织形式

(一)翻转课堂

所谓翻转课堂,就是在信息化环境中,课程教师提供以教学视频为主要形式的学习资源,学生在上课前完成对教学视频等学习资源的观看和学习,师生在课堂上一起完成作业答疑、协作探究和互动交流等活动的一种新型的教学模式。

精选真题

[2016 **下半年**]学生在课前借助网络平台观看微视频进行自主学习,课堂上在教师指导下分组讨论,合作探究。这种新型教学组织形式称为(　　)

A. 在线课堂　　B. 网络课堂

C. 虚拟课堂　　D. 翻转课堂

答案:D。本题考查考生的识记能力。考生记忆翻转课堂的内涵即可。

(二)微课

"微课"是指按照新课程标准及教学实践要求,以视频为主要载体,记录教师在课堂内外教育教学过程中,围绕某个知识点(重点、难点、疑点)或教学环节而开展的精彩的教与学活动的全过程。

微课的教学时间较短,时长一般为 5 ~ 8 分钟左右,最长不宜超过 10 分钟。

(三)慕课

"慕课"是新近涌现出来的一种在线课程开发模式,它发端于过去的那种发布资源、学习管理系统以及将学习管理系统与更多的开放网络资源综合起来的旧的课程开发模式。

所谓"慕课(MOOC)",是 Massive Open Online Courses 的英文首字母缩写的中文音译,意为大规模开放在线课程。只有当课程是开放的,才可以称之为"慕课",只有这些课程是大型的或者是大规模的,它才是典型的"慕课"。

慕课的主要特点有:(1)大规模的,不是个人发布的一两门课程;(2)开放课程,尊崇创用共享(CC)协议;(3)网络课程,不是面对面的课程。

(四)开放课堂

开放课堂又称开放教学,源于 20 世纪 30 年代进步主义者的教育主张,二战期间在英国的幼儿园得到采用,20 世纪 60 年代在小学推广,20 世纪 70 年代传到美国并在小学得到采纳。其特点是教师不再分科系统地按照教材传授知识,而是为学生创造学习环境,由学生根据自己的兴趣在教室或其他场所自由活动或学习。

精选真题

[2018 **下半年**]教师不是分学科进行系统的知识传授,而是为学生创设学习环境,由学生根据自己的兴趣在教室或其他场所自由学习。这样的教学形式属于(　　)

A. 在线课堂　　B. 网络课堂　　C. 开放课堂　　D. 翻转课堂

答案:C。本题考查考生的识记能力。考生记忆开放课堂的内涵即可。

05

第四节　小学课堂教学的实施

考向分析

本节主要介绍小学课堂教学的基本环节、课堂教学实施的策略、课堂管理、小学课堂教学导入、小学课堂教学情境的创设、小学教师的课堂教学行为、小学课堂教学总结等相关知识。本节需要考生掌握的核心知识和能力包括:

知识点	关键点	考频	题型	要求
小学课堂教学的基本环节	备课的三方面工作的内容	1	单选	识记
	作业布置与批改的基本要求	3	单选、材料	理解、运用
课堂中的人际关系	罗森塔尔效应	1	单选	理解
课堂教学导入的类型	设疑导入	3	单选	理解
	温故导入	1	单选	理解
	课堂教学导入类型及评析	1	材料	识记、运用
小学课堂教学情境的创设	课堂教学情境创设评析	1	材料	运用

本节知识主要涉及单选和材料两种题型。在备考时,考生应注意:①小学课堂教学的基本环节;②课堂教学导入的类型。预计在之后的考试中以上内容仍是考查重点,但更加突出对考生能力和素养的考查。

思维导图

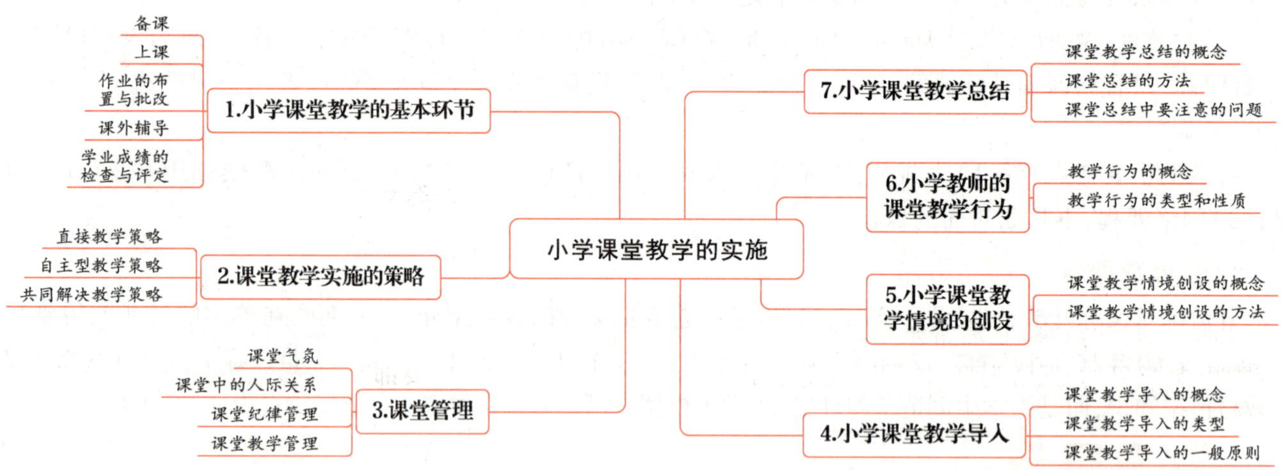

核心知识

一、小学课堂教学的基本环节

教师教学工作包括五个基本环节(即基本程序):备课、上课、作业的布置与批改、课外辅导和学业成绩的检查与评定。

05

(一)备课

备课就是教师根据学科课程标准的要求和本门课程的特点,结合学生的具体情况,选择最合适的表达方法和顺序,以保证学生有效地学习。备课是上课前的准备工作,是教好课的前提。教师备课的要求如下:

1. 做好三方面的工作

教师备课要做好三方面的工作,即钻研教材、了解学生、设计教法,也即备教材、备学生、备教法。

(1)钻研教材

钻研教材有助于教师掌握教材的逻辑体系,有助于教师科学设计教学内容,有助于全面贯彻和落实课程标准。钻研教材包括学习学科课程标准、钻研教科书和阅读有关参考资料。教师掌握教材有一个深化的过程,一般要经过懂、透、化三个阶段。

(2)了解学生

了解学生应当是全面的。首先要考虑学生总体的年龄特征,熟悉他们身心发展的特点;其次要了解学生个体的能力水平、学习态度和兴趣特点。此外,还要了解班级的一般状况,如班纪、班风等。

(3)设计教法

教师要在钻研教材、了解学生的基础上,考虑用什么方法使学生有效地掌握知识并促进他们能力、品德等方面的发展。教师应根据教学目的、内容、学生的特点等来选择最佳的教学方法。此外,还要相应地考虑学生的学法,包括预习、学生在课堂中的学习活动与课外作业等。

精选真题

[2015 上半年]通常所说的备课要"备"的内容,除了钻研教材、设计教法之外,还包括(　　)

A. 研究学生　　B. 设计作业　　C. 设计评价　　D. 指导学法

答案:A。本题考查考生的识记能力。考生记忆教师备课的三方面工作即可。

2. 写好三种计划

写好三种计划,即学年(或学期)教学计划、课题(或单元)计划、课时计划(教案)。

(1)学年(或学期)教学计划

该计划包括学生情况的简要分析、本学期或学年的教学总要求、教科书的章节或课题、各课题的教学时数和时间的具体安排、各课题所需要运用的教学手段等。

(2)课题(或单元)计划

课题计划一般包括:课题名称、课题教学目的、课时划分、备课时的类型、主要教学方法、必要的教具。此外,教师还要考虑课题之间的联系,做好协调工作。

(3)课时计划

课时计划,即教案,它通常是指教师为某一节课而拟定的上课计划,一般包括班级、学科名称、授课时间、课题、教学目的、课的类型、教学进程等。其中,教学进程是教案的主要部分,教师要详细设计和安排教学内容的展开、教学方法的运用和时间的分配等。

(二)上课

上课是整个教学工作的中心环节,是教师教和学生学的最直接体现,是提高教学质量的关键。

1. 课的类型

根据教学的任务,可分为传授新知识课(新授课)、巩固新知识课(巩固课)、培养技能技巧课(技能课)和检查知识课(检查课)。

根据使用的主要教学方法,可分为讲授课、演示课(演示实验或放幻灯片、录像)、练习课、实验课和复习课。

根据一节课所完成任务的类型数,可分为单一课和综合课。单一课即一节课内完成一种教学任务;综合课即一节课内完成两种或两种以上教学任务。

2. 课的结构

课的结构是指课的基本组成部分及各组成部分进行的顺序、时限和相互关系,不同类型的课有不同的结构。一般来说,构成课的基本组成部分有组织教学、检查复习、讲授新教材、巩固新教材、布置课外作业等。其中,讲授新教材是一节课的核心环节。

3. 上好课的基本要求

(1)**教学目标明确**。一是教学目标的制定应符合课程标准的要求及学生的实际;二是课堂上的一切教学活动都应该围绕教学目标来进行。

(2)**教学内容准确**。要保证教学内容的科学性和思想性。

(3)**教学结构合理**。教学要有严密的计划性和组织性。课的进程次序分明、有条不紊,课的进行紧凑,不同任务变换时过渡自然,课堂秩序良好。

(4)**教学方法适当**。教师要善于启发、调动学生学习的积极性,各种方法有机结合、运用自如,师生密切配合,感情融洽。

(5)**讲究教学艺术**。教师要讲普通话,语言流畅生动,语音清楚准确,语调抑扬顿挫,富有节奏感;教师的表情、动作要自然优美,富有感情。

(6)**板书有序**。教师板书要字迹规范、清楚、位置适当;内容上要突出教学重点,详略得当。

(7)**充分发挥学生的主体性**。这是上好课最根本的要求,离开了这一点,以上的所有要求就失去了意义。

(三)作业的布置与批改 重点

作业的布置与批改是课堂教学的继续。它的目的在于使学生巩固和消化课堂教学中所获得的知识,形成学生的技能技巧,扩大学生的知识领域,发挥学生学习的主动性和创造精神。

1. 作业的形式

作业按内容和形式的不同可分为:(1)阅读作业,如复习、预习教科书,阅读人文和科学读物;(2)口头作业,如口头回答、朗读、复述、背诵;(3)书面作业,如演算习题、作文、绘图;(4)实践作业,如观察、实验、测量、社会调查等。

2. 布置作业的要求

(1)布置作业要有目的、有重点,作业内容符合课程标准的要求。

(2)考虑不同学生的能力需求。

(3)分量适宜、难易适度。

(4)作业形式与内容要多样化,具有多选性,难度要逐步提高。

(5)要求明确,规定作业完成时间。

(6)作业反馈清晰、及时。

(7)作业要具有典型意义和举一反三的作用。

(8)作业应有助于启发学生的思维,含有鼓励学生独立探索并进行创造性思维的因素。

(9)尽量同现代生产和社会生活中的实际问题结合起来,力求理论联系实际。

> **命题点拨**
>
> 作业的布置与批改在考试中主要以材料分析题形式考查。形式为给出一段材料,要求考生对材料中教师的行为进行评析。考生需识记、理解并运用这部分内容。

3. 批改作业的要求

第一,教师应及时检查和批改作业,使学生养成按时完成作业的良好习惯。

第二,教师要注意发现学生在知识、技能方面出现的错误和存在的漏洞。

第三,教师要仔细评定、给出成绩,写上简短评语,对学生的学习提出明确要求。

第四,教师要及时将作业情况反馈给学生,纠正学生作业中的错误并指出原因。

第五,对大多数学生作业中经常出现的错误,教师要找机会进行辅导,重点讲解和纠正。

精选真题

[2018 下半年]材料:一年级二班的林老师上完《要下雨了》一课之后,设计了两项作业:(1)请你回家后把小白兔碰到的有趣的故事讲给你最喜欢的人听;(2)你还想知道下雨前其他动物的表现吗?可以跟家里人交流一下。第二天,林老师刚走进教室,学生就纷纷围住他,迫不及待地汇报作业的完成情况,还抢着说:我好喜欢这个作业哦!

问题：

(1)结合材料，评析林老师的作业设计。

(2)谈谈教师布置作业的基本要求。

参考答案：(1)①材料中林老师布置的作业形式灵活。他让学生把上课所学讲给最喜欢的人听，不再局限于平时所布置的书面作业、巩固型作业等。②材料中的林老师作业布置的很有趣味性，通过与他人进行沟通来完成作业，这有助于启发学生的思维。③材料中林老师的作业布置做到了举一反三，并且同社会生活中的实际问题紧密结合。例如通过上课所学的小白兔的故事迁移到下雨前其他动物的表现。

(2)①布置作业要有目的、有重点，作业内容符合课程标准的要求；②考虑不同学生的能力需求；③分量适宜、难易适度；④作业形式与内容要多样化，具有多选性，难度要逐步提高；⑤要求明确，规定作业完成时间；⑥作业反馈清晰、及时；⑦作业要具有典型意义和举一反三的作用；⑧作业应有助于启发学生的思维，含有鼓励学生独立探索并进行创造性思维的因素；⑨尽量同现代生产和社会生活中的实际问题结合起来，力求理论联系实际。

(四)课外辅导

课外辅导是指教师在课堂教学以外的时间，帮助和指导学生的学习活动。课外辅导是上课的必要补充，是适应学生个别差异，贯彻因材施教的重要措施。其形式一般有个别辅导、小组辅导和集体辅导三种。

课外辅导的内容包括：(1)帮学生解答疑难问题，指导学生做好作业；(2)为基础差和因事、因病缺课的学生补课；(3)为成绩特别优异的学生做个别辅导；(4)对学生进行学习方法上的辅导；(5)对学生进行学习目的和学习态度的教育。

(五)学业成绩的检查与评定

1. 学业成绩检查的方式

常见的学生学业成绩检查方式有平时考查和考试两种。平时考查的方式主要有口头提问、检查书面作业和单元测验等。考试一般有学期考试、学年考试和毕业考试等，考试的方式包括口试、笔试和具体实践性考试等。

2. 学业成绩评价的方法

常见的学生学业成绩评价的方法有测验法、观察法、调查法、自我评价法。其中，测验法是学生学业成绩评价的基本方法。测验有口试、笔试、操作测验等多种具体方法，其中，笔试是考核、测定学生成绩的基本方法。

衡量测验题目的质量指标主要有效度、信度、难度和区分度。

(1)**效度**。效度是指测量的正确性，即一个测验能够测量出其所要测量的东西的程度。就一个测验的优劣而言，效度是一个比信度更为重要的指标。

(2)**信度**。信度是指测验结果的稳定性或可靠性，即某一测验在多次施测后所得到的分数的稳定、一致程度。它既包括在时间上的一致性，也包括内容和不同评分者之间的一致性。

(3)**难度**。难度是指测验包含的试题难易程度。难度用难度值表示，难度值是指在教学测量中答对或通过测验的人数比例。

(4)**区分度**。区分度有时也称鉴别力，主要指测验对于不同水平的被试加以区分的能力。区分度与难度有关，只有在试卷中包含有不同难度的试题，才能提高区分度，拉开考生得分的差距。

精选真题

[2014 上半年]张老师用一套试卷对程度相当的两个平行班进行了测试,学生的成绩基本一致。这说明该试卷具有较好(　　)

A. 信度　　B. 效度　　C. 难度　　D. 区分度

答案:A。本题考查考生的理解能力。两个程度相当的班级成绩基本一致,说明该试卷具有可靠性,是信度高的表现。

二、课堂教学实施的策略

(一)直接教学策略

直接教学策略是以学习成绩为中心、在教师指导下使用结构化的有序材料的课堂教学策略。它主要是由教师向学生提供信息,教师的作用是以多种方式把事实、规则和动作序列传达给学生。通常是以演讲、朗诵的形式为主,辅以解释、举例、练习以及纠正与反馈等教学行为。这种教学比较适于对事实、规则、活动过程的讲解与指导。最具代表性的教学方法就是讲授法。

(二)自主型教学策略

自主型教学策略既是一种教学策略也是一种学习方法,它可以让学生更快地进入到学习的过程中,从而取得行为复杂层次更高的成果。

要使自主型教学能够达到预期的教学效果,发挥其实际效用,就必须在组织学生自主学习时有一个系统的教学策略,必须使学生熟悉整个教学过程:首先,认识学习的课题,抓住目标;其次,探求解决问题、实现目标的策略与方法;最后,总结学习成果,并开展实际应用的练习。

(三)共同解决教学策略

共同解决教学策略是借助师生对话,共同思考、共同探求、共同解决问题、共同获得知识的策略。它的基本形态是教学对话与课堂讨论。

课堂教学离不开师生之间的互动与交流,而互动与交流最常用、最主要的方式是师生间的对话。

三、课堂管理

课堂管理作为一种协调和控制的过程,是指教师通过协调课堂内的各种人际关系而有效地实现预定教学目标的过程。课堂管理的主体是教师,管理的环境是课堂,管理的客体是各种人际关系。课堂管理的实质是师生在课堂中相互作用的过程。

(一)课堂气氛

课堂气氛是指在课堂上占优势地位的态度和情感的综合状态。课堂气氛具有独特性和稳定性。不同的课堂往往有不同的气氛,即使是同一课堂,也会形成不同教师的气氛区。

根据师生相互作用的方式不同,可以将课堂气氛划分为:

课堂气氛	特征
积极的课堂气氛	课堂纪律良好,师生关系融洽;学生精神饱满,注意力集中,专心听讲,积极思维,反应敏捷,发言踊跃;教师善于点拨和积极引导;课堂气氛热烈、活跃与祥和
消极的课堂气氛	课堂纪律问题较多,师生关系疏远;学生无精打采,注意力分散,反应迟钝;多数学生处于被动应付教师的状态;不少学生做小动作,情绪压抑等

续表

课堂气氛	特征
一般型课堂气氛	教学中大量的课堂气氛属于一般型课堂气氛，它介于积极型和消极型之间，即课堂教学能正常进行，教学效果一般
对抗的课堂气氛	课堂纪律问题严重，师生关系紧张；学生随心所欲，各行其是；注意力指向无关对象；教师无法正常上课，时常被学生打断或不得不停下来维持课堂纪律，基本上是一种失控的课堂状态

（二）课堂中的人际关系

课堂中的人际关系直接影响课堂气氛，教师应善于处理师生、生生之间的人际关系。其中，在师生关系中，教师主要通过对学生的理解、对学生的期待、对学生的指导来影响学生的认知、情感和行为。教师的期望或明或暗地传送给学生，会使学生按照教师所期望的方向来塑造自己的行为，这就是教师期望的预言效应，又称**"罗森塔尔效应"**或**"皮格马利翁效应"**。

（三）课堂纪律管理

课堂纪律是指为保障或促进学生的学习而设置的行为标准及施加的控制。课堂纪律具有约束性、标准性、自律性三大特征。

根据课堂纪律形成的原因，可以将课堂纪律分为四种类型：教师促成的纪律、集体促成的纪律、任务促成的纪律和自我促成的纪律。

1. 课堂结构与课堂纪律

学生、**学习过程**和**学习情境**是课堂的三大要素，这三大要素相对稳定的组合模式就是课堂结构。课堂结构包括课堂情境结构和课堂教学结构。其中，课堂情境结构主要包括：

（1）班级规模的控制。班级过大容易限制师生交往和学生参加课堂活动的机会，阻碍课堂教学的个别化，有可能导致课堂出现较多的纪律问题。一般而言，班级规模越大，学生的平均成绩越差。

（2）课堂常规的建立。课堂常规是每个学生必须遵守的最基本的日常课堂行为准则。它赋予学生的课堂行为一定的意义，使学生明白行为所依据的价值标准，具有约束和指导学生课堂行为的功能。

（3）学生座位的分配。在分配学生座位时，最值得教师关注的应该是对人际关系的影响。所以，学生座位的分配，一方面要考虑课堂行为的有效控制，预防纪律问题的发生；另一方面又要考虑促进学生间的正常交往，形成和谐的师生关系，并有助于学生形成良好的人格特征。

2. 维持课堂纪律的策略

（1）建立有效的课堂规则。建立积极、有效的课堂规则可以从以下方面进行考虑：①由教师和学生充分讨论，共同制定；②尽量少而精，内容表述多以正面引导为主；③及时制定、引导与调整课堂规则。

（2）合理组织课堂教学。教师应做到：①增加学生参与课堂教学的机会；②保持紧凑的教学节奏，合理布置学业任务；③处理好教学活动之间的过渡。

（3）做好课堂监控。教师应能及时预防或发现课堂中出现的一些纪律问题，并采取言语提示、目光接触等方式提醒学生注意自己的行为。

（4）培养学生的自律品质。教师应做到：①对学生提出明确的要求，加强课堂纪律的目的性教育；②引导学生对学习纪律持有正确、积极的态度，产生积极的纪律情感体验，进行自我监控；③集体舆论和集体规范是促使学生自律品质形成和发展的有效手段，教师应对其加以有效利用。

3. 课堂问题行为及其应对措施

（1）课堂问题行为的概念与特征

课堂问题行为是指学生在课堂中发生的违反课堂规则、妨碍及破坏课堂教学活动正常进行的行为。这样的行为不仅影响学生的学习,而且常常引起课堂纪律问题,影响教学质量。

课堂问题行为的基本特征为:消极性、普遍性、其程度以轻度为主。

(2)课堂问题行为的类型

课堂问题行为分为品德性问题行为和心理性问题行为。品德性问题行为是指由于错误意识倾向或消极个性特点引起的违反道德规范、损害他人和集体利益的不良行为。心理性问题行为是指由于心理方面的原因而引起的问题行为。

(3)课堂问题行为产生的原因

导致学生问题行为的原因可概括为:①学生的人格特点、生理因素、挫折经历;②教师的教学技能、管理方式、威信;③校内外的环境,如大众传媒、家庭环境、课堂座位编排。

(4)课堂问题行为的应对措施

关于课堂问题行为的应对,教师可以采取的措施有:①运用积极的言语和非言语手段调控;②合理运用惩罚;③对学生进行心理辅导;④引导学生参与活动,不给学生违纪的时间。

(四)课堂教学管理

课堂教学管理是指教师对课堂中影响教学的诸因素及其之间的关系进行有效调控,营造积极、和谐的课堂环境,提高教学效率,促进学生发展,实现教学目标的过程。课堂教学管理是教学工作的核心,常被看作是实现教学目标和完成教学任务的关键。

课堂教学管理可分为预防性管理、支持性管理和矫正性管理三个方面。

(1)**预防性管理**。预防学生行为的出现主要从确立学生的行为标准、促成学生的成功经验、培养学生自我管理能力等几方面入手。

(2)**支持性管理**。支持性管理是在学生有问题行为的先兆时,教师适时运用技巧消除学生的问题行为,将学生导入正轨。

(3)**矫正性管理**。矫正性管理是在学生出现问题行为后设法禁止与矫正。

四、小学课堂教学导入

(一)课堂教学导入的概念

所谓教学导入,是指在上课之初,教师利用几分钟的时间,运用简洁的言语或行为,将学生的注意力吸引到特定的教学任务和程序之中的引导性教学行为。

一般而言,教学导入具有引起注意、激发动机、渗透主题和带入情境的作用。

(二)课堂教学导入的类型 重点

1. 直接导入

直接导入指上课伊始,教师开宗明义,直接点题,讲明这节课需要学习的内容和要求,从而引起学生注意,导入新课的一类导入形式。

这类导入一般借用课题、人物、事件、名词、成语等为引入语,然后直接概述新课的主要内容及教学程序,使学生明确本课所要完成的任务,从而把学生的注意力引到这节课所要学习的问题上来。

一般而言,直接导入简明扼要、直奔主题,能使学生很快进入学习状态,所以,非常有利于发挥上课初期的时效作用。但是,直接导入方式在学习心理的铺垫上较为简单,不易引起学生的学习兴趣,对低年级学生而言不是很适合。

> **命题点拨**
>
> 课堂教学导入的类型在考试中主要以单选题和材料分析题的形式考查。单选题一般是给出教师在教学中的某种教学行为,询问属于哪种导入方式。材料分析题要求考生结合材料分析并运用这部分知识。

05

精 选 真 题

[2014 上半年]张老师在开始上《爱因斯坦与小女孩》一课时说:"同学们,你们知道吗,爱因斯坦不仅是一位世界著名的大科学家,还会拉小提琴,今天我们就来学习这一课。"这属于(　　)

A. 直接导入　　B. 经验导入　　C. 故事导入　　D. 直观导入

答案:A。本题考查考生的理解能力。张老师这种直接点明内容的导入方式是直接导入。

2. 经验导入

经验导入是通过建立学生已有经验与新知识之间的联系,进而引发学生学习动机、形成学习氛围的一类导入形式。经验导入以生活经验为出发点,既能引发学生的学习兴趣,又可降低学习新知识的难度,增强学生学习的自信心。

3. 故事导入

故事导入是教师通过讲解与所要学习内容有关的故事、趣事,进而引发学生学习动机的一类教学导入形式。教师根据学生喜欢听有趣、好玩、新奇、情节生动的故事的心理,通过绘声绘色的故事抓住学生的注意力,进而引发学生的好奇心,使其投入学习。

运用故事导入要注意:选择的故事一方面要短小精悍、生动有趣;另一方面,故事内容要与新授教学内容有内在联系,并对新课学习富有启发性。

4. 直观导入

直观导入是借助于实物、标本、挂图等直观教具,以及投影、录像等媒体或示范性实验,对与教学内容相关的信息进行演示,并引导学生通过观察产生疑问,进行思考,从而自然进入新课学习的一类教学导入形式。

在小学低年级,学生的思维以直观形象为主,抽象思维正处在发展的起始阶段,教师在教授比较抽象的教学内容时,必须借助直观形象的材料,采取直观的形式,帮助学生由具体形象思维向抽象思维过渡。

5. 设疑导入(悬念导入)

设疑导入是通过设置悬念、提出问题,进而激发学生兴趣,调动学生思维的一类教学导入形式。

在教学中,教师或从不同侧面、不同角度巧妙地提出问题,或精心构思、巧布悬念,都可引发学生的兴趣,激发学生解决问题的愿望,进而为接下来的学习奠定良好的心理基础。

在导入新课时,巧设悬念,精心设疑,使学生产生强烈的学习热情,促使学生自觉地去完成既定的教学目标,使情、知交融达到最佳的状态。

精 选 真 题

1. [2016 下半年]"同学们,每到春天,校园里百花齐放、姹紫嫣红,花儿为什么会呈现出不同的颜色呢?带着这个问题让我们来学习这一课。"张老师所运用的导入方式属于(　　)

A. 设疑导入　　B. 温故导入　　C. 释题导入　　D. 故事导入

答案:A。本题考查考生的理解能力。题干中张老师通过"花儿为什么会呈现出不同的颜色呢?"这一问题来导入新课,体现了对设疑导入方式的运用。

2. [2015 上半年]林老师教学《借生日》时,先板书"生日",让学生说说自己生日是哪一天,又是怎样过生日的;接着又板书"借",并提出问题:"每个人都有自己的生日,为什么要借生日?""生日能借吗?"这种导入方法是(　　)

A. 故事导入　　B. 情境导入　　C. 悬念导入　　D. 直接导入

答案:C。本题考查考生的理解能力。林老师通过不断提问的方式,进行设疑,来引起学生对教学内容的兴趣,属于悬念导入。

6. 活动导入

活动导入是通过组织学生讨论、操作、游戏等活动,进而调动学生学习积极性的一类教学导入形式。学生的积极参与是实现课堂价值的基本保证,通过活动,不仅能提高学生的参与度,还对学生的主体意识的培养具有重要意义。

7. 温故导入

温故导入是指通过帮助学生复习与即将学习的新知识有关的旧知识,从中找到新旧知识的联结点,合乎逻辑、顺理成章地引导学生学习新知识的一类教学导入形式。

温故导入通过温习旧知,由已知导向未知,过渡流畅自然,适用于连贯性和逻辑性较强的知识内容。

精选真题

[2018 下半年]在《金色的鱼钩》教学开始时,张老师说:“同学们,前面我们通过学习《七律·长征》一诗,领略了红军长征的非凡气概,今天我们再来感受一下红军过草地的艰难困苦。”这种导课方式属于(　　)

A. 设疑导入　　B. 温故导入　　C. 情境导入　　D. 故事导入

答案:B。本题考查考生的理解能力。通过回顾已学过的内容,引出新学内容的导入方式是温故导入。题干中先回顾《七律·长征》的相关知识,再开始学习《金色的鱼钩》,所以属于温故导入。

(三)课堂教学导入的一般原则

1. 紧扣学习目标和内容重点

课堂教学导入,一定要根据既定的教学目标来精心设计,切忌进行与教学目标无关的活动,使导入游离于教学内容之外,因为教学导入是完成教学任务的必要环节。

2. 从学生的实际出发,符合学生的认知要求

学生是学习的主体,教学质量的好坏要通过学生的学习来体现。教学导入设计要从学生的实际出发,符合学生的认知要求。

3. 从课型需要入手,凸显教学导入的针对性与有效性

教学导入设计要因课型的不同而不同。新授课要注意温故知新、架桥铺路;复习课要注意分析比较,归纳总结。同时,还要根据不同学科的特点,选择不同的导入类型。

4. 用语要短小精悍,活动组织要任务明确、步骤清晰、事项清楚

教学导入用语要做到简短、明白、易懂,以生动有力、简洁明快的语言激发学生的学习兴趣和求知欲望。一般而言,教学导入的时间控制在 3 ~5 分钟,时间过长就会喧宾夺主。

5. 形式要新颖多样

教学导入既要语言有新意,更要形式新颖,避免千篇一律。形式要多种多样,不能每次课都用一种模式导入,墨守成规会使学生失去兴趣,影响导入的效果。

关联知识

教学媒体

在教与学活动过程中所采用的媒体称为教学媒体。教学媒体是载有教育、教学信息的物体,是连接教育者与学习者双方的中介物,是人们用来传递和取得教育、教学信息的工具。

传统教学媒体主要包括语言、文字、印刷材料、图片、黑板、模型和实物及教师的各种表情、体态等。现代教学媒体是以电子技术为特征的传播媒体,例如幻灯、投影、广播、录音、电视、电影、计算机、通信网络以及相应的组合系统(语言实验室、多媒体教室、计算机网络系统等),这些媒体被引入教学领域,统称

为现代教学媒体。

选择教学媒体的依据:(1)依据教学目标。每个知识点都有具体的教学目标,为达到不同的教学目标常需要使用不同的媒体传递教学信息。(2)依据教学内容。各学科的性质不同,适用的教学媒体会有所区别;同一学科内各章节内容不同,教学媒体的使用也有不同要求。(3)依据教学对象。不同年龄阶段的学生对事物的接受能力不一样,选用教学媒体时必须顾及他们的认知层次,心理、年龄特征。(4)依据教学条件。教学中能否选用某种媒体,既要考虑媒体的效果原理,还要看所处的具体条件,其中包括资源状况、经济能力、师生技能、使用环境和管理水平等因素。

五、小学课堂教学情境的创设

(一)课堂教学情境创设的概念

课堂教学情境创设是教师在课堂教学中,根据教学内容、教学目标、学生的认知水平和心理特征,顺利、灵活、有效地创造具体、生动、形象的能够有效地激发学生的学习兴趣,促使学生迅速准确地感知、理解、运用教学内容的教学情境,让学生在具体情境连续不断的启发下,有效地进行学习的教学活动方式。

(二)课堂教学情境创设的方法

(1)实验法。实验法是在教师的指导下,让学生运用教学仪器设备进行独立操作或运用实物(矿物、动物、植物)等进行实验的方法。

(2)演示法。演示法即教师配合课文讲授,把实物、直观教具展示给学生看,或者给学生做示范性的实验,以此激发学生的兴趣、引起学生认知冲突的方法。

(3)表演法。表演法是教师根据教材的特点(有可表演的成分),通过让学生分别扮演一定的角色(有时教师也参加表演),从而激发兴趣、引导学生深入领会、掌握课文内在含义和提高语言表达能力的方法。

(4)游戏法。游戏法即组织学生通过形形色色的(符合教材内容的实际)游戏活动创设情境的方法。常用于小学中低年级教学情境的创设。具体包括作文游戏、识字游戏、生活游戏、教学游戏、历史游戏、地理游戏等。

(5)故事法。故事法是通过讲故事创设教学情境的方法。

(6)比喻法。比喻法即选用恰当的比喻来创设情境,以此说明抽象的概念、原理,启发学生思考问题。

(7)形象渲染法。形象渲染法即运用幻灯、投影、音响、录像等现代化教学手段,将课文内容展现出来,引起学生的无意注意、调动其学习积极性的方法。用该法创设的情境,生动、形象、直观,能使学生产生身临其境的感受。

(8)介绍困惑材料法。介绍困惑材料法即向学生介绍他们生活空间以外的资料,使其对现有某一知识的态度或价值观产生怀疑的情境创设法。

(9)提问法。提问法即通过向学生提出一些或有趣或引起惊疑或产生困惑的问题创设情境的方法,是一种最简捷、最常用的方法。

(10)有意错误法。有意错误法即教师故意在讲课中设置一些学生在现有知识水平上能够发现的错误,然后让学生辨别并予以纠正的教学情境创设法。

(11)生动讲述法。生动讲述法即以丰富的感情、生动的讲述,把道理置于形象化的叙述之中,以情激情、以情动人的创设情境的方法。

六、小学教师的课堂教学行为

(一)教学行为的概念

教学行为是教师的基本教育行为,是教师在课堂教学中所展现的全部个人或技术方面的一种组织行为,是进行有效课堂教学的基础。

(二)教学行为的类型和性质

1. 教学行为的类型

教学行为,可以分为有效教学行为和无效教学行为。

有效的教学交往促进双向理解,重建儿童的生活世界,展开师生之间、生生之间的平等对话,体验“交往的美”。

无效的教学交往是教师一人的“独白”,传达权威者的声音,学生被视为知识的容器,在成人的灌输中丧失了应有的主体性。

2. 教学行为的性质

(1)目的性。教学行为总是受某种教学意图的支配,并指向特定的对象——学生。

(2)序列性。教学行为总是包含着一定的操作步骤,包含着若干按一定程序予以完成的动作,表现出一定的连续性、周期性。

(3)个体性。任何教学行为都不能脱离教师而存在,必然显示出教师的某些个体特性。

七、小学课堂教学总结

(一)课堂教学总结的概念

课堂教学总结又称课堂结尾,是在一堂课即将结束的几分钟的时间内,师生共同对课堂中所蕴含的知识、技能、情感态度以及价值观进行总结。

(二)课堂总结的方法

(1)复述法。这种方法能迅速指明要点,节省时间,易于控制教学进程。一般适用于概念较多的教学内容。

(2)口诀法。口诀法是教师结合教学内容,精心编制口诀让学生朗读、记忆的总结方法。这种方法既能激发学生的学习兴趣和热情,又能促进知识的牢固记忆。

(3)图表法。用图形或列表的方法归纳总结当堂所学的知识,或揭示与已学知识之间的联系与区别。

(4)悬念法。在教授知识的同时,教师通过设疑引出下堂课要学的内容。这种方式可以调动学生学习的积极性。*例如,在学习“菱形”一课时,师生共同总结性质和判定后,教师提出问题:如果将菱形的一个角变成直角后是什么图形呢?学生马上开始议论,而教师对此不置可否,只是说:“这就是我们下堂课要学的正方形,希望大家做好预习。”*这就起到了引发学生的好奇心,调动学生学习积极性的作用。

(5)呼应法。教师在导入新课时设疑置惑,并在总结时释疑解惑。这样前后呼应,形成对照,使学生豁然开朗。这种前后呼应式的总结,能给学生留下深刻的印象,帮助学生更好地掌握知识。*例如,在讲“平面直角坐标系”时,教师创设问题情境:在数轴上一个点可以用一个数来表示,一个数可以表示一个点。那么在一个平面上,一个点如何用数来表示呢?然后总结时教师再给出答案,学生就会恍然大悟。*

05

(6)比较法。通过图示或表格的方式将新学的概念、性质、定理或公式与原有的知识进行比较,比较它们的异同点,加深学生对知识的理解。

(7)延伸式。延伸式结课是指教师把教学内容做进一步延伸拓展以结束课堂教学的方式。延伸式结课可分为由课内向课外的延伸和课内知识的延伸两种类型。其中,由课内向课外的延伸,是指引导学生的思维和学习活动向课外延伸,以达到拓展课堂教学内容的目的。

(8)游戏法。根据学生的年龄与心理特点,把小结与游戏结合起来,以游戏作小结,寓教于乐。这种方法主要适用于低年级。

(9)自然法。教师所讲一堂课的最后一个问题的最后一句话落地,下课的铃声正好响起,这便是自然

法。这种结课方式要求教师精于设计课堂教学的内容和结构，准确把握课堂教学的进程和时间，才能有效地达到预期的结果。

(10)归纳法。在新课结束之后进行归纳、概括和总结的结课方式。要求做到提纲挈领，全面准确，简明扼要。不能只是对前面教学内容的机械再现，简单重复。它起到巩固强化知识的作用。这种结课方式一般由教师来做，也可由学生来做，但教师必须进行必要的补充和说明。这是小学最常见的结课方式。

此外，还有激励法、板书法、练习法、朗读式、活动法等。不管采用哪种方法，必须注意使课堂小结与教学内容融为一体，使整个教学过程完整无缺。

精选真题

[2014 下半年]教完古诗《赋得古原草送别》一课后，于老师扮演耳背的奶奶，把“一岁一枯荣”听成“一岁一窟窿”，让学生纠正并解释。于老师的这种结课方式属于(　　)

A. 自然式　　B. 归纳式　　C. 游戏式　　D. 悬念式

答案：C。本题考查考生的理解能力。题干中于老师通过扮演耳背的老奶奶听错诗句，并让学生纠正的这样一个游戏，让学生深刻的理解了诗句的内容，这体现了课堂总结的游戏法。

(三)课堂总结中要注意的问题

(1)总结要有目标性，要起到升华主题的功效。

(2)总结要有引导性，要注重学生的学习反思。

(3)总结要有针对性。

(4)总结要言简意赅，通俗易懂。

(5)总结要以课外促课内，设计要注重向课外延伸和拓展。

第五节　学习动机

考向分析

本节主要介绍学习动机的概述、学习动机的分类、学习动机与学习效果的关系、学习动机理论、学习动机的激发等相关知识。本节需要考生掌握的核心知识和能力包括：

知识点	关键点	考频	题型	要求
学习学习动机的分类	内部学习动机的内涵	1	单选	理解
学习动机与学习效果的关系	耶克斯—多德森定律	1	单选	理解
成就动机理论	求成型的人选择任务的倾向	1	单选	识记
成败归因理论	努力的作用	1	单选	识记、理解
	工作难度的维度特征	1	单选	识记、理解
	运气的维度特征	1	单选	识记、理解
	习得性无助的内涵	1	单选	理解

本节知识主要涉及单选一种题型。在备考时，考生应注意学习动机理论，预计在之后的考试中以上内容仍是考查重点，但更加突出对考生能力和素养的考查。

思维导图

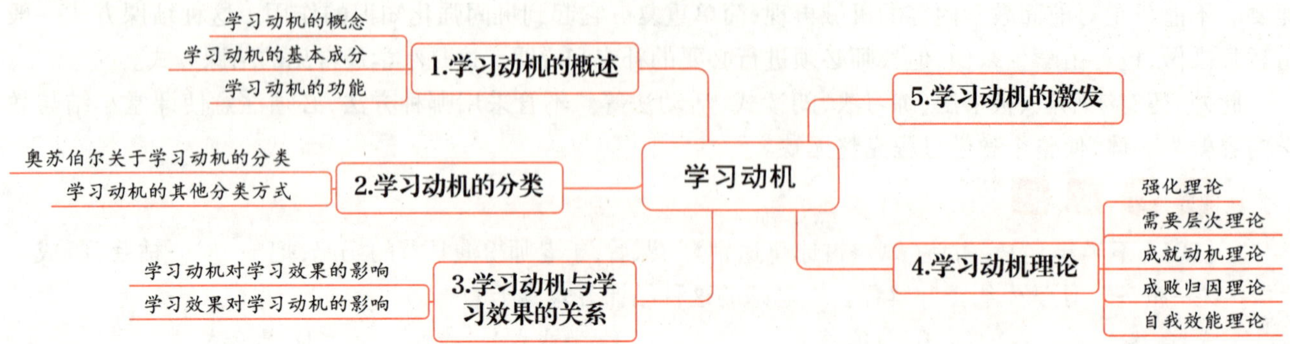

核心知识

一、学习动机的概述

(一)学习动机的概念

学习动机是指**激发**个体进行学习活动,**维持**已引起的学习活动,并使行为**朝向**一定学习目标的一种心理倾向或内部动力。学习动机是直接推动学生进行学习的内部动力。

(二)学习动机的基本成分

学习动机的两个基本成分是**学习需要和学习期待**,两者相互作用形成学习的动机系统。其中,学习需要占主导地位。

1. 学习需要与内驱力

学习需要是指个体在学习活动中感到有某种欠缺而力求获得满足的心理状态。它包括学习兴趣、爱好、信念等。学习兴趣是学习动机中最活跃的成分。

内驱力也是一种需要,但它是动态的。从需要的作用上来看,学习需要即为学习的内驱力,即学习驱力。

2. 学习期待与诱因

学习期待是个体对学习活动所要达到目标的主观估计。学习期待所指向的目标可以是成绩,也可以是奖品、教师的赞扬、名誉、地位等。学习期待不等于学习目标。学习期待是学习目标在个体头脑中的反映。

诱因是指能够激起有机体的定向行为,并能满足某种需要的外部条件或刺激物。

学习期待是静态的,而诱因是动态的,学习期待就其作用来说就是学习的诱因。

05

(三)学习动机的功能

(1)**激发功能**。当学生对于某些知识或技能产生迫切的学习需要时,就会引发学习内驱力,唤起内部的激动状态,产生焦急、渴求等心理体验,并最终激起一定的学习行为。

(2)**定向功能**。学习动机以学习需要和学习期待为出发点,使学生的学习行为在初始状态时就指向一定的学习目标,并推动学生为达到这一目标而努力学习。

(3)**强化功能**。在学习过程中,学习动机能够维持学习的行为,良好的学习动机能够使学生的学习持之以恒。

(4)**调节功能**。学习动机调节学习行为的强度、时间和方向。如果行为活动未达到既定目标,动机还将驱使学生转换行为活动方向以达到既定目标。

二、学习动机的分类

（一）奥苏伯尔关于学习动机的分类

根据学校情境中的学业成就动机的不同，奥苏伯尔等人把动机分为认知内驱力、自我提高内驱力和附属内驱力三个方面。

类别	内涵
认知内驱力	学生渴望认知、理解和掌握知识，以及陈述和解决问题的需要。这种内驱力大多是从好奇倾向中派生出来的。 在有意义的学习中，认知内驱力是最重要和最稳定的动机。这种动机指向学习任务本身，满足这种动机的奖励是由学习本身提供的，属于内部动机
自我提高内驱力	个体由自己的学业成就而获得相应的地位和威望的需要。 自我提高内驱力并非直接指向学习任务本身，而是把成就看作赢得地位与自尊心的根源，属于外部动机
附属内驱力	个体为了获得长者们（如家长、教师）或权威们的赞许或认可，而表现出来的把工作、学习做好的需要。 它既不直接指向学习任务本身，也不把学业成就看作赢得地位的手段，而是为了从长者或同伴那里获得赞许和接纳。 附属内驱力是一种间接的学习需要，属于外部动机

精选真题

[2014 上半年]小红非常喜欢文学作品，所以上语文课时特别认真。这种学习动机属于（　　）

A. 认知内驱力　　B. 附属内驱力　　C. 生理内驱力　　D. 自我提高内驱力

答案：A。本题考查考生的理解能力。小红喜欢文学作品，是对知识本身的热爱。因此，小红上语文课认真是受认知内驱力的驱动。

（二）学习动机的其他分类方式

分类标准	类别	内涵
动机产生的诱因来源	内部学习动机	诱因来自学习者本身的内在因素，即学生因对活动本身发生兴趣而产生的动机。具有内部动机的学生，活动本身就能使其得到满足，无需外力的作用
	外部学习动机	诱因来自学习者外部的某种因素，即在学习活动以外由外部的诱因激发出来的学习动机
学习动机的社会意义	高尚的学习动机	核心是利他主义，如学生把学习看成是对社会多做贡献和应尽的义务，则是高尚的学习动机
	低级的学习动机	核心是利己的、自我中心的，学习动机只来源于自己眼前的利益，如把学习看成猎取个人名利的手段，则是低级的学习动机
学习动机起作用时间的长短	近景的直接性学习动机	由活动的直接结果所引起的对某种活动的动机，这种动机很具体，但不够稳定，易随环境的变化而变化
	远景的间接性学习动机	由于了解活动的社会意义、活动结果的社会价值而引起的对某种活动的动机

续表

分类标准	类别	内涵
动机在活动中作用的大小	主导性学习动机	学习动机在学习活动中起着主要的支配作用
	辅助性学习动机	学习动机起次要的辅助作用

精选真题

[2019 上半年]在下列各种学习动机中,属于内在动机的是( )

A. 班级排名　　B. 老师表扬　　C. 家长鼓励　　D. 学习兴趣

答案:D。本题考查考生的理解能力。内在动机是来自学习者本身的内在因素,ABC 项均属于外部学习动机。

三、学习动机与学习效果的关系

(一)学习动机对学习效果的影响

学习动机对学习效果的影响可分为两个方面:一方面是总体上整个动机水平对整个学习活动的影响;另一方面是具体的学习活动中学习动机对学习效果的影响。

(1)总体而言,在一般情况下,学习动机与学习效果的关系是一致的。学习动机越强,有机体对学习活动的积极性就越高,学习效果就越佳,表现为学习动机可以促进学习,提高成绩。

学习动机与学习效果之间的关系并不是完全成正比的,学习动机是影响学习行为、提高学习效果的一个重要因素,但却不是决定学习活动的唯一条件。

(2)对一项具体的学习活动而言,学习动机与学习效果的关系并不是那么简单。只有当学习动机的强度处于最佳水平时,才能产生最好的学习效果。

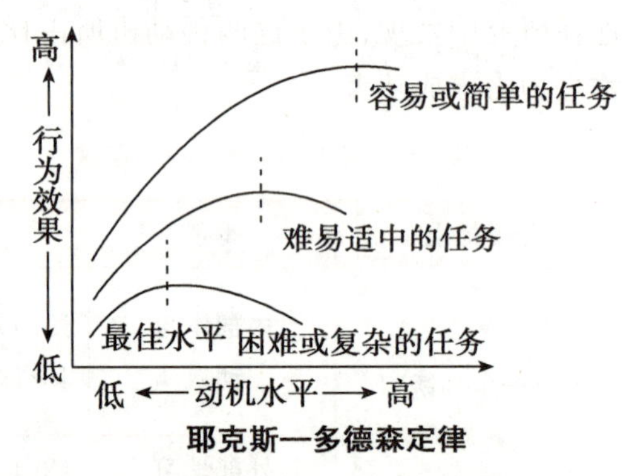

耶克斯—多德森定律

“耶克斯—多德森定律”表明,动机不足或过分强烈都会影响学习效果。

第一,动机的最佳水平随着任务性质的不同而不同。在比较容易的任务中,行为效果(工作效率)随着动机的提高而上升;随着任务难度的增加,动机的最佳水平有逐渐下降的趋势。

第二,一般来讲,最佳水平为中等强度的动机。

第三,动机水平与行为效果呈倒 U 型曲线。

05

精选真题

[2014 下半年]根据动机水平与学习效果的关系研究,假如考试难度较小,要想取得好成绩,学生学习动机的最佳水平一般应该( )

A. 极高　　B. 偏高　　C. 中等　　D. 偏低

答案:B。本题考查考生的理解能力。“耶克斯—多德森定律”表明,动机不足或过分强烈都会影响学习效果。一般来讲,最佳水平为中等强度的动机。在比较容易的任务中,行为效果(工作效率)随着动机的提高而上升。

(二)学习效果对学习动机的影响

学习效果反作用于学习动机。所学知识的增多,学习成就的取得可以进一步激发学生的好奇心、求知欲,进一步提高学生的自信心等,从而增强学生进一步学习的学习动机。教师在强调动机对学习的重要作用的同时,也应该看到所学的知识反过来又可以增强学习的动机。教学的最好办法是,把重点放在学习的认知方面而不是动机方面,致力于有效地教他们掌握有关知识,让他们获得成功的体验。学生尝到了学习的乐趣,就有可能产生或者增强其学习动机。

四、学习动机理论

(一)强化理论

学习动机的强化理论是行为主义学习理论家提出来的,主要代表人物有**斯金纳**。强化理论认为强化能够增强学习动机。因此在学习活动中,学校经常采用奖励(赞许、奖品、给予权利、高分数等)与惩罚(训斥、剥夺权利、低分数)的办法以督促学生学习,其目的就是通过外在诱因来维持学生的学习动机。

(二)需要层次理论

需要层次理论是人本主义心理学理论在动机领域的体现,代表人物为美国心理学家**马斯洛**。马斯洛认为人的基本需要有:生理的需要、安全的需要、归属和爱的需要、尊重的需要、认知需要、审美需要、自我实现的需要。最基本的是生理需要。只有较低一级的需要得到基本满足之后,高一层次的需要才会产生。前四种为缺失需要,后三种为成长需要。

(三)成就动机理论

成就动机是在人的成就需要的基础上产生的,在学习活动中,成就动机是一种主要的学习动机。成就动机理论的主要代表人物是**阿特金森**。

1. 成就动机倾向类型

阿特金森认为,成就动机由两种有相反倾向的部分组成,一种称之为力求成功,即人们追求成功和由成功带来积极情感的倾向性;另一种称之为避免失败,即人们避免失败和由失败带来的消极情感的倾向性。他在研究中发现,由于这两种动机所占比重的差异,会产生两种不同的人:一种称之为避免失败者,另一种称之为力求成功者。

2. 成就动机倾向类型的特征

成就动机水平不同的人在选择目标和完成任务上也不同。

(1)求成型的人倾向于选择难度适中的任务,喜欢选择有50%把握的、有一定风险的工作,通过完成任务提高其自尊心,获得心理上的满足。

(2)避败型的人倾向于选择非常容易或者非常难的任务,回避有50%把握的工作。选择容易的任务可以避免失败;选择过难的任务,即使失败也能找到借口以减少失败感。这种选择能防止自尊心受到伤害和产生心理烦恼。

精选真题

[2017 **下半年**]阿特金森对成就动机的研究表明,追求成功者与害怕失败者相比,更倾向于选择(　　)

A. 比较难的任务　　B. 非常难的任务

C. 非常容易的任务　　D. 难度适中的任务

答案:D。本题考查考生的识记能力。考生记忆求成型的人选择任务的倾向即可。

(四)成败归因理论 重点

归因是指人们对自己和他人的活动及其结果的原因所做的解释和评价。美国心理学家**韦纳**把活动成败的原因归结为六个因素:能力、努力程度、工作难度、运气、身心状况、外界环境。又把上述六项因素按各自的性质，分别归入三个维度：控制点、稳定性、可控性。

因素＼维度	成败归因维度					
	稳定性		因素来源(控制点)		可控性	
	稳定	不稳定	内在	外在	可控	不可控
能力	√		√			√
努力程度		√	√		√	
工作难度	√			√		√
运气		√		√		√
身心状况		√	√			√
外界环境		√		√		√

韦纳认为，每一维度对动机都有重要的影响。控制点维度与个体成败的情绪体验有关。稳定性维度与个体对未来成败的期望有关。可控性维度既与情绪体验有关，又与对未来成败的预期有关。

韦纳的归因理论认为，当个人将成功归因于能力和努力等内部因素时，他会感到骄傲、满意、信心十足，并将继续努力。而将成功归因于任务容易和运气好等外部原因时，产生的满意感则较少。相反，如果一个人将失败归因于自己努力不够时，则会产生羞愧和内疚，从而开始发奋、努力，争取下次取得理想的成绩。若将失败归因于任务太难或运气不好时，产生的羞愧则较少，对其以后的行为没有多大的改变。

一般来说，如把学习成败归因于努力程度，对学习动机的激励作用最大；把学习成功归因于能力则可增加自信心。但需要注意的是，一个总是失败并把失败归于内部的、稳定的和不可控的因素(即能力低)的学生会形成一种习得性无助的自我感觉。**习得性无力感**简称无力感，指由于连续的失败体验而导致个体产生的对行为结果感到无力控制、无能为力的心理状态。

精选真题

1. [2019 下半年]在学习成败归因影响学习动机的诸因素中，激励作用最大的是(　　)

A. 运气好坏　　B. 能力高低

C. 任务难度　　D. 努力程度

答案：D。本题考查考生的理解与识记能力。根据韦纳的成败归因理论，只有努力是唯一可控的因素，因此将成败归因于努力就会激发学生强烈的学习动机，激励作用最大。

2. [2018 下半年]小涛认为这次考试取得好成绩是因为自己运气好。依据韦纳的归因理论，这属于(　　)

A. 稳定、外在、可控归因　　B. 不稳定、外在、不可控归因

C. 不稳定、外在、可控归因　　D. 稳定、外在、不可控归因

答案：B。本题考查考生的理解与识记能力。小涛把自己考试取得好成绩归因于运气好，依据韦纳的归因理论，运气属于外在、不稳定、不可控归因。

3. [2015 上半年]小明学习非常努力，但是成绩总是不理想，逐渐出现了被动、退缩、无动力的状态。这种心理反应属于(　　)

A. 学习焦虑　　B. 习得性无助感

C. 自我估价降低　　D. 认知功能障碍

答案：B。本题考查考生的理解能力。小明由于努力学习但成绩依旧不理想而产生的无能为力的状态就是习得性无助。

（五）自我效能理论

1. 自我效能感的内涵

自我效能感由**班杜拉**首次提出，是指人对自己能否成功从事某一成就行为的主观判断。

班杜拉认为，期待包括结果期待和效能期待。**结果期待**是指人对自己的某一行为会导致某一结果的推测。**效能期待**是指人对自己能够进行某一行为的能力的推测或判断，它意味着人是否确信自己能够成功地进行带来某一结果的行为。当个体确信自己有能力进行某一活动时，他就会产生高度的“自我效能感”，并努力实施该活动。

2. 影响自我效能感的因素

影响自我效能感的因素主要有：

（1）个人自身行为的成败经验。这一效能信息源对自我效能感的影响最大。一般来说，成功经验会提高效能期望，反复的失败会降低效能感。

（2）替代经验。个体的许多效能期望是来源于对他人的观察，如果看到一个与自己一样或不如自己的人成功，自己的效能感就会提高。

（3）言语暗示。他人的言语暗示能提高自己的效能感，但缺乏经验基础的言语暗示效果是不牢固的。

（4）情绪唤醒。高水平的情绪唤醒使成绩降低而影响自我效能感。

五、学习动机的激发

学习动机的激发是指在一定的教学情境下，利用一定的诱因，使已形成的学习需要由潜在状态变为活动状态，形成学习的积极性。在实际教学中，激发学习动机的方法包括：

1. 创设问题情境，激发兴趣，维持好奇心

实施启发式教学的关键在于创设问题情境。所谓**问题情境**，指的是具有一定难度，需要学生努力克服，而又是力所能及的学习情境。研究表明：难度为 50% 的问题情境最有利于激发学习动机。兴趣和好奇心是内部动机最为核心的成分，它们是培养和激发学生内部学习动机的基础。

2. 设置合适的目标，培养自我效能感

当目标是由个体自己设定时，个体通常会付出更多的努力。教师应帮助学生设定一个既有挑战性又现实的目标，并表扬学生对目标的设定及其实现。目标确立策略能够提高学生的学习成绩和自我效能感。

3. 充分利用反馈信息，妥善进行奖惩

学习结果的反馈包括作业的正误、成绩的好坏以及应用所学知识的成效等。利用学习结果反馈应把握如下原则：（1）反馈要及时；（2）反馈要具体；（3）反馈要经常给予。

奖励与惩罚是对学生学习成绩和态度的肯定或否定的一种方式。一般来说，表扬与奖励比批评和指责更能有效地激发学生的学习动机。

4. 正确指导结果归因，促使学生继续努力

一方面，要引导学生找出成功或失败的真正原因；另一方面，教师也应根据每个学生过去成绩一贯的优劣差异，从有利于今后学习的角度进行归因，哪怕这时的归因并不真实。一般而言，无论对优生还是差生，归因于主观努力的方面均是有利的。

5. 对学生进行合作与竞争教育，开展合作与竞争学习

在教学中，合作方式的学习使小组成员有一个共同的奋斗目标，使成员之间相互支持、鼓励、帮助，能激发他们的学习积极性。学习竞赛活动历来被当作激发学习积极性，争取优良成绩的有效手段之一。

第六节　知识与技能

考向分析

本节主要介绍知识学习、技能的形成等相关知识。本节需要考生掌握的核心知识和能力包括：

知识点	关键点	考频	题型	要求
知识学习的类型	命题学习的内涵	2	单选	理解
	下位学习的内涵	1	单选	理解
	上位学习的内涵	1	单选	理解
知识学习的过程	变式的作用	1	单选	理解
操作技能的形成	操作定向的内涵	1	单选	理解
	高原现象的内涵	1	单选	理解

本节知识主要涉及单选一种题型。在备考时，考生应注意知识学习的内容，预计在之后的考试中以上内容仍是考查重点，但更加突出对考生能力和素养的考查。

思维导图

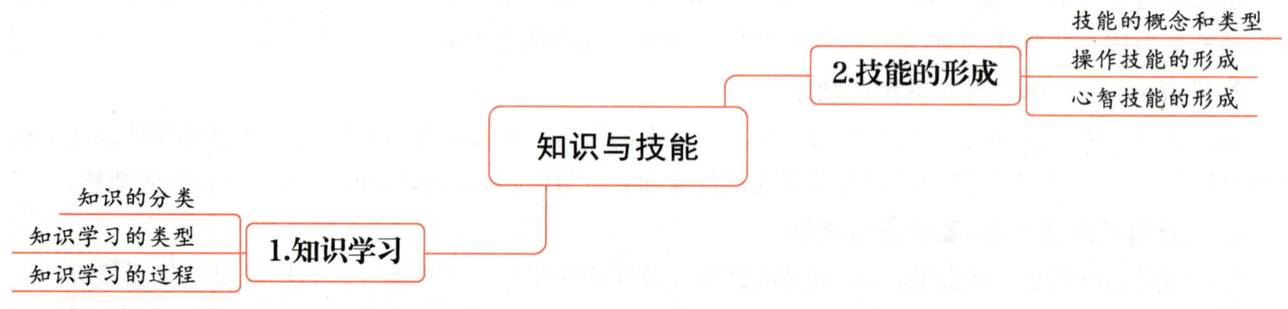

核心知识

05

一、知识学习

知识是指主体通过与环境相互作用而获得的**信息及其组织**。其**实质**是人脑对客观事物的特征与联系的反映，是客观事物的主观表征。

(一)知识的分类

1. 陈述性知识和程序性知识

根据知识的功能，将知识分为陈述性知识和程序性知识。

陈述性知识也叫描述性知识，是个人能用言语进行直接陈述的知识，主要用于区别和辨别事物。这类

知识主要用来回答事物“是什么”“为什么”和“怎么样”的问题，是对事实、定义、规则和原理等的描述。这类知识具有静态的性质。

程序性知识也称操作性知识，是个人缺乏有意识的提取线索，而只能借助于某种作业形式间接推测其存在的知识。它主要用来解决“做什么”和“怎么做”的问题，如怎样进行推理、决策或者解决某类问题等。这类知识具有动态的性质。

2. 感性知识和理性知识

由于反映活动的深度不同，知识可分为感性知识和理性知识。

感性知识是对活动的外表特征和外部联系的反映，是对具有感性特征的具体而有形的信息的言语概括。可分为感知和表象两种水平。

理性知识是对活动的本质特征与内在联系的反映，包括概念和命题两种形式。

(二)知识学习的类型 

重点

1. 符号学习、概念学习和命题学习

根据知识本身的存在形式和复杂程度，知识学习可分为符号学习、概念学习和命题学习。

(1)符号学习

符号学习又称表征学习，是指学习单个符号或一组符号的意义，或者说学习符号本身代表什么。

①符号学习的主要内容是词汇学习。例如，汉字、英语单词的学习，就属于词汇学习。

②符号不限于语言符号(词)，也包括非语言符号(如实物、图像、图表、图形等)。因此，对数学图表的认识、对瓜果树木的认识、对各种机床的认识等，也属于符号学习。

> **命题点拨**
>
> 知识学习的类型在考试中主要以单选题形式考查。形式为给出某类学习的例子，询问属于知识学习的哪种类型。

③符号学习还包括事实性知识的学习，即学习一组符号(语言或非语言)所表示的某一具体事实。如历史课中历史事件和历史人物的学习，地理课中地形地貌和地理位置的学习，均属于事实性知识的学习。

(2)概念学习

概念学习是指掌握概念的一般意义，其实质是掌握一类事物的共同的本质属性和关键特征。如“前肢为翼”和“无齿有喙”是鸟的关键特征，掌握这两个关键特征，就掌握了这个概念。概念学习以表征学习为前提，又为命题学习奠定基础，是意义学习的核心。

(3)命题学习

命题学习是指学习由若干概念组成的句子的复合意义，实质是学习若干概念之间的关系。学习命题，必先获得组成命题的有关概念的意义。例如，学习的“圆的直径是它半径的两倍”这一命题时，如果没有获得“圆”“直径”和“半径”等概念，便不能获得这一命题的意义。因此，命题学习必须以符号学习和概念学习为基础，这是一种更加复杂的学习。

精选真题

[2019 下半年]小学生通过学习，掌握了“路程 = 速度 × 时间”这一公式。这种学习属于(　　)

A. 符号学习　　B. 辨别学习　　C. 概念学习　　D. 命题学习

答案：D。本题考查考生的理解能力。“路程 = 速度 × 时间”描述的是路程、速度、时间三个概念的关系。故属于命题学习。

2. 下位学习、上位学习和并列结合学习

根据新知识与原有认知结构的关系,将知识学习分为下位学习、上位学习和并列结合学习。

(1)下位学习

下位学习又称类属学习,是一种把新的观念归属于认知结构中原有观念的某一部分,并使之相互联系的过程。例如,学生已有了“哺乳动物”的观念,现在学习“鲸”这种动物,就可以把“鲸”这一动物纳入原有的“哺乳动物”概念中。

(2)上位学习

上位学习又称总括学习,是在学生掌握一个比认知结构中原有概念的概括和包容程度更高的概念或命题时产生的。上位学习遵循从具体到一般的归纳概括过程。例如,为了让学生掌握“面积”的概念,教师以桌面、地面、墙面、操场为例证,并比较其大小,最后得出“面积就是平面图形或物体表面的大小”的定义,就属于上位学习。

(3)并列结合学习

并列结合学习又称组合学习,是在新命题与认知结构中原有的命题既非下位关系又非上位关系,而是一种并列的关系时产生的。例如,学习质量与能量、遗传与变异、需求与价格等概念之间的关系就属于并列结合学习。一般而言,并列结合学习比较困难,必须认真比较新旧知识之间的联系与区别才能掌握。

精选真题

1. [2019 上半年]学生学习了自然数以后,再学习整数,这种学习属于(　　)

A. 上位学习　　B. 下位学习　　C. 类属学习　　D. 组合学习

答案:A。本题考查考生的理解能力。整数是一个比自然数包括范围更广的概念,先学自然数再学整数是上位学习。

2. [2015 下半年]小学生在学习了四边形之后再学习平行四边形。这种学习属于(　　)

A. 上位学习　　B. 下位学习　　C. 归属学习　　D. 并列学习

答案:B。本题考查考生的理解能力。平行四边形是四边形的一种,先学四边形再学平行四边形属于下位学习。

(三)知识学习的过程

知识学习主要是学生对知识的内在加工过程。现代认知心理学认为,这一过程一般分为三个阶段:

1. 知识的获得

05

知识的获得,包括知识的感知与理解,是指新的知识信息进入短时记忆,与长时记忆中被激活的相关知识建立联系,从而出现新意义的建构。

(1)知识直观

知识直观是指学习者通过对直接感知到的教材直观信息进行加工,从而获得感性知识的过程。知识直观包括实物直观、模像直观和言语直观。

提高知识直观效果的措施:①灵活选用实物直观和模像直观;②加强词和形象的配合;③运用感知规律,突出直观对象的特点;④培养学生的观察能力;⑤让学生充分参与直观过程。

(2)知识概括

知识概括是指主体通过对感性材料的分析、综合、比较、抽象、概括等深层次加工改造,获得对一类事物本质特征与内在联系的抽象的、一般的、理性的认识的活动过程。知识概括包括感性概括和理性概括。

有效地进行知识概括的方法：

①配合运用正例和反例。**正例**即肯定例证；**反例**即否定例证。如麻雀、燕子是鸟的正例，蝙蝠则是反例。

②正确运用变式。所谓**变式**，就是变换使用不同形式的直观材料或事例说明事物的属性，使本质属性保持不变而非本质属性或有或无，以便突出本质属性。如在介绍"果实"概念时，不仅要选可食的果实（如苹果、西红柿、花生等），还要选择一些不可食的果实（如橡树籽、棉籽等），这样才有利于学生看到一切果实都有"种子"这一关键属性，而舍弃"可食性"等无关特征。

③科学地进行比较。比较主要有两种方式：同类比较和异类比较。**同类比较**是关于同类事物之间的比较。通过同类比较，便于区分对象的一般与特殊、本质与非本质特征，从而找出一类事物所共有的本质特征。**异类比较**即不同类但相似、相近、相关的事物之间的比较，如对"重量"与"质量"、"压力"与"压强"、"岛"与"半岛"、"主语"与"谓语"等概念的比较。

④启发学生进行自觉概括。教师启发学生进行自觉概括，最常用的方法是鼓励学生主动参与问题的讨论。

精选真题

[2017 下半年]在"直角三角形"的教学中，老师呈现了直角三角形的各种变式，主要目的是（　　）

A. 激发学习兴趣　　B. 引起有意注意

C. 丰富学生想象　　D. 突出概念本质

答案：D。本题考查考生的理解能力。老师在讲直角三角形的时候，展示了很多直角三角形的变式，这是为了突出概念本质。

2. 知识的保持

知识的保持，又称知识的巩固，是指对新建构意义的持久记忆。知识的巩固主要是通过识记和保持这两个记忆环节来实现的。

运用记忆规律，促进知识保持的方法有：(1)明确记忆目的，增强学习的主动性；(2)理解学习材料的意义；(3)对材料进行精细加工，促进对知识的理解；(4)运用组块化学习策略，合理组织学习材料；(5)运用多重信息编码方式，提高信息加工处理的质量；(6)有效运用记忆术；(7)适当过度学习；(8)重视复习方法，防止知识遗忘，可根据记忆和遗忘的规律，有效地组织复习。

3. 知识的应用

知识的应用，是指把学到的知识应用于作业和解决有关问题的过程，是抽象知识具体化的过程。例如，运用理化的概念、定理、定律去解答有关的具体问题；运用逻辑知识去写说明文和议论文；运用数学知识去做某些作业等。知识的应用是知识掌握的最后一个环节，它与知识的获得、知识的保持紧密相连，共同构成知识学习过程。它既以前两者为前提，又是检验知识掌握与否以及掌握程度的手段。

二、技能的形成

（一）技能的概念和类型

技能是个体运用已有知识经验，通过练习而形成的合乎法则的活动方式。技能按其本身的性质和特点，可分为操作技能和心智技能。

1. 操作技能

操作技能又叫运动技能、动作技能，是通过学习而形成的合乎法则的操作活动方式。日常生活中的许多技能都属于操作技能,如音乐方面的吹、拉、弹、唱,体育方面的田径、球类、体操等。

2.心智技能

心智技能也称为智力技能、认知技能,是通过学习而形成的合乎法则的心智活动方式。如阅读技能、写作技能、运算技能、解题技能等都是常见的心智技能。

(二)操作技能的形成

1.操作技能的形成阶段

操作技能形成的标志是达到熟练操作,即动作已达到较高速度、准确、流畅、灵活自如,且对动作组成成分很少或无需有意识注意的状态。

我国心理学家冯忠良将操作技能的形成分为操作定向、操作模仿、操作整合、操作熟练四个阶段。

(1)**操作定向**就是了解操作活动的结构与要求,在头脑中建立起操作活动的定向映像的过程。其目的在于掌握与动作有关的陈述性知识和程序性知识。

(2)操作模仿是指学习者通过观察,实际再现特定的示范动作或行为模式。操作模仿的实质是将头脑中形成的定向映像以外显的实际动作表现出来。操作模仿是掌握操作技能的开端,需要以认知为基础。

(3)操作整合是把构成整体的各动作要素,依据其内在联系联结成整体,形成操作活动的序列,获得有关操作活动的完整的动觉映像的过程。

(4)操作熟练是操作技能掌握的高级阶段。通过动作练习形成的活动方式对各种变化的条件具有高度的适应性,动作的执行达到高度的程序化、自动化和完善化。

精选真题

[2018 下半年]小学生学写新字时,先听教师讲解,观察教师书写示范。这时的技能学习阶段处于( )

A.操作定向　　B.操作模仿

C.操作整合　　D.操作熟练

答案:A。本题考查考生的理解能力。小学生先听教师讲解新字,并观察教师书写示范,从而在头脑中建立起来关于学写新字的操作过程,这是处于操作定向的技能学习阶段。

2.操作技能的培养要求

(1)准确的示范与讲解

准确的示范与讲解有利于学习者不断地调整头脑中的动作表象,形成准确的定向映像,进而在实际操作活动中可以调节动作的执行。一般来说,教师的示范要注意整体示范与分解示范的结合,并且注意示范时速度的控制。

(2)必要而适当的练习

练习是形成各种操作技能所不可缺少的关键环节,是动作技能形成的基本条件和途径,对技能进步有促进作用。一般来说,随着练习次数的增多,动作的精确性、速度、协调性等会逐步提高。但练习到一定时期会出现练习成果明显的、暂时的停顿期,即**高原期**。通常把学生在学习过程中出现一段时间的学习成绩和学习效率停滞不前,甚至学过的知识感觉模糊的现象,称为“**高原现象**”。

(3) 充分而有效的反馈

反馈指在学习与练习过程中信息的返回传递。反馈在操作技能学习过程中的作用是非常关键的,只有通过反馈,学习者才知道自己的动作是否合乎要求。

(4)建立稳定清晰的动觉

动觉是复杂的内部运动知觉,它反映的主要是身体运动时的各种肌肉活动的特性,如紧张、放松等,而不是外界事物的特性。在教学中,教师有必要对学生进行专门的动觉训练,以提高其稳定性和清晰性,充分发挥动觉在技能学习中的作用。

精选真题

[2017 下半年]同学们学习一段舞蹈动作,刚开始进步很快,但一段时间后进步不明显,甚至停滞不前。这在技能练习上称为(　　)

A. 高原现象　　　　B. 抑制现象

C. 遗忘现象　　　　D. 挫折现象

答案:A。本题考查考生的理解能力。题干中舞蹈老师在教大家跳舞的过程中发现,大家开始的时候会进步得很快,到了某一阶段就会进步得很缓慢。这是典型的高原现象。

(三)心智技能的形成

1. 心智技能的形成阶段

冯忠良在长期的教学实验过程中,提出了原型定向、原型操作和原型内化的心智技能形成三阶段论。

(1)原型定向

原型指那些被模拟的自然现象或过程。**原型定向**就是了解原型的活动结构,从而使主体明确活动的方向,知道该做哪些动作和怎样去完成这些动作。这一阶段是主体掌握操作性知识的阶段,也是心智技能形成的准备阶段。

(2)原型操作

原型操作是依据智力技能的实践模式,把学生在头脑中已建立起来的活动程序计划以外显的操作方式付诸实施,获得完备的动觉映像的过程。

(3)原型内化

原型内化,即智力活动的实践模式(原型)向头脑内部转化,由物质的、外显的、展开的形式变成观念的、内潜的、简缩的形式的过程。该阶段开始借助言语来对观念性对象进行加工,是原型在学习者头脑中转化为心理结构内容的过程,是心智技能的完成阶段。它又分为三个小阶段,即出声的外部言语动作阶段、不出声的外部言语动作阶段和内部言语动作阶段。

2. 心智技能的培养要求

(1)确立合理的智力活动原型

由于形成的心智技能一般存在于有着丰富经验的专家的头脑中,因此,模拟确立模型的过程实际上是把专家头脑中观念的、内潜的、固定的经验“外化”为物质的、展开的、活动的模式的过程。

(2)教师利用示范和讲解,并有效进行分阶段练习

由于心智技能是按一定的阶段逐步形成的,因此,在培训方面只有分阶段进行练习,才能获得良好的教

学效果。为提高分阶段练习的成效,在培养工作方面,必须充分依据心智技能的形成规律,采取有效的措施。

(3)知识影响技能的形成

了解学生的知识基础,并为学生提供相关知识。

(4)注重培养学生认真思考的习惯和独立思考的能力

要注意形成学生概括性联想,培养学生的概括力和灵活的思维品质。

强化练习

建议用时	实际用时	设定分值	实际得分
55 分钟		66 分	

一、单项选择题(每小题 2 分,共 16 分)

1. 在教学过程中,学生的学习是在教师指导下进行的,说明学生的认识具有特殊性,表现在(　　)

A. 认识的间接性　　B. 认识的交往性

C. 认识的教育性　　D. 有领导的认识

2. 心智技能形成的阶段依次是(　　)

A. 原型操作—原型定向—原型内化　　B. 原型操作—原型内化—原型定向

C. 原型内化—原型定向—原型操作　　D. 原型定向—原型操作—原型内化

3. 小明这次的考试成绩非常差,老师找他谈话时,他说是因为近期熬夜玩网络游戏导致听课时经常分心,学习不够努力。这种归因属于(　　)

A. 不稳定、不可控制的外归因　　B. 稳定、可控制的内归因

C. 稳定、可控制的外归因　　D. 不稳定、可控制的内归因

4. “授人以鱼,仅供一饭之需;授人以渔,则终身受用无穷”。这说明教学中应重视(　　)

A. 知识的传授　　B. 发展学生的能力

C. 培养学生积极的心理品质　　D. 培养学生良好的品德

5. 张老师在讲解《望庐山瀑布》时,让学生观看图片,并辅以语言形象描述,意在引导学生获得对“飞流直下三千尺”这一壮观景象的生动表象,丰富他们的感性认识。张老师贯彻的教学原则是(　　)

A. 直观性原则　　B. 启发性原则

C. 循序渐进原则　　D. 巩固性原则

6. 王老师在讲授《尊严》一课时,让学生就“什么是尊严”这个问题展开探讨。王老师运用的教学方法是(　　)

A. 讲授法　　B. 参观法

C. 讨论法　　D. 演示法

7. 学生先熟悉“猫”“狗”“猪”等概念后,再学习“哺乳动物”这一概念。这属于(　　)

A. 上位学习　　B. 下位学习

C. 并列组合学习　　D. 派生类属学习

8. 小强见爸爸夸奖了学习好的姐姐，他想让爸爸也夸奖自己，所以就努力学习。小强的学习动机是（ ）

A. 认知内驱力 B. 附属内驱力 C. 自我提高内驱力 D. 生理内驱力

二、简答题（每小题 10 分，共 30 分）

1. 简述教学过程中贯彻循序渐进教学原则的要求。
2. 简述运用谈话法的基本要求。
3. 简述班级授课制的优缺点。

三、材料分析题（共 20 分）

材料：某小学老师在给学生讲长方体表面积时，拿出卡纸做的长方体，问："这是什么图形，要做这个图形需要多少卡纸？"学生一时茫然，老师启发学生说："你看它有几个面，每个面是什么图形？"学生看过之后作答：分别计算出 6 个面的面积，然后再相加。老师又问大家："是否还有其他的计算方式？"同学们又很茫然，老师拿起剪刀，按照一条棱剪开，平铺。学生看过之后，纷纷计算出了答案。

问题：

（1）在上述材料中，该老师的做法主要体现了什么教学原则？（8 分）

（2）在教学中贯彻该教学原则应注意哪些要求？（12 分）

参考答案及解析

一、单项选择题

1. **答案**：D。教学过程是一种特殊的认识过程。在教学过程中，学生的学习是在"教师的指导下"进行的，主要体现了有领导的认识。
2. **答案**：D。原型定向—原型操作—原型内化是心智技能形成的三个阶段。
3. **答案**：D。由题干所述可知，小明将这次考试失败归因于努力不够。根据韦纳的归因理论，努力程度属于不稳定、内在、可控的归因。
4. **答案**：B。"授人以鱼，不如授人以渔"，教师在教学中不仅要向学生传授知识，更要注重培养和发展学生的能力。
5. **答案**：A。直观性原则是指在教学活动中，教师应尽量利用学生的多种感官和已有的经验，通过各种形式的感知，使学生获得生动的表象，从而比较全面、深刻地掌握知识。题干中张老师运用模像直观（图片）和言语直观（语言描述）等手段促进学生全面深刻地认识事物，该做法符合直观性原则。
6. **答案**：C。讨论法是全班或小组成员在教师的指导下，围绕某一中心问题发表自己的看法和见解，从而进行相互学习的一种方法。题干中王老师在授课过程中，让学生围绕一个问题进行探讨，这体现的教学方法属于讨论法。
7. **答案**：A。学生先学习"猫""狗""猪"等概念，再学习"哺乳动物"这一包容程度更高的概念，这种学习属于上位学习。
8. **答案**：B。附属内驱力是指个体为了获得长者们（如家长、教师）或权威们的赞许或认可，而表现出把工作、学习做好的一种需要。小强想让爸爸夸奖自己，从而努力学习的学习动机是附属内驱力。

二、简答题（答案要点）

1. （1）教师的教学要有系统性；（2）抓主要矛盾，解决好重点与难点；（3）教师要引导学生将知识体系化、系统化；（4）按照学生的认识顺序，由浅入深、由易到难、由简到繁地进行教学。

2.(1)要做好计划,教师要对谈话的中心、提问的内容做充分准备,并拟定谈话提纲;(2)要善问,提出的问题要明确、具体、难易适宜,符合学生已有的知识程度、经验,还要有启发性、形式要多样化;(3)要善于启发诱导,谈话时,教师要面向全体学生,给学生留有思考的余地,因势利导,让学生一步步地去获得新知;(4)谈话结束后,应结合学生回答的情况进行归纳和小结,给出问题的正确答案,指出谈话过程中的优缺点。

3.(1)班级授课制的优点

①有利于经济有效地大面积培养人才,提高教学效率;②它以"课"为教学活动单元,能保证学习活动循序渐进,有利于学生获得系统的科学知识;③有利于发挥教师的主导作用;④有利于发挥学生集体的教育作用;⑤有利于学生德、智、体多方面的发展;⑥有利于进行教学管理和教学检查。

(2)班级授课制的不足

①不利于学生主体性的发挥;②不利于培养学生的探索精神、创造能力和实际操作能力;③不能很好地适应教学内容和教学方法的多样化;④不利于因材施教,难以满足学生个性化的学习需要;⑤不利于学生之间真正的交流和启发;⑥以"课"为基本的教学活动单位,某些情况下会割裂内容的整体性。

三、材料分析题(答案要点)

(1)材料中该老师的做法主要体现了启发性教学原则。启发性原则是指在教学活动中,教师要调动学生的主动性和积极性,引导他们通过独立思考、积极探索,生动活泼地学习,自觉地掌握科学知识,提高分析问题和解决问题的能力。材料中的老师通过提问,积极引发学生思考,充分地调动了学生学习的主动性,提高了学生分析问题和解决问题的能力。

(2)贯彻启发性原则的要求:①加强学习的目的性教育,调动学生学习的主动性;②设置问题情境,启发学生独立思考,培养学生良好的思维方法和思维能力;③让学生动手,培养学生独立解决问题的能力,鼓励学生将知识创造性地运用于实际;④发扬教学民主,它包括:建立民主平等的师生关系和生生关系,创造民主和谐的教学气氛,鼓励学生发表不同见解,允许学生向教师提出质疑,等等。

06 教学评价与反思

教学评价与反思

题型题量	0~1道单项选择题	0~1道材料分析题
所占分值	0~22分	
重点掌握	教学评价的基本类型	

第一节 教学评价

考向分析

本节主要介绍教学评价的内涵、教学评价的基本类型、教学评价的方法等相关知识。本节需要考生掌握的核心知识和能力包括：

知识点	关键点	考频	题型	要求
教学评价的基本类型	诊断性评价的内涵	1	单选	理解
	个体内差异评价的内涵	3	单选	理解
	延迟评价的内涵	1	单选	理解
教学评价的方法	测验评价的内涵	1	单选	理解

本节知识主要涉及单选一种题型。在备考时，考生应注意教学评价的基本类型，预计在之后的考试中以上内容仍是考查重点，但更加突出对考生能力和素养的考查。

思维导图

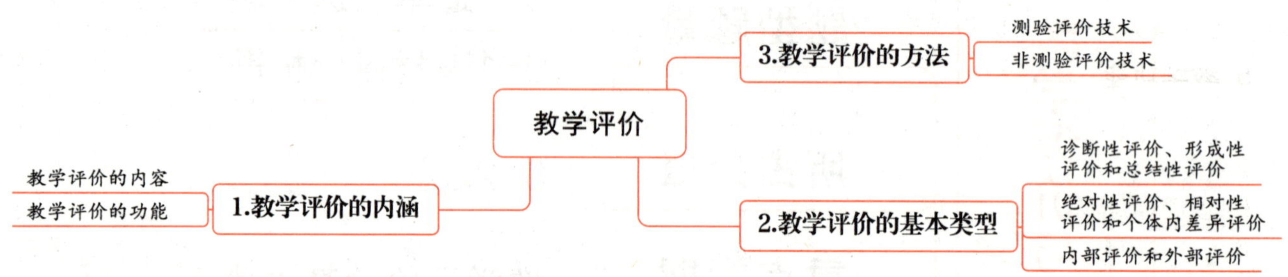

核心知识

一、教学评价的内涵

教学评价是指以教学目标为依据，通过一定的标准和手段，对教学活动及其结果给予价值上的判断，即对教学活动及其结果进行测量、分析和评定的过程。

（一）教学评价的内容

教学评价主要包括对学生学习结果的评价和对教师教学工作的评价，也可以划分为学生学业评价、课堂教学评价和教师评价。

1. 学生学业评价

学生学业评价是指以国家的教育教学目标为依据，运用恰当的、有效的工具和途径，系统地收集学生在各门学科教学和自学的影响下认知行为上的变化信息和证据，并对学生的知识和能力水平进行价值判断的

过程。

2. 课堂教学评价

课堂教学评价是以一定的教学观为依据，运用可操作的科学手段，按照一定的价值标准，对课堂教学的各个要素及其发展变化进行价值判断的过程。

3. 教师评价

教师评价即根据学校的教育目标和教师的工作任务，运用恰当的评价理论和方法手段对教师个体的工作进行价值判断，进而促进教师的发展。教师评价的主要方法有领导评价、学生评价、同行评价、自我评价等。

（二）教学评价的功能

1. 导向功能

在教学评价活动中，根据评价目标设计评价标准，再根据评价标准进行评价。而评价内容就像一个指挥棒，引导教学评价活动的方向，导向作用十分明显。发挥教学评价的导向功能就是通过建立某种评价指标和标准，实现教学目标的要求。

2. 诊断功能

评价是对教学结果及其成因的分析过程，借此可以了解情况，从而判断它的成效和缺陷、矛盾和问题，全面的教学评价不仅能估计学生的成绩在多大程度上实现了教学目标，还能解释成绩不良的原因。

3. 激励功能

评价对教学过程有监督和控制作用，对学生和教师则是一种促进和鼓舞。评价可以反映出教师的教学效果和学生的学习效果。研究表明，经常进行记录成绩的测验对学生的学习动机具有很大的激励作用。

4. 调节功能

教学评价可以提供有关教学活动的反馈信息，从而调节教与学的活动，使教学活动能始终有效地进行。信息反馈包括两类：一是以指导教学为目的的对教师教学工作的评价；二是以自我调控为目的的自我评价。

5. 教学功能

从某种意义上说，评价本身也是一种教学活动。它能够使学生的知识、技能获得长进，甚至产生质的飞跃。

6. 发展功能

学生的发展是一个过程，促进学生的发展同样是一个过程，发展性评价的核心是关注学生的发展、促进学生的发展。

7. 管理功能

这种功能有时也被称为“证明”或“甄别”功能。因为不仅有形成性评价，还有总结性评价。因此，教育管理部门和教育机构（包括学校）都会把教学评价的结果当作对教师和学生进行有效分流的根据之一，并据此调整学校教育发展的布局、方向和改进教育教学活动。

精选真题

[2014 下半年]“多一把衡量的尺子，就会多出一批好学生”，这强调了教学评价应注重发挥（ ）

A. 导向功能　　B. 发展功能

C. 反馈功能　　D. 管理功能

答案：A。本题考查考生的理解能力。“多一把衡量的尺子”即评价标准的多样化，这体现了教学评价的导向功能。

06

二、教学评价的基本类型 

(一)诊断性评价、形成性评价和总结性评价

根据教学评价的作用的不同,可以分为诊断性评价、形成性评价和总结性评价。

1. 诊断性评价

诊断性评价是在学期开始或一个单元教学开始时,为了了解学生的学习准备状况及影响学习的因素而进行的评价。

诊断性评价的主要功能:(1)检查学生的学习准备程度;(2)决定对学生的适当安置;(3)辨别造成学生学习困难的原因。

精选真题

[**2016 上半年**]新学期第一堂体育课,张老师对学生进行体能测试,以作为分组教学的依据。这种教学评价属于(　　)

A. 过程性评价　　B. 总结性评价　　C. 诊断性评价　　D. 个体内差异评价

答案:C。本题考查考生的理解能力。张老师对学生进行体能测试是在新学期开始的时候,为了了解学生的体能水平,并将此作为分组教学的依据。这属于诊断性评价。

2. 形成性评价

形成性评价是在教学过程中为改进和完善教学活动而进行的对学生学习过程及结果的评价。它包括在一节课或一个课题的教学中对学生的口头提问和书面测验。

形成性评价的主要功能:(1)改进学生的学习;(2)为学生的学习定步;(3)强化学生的学习;(4)给教师提供反馈。

3. 总结性评价

总结性评价也称为终结性评价,是在一个大的学习阶段、一个学期或一门课程结束时对学生学习结果的评价。

总结性评价的主要功能:(1)评定学生的学习成绩;(2)证明学生掌握知识、技能的程度和能力水平以及达到教学目标的程度;(3)确定学生在后继教学活动中的学习起点;(4)预言学生在后继教学活动中成功的可能性;(5)为制定新的教学目标提供依据。

总结性评价注重考查学生掌握某门学科的整体程度,概括水平较高,测验内容范围较广,常在学期中或学期末进行。

(二)绝对性评价、相对性评价和个体内差异评价

根据评价采用的标准的不同,可以分为绝对性评价、相对性评价和个体内差异评价。

1. 绝对性评价

绝对性评价又称为目标参照性评价,是运用目标参照性测验对学生的学习成绩进行的评价。它主要依据教学目标和教材编制试题来测量学生的学业成绩,判断学生是否达到了教学目标的要求,而不以评定学生之间的差异为目的。

绝对性评价可以衡量学生的实际水平,了解学生对知识、技能的掌握情况,宜用于升级考试、毕业考试和合格考试,如教师资格证的考试。它的缺点是不适用于甄选人才。

2. 相对性评价

相对性评价又称为常模参照性评价,是运用常模参照性测验对学生的学习成绩进行的评价。它主要依据学生个人的学习成绩在该班学生成绩序列或常模中所处的位置来评价和决定他的成绩的优劣,而不考虑

是否达到教学目标的要求。

相对性评价的优点是甄选性强，因而可以作为选拔人才、分类排队的依据。它的缺点是不能明确表示学生的真正水平，不能表明他在学业上是否达到了特定的标准，对于个人的努力状况和进步的程度也不够重视。

3. 个体内差异评价

个体内差异评价是对被评价者的过去和现在进行比较，或将评价对象的不同方面进行比较。

个体内差异评价的优点是充分体现了尊重个体差异的因材施教原则，适当减轻了评价对象的压力。缺点是由于评价本身缺乏客观标准，因此不易给评价对象提供明确目标，难以发挥评价的应有功能。

精选真题

1. [**2018 下半年**]小明数学考试经常得不到高分，但数学老师从小明较好的计算能力、图形感知能力、逻辑推理能力等方面分析，认为小明具有较强的数学学习潜力。这种评价属于(　　)

A. 相对性评价　　B. 绝对性评价

C. 诊断性评价　　D. 个体内差异评价

答案：D。本题考查考生的理解能力。数学老师通过对小明计算能力、图形感知能力等多方面的分析，判断小明具有较强的数学学习潜力，是对同一评价对象的不同方面进行的评价，属于个体内差异评价。

2. [**2016 下半年**]虽然小明的期末测验成绩不高，但与期中相比有所提高，老师仍颁给他“学习进步奖”。这种评价属于(　　)

A. 相对性评价　　B. 绝对性评价

C. 个体内差异评价　　D. 终结性评价

答案：C。本题考查考生的理解能力。题干中小明的期末成绩与期中成绩相比有所提高，据此老师对小明进行了奖励，这体现的是个体内差异评价。

(三)内部评价和外部评价

按照评价主体的不同，可以分为内部评价和外部评价。

1. 内部评价

(1)内部评价的概念

内部评价也就是自我评价，指由课程设计者或使用者自己实施的评价。这种评价易于开展，可以经常进行。

(2)内部评价的优缺点

优点：①评价对象对自己的情况最了解，如果态度端正，会有较高的准确性。

②为外部评价提供丰富的信息，便于评价工作的进行。

③自我评价能增强被评价者自我评价意识和评价能力，有利于及时自我反馈、调节。

缺点：自我评价不便进行横向比较，主观性大，容易出现评价偏高或偏低的趋向。

2. 外部评价

(1)外部评价的概念

外部评价是被评价者之外的专业人员对评价对象进行明显的(看得见的、众所周知的)统计分析或文字描述。

(2)外部评价的优缺点

优点：与自我评价相比，他人评价更为客观真实，更容易看到成绩与问题所在。

缺点：他人评价的要求比较严格，组织工作也比较难，花费的人力、财力也比较多。

关联知识

延迟评价

延迟评价是指在平时学习过程中,对尚未达到目标要求的学生,可暂时不给明确的评价结果,给学生更多的机会,当取得较好的成绩时再给予评价,以保护学生学习的积极性。

精选真题

[2019 上半年]为了保护学生学习的积极性,老师在批改学生作业时,对做错的题目暂不打"×",做对后再打"√",这种评价属于(　　)

A. 延迟评价　　B. 绝对评价　　C. 相对评价　　D. 个体内差异评价

答案:A。本题考查考生的理解能力。题干中为保护学生的学习积极性,在批改作业时对学生做错的题暂不做正误判断,等做对后再打对号,这种评价属于延迟评价。

三、教学评价的方法

(一)测验评价技术

测验评价是指运用口试、笔试、操作测验等多种具体方法,对学生的学业成绩进行评价。它是主要侧重于评定学生在学科知识方面学习成就高低或在认知能力方面发展强弱的一种评价方式。常见的测验评价形式包括标准化成就测验、教师自编测验等。

1. 标准化成就测验

标准化成就测验是指由专家或学者们所编制的适用于大规模范围内评定个体学业成就水平的测验。这种测验的命题、施测、评分和解释,都有一定的标准或规定。由于测验条件的标准化,测验的结果比较客观一致,适用的范围和时限也较为宽广。

标准化成就测验的优越性:

(1)客观性:在大多数情境下,标准化测验是一种比教师出的测验更为客观的测量工具。

(2)计划性:专家在编制标准化测验时,已经考虑到所需的时间和经费,因此标准化测验比大部分的课堂测验更有计划性。

(3)可比性:标准化测验由于具有统一的参照标准,使不同考试的分数具有可比性。

2. 教师自编测验

教师自编测验是由教师根据具体的教学目标、教材内容和测验目的自己编制的测验,是为特定的教学服务的。

自编测验的特点:操作过程简单;施测手续方便;应用范围一般限于自己所教的学科。

自编测验主要包括客观题和主观题两种类型。教师使用哪一种类型的题目是由测验的目的、内容和时间决定的。

教师自编测验通常用于测量学生的学习状况,而标准化成就测验则用来判断学生与常模相比所处的水平。

精选真题

[2017 上半年]教师通过听写英语单词,了解学生的掌握情况。这种评价方式属于(　　)

A. 测验评价　　B. 量表评价　　C. 实作评价　　D. 档案袋评价

答案:A。本题考查考生的理解能力。教师通过听写的测验方式来了解学生对单词的掌握情况,属于测验评价中的教师自编测验。

(二)非测验评价技术

在实际教育中,纸笔测验并不是收集资料的唯一途径,教师还可使用许多非测验的评价技术,尤其是情感领域的教学评价更需要采用非纸笔测验。情感教学不属于任何一个学科,其效果可能产生在任何一种认知学科的教学过程中。

1. 案卷分析

案卷分析是一种常用的评价策略,其内容主要是按照一定标准收集起来的学生认知活动的成果。例如,学生的家庭作业或课堂练习、论文、日记、手工制作的模型、绘画等各种作品。对学生的作品进行考查分析,并形成某种判断和决策的过程就是案卷分析。

2. 观察评价

观察评价指教师在教学过程中对学生的学习表现和学习行为进行自然观察,并对观察到的现象做客观、详细的记录,然后根据这些观察和记录对教学效果做出评价。

观察评价设计常采用行为检查单、轶事记录和等级评价量表等方式进行。

3. 情感评价

许多时候,教师有必要针对学生的情绪、学习动机、个人观点等进行评价。显然,我们可以借助已有的量表,也可以是教师自己编制的评价量表。为了获得这类信息,教师需要写一份详细的报告,形式类似于观察报告。

第二节 小学教师教学反思

考向分析

本节主要介绍教学反思的概念、教学反思的类型、教学反思的基本内容、教学反思的方法、教学反思的作用等相关知识。本节为考纲要求的内容,历年真题中一般不涉及考点,考生了解即可。

思维导图

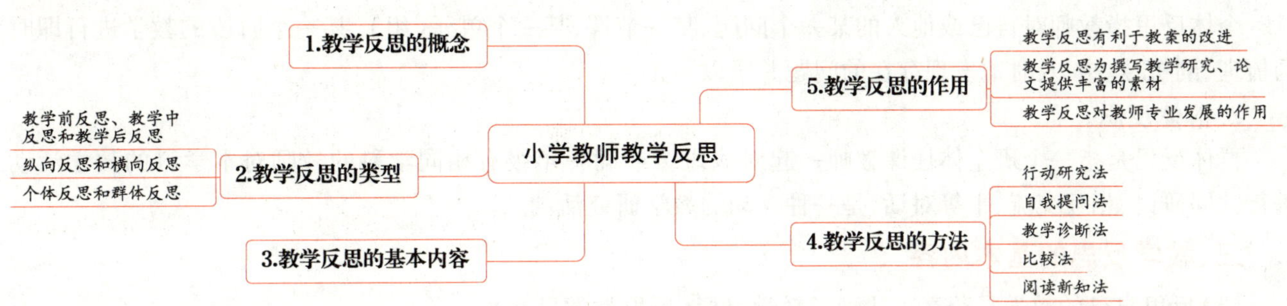

核心知识

一、教学反思的概念

教学反思是对自己的教学行为与表现从技术上、伦理道德上进行回顾、重视、质疑、分析,自己考查自

06

己,自愿思考自己的教学行为产生的原因、结果,对自己的教学有效性进行评价。教学反思集中表现为教师的两大能力:一是自我监控能力;二是教学监控能力。

教学反思作为一种特殊的反省思维,具有实践性、批判性和创造性等特征。

二、教学反思的类型

(一)教学前反思、教学中反思和教学后反思

按照反思的时间,可分为教学前反思、教学中反思和教学后反思。

1. 教学前反思

教学前反思要求各位教师在对前一阶段教学工作中的信息收集、分析和总结的基础上,运用已有教学经验,并借鉴他人教学中的长处,以局外人的身份,对自己的教学准备、设计过程和结果进行分析,通过充分酝酿,反复比较、选择,形成教学设计和准备的最优化,达到最佳的教学准备状态。

2. 教学中反思

在这一环节,教师要努力提高自己的教学监控能力,面对课堂复杂的、动态的情况,能够敏锐地洞察,迅速地做出判断,发现问题,及时调节、修正,创造性地解决问题。

3. 教学后反思

在这一环节,要求教师在教学活动结束后,有充足的时间进行反思,对教学的整体结果进行归因和评价,及时通过自述回忆、模拟、角色扮演等形式广泛吸取有关经验,收集自己教学活动中的信息,深入细致地探讨教学中的长处和不足,总结自己的教学实践。

(二)纵向反思和横向反思

按照反思的对象,可分为纵向反思和横向反思。

1. 纵向反思

纵向反思就是反思者把自己教学中的某一特定环节作为反思对象放在教学生涯中进行思考、分析、比较。

2. 横向反思

横向反思就是反思者把反思对象放在同时期、环境基本相同的情况中进行对比而进行的反思。

(三)个体反思和群体反思

按照反思者的人数,可分为个体反思和群体反思。

1. 个体反思

个体反思指教师对自己或他人的某一个问题、某一节课、某一个单元(组)、某一个阶段的教学进行即时的梳理、剖析、总结,及时地发现存在的问题并予以纠正。

2. 群体反思

群体反思是指一个班全体任课教师一起对该班级或同一年级有相同学科的教师对本学科的教学活动进行共同研讨、相互交流、平等对话,是一种互动的教学研究活动。

三、教学反思的基本内容

(1)反思自己的教学是否真正达到了教学目标(反思教学目标)。

(2)总结精彩片段,思考失败之处,反思教学技能(反思教学得失)。

(3)反思自己的教育教学行为是否对学生造成伤害。

(4)反思教育教学是否让不同的学生在学习上得到了不同的发展。

(5)反思是否侵犯了学生的权利。

(6)反思自己的教育教学观念(反思教学理念)。

(7)反思自己的专业知识。

四、教学反思的方法

教学反思的具体方法很多,主要有以下几种:

1. 行动研究法

教学反思中的行动研究,指的是教师与教育理论工作者或其他成员共同研究本校本班级教育教学中的实际情况,解决日常教育教学中出现的问题,从而不断改进教育教学工作的一种研究。

教师要敏锐地发现并提出教学中存在的问题,还要对此展开调查研究。

2. 自我提问法

自我提问法指教师对自己的教学进行自我观察、自我监控、自我调节、自我评价后提出一系列的问题,以促进自身反思能力提高的方法。自我提问法适用于教学的全过程。如设计教学方案时,教师可以自我提问:学生已有哪些知识储备?怎样依据有关理论和学生实际设计易于学生理解的教学方案?学生能接受新知识吗?会出现哪些情况?该如何处理?等等。

3. 教学诊断法

科学、有效的教学诊断有助于我们减少错误。教师不妨从教学问题的研究入手,挖掘隐藏在其背后的种种教学理念方面的问题。

教师可以通过自我反省法和小组"头脑风暴"法,收集各种教学"病例",然后归类分析,找出典型"病例",并对其进行分析,重点讨论影响教学有效性的各种教学观念,最后提出解决问题的对策。

4. 比较法

教师应该多观察其他教师的课,并与他们进行对话交流。在观察、对比、反思、修正的过程中使自己的教学更合理,通过学习比较,找出理念上的差距,方法上的差异,从他人的教学中得到启发,从而提升自己。

5. 阅读新知法

阅读新知法是指教师采取各种手段搜集所要解决问题的信息,通过阅读相关的信息获取新的想法和观念,为自己所要解决的问题提供新的解释、见解和可能的新方案。阅读相关新知识的过程,实质上就是与教育"大师"对话的过程。

此外,还有模拟与游戏、成长史与自传、反思日记等方法。

五、教学反思的作用

教学反思是教师进步的阶梯,是教师专业发展的重要途径。通过教学反思,教师的有效经验能够上升到一定的理论高度,对后续的教学行为产生积极的影响。

(一)教学反思有利于教案的改进

课前备课固然重要,但课后反思,进行第二次备课更有利于教师的专业成长与提高。课后教师认真反思,吸取教训,捕捉课堂教学中的感悟点,这其实也是在备课。

(二)教学反思为撰写教学研究、论文提供丰富的素材

教学反思是教学实践中一个过程的结束,同时又是新的教学实践的开始。只要教师对教学活动坚持不懈地进行反思,一定能不断提高对教学的认识,发展教学实践智慧,在"反思—实践—反思"的螺旋式上升中,实现自己的专业成长。

(三)教学反思对教师专业发展的作用

教学反思能够充分激发教师的教学积极性和创造性,有助于教师逐步培养和发展自己对教学实践的判断、思考和分析能力,从而进一步深化自己的实践性知识,形成比较系统的教育理论。

1. 反思使经验(和教训)变成教学智慧,从发生的事件中得到启发

不会反思的教师,他的教学能力和水平至多只是经验的累积;能够不断反思的教师,他的教育智慧就会随之不断增长。教师越多地对经验进行反思,就越是好的教师,越能使自己的经验起到举一反三、触类旁通的作用。

2. 反思能帮助自己找到问题的解决方法

反思能帮助教师从每天习以为常的教学行为中发现自己的教学问题,提出解决问题的方案,提升自身的专业化水平。反思的目的不只是回顾过去,而是为了指导未来的行动,反思帮助教师探究和解决问题,追求教学实践的合理性。

3. 反思使自己学会教学

教师全面反思自己的教学行为时,会从教学主体、教学目的和教学工具等方面入手,对教学前、教学中、教学后等环节获得的体验进行回顾,从而使自己变得成熟。

4. 反思促进教师成长

反思可以由教师的自发行为变成自觉行为,缩短教师的成长周期,使教师全面发展。通过反思,不只关注是否完成教学任务,关注学生的成绩;还应关注教师本人如何在教学中得到提高。教学工作不应该是年复一年机械地重复,教师需要做自己成长的有心人,才能缩短成熟的时间。

强化练习

建议用时	实际用时	设定分值	实际得分
10 分钟		16 分	

单项选择题(每小题 2 分,共 16 分)

1. 教学反思集中表现为教师的哪两大能力(　　)

A. 自我监控能力和教学监控能力　　B. 自我发展能力和教学发展能力

C. 自我评价能力和教学评价能力　　D. 自我规划能力和教学计划能力

2. 美国心理学家波斯纳曾提出教师成长公式:“经验 + 反思 = 成长”。我国心理学家林宗德也提出“优秀教师 = 教学过程 + 反思”的公式。这两位心理学家的观点说明,要想成为一名优秀教师,(　　)是其途径之一。

A. 参与行动研究,提高自身素质　　B. 借鉴他人经验,加快自身发展

C. 加强理论学习,优化知识结构　　D. 进行教学反思,提高教学能力

3. 按教学常规,教师在教学过程中实施单元测验最适宜采用(　　)

A. 教师自编测验　　B. 标准化测验

C. 表现性测验　　D. 总结性测验

4. 评价主体通过科学合理的教学评价,激发教师和学生的内在动机,调动他们的潜能,增进工作、学习的积极性与创造性等。这体现了评价的(　　)功能。

A. 导向　　B. 鉴别　　C. 调控　　D. 激励

5. 教师依据小红的成绩在全部学生的成绩序列中所处的位置来判断其成绩的优劣,而不考虑小红是否达到

了教学目标的要求。这种教学评价属于(　　)

A. 配置性评价　B. 绝对性评价　C. 个体内差异评价　D. 相对性评价

6. 期末考试后，拿到考试成绩的小王将本学期的考试成绩与上学期进行对比，发现经过一个学期的努力，他的学习成绩有了很大的提高。按照评价所采用的标准，小王的评价是一种(　　)

A. 相对性评价　B. 绝对性评价　C. 个体内差异评价　D. 群体内差异评价

7. 计算机等级考试属于(　　)

A. 相对性评价　B. 绝对性评价　C. 诊断性评价　D. 个体内差异评价

8. 教师采用摸底考试来了解学生已有的知识与能力的做法属于(　　)

A. 形成性评价　B. 相对性评价　C. 总结性评价　D. 诊断性评价

参考答案及解析

单项选择题

1. **答案:**A。教学反思集中表现为教师的两大能力:一是自我监控能力;二是教学监控能力。

2. **答案:**D。题干中的两个公式清楚地揭示了反思在教师专业发展中的重要意义。

3. **答案:**A。教师自编测验通常用于测量学生的学习状况,教师在教学过程中实施单元测验最适宜采用教师自编测验。

4. **答案:**D。评价对教学过程有监督和控制作用,对学生和教师则是一种促进和鼓舞。评价可以反映出教师的教学效果和学生的学习效果。研究表明,经常进行记录成绩的测验对学生的学习动机具有很大的激励作用。题干表述体现了教学评价的激励功能。

5. **答案:**D。相对性评价又称为常模参照性评价,是运用常模参照性测验对学生的学习成绩进行的评价。它主要依据学生个人的学习成绩在该班学生成绩序列或常模中所处的位置来评价和决定他的成绩的优劣,而不考虑是否达到教学目标的要求。题干所述体现的是相对性评价。

6. **答案:**C。个体内差异评价是对被评价者的过去和现在进行比较,或将评价对象的不同方面进行比较。题干中小王将自己本学期的考试成绩与上学期进行对比做出评价,属于个体内差异评价。

7. **答案:**B。绝对性评价又称为目标参照性评价,是运用目标参照性测验对学生的学习成绩进行的评价。计算机等级考试是按大纲规定的教学目标所要求的内容,测验成绩直接反映达到教学目标的程度。因此,它属于绝对性评价。

8. **答案:**D。诊断性评价是在学期开始或一个单元教学开始时,为了了解学生的学习准备状况及影响学习的因素而进行的评价。它包括各种通常所称的摸底考试。

图书反馈

重磅！真题重奖征集！

凡提供当年度考试真题者，均可获得现金奖励。具体请联系QQ:3232490489。

（温馨提示：所提供真题须是当年度考试真题，且真实有效。最终解释权归山香教育所有）

亲爱的考生：

感谢您对山香教育的信任和支持，您的建议是我们前进的动力！为进一步提高图书质量，我们特向全国各地的考生开展有奖反馈活动。

1.凡提供山香图书的错题反馈者，均能获得价值99元的山香网课《高频考点》（基础版）大礼包1份。

2.凡提供反馈项目者，可获得价值299元的山香网课《高频考点》（豪华版）超级大礼包1份。

3.我们从意见被采纳人员中每月抽取幸运者2名，各奖励价值1380元的山香网校网课大礼包一份。

图书反馈链接

¥99
大礼包

¥299
超级大礼包

反馈项目

姓名：　　　　专业：　　　　报考地区：

手机号：　　　　QQ号：

1.您认为图书中可以增加哪些模块或内容，有助于您的学习？

2.您对本书的印刷、装订、封面有何意见和建议？

3.结合山香现有图书和考情需要，您还需要哪些形式的备考资料？

联系方式：400-600-3363　　研发部QQ：1831595423

招教网：http：//www.zhaojiao.net　　山香网校：http：//www.sx1211.cn

图书订正链接